면역국가의 탄생

경희대학교 인문학연구원
HK+통합의료인문학연구단
통합의료인문학번역총서 03

면역국가의 탄생

20세기 미국의 백신접종 논쟁사

State of Immunity

제임스 콜그로브 지음
정세권 옮김

옮긴이의 글

2020년 1월 처음 코로나바이러스 감염 환자가 나온 지 4년이 흘렀다. 일찍이 경험하지 못한 전염병 시대를 맞이하여, 우리는 매일같이 마스크와 손소독제, QR코드를 사용했고, 비대면수업과 사회적 거리두기는 우리의 삶을 송두리째 바꾸었다. 4년이 지난 지금 점차 예전의 일상으로 돌아가고 있지만, 여전히 전염병은 우리 곁에 떠돌고 있고 앞으로도 계속 그럴지도 모른다.

코로나19 대유행을 극복하기 위해 수많은 과학기술이 활용되었는데, 백신도 그중 하나였다. 후보 물질을 찾아 전임상 시험을 진행하고 인간을 대상으로 한 1상, 2상, 3상 실험을 마치는 데 길게는 10년이 걸리는 백신 개발 과정을 고려할 때, 코로나 백신은 전광석화와 같이 개발되었다. 천운이 따라도 18개월은 걸릴 것이라는 전문가들의 비관적인 전망에도 불구하고, 2020년 11월 mRNA를 활용한 백신이 개발되었다는 소식이 전해졌다. 그리고 미국을 시작으로 전 세계는 백신접종을 통해 전염병을 이겨낼 희망을 찾은 것처럼 보였다.

하지만 백신이 코로나 시대의 '마법 탄환'이 되려면 넘어야 할 산이 많았다. 곳곳에서 백신접종을 거부하는 목소리가 터져 나왔기 때문이다. 우리

나라도 2021년 9월 '백신패스'를 통해 백신접종을 더욱 독려했을 때, 여러 이유에서 이를 거부하거나 비판하는 목소리가 있었다. 기저질환 때문에 백신을 접종하기 어렵거나, 백신의 효과와 안전에 대한 불안과 의심 그리고 얼핏 강제적인 것처럼 보이는 정부 방침에 대한 비판과 반감 등 여러 이유에서였다. 백신을 접종하지 않은 청소년들의 학원, 독서실 출입을 금지할 수도 있다는 정부 발표는 학습권 침해를 걱정한 학부모들의 격렬한 비판을 받았고 법정 소송으로까지 이어졌다.

백신접종을 둘러싼 우려는 외국에서도 마찬가지였고, 특히 미국의 사정은 조금 더 복잡했다. 미국 연방정부는 2021년 9월 연방 공무원, 군인, 정부 하청업체 직원에게 백신접종을 의무화한 데 이어, 11월 100명 이상의 직원을 둔 민간 사업체 및 공공의료보험인 메디케어와 메디케이드 혜택을 받는 의료시설 종사자 1,700만 명에게 백신접종을 의무화하는 조치를 발표했다. 뉴욕 주의 경우 백신접종을 의무화하면서, 2021년 12월부터 최소 1회 이상 코로나 백신을 접종하지 않은 공무원에게 강제 무급휴직을 실시하기로 했고, 특히 의료종사자들의 경우 종교적 이유 등으로 백신접종을 면제받을 수 없다고 발표했다. 그렇지만 이런 조치들이 순순히 받아들여지지는 않았는데, 연방고등법원은 100인 이상 사업장 노동자에게 백신접종을 요구한 연방정부 직업안전보건청의 명령을 중지시켰고, 뒤이어 연방항소법원은 노동부의 조치가 합법이라고 판결했다. 백신접종을 강제하는 정부 발표와 이에 대한 반발, 그리고 이를 둘러싼 법정 소송이 연달아 진행되었다.

백신접종을 둘러싼 미국의 유난스러운 논란은 코로나19 대유행 때 처음 등장한 것이 아니다. 19세기 중후반 과학적, 실험적 의학이 등장하고 파스퇴르나 코흐의 연구로 대표되는 세균학이 발달한 이후, 그 연구 결과 중 하나인 백신은 '얼마나 위험한지' 그리고 '이를 강요할 수 있는지'를 두고 부단히 논란의 대상으로 등장했다. 그리고 이런 백신을 둘러싼 논쟁을 통해 20세기 미국 사회를 이해할 수 있는 연구서 중 하나가 『면역국가의 탄생-20세기 미국의 백신접종 논쟁사(*State of Immunity: the Politics of Vaccination in Twentieth-Century America*)』이다.

저자가 백신접종을 둘러싼 논란에서 주목하는 주제어는 '위험'(risk)과 '강제'(coercion)이다. 전염병이 유행할 때 강제되는 다른 방역 지침과는 달리, 백신접종은 '어떠한 행위를 금지하는 것'(refrain from)이 아니라 '특정한 행위를 하도록 복종시키는 것'(submit to)이기 때문에, 그런 행위가 얼마나 위험한지 그리고 얼마나 강제적인지가 핵심이라는 것이다. 우선 백신접종과 관련된 위험은 여러 가지 종류가 있는데, '해당 백신이 예방하고자 하는 질병에 걸릴 위험', '백신접종에 따른 부작용을 겪을 위험', '백신을 맞지 않음으로써 다른 사람에게 미칠 위험' 등이다. 더군다나 백신접종은 아직은 건강한 사람들을 대상으로 한 것이기에, 백신접종으로 인한 이익(질병에 걸리지 않는다는 것)은 "아직" 눈에 보이지 않는 반면, 아무리 드문 경우라도 하더라도 그 부작용은 현상으로 드러나 눈에 보이는 것이기에 훨씬 더 크게 느껴진다. 다시 말해 '백신을 맞았기에 몇 명이 질병에 걸리지 않았다거나 사망하지 않았다'는 식의 추측이, '백신 때문에 몇 명이 부작용을 겪거나 심지어 사망했다'는 주장의 수사학적인 힘을 능가할 수 없다는 것이다. 따라서 저자는 아직은 건강한 사람이 굳이 타인과 공동체를 위해 최소한의 위험을 감수하는 이타적 결정을 쉽게 내리지 못하는 경우가 생긴다고 지적한다. 대신 많은 사람들은 자신에게는 위험을 최소화하면서 타인이 감수한 위험으로부터 이익을 얻으려는 심리를 갖기 마련인데, 이런 상황에서 자치단체나 연방정부가 백신접종을 강제할 것인지 여부를 둘러싼 논쟁이 시작된다는 것이다.

『면역국가의 탄생』에서 콜그로브는 한 세기에 가까운 미국의 역사를 백신접종이라는 렌즈로 살펴보고 있다. 주 단위 혹은 연방 차원에서 공공을 위한 국가의 역할은 무엇인지, 백신으로 대표되는 최신 의학에 대한 다양한 의견들이 어떻게 충돌하는지, 자연으로부터 오는 위험(질병)과 인간이 만든 위험(백신 부작용)에 대해 개인은 어떻게 대응해야 하는지, 아이를 양육하는 부모의 판단이 공공의 이익 또는 입장과 충돌할 때 부모의 자율을 제한할 수 있는지 등 '백신접종'을 통해 저자가 질문하는 미국 사회의 내면은 너무 복잡하다. 저자가 바라보는 무대에는 주, 연방정부의 공중보건 관료와 의사 집단, 자선단체, 제약회사, 부모, 학교 행정가, 법률가, 사회 빈곤층 등 수많은 행위자들이 등장과 퇴장을 반복한다. 하여 저자는 서론의 말미를 다음과 같이 마무리한다.

> 20세기 내내 과학적 의학의 진전으로 인해 백신이라는 아주 인상적인 의료 필수품이 만들어졌고, 이는 공중보건의 풍경을 극적으로 바꾸었다. 그렇지만 백신접종에 관한 이야기는 과학에 대한 것이자 동시에 정치학과도 관련된다. 백신접종 정책은 위험, 이익, 개인의 권리, 공동체의 의무, 설득과 강제 사이의 균형 등과 관련된 정치적, 윤리적, 법적 질문들의 수많은 충돌 속에서 진화해 왔다. 공중보건 및 의학 전문가들의 모임에서, 의회와 법정에서, 대중매체와 최근에는 인터넷에서 그런 이슈들은 부단히 논쟁되어 왔다. 이 모든 토론 광장에서 서로 다른 가치와 믿음들, 그리고 기준들이 떠다닌다(본문 49쪽).

저자는 결국, 20세기 내내 미국에서 백신접종과 이를 통한 면역의 획득은 강제적인 명령보다는 다양한 행위자들 사이의 설득에 기대어 이루어졌다고 말한다. 이는 한편으로 '개인의 자유와 자율'이라는 미국인들의 핵심 가치에 부합하는 것이었고, 다른 한편으로는 강제적인 조치에 대한 격렬한 저항과 혼란을 누그러뜨리는 것이기도 했다. 그렇지만 이런 설득의 전략은, 막대한 시간과 비용이 소요된다는 단점과 함께, 공중보건의 사각지대를 남긴다는 한계를 보이기도 한다. 마지막까지 백신접종을 거부하거나 혹은 여러 가지 이유로 백신을 맞을 수 없는 이들에게 '설득'은 크게 유효하지 않기 때문이다. 이런 측면에서 『면역국가의 탄생』은 코로나 팬데믹 당시뿐 아니라, 그리고 앞으로 또 다른 전염병이 등장할 때, 미국 사회가 백신접종을 둘러싸고 설득과 강제 사이에서 갈등하는 이유를 설명해 줄 수 있을 것이다.

이 책을 찾아보게 된 것은 2005년 *Isis*에 실린 이 책 2장의 일부분을 접한 뒤였다. 박사논문 주제로 20세기 초 후발 제국 미국의 의학 전문가가 다양한 식민지에서 펼친 의료 활동을 살피던 중, 미국 내에서 있었던 천연두 백신접종을 둘러싼 과학적, 정치적 논쟁은 흥미로운 주제였다. 세균학을 비롯하여 최신 실험실 의학이 발달했음에도 불구하고 여전히 질병, 공중보건을 둘러싼 다양한 사회적 가치들과 충돌하는 모습은, 제국의 의학적 지식과 실행이 식민지라는 또 다른 공간에서 어떤 의미를 지니는지 이해하는 데 소중한 직관을 제공했다. 그리고 한참 잊고 있던 이 책을 다시 떠올린 것은 코로나19가 막 유행하기 시작하던 2020년 봄이었다. 확진자와 사망자 소식뿐 아니라 백신 개발이 시작되었다는 뉴스를 접했을 때, 몇몇 출판사에 이 책을 번역하고 싶다는 의사를 전달했으나 막상 출판으로 이어지지는 못했다.

경희대학교 HK+통합의료인문학연구단 출판사업 중 하나로 이 책을 다시 번역할 기회를 얻었고, 제법 오랜 시간을 번역에 투자하기로 마음먹었지만 실제로는 그러지 못했다. 혼자 읽는 것과 우리말로 정확하게, 그리고 가독성 있게 번역하는 것은 완전히 다른 작업이었다. 예전에도 몇 권의 책을 번역한 적이 있었고 그 당시에도 번역을 괜히 시작했다며 계속 후회했지만, 이번에도 예외는 아니었다. 좋은 번역을 할 수 없다면 차라리 하지 않는 것이 더 낫지 않을까 하는, 핑계와 자책이 섞인 의문이 끊이지 않았다.

그렇지만 많은 분들의 응원과 도움으로 번역서를 출판하게 되었다. 함께 연구하는 HK+통합의료인문학연구단 선생님들은 따뜻한 격려와 믿음으로 번역을 끝까지 마무리할 수 있도록 이끌어주셨다. 감사드린다. 조금 더 부지런해서 번역 원고를 보여 드렸더라면, 문학, 철학, 역사학, 의학과 한의학, 인류학 등을 전공하신 선생님들의 꼼꼼하고 날카로운 논평으로 더 좋은 책이 되었을 텐데, 죄송하고 아쉽다. 도서출판 '모시는사람들'의 박길수 대표님 이하 많은 분들도 이 책의 출판에 도움을 주셨다. 감사드린다. 마지막으로 짧지 않은 시간 동안 연구실에서 밤을 새느라 혹은 집에서도 책상 앞에 앉아 있느라 소홀할 수밖에 없었던 가족에게 미안함과 고마움을 전한다. 아내 김수진과 딸 정지윤의 사랑과 응원이 없었다면, 이번 번역을 마무리하지 못했을 것이다. 이 모든 분들의 도움에 불구하고, 혹시 모를 오역이나 실수는 전적으로 역자의 부족함, 세심하지 못함 때문이다.

2024년 4월
정세권

서문

밀뱅크 메모리얼 펀드(Milbank Memorial Fund)는 공공 및 민간 부문의 정책결정자들이 보건의료 및 인구 건강에 대한 정책을 만드는 데 사용할 수 있는 최선의 자료를 모으고 사용할 수 있도록 도와줌으로써, 건강을 개선하기 위해 노력하는 기금 재단이다. 이 기금은 1905년 설립된 이래로 건강 정책의 중요한 문제에 대해 초당적인 분석 및 연구를 수행하고 대중과 소통하는 데 참여해 왔다.

*State of Immunity: The Politics of Vaccination in Twentieth-Century America*는 '건강과 대중에 관한 캘리포니아/밀뱅크 도서'(California/Milbank Books on Health and Public) 시리즈 중 16번째 책이다. 밀뱅크 메모리얼 펀드는 캘리포니아 대학교 출판부와 협력을 통해, 더욱 효과적인 건강 정책에 기여할 수 있는 연구 결과를 종합하고 소통하고자 한다.

제임스 콜그로브는 백신접종 정책의 역사가 '과학의 역사이면서 그만큼 중요한 정치의 역사'라고 주장한다. 그는 지역, 주, 연방 정부의 정책결정자와 개인 및 이익집단 모두의 '연이은 대립을 통해' 어떻게 '백신접종 정책이 진화해 왔는지' 설명한다. 법원과 대중매체가 이런 대립의 중심에 있었다. 백신접종 정책 역사에서 각 사건은 '다양한 가치관과 신념 그리 입증 기준'

의 정치적 효과를 연구해야만 이해될 수 있다고 콜그로브는 주장한다.

　콜그로브가 제시하는 역사는 오늘날 관련된 정책에 시사하는 바가 크다. 예를 들어, 지금 가장 중요한 논쟁 중 하나는, 백신접종을 하지 않은 인구 규모가 지역의 건강을 위협하기 이전에, 부모의 요청에 따라 얼마나 많은 아이들이 백신접종을 면제받을 수 있는지에 관한 것이다. 과학자들은 언제 이런 위협이 발생할지 계산할 수 있지만, 선출직 공무원들은 과학자들의 연구 결과를 정책과 공교육에 기꺼이 적용해야 한다.

다니엘 M. 폭스
밀뱅크 메모리얼 펀드 회장

사무엘 L. 밀뱅크
밀뱅크 메모리얼 펀드 이사회장

감사의 글

　많은 분들이 이 책을 쓰는데 직간접적으로 도와주셨는데, 고마움을 전할 기회를 가져 기쁘다.

　수많은 기록 보관인들과 사서들이 인내심 있게 부지런히 도와주어 이 연구가 가능했다. 뉴욕시립기록관(New York Municipal Archives)의 케네스 콥(Kenneth Cobb), 가브리엘 제바이스(Gabriel Gervais), 리오노라 기들룬트(Leonora Gidlund), 뉴욕주립기록관(New York State Arichives)의 짐 폴츠(Jim Folts)와 많은 직원들, 메릴랜드 컬리지 파크의 국가기록물보관소(National Archives and Records Administration)의 마조리 시알란테(Marjorie Cialrlante), 조지아 이스트 포인트의 국가기록물보관소의 찰스 리브스(Charles Reeves)와 리처드 레이번(Richard Rayburn), 다임스 행진 기록관(March of Dimes Archives)의 데이비드 로즈(David Rose), 뉴욕 주립대학교 브루클린 의학도서관(Medical Research Library of Brooklyn, State University of New York)의 잭 터민(Jack Termine), 컬럼비아 대학교 해머 건강과학도서관(Hammer Health Sciencee Library, Columbia University)의 스티븐 노박(Steven Novak), 그리고 미국 복음주의 루터교회 기록보관소(Archices of the Evangelical Lutheran Church in America)의 엘리자베스 비트먼(Elisabeth Wittman)과 조엘 소레슨

(Joel Thorenson), 연방의학도서관(National Library of Medicine) 의학사 분과 스테판 그린버그(Stephen Greenberg)와 사서 직원, 뉴욕의학아카데미(New York Academy of Medicine)의 사서 직원들에게 감사의 말을 전한다. 그리고 전 질병통제예방센터 국가백신접종프로그램 책임자였던 월터 오렌스타인(Walter Orenstein)은 국가백신접종회의의 모든 자료를 제공해주어 특별히 고맙다고 말하고 싶다.

이 책은 콜롬비아 대학교 메일맨 공중보건 대학의 사회의학과(Department of Sociomedical Sciecnes at Columbia University's Mailman School of Public Health)의 학위논문으로 출발했다. 논문심사위원회 위원 다섯 명에게 너무나도 큰 빚을 지고 있는데, 논문 초안에 대한 그들의 비평은 최종 원고를 작성하는 데 큰 도움이 되었다. 무엇보다 이 책을 쓰는 특별한 멘토이자 친구였던 로널드 바이엘(Ronald Bayer)에게 고맙다. 론의 통찰력, 엄격함, 정확하게 질문을 하는 능력은 초안부터 최종본까지 이 글을 쓰는 든든한 길잡이가 되었다. 에이미 페어차일드(Amy Fairchild)는 모든 단계에서 예리한 교정과 조언을 해주었다. 데이비드 로즈너(David Rosner)는 너무 도움이 되는 논평과 제안을 해주었다. 엘리자베스 블랙마(Elizabeth Blackmar)는 최종 원고뿐만 아니라, 연구 초창기에도 날카롭게 문제를 지적해주어 내 주장을 더 신중하게 다듬는 데 도움을 주었다. 앨런 브랜트(Allan Brandt)의 날카로운 피드백은 나의 연구를 새로운 방식으로 생각할 수 있도록 도와주었다. 나는 운 좋게도 공중보건의 역사와 윤리 센터(Center for the History and Ethics of Public Health)에서 연구를 수행할 수 있었는데, 어떤 학자라도 원하는 것처럼 우애가 깊고 지적으로 자극적인 환경을 제공해주었다. 나와 그 센터의 동료들을 적극 지원해 준 학과장 리처드 파커(Richard Parker)에게 고마움을 전한다. 메일맨 공중보건 대학의 박사과정에 있던 동료들은 나에게 소중한 격려와 공감을 해주었다. 특히 디나 파이브슨(Dian Feivelson), 베스 필리아노(Beth Filiano), 마리안 존스(Marian Jones), 파올라 메지아 로드리게스(Paola Mejía-Rodríguez), 쉬나 모리슨(Sheena Morrison), 엘리자베스 로빌로티(Elizabeth Robilotti), 닉 터스(Nick Turse), 그리고 대니얼 울프(Daniel Wolfe)에게 고마움을 전한다.

많은 동료들이 수많은 아이디어와 소중한 통찰력을 제공해주었다. 존 밸러드(John Ballard), 버지니아 베리지(Virginia Berridge), 헥터 카리요(Héctor Carrillo), 신시아 코놀리(Cynthia Connolly), 나다브 다비도비치(Nadav Davidovitch), 스티브 엡스타인(Steve Epstein), 케네스 잭슨(Kenneth Jackson), 콘스탄스 나단슨(Constance Nathanson), 제럴드 오펜하이머(Gerald Oppenheimer), 나오미 로저스(Naomi Rogers), 찰스 로젠버그(Charles Rosenbert)와의 대화를 통해 도움을 받았다. 원고를 꼼꼼하게 교정해 준 앨리슨 베이트먼 하우스(Alison Bateman House)에게도 고마움을 전한다.

캘리포니아 대학 출판부의 편집진도 무한한 도움이 되었다. 스탠 홀비츠(Stan Holwitz), 랜디 헤이먼(Randy Heyman), 도어 브라운(Dore Brown), 린 위티(Lynne Withey)의 조언과 피터 드레이어(Peter Dreyer)의 원고 작업에 고마움을 전한다. 또한 캘리포니아/밀뱅크 건강과 대중 시리즈의 일환으로 집필 작업을 도와준 밀뱅크 메모리얼 기금의 다니엘 폭스에게도 감사드린다.

제1장의 일부는 원래 *Bulletin of the History of Medicine*에 실렸고 존스 홉킨스 의과대학 출판부의 허가를 얻어 이 책에 다시 실었다. 2장의 축약된 원고는 과학사학회 *Isis*에 실렸고 허가를 받아 이 책에 포함되었다. 3장

의 일부는 원래 *Public Health Repoprt*에 실렸고 허가를 받아 이 책에 넣었다.

내 친구들과 그 가족의 도움이 없었다면 이 책을 완성할 수 없을 것이다. 매일 안부를 전하고 정기적으로 찾아와 준 데이비드 던바(David Dunbar)의 도움은 너무 소중한 후원이었다. 나오미 셰글로프(Naomi Schegloff)의 유머와 공감은 수많은 어려움을 헤쳐 나가는 데 큰 도움이 되었다. 캐롤 쿠퍼(Carole Cooper), 제임스 홈즈(James Holmes), 마르티나 린치(Martina Lynch), 앤서니 마이어스(Anthony Myers), 쿠키 닐(Cookie Neil), 줄리 포츠(Julie Potts), 캐서린 로웨더(Catherine Rohweder), 실자 탈비(Silja Talvi), 낸시 워딩턴(Nancy Worthingon), 그리고 바네사 비치-바다칸(Vanessa Vichit-Vadakan)의 우정이 없었다면, 나의 집필은 훨씬 더 어려웠을 것이다. 2003년 세상을 떠난 톰 린제이(Tom Lindsay)의 고결한 정신은 지금도 나에게 소중한 영감으로 남아 있다.

마지막으로 나에게 너무나 많은 것을 가르쳐 준 로버트 셈버(Robert Sember)에게 사랑과 감사를 표한다.

차례

면역국가의 탄생

옮긴이의 글 ——————— 5

서문 ——————— 11

감사의 글 ——————— 13

서론 | 미국 역사 속 백신접종의 정치학과 법률   21

위험, 강제, 그리고 백신접종의 윤리 ——————————— 26

백신접종 정책과 법률의 진화 ——————————— 46

1장 | 설득과 강제 사이 ─ 20세기 전환기 백신접종   51

1893~1894년 대유행 ——————————— 54

법정에 선 백신접종 ——————————— 68

1901~1902년 대유행 ——————————— 79

야콥슨 대 매사추세츠 사건 그리고 강제된 건강 ——————— 89

2장 | 민주주의 속 과학 ─ 혁신주의 시대와 1920년대 천연두 백신접종   99

과학의 위상과 국가의 범위 ——————————— 102

너무 다양한 백신접종 반대론 ——————————— 111

'민주주의 속의 과학' ——————————— 127

성인, 아이 그리고 강제의 범위 ——————————— 133

무관심, 행동주의 그리고 천연두의 오래된 위협 ——————— 143

백신접종 반대론의 쇠락과 천연두의 소멸 ——————————— 151

3장 | 디프테리아 백신접종 – 설득의 힘 그리고 한계들   159

독소-항독소 그리고 디프테리아 백신접종의 기원 —————— 162

뉴욕의 '디프테리아는 이제 그만(No more Diphteria)' 캠페인 —————— 172

설득의 힘: 새로운 공중보건 이데올로기의 등장 —————— 182

공중보건 vs. 민간의학 —————— 193

설득의 한계 —————— 202

디프테리아 백신접종의 유산 —————— 214

4장 | 강경파와 약점 – 소아마비 백신 팔기   219

소크 백신의 출현 —————— 222

'뒷문으로 들어온 사회주의 의학?' —————— 234

"소크에게 돌려주지 마라": 백신 판매 —————— 239

사회적 기울기의 (재)발견 —————— 250

소크에서 세이빈까지 —————— 261

백신접종지원법 —————— 270

소아마비의 소멸 —————— 275

5장 | 박멸주의와 그에 대한 불만들   277

홍역 백신과 사회적 기울기 —————— 280

홍역 박멸 —————— 286

위험과 이익: 미국에서 천연두 소멸이 가져온 결과 —————— 300

끈질긴 홍역 —————— 308

'No Vaccine, No School': 강제의 귀환 —————— 320

백신접종, 종교 그리고 법정 —————— 332

6장 | 동의, 설득, 그리고 배상 – 위기 속 백신접종 프로그램　343

정보에 입각한 자발적 동의, 경고할 의무 그리고 책임 위기 ——— 346
신종플루 그리고 전국적 백신접종 그룹 ——————————— 357
'No Shots, No School': 강제와 반발 ——————————— 367
백일해, 학부모 그리고 연방보험 체계로 가는 길 ————————— 380

7장 | 확대와 반발 – 21세기 전환기 백신접종　397

아동을 위한 백신 ——————————————————— 400
모든 아동의 수를 세기 ————————————————— 408
'포위당한' 백신 ———————————————————— 414
민주주의 속 과학, 돌아오다 ——————————————— 431
우리 불평의 '어두운 겨울': 천연두 백신접종의 귀환 ——————— 440
21세기 백신접종: 새로운 것과 오래된 것 ——————————— 454

참고문헌 ——————— 462
찾아보기 ——————— 487

미국 역사 속 백신접종의 정치학과 법률

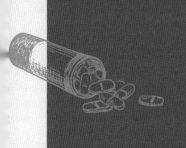

State of Immunity

1931년 1월 브루클린의 견신론자(theosophist)이자 채식주의자이면서 스스로 '양심적인 백신접종 거부자'라고 칭한 찰스 호프(Charles Hoppe)는 뉴욕시 보건감독관에게 도와 달라고 요청했다. 여덟 살 난 아들 로버트가 학교에 가지 못하게 되었는데, 천연두로부터 안전하다는 사실을 증명할 법적 서류('백신접종 증명서')가 없었기 때문이었다. 보건감독관에게 보낸 글에서 호프는 "학교에 들어가기도 전에, 죽은 동물의 고름을 내 아이의 혈액에 주입해야 한다고 생각하는 건 정말로 역겨운 일"이라고 적었다.[1] 철학적인 측면에서 백신접종을 망설인 것도 있지만, 호프의 이런 저항은 과거에 있었던 비극적인 사건에서 비롯된 것이다. 그의 또 다른 아들이 몇 년 전에 디프테리아 백신을 맞은 뒤 세상을 떠났는데, 호프는 그 주사 때문이라고 굳게 믿었다. 보건감독관은 백신접종을 강력하게 옹호하는 인물이었고, 아이들에게 디프테리아 백신접종을 하라고 부모들을 설득하던 뉴욕시 최대 홍보 캠페인의 최선두에서 일하고 있었는데, 호프의 끈질긴 청원과 신실한 믿음에 점점 마음을 움직였다. 게다가 보건감독관은 학생들에게 백신접종

---

1   Charles Hoppe to Shirley Wynne, January 23, 1931, NYCDOH, box 141375, folder: Vaccination.

을 강제로 시행하는 주의 법률을 뒤엎기 위해 활발하게 활동하는 지역 백신접종 반대 조직의 반감을 사는 것이 얼마나 위험할지 걱정하고 있었다. 결국 그는, 뉴욕주의 법률은 종교적·철학적인 믿음을 이유로 백신접종에 어떤 예외도 허용하지 않는다는 보건국 법률 자문의 권고에도 불구하고, 어린 로버트 호프가 백신접종 증명서 없이 학교에 갈 수 있도록 특별 허가증을 발부했다.[2]

공중보건 기획에서 가장 근본적이고 오래된 긴장 중 하나는 개인의 권리와 집단의 공론 사이에서 균형을 유지하는 것인데, 백신접종 정책과 실행만큼이나 이런 역학이 두드러진 분야도 없을 것이다. 지난 200년 동안, 천연두 백신을 시작으로 연이어 등장한 여러 전염병에 대한 백신은, 과거 세계적으로 큰 아픔과 수많은 죽음을 야기한 질병들로부터 개인과 공동체를 보호해 왔다. 다른 의학적 개입과 마찬가지로 백신접종은 중증 부작용이라는, 드물지만 위험한 경우를 동반한다. 그러나 다른 과정과는 다르게 백신접종은 건강한 사람들을 대상으로 수행된다. 또한 백신접종은 그 특별한 사회적 이익 때문에 법률로 강제되어 왔는데, 가장 일반적으로는 취학아동에 대해 그러했다. 백신접종은 가장 크게 찬양받은 공중보건 행위 중 하나였으나, 반대로 그 효과와 안전성에 대한 불신, 종교적·철학적 반대, 그리고 주 정부의 강요에 대한 반감 또는 이런 요인들이 서로 뒤섞인 이유 때문에 일부 사람들로부터 비난을 받아 왔다.

지금으로부터 백여 년 전쯤부터 아주 유용한 백신들이 개발되었는데, 그

---

2 Shirley Wynne to Charles Hoppe, January 29, 1931; and I, Robert Wolf to Shirley Wynne, April 24, 1931, NYCDOH, box 141375, folder: Vaccination.

중 천연두 백신만이 미국에서 널리 사용되었다. 여러 지방 및 주 정부에서 느슨한 법률 조항들로 이 백신접종에 대해 규정했는데, 어떤 법률은 대유행 때에만 이를 의무화한 반면 어떤 법률은 공립학교 학생들은 반드시 백신접종을 하도록 규정했다. 이런 법률의 입안과 시행은 종종 마구잡이였고, 어른 아이 할 것 없이 대부분의 사람은 백신접종을 하지 않은 채로 살아갔다. 2006년 현재 사용되고 있는 백신은 22종 이상인데 그중 14종은 통상적으로 아동에게 권장된다. 청년층을 기준으로 보면 백신접종률이 90퍼센트를 넘는데, 그 결과 미국에서는 백신접종으로 예방할 수 있는 질병들 대부분이 소멸되었다고 할 정도로 발병이 드물어졌다. 이런 면역국가를 만드는 과정에서 백신 옹호자들은 대중의 믿음과 협조, 자발적 참여를 끌어내기 위해 다양한 전략을 사용했고, 대중들 또한 그들의 노력에 환호·무관심·불신 혹은 적대감 등 다양한 방식으로 응답했다. 백신 옹호자들은 의학 문제에 있어서 개인의 자유를 존중하는 것과 질병으로부터 공동체를 보호해야 한다는 요구 사이를 조심스레 걸어갔다. 찰스 호프의 사례가 잘 보여주듯이, 정책 집행자들도 역학(疫學) 이론이나 법률적·윤리적 원칙을 교조주의처럼 고수하지 않고 실용주의와 예민한 정치적 감각에 의존해 탄력적으로 방침을 결정했다.

　호프의 청원 사건 이후 75년 동안 백신접종을 둘러싼 숱한 기본 방침들이 논쟁의 대상이 되어 왔다. 그 사이에 백신의 안전성에 대한 불신이 오히려 커지기도 했고 다른 한편에서는 작아지기도 했다. 그런데 최근 20년 사이에 찰스 호프의 사례와 똑같은 사건이 극적으로 재연되었는데, 그 과정에서 백신접종을 반대하기 위해 느슨하게 조직된 수많은 사회운동이 과학적·의학적 연구 기관의 판단과 진실성에 도전했다. 자신의 아이가 백신접종으로 피해를 입었다고 믿는 부모 활동가들의 압박으로 인해, 미국 하원 위원회는 1999년부터 백신 안전성에 대한 청문회를 열기 시작했다. 그 자리에서 공중보건 담당 관료와 과학자들은 백신의 위험이 그 이익보다 더 큰 것이 아닌지 질문하는 사람들의 반대편에 서서 논쟁하는 역할을 맡았다. 보건 관련 연방 기구를 돕는 연방아카데미 중 하나인 의학연구소(The Institute of Medicine)는 백신이 자폐증을 포함한 여러 장애와 어떤 관계가 있지 않을까 하는 가설을 조사했고, 5년에 걸쳐 그런 관계를 대부분 부정하는 보고서 다섯 편을 제출했다. 미취학아동에게 백신을 접종해야 한다고 요구하는 주의 법률들이 논쟁의 대상이 된 것은 우연이 아니었으며, 어떤 아이들이 이런 법률의 예외 대상일 수 있는가 하는 문제는 여전히 논쟁적인 주제로 남아 있다.

이 책은 백신접종이 20세기 내내 미국의 보건의료 시스템에서 어떻게 광범위하게 받아들여졌는지 보여줄 것이며, 그런 진화의 과정을 둘러싼 사회적 맥락들을 분석하여 제시할 것이다. 나는 공중보건 담당 관료, 의사, 자선단체, 제약 회사, 학부모, 학교 관계자, 국회의원 등 수많은 이해 당사자들의 동기와 행동을 살펴보고 그들 사이의 합의, 불화 그리고 논쟁의 중요한 지점들을 분석할 것이다. 백신접종은 대다수 미국인 생활의 일부이고 눈에 보이지 않지만 종종 그들의 질병과 죽음의 패턴에 영향을 미치기 때문에, 20세기의 사회사 속에서 가장 중요한 몇 가지 쟁점들을 들여다볼 수 있는 렌즈로서 유용하다. 시민들의 건강을 유지하기 위한 주 정부의 역할과 의무는 어떻게 변해 왔는가? 과학적 전문성과 권위를 향한 대중의 태도는? 건강, 질병, 의학에 대한 이단적이고 대안적인 관념들은 어떻게 수용되는가? 사회적으로 수용된 규범과 부모 개인의 양육 방식이 충돌할 때 부모의 자율성은 어디까지 제한받을 것인가? 자연적으로 발생하는 위험과 인위적으로 만들어진 위험에 대해 법적, 윤리적 책임을 어떻게 볼 것인가?

위험, 강제, 그리고 백신접종의 윤리

백신접종을 옹호하는 역학적 근거는 1920년대에 처음 공식적으로 등장한 '집단면역'인데, 이는 공동체 구성원 중 상당수가 면역력을 가지면 전체 공동체가 그 전염병으로부터 보호받을 수 있다는 것이다. 집단면역과 같은 최적의 상황은, 각각의 구성원이 자기 자신뿐 아니라 공동체를 보호하기 위해 백신접종으로 겪을 수 있는 위험을 감수할 때 만들어진다. 따라서 성공적인 백신접종 프로그램은 적어도 부분적으로는 이타적 결정을 내리는 개인들에게 의존한다. 그러나 일부에서 분석하는 것처럼, "개인의 이상적인 전략은 자기 자신 혹은 자신의 아이를 제외하고 나머지 모두가 백신접종을 받는 것이다."[3] 여기에 역설이 존재한다. 백신접종을 거부하는 개개인의 결정은 집단의 안전에 별 영향을 미치지 않지만, 너무 많은 사람이 그런 선택을 하면 전체적인 측면에서 그들의 결정은 집단면역을 방해하는 것이다. 백신을 접종할 수 있는데도 그렇게 하지 않는 사람들은, 백신접종으로 나타날 작은 위험을 감수하는 다른 구성원들 덕분에 얻은 집단면역의 이익

---

3   Paul E. M. Fine and Jacqueline A. Clarkson, "Individual versus Public Priorities in the Determination of Optimal Vaccination Policies," *American Journal of Epidemiology* 124 (1986): 1012-1020; 1013.

을 누리기 때문에, '무임승차자(free riders)'라고 불려 왔다.[4]

이타주의의 실패에 대한 가장 설득력 있는 설명 중 하나는, 환경보호론자 개릿 하딘(Garret Hardin, 1915-2003)이 1968년 『Science』에 발표한 에세이에 제시되었다. 하딘은 '공유지의 비극(tragedy of the commons)'을 설명했는데, 이는 자신의 이익을 최우선으로 하는 개개인이 공동체의 이익에 반대되는 행동을 하면 결국 자신의 이익도 해치게 된다는 것이다. 자유의지론에 대한 하딘의 신랄한 비판은 환경오염 문제에 초점이 맞추어져 있었지만, 백신접종 정책에도 충분히 적용할 수 있었다. 왜냐하면 '공유지의 비극'은 공공의 복지를 위해 강제적인 조치를 수용해야 하는 정책들에 윤리적 토대를 제공하기 때문이다. "많은 이들에게 강제(coercion)란 냉담하고 무책임한 관료들의 독단적인 결정을 의미하지만, 그것이 그 단어를 해석하는 데 필수적인 것은 아니다"라고 하딘은 적었다. "내가 권하는 강제란 그 영향을 받는 사람들 대다수가 서로서로 합의한 쌍방의 강제일 뿐이다."[5]

미국에서 강제를 수용하는 것은 온정주의(paternalism)에 적대적인 문화적 풍조에 의해 만들어져 왔다. 19세기 실용주의 철학자 존 스튜어트 밀(John Stuart Mill, 1806-1873)은 '해악의 원리(harm principle)'라고 알려진 언명을 통해, 개인에게 주어진 강제적 지침을 유일하게 정당화할 수 있는 경우는 사회의 나머지 구성원에게 미칠 절박한 해악이 존재할 때뿐이라고 주

---

4   Douglas S. Diekema and Edgar K. Marcuse, "Ethical Issues in the Vaccination of Children," in G. R. Burgios and J. D. Lantos, eds., *Primum Non Nocere Today* (Amsterdam: Elsevier, 1998); Paul Menzel, "Non-Compliance: Fair or Free-Riding," *Health Care Analysis* 3 (1995): 113-115; Tim Dare, "Mass Immunisation Programmes: Some Philosophical Issues," *Bioethics* 12 (1998): 125-149.

5   Garrett Hardin, "The Tragedy of the Commons," *Science* 162 (1968): 1243-1248; 1247.

장했다. 어떤 개인의 고유한 이익은 "충분한 근거가 될 수 없다"고 밀은 말했다.[6] 강제적인 백신접종을 반대하는 사람들은 밀의 격언을 인용하면서, 그런 절차를 거부하는 개인은 오직 자기 자신만 위험에 둘 뿐이라고 주장했다. 그러나 가장 효과적인 백신조차 질병으로부터 100퍼센트 보호해 주지 못한다. 백신접종을 받은 일부 사람들은 기대했던 면역력을 얻는 데 실패하기도 한다.[이런 경우를 '백신 실패(vaccine failures)'라고 부른다.] 더군다나 어떤 백신은 '면역 체계가 취약한', 즉 특별한 생물학적 감수성을 지닌 사람에게는 의학적으로 사용될 수 없다. 따라서 기꺼이 그 위험을 감수하더라도 그 이익을 누릴 수 없는 일부 구성원들은 백신 거부자들 때문에 위험에 노출될지도 모른다. 밀의 표현을 빌리자면 백신을 맞지 않기로 한 결정은 '타인과 관련된(other-regarding)' 결과를 낳기 때문에, 철학자들은 강제적 백신접종에 대한 윤리적 정당화의 근거로서 '해악의 원리'를 발전시켜 왔다.[7]

이런 분석이 명확하게 설명한 것처럼, 백신접종 여부를 둘러싸고 사회는 정책과 법에서 해결해야 하는 아주 밀접한 두 가지 쟁점 즉 '위험과 강제'라는 문제에 직면했다. 부정적인 사건이 생길 가능성을 뜻하는 '위험'은 문화적·정치적·법적 차원이 얽혀 있는 복잡한 현상이다. 많은 사회과학 연구가 보여주는 것처럼, 개인과 사회의 위험은 그들의 태도와 가치를 보여주는 기

---

6 John Stuart Mill, *On Liberty* (1859; Indianapolis: Bobbs Merrill, 1956), 100.

7 Ross D. Silverman and Thomas May, "Private Choice versus Public Health: Religion, Morality, and Childhood Vaccination Law," *Margins 1* (2001): 505-521. For a contrasting view, however, see Dare, "Mass Immunisation Programmes."

준으로 중요하게 여겨진다.[8] 백신접종을 둘러싼 의사 결정에는 몇 가지 유형의 위험이 존재한다. 백신으로 보호받을 수 있다고 생각되는 어떤 질병에 걸릴 위험, 백신을 맞았기 때문에 나타나는 통증 혹은 부작용의 위험, 그리고 백신을 맞지 않아서 다른 사람에게 안길 수 있는 위험 등이 그것이다.

오늘날 백신은 대체로 매우 안전하다. 접종 부위의 통증이나 종창 혹은 가벼운 열감과 같은 대부분의 부작용은 일시적이고 가벼운 수준이다. 그러나 아주 드물게 심한 증상도 보고된다. 경구용 소아마비 백신으로 인해 수백만 명 중 한 명꼴로 등장하는 소아마비 증상이나, 천연두 백신으로 인해 수천 명 중 한 명꼴로 보고되는 뇌염 등이 그것인데, 미국에서 이런 백신들이 더 이상 사용되지는 않는다. 상관관계와 인과관계를 구분하고 명백하게 백신 부작용으로 나타난 증상이라고 결론짓는 것을 둘러싸고 역학 전문가들과 비탄에 젖은 부모들이 다투어 왔고, 통계상의 지표와 개인적 경험의 진실이 서로 충돌해 왔다. 1940년대에 새로운 백신이 점점 폭넓게 사용되는 것을 지켜보면서 어떤 의사는, "출생 후 처음 몇 달 동안 수많은 이유 때문에 아이가 사망할 확률은 꽤나 높다. 따라서 그 시기에 어떤 백신이라도 광범위하게 접종할 때는 세심한 주의가 필요하다. 그렇지 않으면 다

---

8 The literature on risk and its meanings is voluminous. The topic has been approached from numerous disciplinary perspectives. Among many notable works, see Ulrich Beck, *The Risk Society: Towards a New Modernity* (London: Sage, 1992); Mary Douglas, *Risk and Blame: Essays in Cultural Theory* (New York: Routledge, 1992); National Research Council, *Improving Risk Communication* (Washington, D.C.: National Academies Press, 1989); Daniel Kahneman, Paul Slovic, and Amos Tversky, *Judgment under Uncertainty: Heuristics and Biases* (Cambridge: Cambridge University Press, 1982); Cass Sunstein, *Risk and Reason: Safety, Law and the Environment* (Cambridge: Cambridge University Press, 2002); and Allan M. Brandt, "Blow Some My Way: Passive Smoking, Risk, and American Culture," *Clio Medica* 46 (1998): 164-187.

른 흔한 이유 때문에 아이가 사망한 것을 백신 때문이라고 오해할 수도 있기 때문"이라고 언급했다.[9] 많은 사람에게는 자명한 것처럼 들릴 수도 있지만, 현대 의학에서 위험은 어쩔 수 없는 일부분이라는 명제는 항상 논쟁의 대상이었다. 1970년대 어떤 연구 논문에서는 "일반 대중과 심지어 여러 의학 전문가들조차 모든 의학적 개입에는 무시할 수 없는 어느 정도의 위험이 언제나 존재한다는 사실을 이해하도록 충분히 교육받지 못했다. 그리고 의학적 개입을 받은 수천, 수백만 명의 사람들이 그런 위험에 노출되면, 더 많은 사람의 이익을 위해 일부 개인들이 대가를 치른다"고 분석하기도 했다.[10]

위험과 마찬가지로 강제도 다양한 모습을 띨 수 있다. 백신접종과 관련된 강제는 다양한 상황에서 구성원들에게 영향을 줄 수 있는 위해로부터 공동체 전체를 보호하기 위해 작동하는데, 윤리적으로 그런 강제가 받아들여지더라도 정치철학 혹은 도덕철학에서는 논쟁의 여지가 남을 수는 있다.[11] 환자의 자율성을 존중하는 것이 절대적으로 중요한 생명윤리 분야에서 강제는 저주받을 만한 것으로 이해된다. 그렇지만 임상적 치료보다는 집단 차원의 개입에 더 관심을 두면서 아직도 조금씩 발전하고 있는 공중

---

9   Joseph A. Bell, "Current Status of Immunization Procedures: Pertussis," *American Journal of Public Health* 38 (1948): 478-480; 480.

10   Henry M. Gelfand, "Vaccination: An Acceptable Risk?" *Science* 195 (1977): 728-729; 728.

11   Cheyney C. Ryan, "The Normative Concept of Coercion," *Mind*, n.s., 89 (1980): 481-498; Gerald B. Dworkin, "Compulsion and Moral Concepts," *Ethics* 78 (1968): 227-233; Ronald Dworkin, *Taking Rights Seriously* (Cambridge, Mass.: Harvard University Press, 1977); Willard Gaylin and Bruce Jennings, *The Perversion of Autonomy: The Proper Uses of Coercion and Constraints in a Liberal Society* (New York: Free Press, 1996).

보건 윤리 분야에서는 강제적인 조치가 적절한지 그리고 적절하다면 언제 그런 조치를 취해야 하는지 분명하지 않다.[12] 백신접종 프로그램에서 강제는 자유를 박탈하는 위협과 관련되어 왔다. 예를 들면 벌금형이나 다른 형태의 벌칙 부과, 아니면 아동 무상교육이나 복지 혜택처럼 백신을 맞으면 누릴 수 있는 사회적 재화를 받을 수 없도록 하는 것이다. 이는 법률과 같은 공식적인 체계를 통해 시행되거나, 의사와 같은 권위 있는 집단의 압박, 그리고 보건 증진 메시지에서 흔히 발견되는 것처럼 백신접종 거부를 낙인찍으려는 비유적·은유적 강제처럼 '더 부드럽고' 비공식적인 형태로 시행된다.

백신접종에 회의적인 사람들 특히 부모들은 강제력을 사용하는 것에 격렬하게 반대해 왔다. 이들의 생각은 Vaccination News라는 백신접종 반대 사이트에서 쉽게 확인할 수 있는데, 이 사이트는 "일말의 가능성뿐이라 하더라도 자신의 아이를 해칠 뭔가를 억지로 할 수밖에 없는 부모들을 반대한다"고 자신을 소개한다.[13] 이런 태도는 백신접종과 위험에 관한 아주 중요한 심리적 현상, 즉 작위적 오류(errors of commission)보다 부작위의 오류(errors of omission)를 더욱 선호한다는 것을 극명하게 보여주는 것이다.[14] 면역력을 얻지 못하는 것이 아이를 더 위험하게 할 수 있다는 반론은 (백신접종에 회의적인) 부모의 걱정과 불안 앞에서는 거의 힘을 발휘하지 못한다.

---

12 Ronald Bayer and Amy Fairchild, "The Genesis of Public Health Ethics," *Bioethics* 18 (2004): 473-492.

13 Vaccination News web site, www.vaccinationnews.com (accessed January 12, 2004).

14 Ann Bostrom, "Vaccine Risk Communication: Lessons from Risk Perception, Decision Making and Environmental Risk Communication Research," *Risk: Health, Safety, and the Environment* 8 (1997): 183-200.

철학과 법률에 표현된 것에 덧붙여, 위험과 강제는 당연히도 지난 세월 속에서 다양한 의미를 지닌 역사적 구조물이기도 하다. 위험이나 강제적 조치를 구성하는 것들 혹은 구성 요소라고 인식되는 것들은 항상 특별한 상황들의 결과다. 처음 사용될 때부터 위험과 강제라는 개념은 미국 사회에서 백신접종을 둘러싼 담론과 행위들을 만들어 왔다.

백신접종은 1801년 미국에 소개되었는데, 우두에 걸린 적 있는 우유 짜는 여자아이가 천연두에 면역력이 있는 것 같다는 사실을 영국 의사 에드워드 제너(Edward Jenner, 1749-1823)가 운 좋게 관찰하고 백신의 원리를 발견한 지 얼마 지나지 않은 때였다. 백신접종은 과거의 인두법, 즉 천연두에 걸린 사람의 팔에서 떼어 낸 고름을 건강한 사람의 팔에 주입해 미약한 증상을 인위적으로 유도함으로써 천연두에 대한 면역력을 가지게 하는 접종법을 대체했다. 이런 낡은 접종 방식은 종종 아주 심한 천연두 증상을 유발했기 때문에, 천연두를 막기는커녕 그 병을 확산시킬 수도 있었다.[15] 반대로 백신접종은 소의 질병인 우두의 분비물을 사용했는데, 우두는 인간에게는 오직 미약한 증상으로만 나타나면서도, 훨씬 위험한 사촌 질병(천연두)에 대한 교차 방어 효과를 제공했다.

천연두가 퍼질 가능성을 의도하지 않게 막아 주었기 때문에 우두를 활용하는 것이 큰 진전이기는 했지만, 고름 물질을 사람의 팔에서 팔로 옮기는 것은 낡은 접종 방식의 또 다른 문제, 즉 매독 같은 혈액 매개 질병을 전파할 가능성을 여전히 안고 있었다. 1860년대가 되면 의사들이 흔히 운영하

---

15   On inoculation in the colonial period, see Elizabeth A. Fenn, *Pox Americana: The Great Smallpox Epidemic of 1775-82* (New York: Hill & Wang, 2001).

던 일부 '백신 농장(vaccine farms)'들이 병든 소의 림프에서 백신 물질을 만들면서 사람에서 사람으로 직접 면역을 전달할 필요를 없앴다. 상업적 의학실험실의 효시라고 할 수 있는 이런 농장들은 자신들의 제품을 보건 당국과 개업의에게 판매했다.[16] 송아지의 림프를 사용하는 방법은 사람의 팔에서 팔로 전달하는 것보다 백신접종을 훨씬 더 안전하게 만들었지만, 그 과정에서 개업의 개개인의 접종 방법이나 기술력은 천차만별이었고, 엉성한 백신접종 때문에 면역력을 얻지 못하거나 또 다른 병에 걸리는 일이 종종 발생했다. 더욱이 이런 백신접종은 상대적으로 단기적인 면역력을 제공했다. 백신을 맞아 면역력을 유지할 수 있는 기간이 얼마인지는 추측만 가능했기에, 전문가들은 백신 재접종을 정확하게 얼마나 자주 할 필요가 있는지에 대해서 이견을 보였다.[17]

경험적 자료들을 보면 백신접종이 천연두로부터 공동체를 보호하는 데 아주 탁월한 효과를 보였다는 것을 알 수 있다. 19세기에 출판된 의학 저널이나 과학 잡지에는 백신접종을 실시한 지역과 그렇지 않은 지역의 사례를 들어 그 효과를 비교하는 기사가 숱하게 실렸다. 예를 들어 백신접종을 지지하는 사람들은 1874년 백신접종을 의무화했던 독일이 그런 법을 만들지 않은 이웃 국가보다 훨씬 더 엄청난 면역력을 얻을 수 있었다고 주장했다.[18] 미국의 여러 도시에서 백신접종을 받은 사람과 그렇지 않은 사람

---

16 Donald Hopkins, *Princes and Peasants: Smallpox in History* (Chicago: University of Chicago Press, 1983), 268.

17 Pedro Jose Salicrup, "Smallpox and the Value of Vaccination as a Preventive," *New York Medical Journal* (1893): 605-610.

18 "Anti-Vaccinism," *Boston Medical and Surgical Journal* 130, no. 14 (1894): 346-347.

의 발병률과 사망률을 비교한 기사에서도 비슷하게 백신의 효과를 강조했다.[19] 그런 기사들은 백신접종 정도가 다른 국가와 도시들을 비교할 수 있는 표준화된 사망률과 같은 통계자료를 인용하면서, 다음 세기 공중보건 실행의 토대가 될 만한 역학적 매개변수들을 미완성의 형태로나마 제시했다. 신문 사설은 그런 연구를 우호적으로 묘사했고, 백신접종의 보호 효과가 비교통계학에 의해 경험적으로 증명될 수 있다는 생각이 대중매체에서 널리 인정받기 시작했다.[20]

백신의 효과를 수치로 증명하는 것은 19세기 내내 정량화의 바람을 불러일으켰는데, 그 시기 동안 인구·출생·죽음·수명·상업적 재화 등 모든 사물을 계산하는 것이 점점 중요한 방식이 되었고 미국인들은 이런 방식으로 현실 세계를 줄세웠다.[21] 정량화는 널리 보면 위험이라는 관념에, 구체적으로는 특히 백신접종에 핵심적인 논거를 제공했는데, 이를 지지하거나 반대하는 사람들 모두 자신의 입장을 뒷받침할 수치의 확실성을 언급했다. 백신접종을 반대하는 활동가들은 19세기 말 "천연두에 걸리는 것은 24명 중 오직 1명뿐"이라면서, "왜 24명이 1명을 구하기 위해 독을 받아들여야 하는가?"라고 주장했다.[22] 그 시기에 백신과 관련된 위해가 발생할 가능성이 낮다고 대중들을 안심시키려 했던 어떤 의사는 또 다른 방식의 계산법을 제

19   William W. Welch, "A Statistical Record of Five Thousand Cases of Small-Pox," *New York Medical Journal* 59 (1894): 326-330.

20   "The Question of Vaccination," *New York Daily Tribune*, September 2, 1896, 6; *New York Times*, March 13, 1897, 8.

21   Patricia Cline Cohen, *A Calculating People: The Spread of Numeracy in Early America* (Chicago: University of Chicago Press, 1982).

22   "Opposed to Vaccination," *New York Times*, June 6, 1895, 8.

시했다.

> 기차나 도심의 차량, 나룻배 혹은 대양 여객선을 타거나 여행용 차량을 운전
> 하고 극장을 방문하거나 인도를 거닐 때, 사람들은 수학적으로 계산될 수 있
> 는 일정한 위험을 안게 된다. 우리는 그런 상황에서 발생한 사고로 인한 죽음
> 을 거의 매일 목도한다. 전체적으로 보면 이런 원인들 각각으로 인해 전 세계
> 에서 발생하는 사고와 사망의 수치들은 어마어마할 것인데, 여전히 각각의
> 위험은 너무 미미해서 대체로 무시된다.
> 백신접종도 마찬가지이다. 전 세계적으로 진행되고 있는 수많은 백신접종을
> 생각해 보면, 그리고 그 결과로 나타나는 사망이나 심각한 합병증이 얼마나
> 드문지 살펴보면, 각각의 사례에서 백신접종 때문에 나타나는 위험은 실제로
> 무시할 만한 수치라고 정당하게 결론 내릴 수 있다.[23]

1970년대 이후 보건경제학자들은 비용-편익 분석을 통해 백신접종을 정
당화해 왔다. 이는 긍정적인 결과와 비교되는 예상 비용(부작용으로 인한 결
과까지 포함하여)을 가늠함으로써 개입의 가치를 정량화하고 측정하는 기법
이다. 비용-편익 분석은 공공 정책을 수립할 때 편향적일 수 있는 전문가들
의 판단보다 더 낫고 객관적인 토대를 제공한다는 이유로 20세기 중반 이
후 특히 주목받기 시작했다.[24] 공중보건 정책 중 백신접종은 가장 훌륭한

---

23 Jay Frank Schamberg, "What Vaccination Has Really Done," in *Both Sides of the Vaccination Question* (Philadelphia: Anti-Vaccination League of America, 1911).

24 Theodore M. Porter, *Trust in Numbers: The Pursuit of Objectivity in Science and Public Life* (Princeton, N.J.: Princeton University Press, 1995).

비용-편익 모델 중 하나였는데, 얼마 되지 않는 1인당 비용으로 의학적 치료에 드는 엄청난 비용을 절감하고 사회 구성원들에게 생산적인 시간을 제공해 주기 때문이었다.[25] 그러나 그런 통계학적 정당화가 철학적인 반대자들을 설득시키는 데 실패하면서, 최근에는 자유와 자율성에 대한 존중과 같은 도덕적·윤리적 가치들과 이런 전통적인 정량화 과정을 더욱 밀접하게 연결해야 한다는 주장이 제기되었다.[26]

백신접종이 제공하는 편익, 즉 '질병의 부재'는 소극적인 혹은 눈에 보이지 않는 것이기 때문에, 아무리 드물다 하더라도 백신접종의 위험성이 훨씬 더 두드러져 보인다. 이런 특징은 위험(비용)과 이익(편익) 개념이 만들어지는 데 막대한 영향을 미쳤다. 발생한 적도 없는 증상이나 죽음을 가리키는 특정 수치를 아무리 말해 봐야, 극히 드문 백신 부작용의 수치를 말할 때보다 수사학적인 힘을 갖지 못한다. 이미 19세기 초반에 광범위한 백신접종으로 천연두 환자가 극적으로 줄었을 때, 뉴욕시 보건 담당자 사이러스 에드슨(Cyrus Edson)은 이런 모습을 한탄한 바 있다. 그는 백신접종을 비웃는 동료 시민들에게 "존재하지도 않는 위험에 대해 대담하게 반대하는 것은 쉬운 일이다. 독을 경험하지도 않은 채 해독제를 경멸하는 것처럼."이라고 말했다.[27] 감염성 질병이 점점 사그라들수록 이런 문제는 점점 더 심

---

25   Mark A. Miller, Alan R. Hinman, "Economic Analyses of Vaccine Policies," in Stanley A. Plotkin and Walter A. Orenstein, eds., *Vaccines*, 4th ed. (Philadelphia: Elsevier, 2004).

26   Chris Feudtner and Edgar K. Marcuse, "Ethics and Immunization Policy: Promoting Dialogue to Sustain Consensus," *Pediatrics* 107 (2001): 1158-1164.

27   Cyrus Edson, *A Plea for Compulsory Vaccination in Defence of Assembly Bill* No. 474, Entitled "*An Act Regulating Vaccination in the State of New York*" (New York: Trow's Printing and Bookbinding, 1889), 7.

해졌다. 1970년대에 어떤 분석가는 '백신이 성공하면 할수록 백신접종을 계속 진행하는 데 방해가 되기 때문에, 효과적인 백신은 자기 파괴적(self-defeating)'이라고 언급하기도 했다. "공공연한 전염병과 눈에 보이는 위협이 진압되면 될수록, 백신접종의 긴급성은 줄어들고, 부작용을 감수하려는 경향은 감소하며 비판은 늘어난다."[28]

백신접종에 대한 조직적 저항이 등장한 것은 역사적으로 위험과 강제라는 두 가지 요소에 대한 반작용이었다. 최초의 백신접종 반대론자들은 19세기 영국에서 등장했다. 당시 영국은 보건 법안 시리즈 중 하나로 백신접종을 의무화했는데, 이에 대해 중간계급과 빈곤층이 격렬하게 반대한 것이다. 전염성 질병을 광범위하게 통제할 목적으로 만들어진 영국의 법들은 양육 방식이나 성행위처럼 과거 사적인 영역까지 국가의 권한을 확장했다. 백신접종을 거부하는 사람들에게 벌금을 부과하는 것은 원론적으로 국가의 개입을 반대하던 자유주의자들의 분노를 불러왔고, 개개인의 신체를 물리적으로 침해한다는 것에 대한 훨씬 구체적인 공포심을 불러일으켰다.[29] 영국에서의 백신접종 반대 운동은 수많은 팸플릿 저자와 정치적 선동가들 사이에 퍼져 나갔고, 그들 중 한 명인 윌리엄 테브(William Tebb, 1830-1917)는 백신접종의 해악을 설득하기 위해 미국으로 건너갈 정도로 열정적이었

---

28 David T. Karzon, "Immunization on Public Trial," *New England Journal of Medicine* 297 (1977): 275-277; 276.

29 Nadja Durbach, *Bodily Matters: The Anti-Vaccination Movement in England, 1853-1907* (Durham: Duke University Press, 2005). See also Dorothy Porter and Roy Porter, "The Politics of Prevention: Anti-Vaccinationism and Public Health in Nineteenth-Century England," *Medical History* 32 (1988): 231-252; and Roy Macleod, "Law, Medicine and Public Opinion: The Resistance to Compulsory Health Legislation, 1870-1907," *Public Law* (1967): 106-128.

다. 그는 미국의 여러 도시에서 백신 강제접종 반대 조직을 설립하는 데 힘을 실었는데, 그중 하나가 1879년 뉴욕에 만들어진 미국백신반대협회(Anti-Vaccination Society of America)였다.[30] 그들은 백신접종을 위험하고 효과가 없다고 묘사했을 뿐 아니라, 법적인 조치로 강제하려는 시도가 개인의 자유에 대한 폭군적 만행이라고 주장했다.

미국의 경우 천연두로부터 공동체를 보호할 수 있는 백신접종의 효험 때문에, 익히 알려진 위험에도 불구하고 백신접종을 의무화하는 법률이 만들어졌다. 1809년 매사추세츠주는 일반 대중에게 백신접종을 의무화한 첫 번째 주가 되었는데, 모든 아동은 두 번째 생일 전에 한 번 그리고 초등학교 입학 전에 다시 한번 백신을 맞아야 했다. 전염병이 유행하면 지역의 공중보건 관료들은 자신의 관할구역에서 지난 5년 동안 백신을 맞지 않은 시민들에게 백신을 맞도록 요구할 수 있었다.[31] 이를 거부할 경우 벌금부터 구금까지 다양한 벌칙을 부과하도록 주 법률로 규정했다.[32] 공공 교육이 보편화되면서 시 당국들은 전염병 확산의 최적 공간인 학교야말로 전염병 예방을 위한 장소로 기능할 수 있으리라 인식했고, 뒤이어 아이들이 학교에 가기 전에 천연두 백신접종을 해야 한다는 법률을 통과시키기 시작했다.[33] 그

---

30   Martin Kaufman, "The American Anti-Vaccinationists and Their Arguments," *Bulletin of the History of Medicine* 41 (1967): 463-478; 465.

31   "Vaccination and Revaccination," *Boston Medical and Surgical Journal* 130, no 1 (1894): 21-22.

32   William Fowler, "Principal Provisions of Smallpox Vaccination Laws and Regulations in the United States," *Public Health Reports* 56, no. 5 (1941): 167-173; Charles L. Jackson, "State Laws on Compulsory Immunization in the United States," *Public Health Reports* 84, no. 9 (1969): 787-795.

33   John Duffy, "School Vaccination: The Precursor to School Medical Inspection," *Journal*

런 규제들은 법률적 논쟁과 입법을 둘러싼 수많은 논란을 일으켰는데, 19세기 후반 많은 주가 행동주의자들의 압박에 굴복하여 자신들의 법을 철회하거나 조정했다.[34] 비록 공중보건 규제를 둘러싼 논쟁이 이 시기에 드문 것은 아니었지만, 백신접종은 특히나 시끄러운 반응을 불러 모았다. 공공의 선(善)을 보호하기 위해 개인의 자유를 제한했던 다른 지침들은 사람들에게 보통 어떤 활동이나 행위를 해서는 안 된다고 요구하는 것이었다. 반대로 백신접종은 사람들에게 어떤 행위, 특히 어떤 불편함과 관련되어 있을 뿐 아니라 많은 사람에게 그 안전이나 효과가 불확실해 보이는 행위를 요구하는 것이 특징이다.[35]

백신접종을 둘러싼 법적 논쟁은 1820년대에 시작되었다. 그 출발은 버몬트주 노스 히어로의 치안관이 댄 헤이즌(Dan Hazen)의 소를 압류한 사건에서 비롯되었는데, 지역 주민에게 백신을 접종하는 데 필요한 자치 예산을 기부해 달라는 요청을 헤이즌이 거절했다는 이유였다.[36] 이 사건의 경우 소송 쟁점은 백신접종 그 자체가 아니라 세금을 징수하는 자치 정부의 권한에 관한 것이었지만, 백신접종 의무화 프로그램을 둘러싼 법적 논쟁에서 개인과 공공의 긴장 관계는 반복적으로 등장하는 요소였다. 19세기 말쯤에는 전국의 법정에서 이 주제에 관련된 수십 개의 판결이 내려졌다.[37] 미국

---

of the History of Medicine and Allied Sciences 3 (1978): 344-355.

34 Kaufman, "American Anti-Vaccinationists and Their Arguments," 464.

35 Jackson also makes this point in "State Laws on Compulsory Immunization," 787.

36 Hazen v. Strong, 2 Vt. 427 (1830).

37 James A. Tobey, Public Health Law: A Manual for Sanitarians (Baltimore: Williams & Wilkins, 1926), 89-98; William Fowler, "Smallpox Vaccination Laws, Regulations, and Court Decisions," Public Health Reports, suppl. 60 (1927): 1-21.

역사상 공중보건과 관련된 가장 중요한 사법적 판결 중 하나는 1905년 '야콥슨 대 매사추세츠(Jacobson v. Massachusetts)' 사건이다. 이 사건에 대한 판결에서 판사는 강제적인 백신접종은 '치안권' 즉 시민의 보건, 복지, 안전, 선행을 지키기 위해 주 정부에 주어진 헌법적 권위의 범주에 포함된다고 판시했다.[38] 이후 1922년 '주흐트 대 킹(Zucht v. King)' 사건에서 등교를 위해 강제적 조치를 수용해야 한다[39]는 것이 다시 한번 확인되었다. 이런 법적 판단에도 불구하고 백신접종을 둘러싼 법적 논쟁은 끊임없이 제기되었고, 사법적 판결은 관련된 정책을 만드는 데 지대한 영향을 미쳤다.

그러나 역설적이게도 야콥슨 재판은 이후 수십 년 동안 미국 공동체에서 새로운 백신접종이 진행되는 방식에 결정적인 영향을 미치지는 못했다. 일찍부터 천연두 예방을 위한 법적인 조치를 시행했고 현재에도 그런 법률이 광범위한 네트워크를 이루고 있는 것을 감안하면, 미국 백신접종의 역사에서 직관적으로 가장 이해하기 힘든 사실은 20세기 중반 내내 보건 관료들이 강제적인 방식에 거의 의존하지 않았다는 것이다. 강제보다 설득을 더욱 선호한 것은 일정 부분 미국의 시민적·정치적 삶에서 핵심으로 여겨진, 자유와 자율성의 원리를 존중하는 전통에 뿌리를 둔 것이었다. 물론 실용적인 이유도 있었다. 보건 분야 관료들이 생각하기에, 학교에 강요된 법률은 아동들을 보호하려는 노력을 방해할 수 있었고, 반면 어른들에게 백

---

38 Lawrence O. Gostin, *Public Health Law: Power, Duty, Restraint* (Berkeley: University of California Press, 2000); on the police powers, see 47-51.

39 [역주] 주흐트 대 킹(Zucht v. King, 260 U.S. 174) 사건은 "계속되는 발병이 없더라도 공립학교가 헌법에 따라 백신접종을 하지 않은 학생의 등교를 거부할 수 있다."고 판시한 미국 대법원 판결이다.

신접종을 강요하려는 시도는 엄청난 저항을 불러올 수도 있었다. 무엇보다 그들은 설득이 행동의 변화를 가져오는 더 확실한 방편이라고 여겼다. 뉴욕주 보건위원회 마티아스 니콜(Matthias Nicoll)은 1927년 "설득은 느린 과정"이라면서 "그 결과가 놀랄 만한 것은 아니지만 확실하고 영속성이 있으며, 평범한 사람들 사이에서 법률적 강제를 통한 시도보다는 훨씬 더 많은 것을 얻을 수 있다"고 말했다.[40]

그렇지만 그 모든 장점에도 불구하고 설득에는 한계도 있었다. 공중보건 담당자로서 수년 동안 활동한 니콜이 "공중보건 운동의 첫 단계에서 천 명의 협력을 이끌어 내는 것보다 마지막까지 완고하게 무관심한 백 명의 협력을 구하는 것이 훨씬 더 힘들다"고 했을 때 분명히 인식한 사실이 바로 그것이었다.[41] 20세기 중엽 '접근조차 어려운 사람들(hard-to-reach)'이라고 불렸을 만큼 백신접종을 거부하는 사람들을 어떻게 설득할 것인지는 쉽게 풀리지 않는 난제였다. 사람들이 자신이나 아이들에게 백신을 접종하지 않으려는 이유는 시대에 따라 다양했다. 20세기 전반기에 백신접종 거부는 보통 개인적인 태만으로 간주되었는데, '무지와 무관심'이 그런 행동을 설명하는 표준적인 어휘였다. 1950년대 말부터는 무지와 무관심 대신 의료시스템에 대한 비판이 그런 행동을 설명하는 논리로 쓰이기 시작했다. 이런 관점에 따르면, 최적의 기준에 미치지 못하는 백신접종률은 개인 탓이 아니라 사회의 잘못이며, 예방 서비스를 제공하기에 적합하지 않은 구조적인 문제라는 것이다.

---

40 Matthias Nicoll, "The Age of Public Health," *New York State Journal of Medicine* 27 (1927): 114-116; 116.

41 *Ibid.*, 114.

설득을 위한 노력 과정을 가장 잘 보여주는 것은 광고와 홍보물이었다. 1920년대 근대적인 마케팅 기법들이 등장하면서 보건 담당 관료들은 백신접종의 중요성을 대중에게 '판매하려고' 노력했다. 이런 노력들은 소비자 상품 광고처럼 타깃 대중을 움직이기 위해 감성적인 측면, 예를 들어 죄의식이나 공포 혹은 널리 인정받는 규범을 지키려는 욕망을 공략하고자 했다. 수많은 캠페인에서 아이에게 백신접종을 하지 않는 행위에 대해 도덕적으로 비난받을 만한 무식한 짓으로 대놓고 규정하려고 했다. 1978년 라디오 특집방송에서는, 유명한 텔레비전 시트콤 '행복한 나날들(Happy Days)'에서 엄마 역할을 맡은 여배우 마리온 로스(Marion Ross)가 "만약 당신의 아이가 소아마비나 홍역, 디프테리아 혹은 유행성이하선염에 걸린다면, 그 아이가 적절하게 면역력을 가지지 않은 것이기 때문이니 당신 잘못일 것입니다."라고 비난을 가한 것이 대표적인 사례였다.[42] 부모의 죄의식을 자극하는 것을 포함하여, 이런 설득의 노력에서 두드러진 또 하나의 수사학적 전략은 병에 걸렸을 때의 위험을 강조하고 과장함으로써 긴급하다는 느낌을 만드는 것이었다. 지방의 보건 담당자들이 소아마비 예방 프로그램을 계획하는 것을 돕기 위해 1963년 연방 질병통제센터(Communicable Disease Center, CDC)에서 발행한 지침을 보면, '공식 문건에서 유행병이라는 단어 자체를 적극적으로 사용하는 것이 대중이 행동하도록 자극하는 아주 효과적인 한 가지 방법'이라고 되어 있었다.[43] 그렇지만 미국 사회에서 각

---

42 New York State Health Department, Spot # 2, March 1, 1978, NYSDOH, series 13307-82, box 8, folder: Immunizations (1977-1978).

43 Achieving Public Response (Atlanta: Communicable Disease Center, 1963), 1, NARA, RG 90, box 334062, folder: Achieving Public Response to Immunization Programs.

종 질환이나 사망의 원인으로서 전염병의 비중이 점차 감소하고 그 흔적만 남게 되면서, 이런 전략은 점점 유지되기 힘들어졌다.

20세기 중반 내내 백신접종 정책에서 강제보다는 설득이 우위를 점했지만 1960년대 들어 상황이 변했다. 전국적인 홍역 예방 캠페인을 진행하는 과정에서 전염성 질병의 박멸이라는 이데올로기로 인해, 취학 전 아동에게 백신을 의무적으로 접종할 것을 규정한 법률을 만들어야 한다는 전국적 요구가 분출한 것이다. 기본적으로 자식에게 백신을 맞힐 의향은 있지만 그 부모가 실제로 행동하게끔 만들려면 특별한 계기가 필요하다는 믿음이 이런 강제적 조치에 의존하는 데 정당성을 부여했다. 이런 법률들은 기본 원칙이나 상세한 조항들 하나하나에 대해 도전을 받기도 했지만, 대중들은 놀랄 정도로 이들 법률을 대부분 수용했고 취학 연령대 아이들의 백신접종률도 성공적으로 높아졌다. 설득 전략이 여전히 백신접종 프로그램의 근간이었지만, 동시에 보건 담당자들이 보기에 백신접종과 취학을 묶은 법률은 '접근조차 어려운 사람들'의 아이들을 포괄할 수 있는 사회안전망 역할을 했다.

20세기 백신접종 캠페인에서는 영유아나 아동들이 주요 대상이었기 때문에, 아동에 대한 부모의 통제라는 문제가 개인과 공동체 사이의 긴장 관계에 항상 걸쳐 있었다. 정치적 혹은 종교적 이유로 아이들에게 백신을 맞히지 않으려는 부모의 소망과 백신접종률을 높여 집단면역을 형성하고 예방 가능한 질병으로부터 아이들을 보호하려는 공동체의 이해관계 중 어느 것이 얼마나 더 우월한가? 사회가 부모의 선택을 무시할 권리 혹은 의무가 있는지는 의학적이든 그렇지 않든 다양한 맥락에서 논쟁을 불러일으켰는데, 이런 논쟁은 크리스천 사이언스, 여호와의 증인(Jehovah's Witnesses), 아미시(Amish)와 같은 집단들을 중심으로 불거졌고, 더불어 의무교육법 준수, 아동노동 금지, 생명을 구하기 위한 수혈 동의와 같은 문제들과 엮였다.[44] 미국적 문화와 정치 지형에서 양심의 문제와 관련해서는 보통 부모의 자율성을 매우 중시하는 편이고, 보건 당국은 철학적·종교적 이유로 백신접종을 거부할 경우 관련 법 적용을 상당 부분 면제해 주려고 했다. 그렇지만 이런 면제의 범위는 헌법상 이유로 항상 도전받아 왔다. 면제의 범위가 너무 좁으면 그것은 국가가 용납하기 어려울 정도로 종교의 자유를 침해하는 것으로 간주될 수 있었다. 반면 너무 광범위하면, 그런 면제를 받지 않고 백신을 맞는 다수를 똑같이 보호할 수 없는 형평성 문제가 제기될 수 있었다.[45]

백신접종을 면제받는 사람이 많아지면 결국 집단면역에 방해가 되기 때문에, 백신접종 면제는 단순히 윤리적·법적인 문제일 뿐만 아니라, 역학적인 결과를 수반한다. 아이들의 건강을 보호하기 위해 부모의 관리가 더 중요하다고 생각하는 사람들은 공동체의 안전을 위협하지 않는 수준으로 합리적 조율이 가능하다고 주장해 왔다. 면제 조항을 더 확대해야 한다면서 어떤 비평가는 "극소수 부모가 아이들에게 백신을 맞히지 않기로 결정했다 하더라도, 그것이 집단의 면역 수준이나 민감한 개개인이 전염성에 걸릴

---

44 See, e.g., Janna Merrick, "Spiritual Healing, Sick Kids, and the Law: Inequities in the American Health Care System," *American Journal of Law and Medicine* 29 (2003): 269-299; and Rita Swan, "On Statutes Depriving a Class of Children to Rights to Medical Care: Can This Discrimination Be Litigated?" *Quinnipiac Health Law Journal* 2 (1999): 73-95.

45 Ross D. Silverman, "No More Kidding Around: Restructuring Nonmedical Childhood Immunization Exemptions to Ensure Public Health Protection," *Annals of Health Law* 12 (2003): 277-294.

가능성을 크게 바꿀 것 같지는 않다"고 주장했다.[46] 반면 그런 분석은 어려운 질문, 즉 "면제받는 소수를 얼마나 많이 허용할 것인가?" 혹은 "만일 아주 많은 부모가 아이들에게 백신을 맞히지 않기로 하면 강제적 수단에 의존하는 것이 더 허용될 수 있을까?" 등과 같은 질문을 회피하는 것이다. 백신을 맞지 않은 아이들 집단이 질병 확산에 미치는 영향에 관한 역학 조사에 따르면, 특히 홍역처럼 전염성이 아주 강한 질병의 경우 병에 걸리기 쉬운 극소수의 아이들이 공동체 전체의 건강을 위협할 수 있다.[47]

보건의료의 다른 측면과 마찬가지로 강력한 사회경제적 기울기가 백신 접종 수용의 특징을 보여주었다. 학력이 낮고 저소득층인 사람들 및 그 자녀들은 학력이 높고 고소득인 사람들에 비해 백신을 맞지 않으려 한다는 것이다. 이런 현상들은 1920년 백신접종 상황에 대한 전국 조사에서 이미 관찰된 바 있고, 1950년대 소크 백신을 도입하던 초창기에 전국적인 백신 접종률을 조사하는 것이 관례화되면서 다시 한번 확인되었다. 전염병이 점차 가난한 지역에 국한되기 시작하면서 백신접종의 문제는 광범위한 사회과학 연구주제가 되었고, 1960년대에는 불평등과 사회적 정의라는 문제로 재구성되었다. 이런 개념 변화 과정은, 1990년대 보건의료 전달 체계를 발전시켜 더욱 공평하고 접근 가능하게 만들려고 했던 개혁가들의 관심사에

---

46   P. Bradley, "Should Childhood Immunisation Be Compulsory?" *Journal of Medical Ethics* 25 (1999): 330-334; 334.

47   "Outbreak of Measles among Christian Science Students-Missouri and Illinois, 1994," *Morbidity and Mortality Weekly Report* 43 (1994): 463-465; Daniel R. Feiken, David C. Lezotte, R. F. Hamman, et al., "Individual and Community Risks of Measles and Pertussis Associated with Personal Exemptions to Immunization," *Journal of the American Medical Association* 284 (2000): 3145-3150.

활력을 불어넣었다.

백신접종 정책과 법률의 진화

이 책은 1905년에 획기적인 '야콥슨 대 매사추세츠 사건(Jacobson v. Massachusetts)' 재판이 진행되던 시기부터 시작한다. 이 책의 각 장은 20세기 이후 지역에서 전국적인 범위로 점차 진화해 나가는 의사 결정 과정으로서 백신접종 정책의 궤도를 그린다. 20세기 초반에는 누가 백신접종의 대상이며 어떻게 그들에게 다가갈 것인지에 대해 시, 카운티, 주의 보건 당국들이 결정했다. 이 책의 처음 세 개의 장에서는 뉴욕시와 뉴욕주의 사례를 주로 살핀다. 뉴욕시는 '위생혁명' 초창기부터 조직적인 공중보건을 추진한 전국적 모범 사례로서, 백신접종 정책을 마련하는 선두에 있었다.

1장에서는 야콥슨 재판 판결의 배경이 된 사건들을 설명한다. 20세기 들어 브루클린과 뉴욕에서 천연두가 유행하자, 격리·민형사상 벌칙·검열 등 다양한 형태의 압박으로 백신접종을 거부하는 사람들에게 이를 강요할 수 있는가를 둘러싸고 지루한 법정 소송과 입법 논란이 진행되었다. 2장에서는 백신 강제접종 반대 운동이 격렬했던 혁신주의 시대 그리고 1920년대 뉴욕과 주변 지역에서 야콥슨 재판이 가져온 놀랄 만한 결과들을 살펴본다. 사람들이 보기에 천연두 발병이 점차 줄어들고 물러남에 따라, 백신접종에서 출발한 역풍들이 새로운 활력을 얻은 것처럼 보였다. 자유론자부터 자연적이고 대체의학적인 치료 행위를 주창하는 사람들까지 다양한 개개인과 조직들이 적극적인 선동이나 소극적인 반항의 형태로 백신접종률을 높이려는 보건 당국의 노력을 뒤흔들어 놓았다. 3장에서는 디프테리아를 예방하기 위해 독소-항독소 주사를 도입하여 제2의 전국적인 백신접종 체계를 만들려고 했던 일련의 과정 속에서 광고와 홍보물이라는 새로운 기법이 극적으로 등장하는 모습을 살펴본다. 이 시기에 새로운 공중보건 풍조가 자리 잡기 시작했는데, 이론적으로 보면 늘 그랬던 것은 아니지만 설득의 수단이 19세기의 강제적 전략을 대체했다. 의학 전문가들이 점차 단일한 행보로 대중요법을 사용하고, 건강·질병·신체의 문제에 대해 스스로 신뢰할 만한 중재자 역할을 확립해 나가면서, 백신접종의 '적격자'를 둘러싼 갈등이 등장했는데 이런 긴장은 의학적 과정과 공중보건 개입의 경계에 걸쳐 있었다.

4장부터 7장까지는 전국적인 범위로 초점을 넓히면서 동시에 지역적 차이를 설명하기 위해 뉴욕과 다른 시, 주의 여러 사례 중 몇 가지를 선택해서 살펴본다. 소아마비 백신 특허가 나오기 시작한 1950년대부터 연방 정부는 백신접종에 있어 독자적인 역할을 하려는 시험적인 단계를 밟아 나갔다. 이런 기획들은 1960년대 연방 공중보건국 산하에서 백신접종을 전담하는 기구들이 전국적인 프로그램을 만드는 과정에 지대한 영향력을 행사하면서 점차 확대되었다. 4장에서는 소아마비 백신의 도입을 다루는데, 이는 미국의 백신접종 역사에서 전환점이 될 만한 사건이었다. 조너스 소크 백신의 출현은 미디어를 통해 센세이션을 일으켰고, 거부하는 사람들을 설득하는 것보다 백신을 맞으려는 사람들의 수요를 충족시키는 것이 더 어려웠던 최초의 사건이었다. 그러나 초창기의 이런 극적인 모습은 오래가지 않았고, 보건 당국은 20여 년 전 디프테리아 예방 캠페인 동안 다른 성공적 수단들과 함께 사용되었던 광고 기법으로 다시 돌아갔다. 사회과학 연구와 새로운 역학적 감시 방법들은 정책 결정에 중요한 역할을 맡았다. 5장에서는 백신접종을 통해 드디어 '천벌'로부터 자유로운 사회를 만들 수 있으리라는 유례없는 희망이 지배하던 시기에 전염병을 통제하려는 노력을 살펴본다. 미국에서 소아마비가 거의 사라지고 전 세계적으로도 소아마비 박멸 캠페인이 기획되면서, 그리고 항생제 및 여러 의학적 성취물들이 널리 사용되면서, '박멸주의(eradicationism)'라는 철학이 거세게 퍼졌고, 이는 백신접종 정책의 주요한 기조가 되었다. 그리고 공립학교 입학 전에 광범위한 백신을 맞아야 한다고 규정하는 법률을 만들고 강력하게 시행한 20세기에 가장 중요한 정책 전환이 일어난 데에는 홍역을 박멸하기 위한 전국적 캠페인이라는 맥락이 중요하게 작용했다.

6장에서는 백신의 안전을 둘러싼 논쟁 및 강제적인 접종 정책을 둘러싼 윤리적·전략적 복잡함을 살펴본다. 임상 연구에서는 충분한 정보에 근거한 자발적 동의라는 원칙이 일종의 규범이었기 때문에, 보건 당국은 백신접종자들이 그 위험과 이익에 대해 충분히 인지하고 판단했다는 것을 증명해야 한다는 압박을 받았지만, 법적인 강제력을 사용하는 것과 그런 동의를 조율하고자 노력했다. 일부 소수의 사람은 백신 부작용으로 부득이 피해를 받을 수밖에 없다는 사실이 널리 알려지면서, "이런 위험을 누가 책임져야 하는가?" 그리고 "그 책임은 어떤 형식이어야 하는가?"를 두고 논쟁이 촉발되었다. 이런 논쟁들은 백신 피해에 대해 금전적 보상 체계를 규정한 획기적인 연방법을 만든 1986년에 정점을 찍었다.

마지막으로 7장에서는 21세기 전환기에 백신접종을 둘러싼 정책, 정치 공학, 법률 들을 살펴본다. 1990년대 백신접종률을 높이려는 중요한 시도로서 저소득층 아동들에게 무료로 백신을 공급하는 연방 프로그램이 추진되었는데, 그 결과 역대 가장 높은 백신접종률을 기록하게 되었다. 그러나 동시에 백신의 안전에 대한 새로운 우려들이 백신접종 반대론자들 사이에서 격렬하게 부활했고, 인터넷을 타고 널리 퍼져 나갔다. 천연두가 바이오 테러 무기로 다시 등장하거나 장래에 강제적 수단의 망령이 다시 광범위하게 취해질지 모른다는 걱정들은, 강제적 권력을 인정한 야콥슨 재판의 세기적 판결에 새로운 정당성을 부여했다.

　20세기 내내 과학적 의학의 진전으로 인해, 공중보건 풍경을 완전히 바꾼 백신이라는 의료 필수품이 만들어졌다. 그러나 백신접종을 둘러싼 이야기는 과학적이면서도 동시에 정치적인 것이다. 백신접종 정책은, 위험-편익, 개인의 권리와 공적인 의무, 설득과 강제의 균형 등과 같은 문제를 둘러싼 수많은 정치적·윤리적·법적 질문들을 거치면서 진화해 왔다. 이런 쟁점들은 공중보건 및 의학 자문 전문가들의 모임뿐 아니라 의회, 법정, 대중매체, 최근에는 인터넷 공간에서 논쟁되어 왔다. 이 모든 자리에서 서로 다른 가치와 믿음 그리고 판단 증거들이 떠다닌다.

1장

설득과 강제 사이

– 20세기 전환기 백신접종

State of Immunity

1902년 겨울 천연두 대유행이 도래하자 《뉴욕 데일리 트리뷴(New York Daily Tribune)》은 사설을 통해, "백신접종 문제에 관심이 없다면 조만간 '공동체의 건강을 반대한다'고 말하는 셈이 될 것"이라고 했다.[1] 최신의 방법으로 자신들을 보호할 수 있는 절차를 따르지 않는 사람들을 몰아세우면서, 신문은 개인적으로 실패한 수많은 시 당국 보건 관료들에게 대중의 목소리를 전달했다. 신뢰할 만한 예방책이 백 년 전부터 이미 있었기 때문에 그들은 천연두를 탁월하게 통제할 수 있어야 했지만, 많은 사람들은 광범위한 백신접종을 통해 질병으로부터 해방되는 것을 당연하게 여기게 되었다. "시민들의 이러한 자기만족을 극복할 수 있는 최선의 방법은 무엇인가?" "자기 자신뿐 아니라 공공의 이익을 위해 스스로를 보호하도록 어떻게 설득할 것인가?" 인구 증가와 이민자의 끊임없는 유입이 전염병과의 부단한 투쟁이라고 여긴 도시에서는 이 질문이 항상 반복되고 있었다.

20세기 전환기에, 백신접종을 통해 천연두를 통제하는 보건 당국의 권위는 수많은 법정 소송에서 다투어졌고, 주 의회와 대중잡지, 의학 저널 그리

1　"The Value of Revaccination," *New York Daily Tribune*, January 4, 1902, 10.

고 이웃들 사이에서도 논쟁되었다. 논점은 백신접종 절차를 따르고 싶지 않은 사람들이 법적으로 혹은 현실적으로 그 통제를 따라야 하는지 여부였다. 전염병 대유행의 위협이 다가오면 많은 사람이 자발적으로 백신을 맞으려는 기나긴 줄에서 기다렸다. 주저하는 시민을 위해 브루클린과 뉴욕의 보건 당국은 감염 지역의 집집마다 그리고 대규모 일꾼들이 일하는 현장마다 백신접종 팀을 보냈다. 뉴욕 주는 성인에 대한 백신접종을 의무화하는 법령을 명문화하지 않았기에 이런 프로그램은 겉으로 보기에 자발적이었지만, 그들의 활동 방식은 충분히 강제적이라고 얘기될 만했고, 많은 사람에게 선택이 아니라 복종해야 할 것 같은 인상을 주었다.

이번 장에서는, 보건 당국이 자신의 영향력을 확장해 나가면서도 법적 권위 및 대중 여론과 모호하게 타협해 나갔던 전환기 동안 백신접종 정책을 둘러싼 갈등과 긴장을 분석한다. 두 번의 천연두 대유행기 동안 브루클린과 뉴욕의 보건 담당자들은 사실상 강제성을 띠었지만 자발성이라는 언어로 자신들의 활동을 포장했는데, 명확한 법률적 명령권을 가지고 있지 않았기에 이런 전략이 자신들의 목적을 달성하는 가장 효과적인 방법이면서 혹시 모를 조직적인 저항을 막을 수 있다고 믿었기 때문이다. 백신접종을 둘러싼 법정 다툼에서 보인 일관되지 못한 그리고 가끔 모순적인 규정들을 보면, 이 시기 공동체의 건강을 보호하는 데 정부의 적합한 역할이 무엇인지에 대한 생각이 얼마나 변덕스러운지 알 수 있다. 이런 규정들은 1905년 '야콥슨 대 매사추세츠 사건(Jacobson v. Massachusetts)'에 대한 기념비적인 대법원 판결을 위한 무대를 마련했는데, 이 판결은 질병의 전파를 막기 위해서 개인의 자유를 얼마나 제한할 수 있는지에 대해 분명하게 언급했다. 과학의 발달로 의사의 진단 및 치료 능력이 발전했음에도 불구하고, 백신접종에 대한 법정 소송과 대중의 반응은 질병을 예방하거나 치료하는 데 의학 전문가의 능력에 대한 끈질긴 의심을 보여주는 것이었다. 미국 백신접종의 역사상 중요한 전환기인 이 시기의 사건들은, 자치단체 보건 당국이 휘두른 권위의 확장과 한계를 보여주며, 나아가 시민의 복지를 보호하기 위해 자신들의 권위와 능력 모두를 확고히 하려 했던 일이 얼마나 어려웠는지 잘 보여준다.

1893~1894년 대유행

20세기 전환기에 천연두에 대한 대중의 태도는 자기 위안과 공포가 결합된 것이었다. 비록 천연두가 역대 가장 파괴적인 질병 중 하나였다 하더라도 미국이나 다른 서구 지역에서는 이미 질병이나 죽음의 주요 원인으로서 그 지위를 잃어 왔다. 홍역, 성홍열, 디프테리아 같은 다른 질병들이 훨씬 더 많은 희생자를 냈다. 많은 사람이 주장하듯이 백신접종의 성공 때문에 천연두로부터 어느 정도 자유로워진 시절 동안 대중들 사이에는 안심하는 마음이 커졌고, 많은 의사들이 천연두를 홍역이나 수두로 오해하곤 해서 더이상 초기 단계에서 정확히 진단할 수 없었다.[2] 그와 동시에 천연두의 우울한 증상이나 높은 사망률, 급격하게 퍼지는 양상은 개인적으로 그 질병을 경험한 적 있는 사람들 사이에서는 엄청난 공포의 대상이었다. 천연

---

2 *Annual Report of the Board of Health of the Health Department of the City of New York for the Year Ending December 31, 1894* (New York: Martin Brown, 1895), 45.

두가 유행했을 때 브루클린 보건부 보고서에 "전염병이 근접해 오면 백신 접종 의사들의 노고를 효과적으로 도와주는 것이 된다."고 적은 것도 그런 이유에서였다.[3]

19세기 말 송아지의 림프를 사용하게 되면서 고름 물질을 팔에서 팔로 옮기는 낡은 방식을 대체하게 되었고, 백신접종은 놀랄 만큼 안전해졌다. 그렇지만 불편하고 때론 목숨까지 위협하는 부작용을 보인 백신접종의 파란만장한 역사 때문에 사람들은 여전히 백신을 맞는 데 주저했다. 특히나 파상풍 같은 우연한 감염을 걱정하는 공포는 떠날 줄 몰랐고, 백신접종을 하면 몇 날 며칠 동안 통증이 지속된다고 알려져 있었다. 백신접종을 옹호하는 의사들은 그 과정을 적절하게 관리해야 대중의 불안을 누그러뜨릴 수 있다고 보았다. 보통 상아 같은 것으로 만든 날카로운 '침(point)'으로 팔을 몇 번 문질러 피부에 상처를 내고, 천연두에 걸린 송아지의 림프를 글리세린으로 처리하여 그 상처에 주입했다. 백신을 접종하는 가장 안전하고 효과적인 방법, 가령 팔에 얼마나 깊은 상처를 낼 것인지 혹은 접종 부위를 소독하는 최선의 방법은 무엇인지 등을 둘러싼 토론들이 의학 저널이나 의사 모임에서 활발히 이루어졌다.[4] 의학 저널에 글을 투고하는 의사들은 동료들에게 너무 부주의한 것 아니냐고 잔소리하면서, "의사 입장에서 이렇게 기계적으로 백신을 접종하면 부모들은 자기 아이에게 가능하면 백신을 안 맞히려 할 것이고, 오히려 그들을 열렬한 백신접종 반대자로 만들게 된다."

---

3 *Annual Report of the Board of Health of the City of Brooklyn for the Year 1886* (Brooklyn, 1887) 37.

4 See, e.g., F. G. Attwood, "Vaccination," *New York Medical Journal* 70 (1899): 803-804; "Proceedings of Societies" *Brooklyn Medical Journal* 15 (1901): 712-715.

고 비난했다.[5] 평판 나쁜 제약 회사의 오염된 림프 혹은 적절한 방식으로 준비되지 못한 림프를 사용하는 몇몇 의사의 행태 때문에 의사들은 종종 깜짝 놀라며 당황스러워했다. 감염되어 부풀어 오르거나 종기가 생긴 팔은 의사들에게 그리고 회의적인 대중들로부터 어떻게든 신임을 얻으려는 그들의 노력에 불명예스러운 것이었다.

수년 동안 잠잠했다가 1893년 브루클린에서 천연두가 다시 등장하자, 많은 보건 관료들은 회의적인 시민들에게 백신접종을 강제할 수 있는 아무런 법적 권한이 없다면서 좌절했다. 전염병을 통제하기 위해 감염 사례가 보고된 지역에 백신접종 담당자가 파견되었는데, 보건부의 보고서에 그 과정이 묘사된 것처럼, 그들은 양 옆의 집에서 부채처럼 퍼져 나가면서 "결코 통과할 수 없는 백신접종이라는 벽으로 감염자들을 포위하여" 이웃들에게 보호막을 제공했다.[6] 주민들의 저항에 부딪혔을 때, 어떤 의사는 "우리는 그저 설득하는 수밖에 없다. 논쟁만이 우리의 유일한 밑천일 뿐"이라고 푸념했다.[7] 백신접종을 강제할 수 있는 법적 권한이 제한되어 있다는 것은, 공공의 안녕을 보호하는 정부의 권리와 책임에 대한 수많은 논쟁이 반영된 것이었다. 1860년대부터 주 정부 및 지방에 보건 담당 부서가 만들어졌고, 일반적으로 보건 담당자의 권한은 이후 수십 년 동안 커져 왔다. 위생 개혁으로 콜레라 대유행을 막은 초창기의 성공 사례에 자극받은 관료들은 1882

---

5   Frank S. Fielder, "What Constitutes Efficient Vaccination?" *New York State Journal of Medicine* 2 (1902): 107.

6   *Annual Report of the Board of Health of the City of Brooklyn for the Year 1888* (Brooklyn, 1889), 45.

7   *Annual Report of the Board of Health of the City of Brooklyn for the Year 1887* (Brooklyn, 1888), 12.

년 결핵균을 발견한 로베르토 코흐(Heinrich Harmann Robert Koch, 1843-1910) 이후 엄청나게 발전한 세균학을 활용하면서 시민들의 목숨을 지키는 일을 점차 자신들의 권한 아래 두려고 했다. 화학, 공학, 의학의 최신 기법들을 배운 새로운 전문가 그룹은 육류와 우유의 생산 및 유통, 건물 건축, 쓰레기 수거, 사설/공공 옥외화장실, 상수도 공급 등을 관리하는 규칙들을 만들었다.[8] 그렇지만 이 모든 분야에서 강제적인 방식은 어울리지 않았다. 관료들은 종종 본인의 삶에 정부가 침투하는 것을 거부하는 시민들 혹은 보건 관련 규제를 자유로운 상업 활동에 대한 간섭이라고 여긴 기업가들로부터 저항을 받았다.[9]

전염병이 절정에 달했을 때 새로운 장관이 부임하면서 브루클린 보건국은 훨씬 공격적인 태도를 취하기 시작했다. 당시까지 브루클린은 뉴욕 시와 독립적인 관계에 있었고 잘 조직된 보건 부서를 따로 갖추고 있었다. 20년 가까이 의사로 활동하면서 주 의사협회 회장도 맡았던 테일러 에머리

---

8 The first permanent municipal health department was founded in New York City in 1866 and the first state board was created in Massachusetts in 1869. On the growth in the authority of health departments and scientific medicine during this period, see, e.g., Elizabeth Fee and Evelynn M. Hammonds, "Science, Politics and the Art of Persuasion: Promoting the New Scientific medicine in New York City," in David Rosner, ed., *Hives of Sickness: Public Health and Epidemics in New York City* (New Brunswick, N.J.: Rutgers University Press, 1995); Stanley K. Schultz and Clay McShane, "To Engineer the Metropolis: Sewers, Sanitation, and City Planning in Late-Nineteenth-Century America," *Journal of American History* 65, no. 2 (1978): 389-411; and Barbara Gutmann Rosenkrantz, *Public Health and the State: Changing Views in Massachusetts, 1842-1936* (Cambridge, Mass.: Harvard University Press, 1972).

9 Rosenkrantz, *Public Health and the State*, 65-67; Judith Walzer Leavitt, *The Healthiest City: Milwaukee and the Politics of Health Reform* (Princeton, N.J.: Princeton University Press, 1982), 8-9 and passim.

(Z. Taylor Emery)는 브루클린의 저명한 공화당 출신 시장 찰스 쉬렌(Charles Schieren)의 지명을 받아 1984년 2월 1일부터 보건국장 업무를 시작했다. 천연두 감염 환자가 폭발적으로 증가하는 상황에 맞서 에머리는 예전보다 훨씬 공격적으로 대처했는데, 백신접종 의사의 수와 활동 영역을 늘렸으며 그들이 업무를 수행할 때 필요한 강제적 권한을 확대했다.

그의 첫 번째 조치 중 하나는 27개의 보호시설에 백신접종 의사 팀을 파견한 것인데, 이곳에는 주로 독일인들이 생활하고 있었다. 브루클린의 독일 이민자들은 백신접종을 반대하는 것뿐 아니라 보건 관료들을 상당히 의심쩍게 여기는 것으로 유명했다. 전염병에 대응하는 도시의 수장이 쓴 보고서에 따르면, "감염 환자들이 계속 발생했지만 계속 숨었다. 재봉 공장으로 출근하거나 아이들이 학교에 가는 것처럼 사람들은 일상적인 생활을 계속 이어 나갔다." "보건 당국으로부터 감염자를 보호해야 한다는 공통의 합의가 그들 사이에 있었던 것 같다."[10]

주 정부의 전염병 대응에 대한 이민자들의 저항은 독일의 강제적인 백신접종법에 대한 그들의 정서 때문일 수 있는데, 그 법에 따르면 백신접종을 거부하면 벌금을 내거나 3일 동안 구금되어야 했다. 이십여 년 전에 제정된 이 법은 격렬한 반대에 부딪혔는데, 그 근거 중 하나는 백신접종의 효과에 대한 의심이었다. 그리고 다른 하나는 자녀를 질병으로부터 어떻게 보호할지를 결정하는 개인적인 문제에 대해 국가가 개입하는 것을 이데올

---

10 F. A. Jewett, "Smallpox in Brooklyn," *Brooklyn Medical Journal* 8 (1894): 290-292. On German immigrants' mistrust of the health department, see also *Annual Report of the Board of Health of the City of Brooklyn for the Year 1888* (Brooklyn, 1889), 11, 45.

로기적으로 반대하는 것이었다.[11] 버펄로에서 독일 이민자들로부터 비슷한 저항을 받았던 보건 관료는 그들의 저항을 고국의 악명 높은 법에 대한 반발로 이해하면서, "우리의 자유로운 땅에 발을 딛는 순간, 그들은 자유의 영혼을 빨아들였고 특히 백신접종에 대해 더 그랬다."고 적었다.[12]

브루클린의 이탈리아 이민자들도 백신접종을 강하게 반대했는데, 보건 당국의 어떤 의사는 이렇게 적었다.

> 이탈리아 사람들은 백신접종에 대해 엄청난 두려움을 가지고 있으며, 자신과 아이들을 숨기기 위해 모든 방법을 동원한다. 아이가 아주 작으면 사무실 서랍에라도 숨길 것이다. 실제로 수십 명의 아이를 거기서 찾기도 했는데, 이런 경험들 덕택에 나는 수용시설에서 사람을 찾을 때 아주 작은 구석이나 틈도 허투루 보지 않았다. 우리가 백신을 접종한 어떤 여성은 지난번까지 보건 당국의 백신접종 의사가 네 번이나 방문했는데도 침대 밑을 엉금엉금 기어 피하다가 결국 마지막에 붙들렸다면서 자신의 운이 다했다고 통곡했다.[13]

에머리의 지도 아래 보건국은 도시 전역 24개 이상의 거점에 무료 백신 접종 클리닉을 만들었고, 의사들은 몇 주에 걸쳐 200개 가까운 공장과 사업

---

11 Claudia Huerkamp, "The History of Smallpox Vaccination in Germany: A First Step in the Medicalization of the General Public," *Journal of Contemporary History* 20 (1985): 617-635. On the resistance of German immigrants to health department authority in Milwaukee, see Leavitt, *Healthiest City*, 80-83 and passim.

12 Cited in Donald Hopkins, *Princes and Peasants: Smallpox in History* (Chicago: University of Chicago Press, 1983), 282.

13 "The News of Brooklyn," *New York Tribune*, April 6, 1902, 11-10.

장을 방문하여 노동자들에게 백신을 접종했다.[14] 또한 그들은 확진자가 발견된 인근 지역을 돌며 집집마다 훑었다. 에머리가 공식적으로 선포한 '백신 접종자를 위한 규칙'은 미심쩍어하는 대중을 다룰 수 있는 가이드라인을 제시했는데, "한 번도 백신을 접종하지 않은 사람이 발견되면, 무슨 수를 쓰더라도 백신을 맞힐 수 있도록 노력해야 한다. 만약 필요하다면, 백신을 맞을 때까지 두 번, 세 번 그들의 집을 방문해야 한다. (중략) 감염자가 발생한 적 있는 집에 거주하는 사람이 백신접종을 거부하면, 백신접종 의사는 그들이 백신을 맞을 때까지 위생경찰로 하여금 격리를 하도록 재량껏 지도할 수 있다"고 되어 있었다.[15] 이런 정책이 효력을 갖게 되면, 검역의 대상이 되는 사람은 '감염자가 발생한 적 있는 집'의 거주자만이 아니었다.

보건 당국의 작전과 이에 대한 시민들의 저항을 보여주는 것이 매콜리 가족(McCauley family) 사례인데, 65세 동갑내기 부부와 27살 아들이 백신접종을 거부한 뒤 격리를 당했다. 한 블록 떨어진 애틀랜틱 애비뉴에서 확진자가 확인되었는데, 에머리는 인근 거주민에게 모두 백신을 맞으라고 명령했다. 백신을 접종했을 때 혹시 모를 끔찍한 결과를 두려워한 매콜리 가족만 이를 거부했는데, 특히 아버지는 백신을 접종하려고 방문한 의사들을 권총으로 겁박하기까지 했기에 경찰관 두 명이 그 집 앞에 배치되기에 이르렀다.[16] 《뉴욕 타임즈》는 "매콜리 가족은 자신들의 아파트에서 벗어날

---

14 *Annual Report of the Board of Health of the City of Brooklyn for the Year 1894* (Brooklyn, 1895), 18, 87.

15 Exhibit C, Rules for Vaccinators, March 20, 1984, *In re Smith*, New York State Supreme Court Cases and Briefs, vol. 4269, Appellate Division 1896-1911, 68-69.

16 "No Vaccination for Him," *New York Sun*, March 23, 1894, 1.

수 없었고, 이 가족에게 어떠한 메시지라도 전하는 다른 거주민은 구금형에 처해질 것이라고 경고받았다."고 보도했다. "인근의 식료품 상인, 푸줏간 주인, 빵집 사장도 이들에게 생필품을 제공하는 것이 금지되었다."[17] 이튿날, 이들이 사라져 깜짝 놀란 경찰들이 찬장 벽에서 2피트의 사각형 모양 구멍을 발견했는데, 이웃의 증언에 따르면, 매콜리 가족은 이 구멍을 통해 비어 있던 옆 아파트로 기어간 뒤 뉴저지로 도망쳤다고 한다. 사흘 뒤, 후보컨에서 이들에게 피난처를 제공한 사람들이 백신접종을 무서워할 필요가 없다고 설득했고, 이에 매콜리 가족은 애틀랜틱 애비뉴 경찰서에 자진 출두하여 백신을 접종하는 데 동의했다.[18] 이런 방식으로 격리 방침을 적용하면서 에머리는 주 법률의 탄력적인 시행을 검증했고, 지역 보건 당국이 '감염성, 전염성 질병의 유입을 막고' '그런 질병에 감염되었거나 노출된 사람의 격리를 명령할 수 있도록' 권한을 강화했다.[19] 그러나 해당 질병에 '노출된' 사람들을 포괄할 수 있는 그물망이 얼마나 넓어야 하는지는 불분명했다.

3월 중순, 백신접종을 시행하는 에머리와 직원들의 공격적인 전략은 일부 대중의 반대에 부딪히기 시작했다. 《브루클린 데일리 이글(Brooklyn Daily Eagle)》은 보건 당국의 '느슨한 격리 조치'를 비판하면서 "가족들이 아무 이유 없이 수용시설과 아파트를 닫아 버렸다"고 언급했다.[20] 보건 당국

---

17 "Quarantined Family Escapes," *New York Times*, March 23, 1894, 9.

18 "The McAuleys Vaccinated," *Brooklyn Daily Eagle*, March 26, 1894, 1. The *Times* and *Eagle* spellings of the family's last name are discrepant.

19 Cited in *In re Smith*, 146 N.Y. 68 (1895).

20 "Bungling Health Board Doctors," April 8, 1894, 3. The department of health did not record how many houses were placed under quarantine during the outbreak, so it is

이 백신접종 의사들에게 접종 1회당 30센트를 지불하는 시스템 때문에, 그런 인센티브를 얻기 위해 건강한 사람에게 다시 백신을 맞도록 강요하고, 거부할 경우 격리 처벌을 받을 것이라고 으르거나 겁박하는 일이 일어난다고 브루클린의 한 거주민이《브루클린 데일리 이글》에 투고하기도 했다.[21]

언론의 영향을 잘 알고 있던 에머리는 정기적으로 성명을 발표하고 신문과 인터뷰를 하는 등 자신의 입장을 방어하기 위해 전염병 유행 시기 내내 《브루클린 데일리 이글》을 활용하면서 자신의 지침에 대해 지지를 얻으려 했다. 예를 들어 매콜리 가족이 자수한 그다음 날, 에머리는《브루클린 데일리 이글》과 인터뷰를 하면서, 공중보건이라는 명목으로 보건 당국이 월권행위를 한다고 비판해 온 사람들에게 이렇게 말했다. "법률은 필요하다고 생각되는 모든 것을 할 수 있도록 보건 당국에게 강력한 권한을 부여하며, 백신접종과 소독, 감염의 모든 체계적인 과정을 추구합니다." "시민 대부분은 피할 수 없는 이런 불편함에 기꺼이 복종하는 애국심을 보여주었습니다. 이기적이고 무분별한 생각으로 백신접종을 반대하는 극소수의 경우에 대해, 당국자들은 신중하지만 강건하게 자신들의 임무를 수행하려고 고집했습니다."[22]

백신접종 의사들에게 협력하는 것을 선한 시민의식의 문제로 규정하는

---

impossible to determine precisely how widespread the practice was, but it seems to have been uncommon relative to the number of vaccinations administered.

21 "Smallpox Precautions," *Brooklyn Daily Eagle*, March 30, 1894, 7. The validity of this complaint is uncertain. The city did contract with private physicians to serve as vaccinators during epidemics, but it is unclear from health department records whether they were paid a flat or per capita salary.

22 "Vaccination Is Safe," *Brooklyn Daily Eagle*, March 26, 1894, 5. See also "Smallpox Precautions," *ibid.*, March 21, 1894, 12.

에머리의 수사학적 능력은 브루클린처럼 여러 민족이 모인 도심에서는 특히 호응을 얻었다. 당시 브루클린의 거대한 이민자 공동체에는 윌리엄버그와 그린포인트 인근의 독일계와 폴란드계 이민자, 네이비 야드의 아일랜드계 이민자, 레드 후크의 이탈리아계 이민자들이 있었다.[23] 이들 지역은 도시에서 백신접종에 저항하는 가장 거대한 구역 중 하나였고, 경찰력을 동원한 보건 당국의 활동은 이민자와 가난한 사람들에게 더 공격적인 편이었다. 그러나 에머리의 천연두 통제 프로그램에서 사용된 담론과 방식이 이민자와 전염병 확산을 묶어버린 것으로 간주했다고 이해해서는 곤란하다. 백신접종을 주저하는 것은 이민자에만 국한되지 않았고, 브루클린 사회 전반에 만연해 있었다. 나중에 살펴보겠지만, 에머리는 가난하거나 정치적으로 배제된 사람들뿐 아니라 브루클린의 부유한 계층에도 강압적인 수단을 사용했다.

에머리는 자신의 권력을 휘두를 줄 아는 인물이었는데, 천연두의 위협을 무시무시한 무덤으로 간주한 주요 선거구의 정치적 지원을 활용하여 강력한 수단을 정당화했다. 에머리는 자신이 주치의였던 쉬렌 시장의 후원을 계속 받았는데, 그해 3월 시장은 백신접종 의사를 추가로 고용할 수 있도록 보건 당국에 긴급 예산을 배정했다.[24] 에머리는 시의회의 지원도 얻었는데,

---

23 Edwin G. Burrows and Mike Wallace, *Gotham: A History of New York City to 1898* (New York: Oxford University Press, 1999), 1227-1228; David Rosner, *A Once Charitable Enterprise: Hospitals and Health Care in Brooklyn and New York, 1885-1915* (Princeton, N.J.: Princeton University Press, 1982), 24.

24 *Annual Report of the Board of Health of the City of Brooklyn for the Year 1894* (Brooklyn, 1895), 12.

시의회는 전염병과 싸우는 그의 업무를 지원하는 결의안을 통과시켰다.[25] 킹스 카운티 의사협회도 비슷한 결의안을 통과시키면서 전염병 대유행을 관리하는 에머리의 '에너지와 능력, 그리고 열의'를 칭찬했다.[26] 당국의 일부 조치들을 우려했던 브루클린과 뉴욕의 주요 신문들도 대체로 백신접종에 긍정적이었다. 《뉴욕 타임즈》는 사설을 통해, 백신접종을 반대하는 사람들은 '인류의 진보를 가로막고 전 세계의 거의 모든 이들이 결심한 문제에 의문을 던지려는 헛된 시도를 하는 것'이라고 언급했다.[27]

새봄이 시작되고 전염병이 수그러들 기미가 보이지 않자, 에머리의 백신접종 의사들은 특히 대규모 노동자 집결 지역을 중심으로 도시를 계속 휩쓸었다. 《뉴욕 타임즈》에 따르면, 헤이브마이어 & 엘더 제당소의 경우, 2천 명 가까운 "덩치 큰 남자들이 억센 팔을 드러내고 백신을 맞았다."고 보도했다.[28] 그린포인트의 첼시 황마 공장에서는 800명의 일꾼이 살갗을 긁었고, 근처 던랩의 모자 공장에서는 500명 중 절반이 백신을 맞았다.[29] 이런 결과는 보건 당국의 노력만으로 이루어지진 않았다. 많은 회사가 노동자들

---

25 Exhibit A, *Smith v. Emery*, New York State Supreme Court Cases and Briefs, vol. 4269, Appellate Division, 1896-1911, 48.

26 "Proceedings of Societies," *Brooklyn Medical Journal* 8 (1894): 643.

27 Cited in *Brooklyn Medical Journal* 8 (1894): 576.

28 "Physicians Fighting Hard," *New York Times*, March 29, 1894, 9. See also "Brooklyn's Small-Pox Outbreak," *New York Sun*, March 29, 1894, 1.

29 "Great Increase in Smallpox," *New York Times*, March 27 1894, 9. Newspaper accounts during the outbreak do not specify mass vaccination at all female workplaces, but there is no reason to believe that the health department systematically neglected them. Indeed, health department annual reports frequently express concern over the work of seamstresses and laundresses because of the danger posed by infected clothes and bedding.

사이에 전염병이 유행하는 것이 자신들 사업에 악영향을 미칠까 우려하여 백신접종 팀에게 와 달라고 요청했다. 지난여름 나라 전체가 불황의 늪에 빠지는 바람에 브루클린 거주자 수천 명이 일자리를 잃었던 탓에, 해고의 위협을 걱정한 노동자들은 백신접종에 순순히 응했다.

경찰과 함께 거주 지역을 훑고 지나가는 방식은, 가끔 시민을 불편하게 했지만, 지속되었다. 애틀랜틱 애비뉴의 매콜리 가족과 멀리 떨어지지 않은 곳에서 추가로 4명의 감염자가 발견된 이후, 에머리는 경찰 6명과 함께 백신접종 의사 팀을 파견했다. 신문 보도에 따르면, 거주민 대부분이 스칸디나비아 출신인 구역에서 '사소한 폭동'이 발생한 후 "경찰을 요청하는 황급한 소리가 있었고, 한 시간 후 청색 제복을 입은 경찰들로 꽉 찬 마차가 외곽 지역에서 총총히 들어왔고, 결국 두 블록 전체가 경찰들로 채워졌다."[30] 또 다른 관심사는 72개의 하숙집이었는데, 매일 밤 2,400명 정도의 뜨내기들이 묵었다. 보건 당국의 보고서에는 "매일 밤 우리 거주 지역에 집 없이 방황하는 일군의 무리가 모여드는데, 더러운 유전력과 비위생적인 생활 때문에 그들은 범죄에 쉽게 빠지고 질병에 걸리곤 한다."고 적었다. 이런 표현들은 도덕적 퇴행과 질병 사이에 밀접한 관련이 있다고 일관되게 상상하는 대중들의 생각을 잘 보여준다. 전염병이 유행하면, 이런 하숙집들은 전염병 확산을 막기 위해 고려해야 할 전략적인 장소가 되었다.[31]

그동안 미국의 다른 큰 도시에서도 전염병이 유행했는데, 각 도시의 보건 당국 역시 이를 막기 위해 공격적으로 움직이다가 시민들의 저항을 받

---

30 "Vaccinators Start a Riot," *New York Sun*, April 19, 1894, 1.

31 *Annual Report of the Board of Health of the City of Brooklyn for the Year 1894* (Brooklyn, 1895), 178.

곧 했다. 특히 밀워키에서는 독일계 이민자들의 저항이 중요한 역할을 했는데, 여기서 보건 담당자들은 강제로 각 가정에서 부모와 아이들을 격리하려 시도했다가 격렬한 저항의 도화선에 불을 붙였고, 당국의 조사관과 경찰 호송대를 향한 거친 폭동도 일어났다.[32] 시카고에서는 경찰을 대동한 백신접종 팀이 집집마다 돌면서 필요할 경우 격리 조치를 취했는데, 이 또한 지역공동체의 저항을 불러일으켰다.[33] 미네소타와 위스콘신의 보건위원회는 시카고 당국에게 질병에 걸린 여행자들 누구도 기차를 타고 인근주로 넘어갈 수 없도록 해 달라고 요청했지만, 시카고 당국은 철도역에서 의심자를 계속해서 살펴볼 수 있는 의사를 충분히 확보하기 어려웠다.[34] 천연두가 먼시에서도 유행하자, 인디애나 보건위원회는 도시 내에서 모든 대중 집회를 금지했고, 백신을 한 번도 접종하지 않은 사람은 기차를 타고 도시를 떠날 수 없다고 명령했다. 그렇지만 지역의 백신접종 반대 조직의 선동도 한몫을 한 탓에, 감염된 이웃 지역을 따라 설치된 격리선을 준수하게 하는 데에는 대체로 실패했다.[35] 프로비던스에서는 수년 동안 백신접종 반대 행동파의 선동이 이어지다가 뒤이어 로드아일랜드의 강제적 백신접종법을 철회하는 투표가 의회에서 가결되었다.[36]

4월 중순이 되자 에머리의 팀은 브루클린의 학교를 대상으로 자신들의 업무를 강화했다. 주 법률에 따라 학생들은 학교에 등록하기 위해 백신

---

32   Leavitt, *Healthiest City*, 76-121.

33   "Preparing to Stamp Out Smallpox," *New York Times*, April 24, 1894, 9.

34   "Chicago's Small-Pox Scourge," *New York Sun*, April 22, 1894, 1.

35   William G. Eidson, "Confusion, Controversy, and Quarantine: The Muncie Smallpox Epidemic of 93," *Indiana Magazine of History* 56 (1990): 374-398.

36   "Anti-Vaccination Sentiment," *New York Daily Tribune*, April 15, 1894, 18.

접종을 증명하는 서류를 제출해야 했는데, 이 법률의 시행은 들쭉날쭉했고, 보건 당국 관계자들이 몇몇 거점에서 확인한 결과 많은 학교에서 학생 중 절반 가까이 백신을 안 맞았다는 사실이 밝혀졌다.[37] 백신접종 팀 56명이 파견되어 도시 전체의 어린 학생들 27,000명에 대한 백신접종을 관리했다.[38] 의사들은 브루클린 고위급 인사의 자녀들이 다니는 엘리트 학교에서 상당히 미묘한 상황을 맞닥뜨렸다. 최근에 백신 맞은 자국을 보여준 아이들만 백신접종 의사의 화살을 피했는데, 민소매 가운을 입는 어린 여자 아이의 아름다운 팔에 상처를 낼 수도 있었기에 상류층에서는 딸아이에게 백신을 맞추려 하지 않았다. 십 대 소녀들은 백신을 맞은 신체 부위를 생면부지의 보건 담당 의사에게 보여주려 하지 않았고, 에머리와 학교 교장 두 명의 긴밀한 협의 끝에 보건 당국은 여성 의사 3명을 배치하여 상류층 딸아이들에게 백신접종을 할 수 있도록 했다.[39]

보건 당국의 전략에 대한 대중의 불편함을 이용할 적절한 때라고 직감한 사람들 특히 대부분 동종요법 의사로 구성된 모임은 1894년 4월 브루클린 백신접종 반대연맹을 조직했다. 모든 주와 지방의 백신접종 관련 법률을 철회하라고 요구하면서, 연맹은 에머리를 향해 수많은 고소를 시작했는데, 여러 가지 죄명 중 특히 백신접종으로 인해 어떤 사람들이 치명적인 영향을 받았다는 사실을 감추기 위해 에머리가 사망진단서를 위조했다고 비난

---

37 Jewett, "Smallpox in Brooklyn"; "Vaccination in the Public Schools," *Brooklyn Medical Journal* 8 (1894): 294.

38 *Annual Report of the Board of Health of the City of Brooklyn for the Year 1894* (Brooklyn: 1895), 96.

39 "Modest Girls, Horrid Doctors," *New York Herald*, March 30, 1894, 8; "The Girls Fooled the Doctor," *Brooklyn Daily Eagle*, March 31, 1894, 1.

했다.[40] 에머리와 브루클린 보건 당국의 입장에서 보면 이 연맹은 골칫덩어리였다. 특히 오랫동안 질질 끌며 진행되는 일련의 소송이 그동안 공동체의 건강을 보호한다는 명목으로 보건 당국자들이 진행해 온 여러 일에 제약을 가할 수도 있는 법정에서 더욱 그랬다.

법정에 선 백신접종

1894년 5월 2일, 보건 당국 소속의 백신접종 담당 의사 2명이 그린포인트의 말 대여소를 방문했는데, 여기는 윌리엄 스미스(William H. Smith)가 속달 운송 및 배송 사업을 진행하는 곳이었다. 스미스는 청년과 소년들을 12명 넘게 고용했는데, 이들은 도심 지역의 공장에서 소매상으로, 그리고 각 가정으로 물건을 배달했고 폐기된 물품들을 다시 가져왔다. 대여소 2층은 사무실과 객실을 갖추고 있었는데, 스미스는 늦은 밤 업무를 마치면 여기서 밤을 보냈다.[41] 이 지역에서 천연두 환자가 확인되면서, 보건 당국은 업무 특성상 스미스와 종업원들이 전염병을 퍼뜨릴 매개가 될 수 있다고 걱정했다. 전염병 관리 부서를 이끌던 프레데릭 주에트(Frederick Jewett)는 자신의 정책을 결정할 때 1886년 대유행 당시의 비슷한 사례를 분명 떠올렸을 것인데, 위생조사관 보조 업무를 수행할 당시 그는 동일한 배송 업무에 종사

---

40 "Against Compulsory Vaccination," *New York Times*, April 22, 1894, 12; "Anti-Vaccinators Busy," *New York Herald*, April 28, 1894, 4.

41 Testimony of William H. Smith, *Smith v. Emery*, New York State Supreme Court Cases and Briefs, vol. 4269, Appellate Division, 1896-1911, 12-22.

한 운전사 1명이 질병을 전파하여 최소한 아이 1명의 사망에 책임이 있다는 사실을 확인했다.[42]

백신접종 의사들은 스미스와 사무실 직원 토마스 커밍스(Thomas Cummings)에게 24시간 안에 백신을 맞으라고 했는데, 다음 날 다시 왔을 때 이들이 백신을 맞지 않았다는 것을 확인했고, 사무실 앞에 경찰을 배치하여 격리 상황에서 업무를 보도록 했다. 스미스는 자신의 주치의 찰스 월터스(Charles Walters)를 불렀는데, 월터스는 브루클린 백신의무화 반대연맹의 회원이었기에 보건 당국으로서는 불행한 일이었다. 월터스는 변호사를 고용하여, 두 사람을 구금에서 풀어 줄 것을 명령하는 인신보호영장을 주 대법원 특별회의에서 받아 오도록 했다.[43]

다음 날 스미스의 변호사는 윌리엄 게이너(William J. Gaynor) 판사 앞에서 심리를 받을 수 있는 기회를 마련했다. 스미스가 특별히 게이너 판사에게 사건을 맡아 달라고 애썼는지는 확실하지 않지만, 자신의 불평을 잘 받아 줄 더 나은 사람을 찾지는 못했을 것이다. 쉬렌 시장의 친구이자 동맹자였던 에머리처럼, 게이너는 지역 정계에서는 꽤나 알려진 인물이었다. 게이너는 브루클린 법정에서 오랫동안 검사로 재직하면서 지방자치단체의 타락에 맞서며 강력한 개혁을 이끌었고, 정부의 권력을 의심하는 자유주의자이면서도 잠깐 쉬는 시기에는 보통 시민의 권리를 보호하는 법 제정을 위해 싸운 인물인데, 퉁명스럽고 화를 잘 내는 사람으로도 널리 알려져 있었

---

42 *Annual Report of the Board of Health of the City of Brooklyn for the Year 1886* (Brooklyn, 1887), 39.

43 Testimony of William H. Smith, Smith v. *Emery*, New York State Supreme Court Cases and Briefs, 14-17.

다.[44] 어떤 신문 기사에 따르면, "매일 아침 그는 사건을 제대로 준비하지 않는 변호사들에게, 그리고 증언할 때 참을 수 없을 만큼 천천히 말하거나 속임수를 쓰려는 증인에게 날카롭고 신랄한 논평을 퍼부었다."[45] 사건을 심리하기 위해 등장한 그는 잘 알려진 바대로 신속하고 단호하게 행동했다. 다음 날 그는 스미스가 요청한 문서를 발부하면서, 자신의 법적인 결정이 있을 때까지 격리를 해제하고 두 사람을 풀어 줄 것을 명령했다.

반면 에머리는 보건 당국의 통제 조치가 정당하고 적합하다는 자신의 입장을 피력했다. 5월 7일 그는 백신접종과 격리에 관한 엄격한 강제 조치의 이유를 담은 기나긴 성명서를 발표했고, 이 글은 《데일리 이글》지에 다시 실렸다. 그는 무엇보다 시민의 의무를 강조하면서, "절박한 위험이 존재할 때 사사로운 권리는 공공의 요구에 공헌해야 합니다."라고 주장했다. 그는 "수많은 사람이 보건 당국에 동조하고 있으며, 심지어 개인적으로 중대한 희생이 따르는 경우라 하더라도 실행 가능한 모든 방법으로 우리를 돕고 있다."면서 보건 당국의 방침이 널리 수용되고 있다는 점을 보여주려 애썼다. 에머리는 1872년 대유행을 언급하면서 만약 그때 필라델피아에서 더 공격적인 조치를 받아들였다면 2천 4백만 달러에 달하는 경제적 손실 비용을 아낄 수 있었을 것이라면서 경제적 필요성도 강조했다. 특히나 그는 "침구, 세간살이, 포장 상품들을 나르는 가방이나 다른 여행 가방들이 특히 병원체와 접촉하여 질병을 확산시키기 쉽다."고 지적했다. 마지막으로 그는 백신접종을 거부했다가 죽음을 포함한 비참한 운명을 맞은 사람들 사례를

---

44 Mortimer Smith, *William Jay Gaynor, Mayor of New York* (Chicago: Henry Regnery, 19 51), 19-38. Gaynor was elected mayor of New York in 1910 and died in office in 1913.

45 "Judge Gaynor's Rulings," *New York Sun*, February 26, 1894, 6.

실명으로 언급했다.[46]

5월 18일 게이너의 판결이 나왔는데, 보건 당국에게는 강력한 한 방이었다. 우선 게이너는 스미스와 커밍스가 공동체를 위협에 빠뜨렸다는 것을 인정하지 않았고, 나아가 의회가 실제로 질병에 감염되지 않은 사람을 격리할 어떠한 권한도 에머리에게 부여하지 않았다고 단언했다. 그는 "독단적인 권력은 우리 정부의 시스템과 맞지 않다."고 선언했다. 또한 "만약 의회가 백신접종을 의무화하고 싶었다면 법을 그렇게 만들었을 것이다. (중략) 법률이 국장에게 사람들의 생명을 빼앗을 권리를 주지 않은 것처럼 구금할 권리도 부여하지 않았다."고 했다.[47]

에머리는 즉시 항소하면서 법률의 힘으로 자신의 방침을 지지할 수 있는 판결을 얻고 싶어 했다. 그는 스미스 사건을 밀어붙인 자신의 의도를 드러냈다. "(게이너 판사의 판결에 항소한) 나의 의도는 우리를 비롯한 여타 보건위원회의 권한과 권리, 의무를 정의하는 판결을 얻고자 함이다. 또한 지금과 같은 위기 상황에서 특히 우리의 권한을 규정하는 것이 나와 우리 직원들의 의무를 효과적으로 수행하는 데 필수적이라고 여겼다."[48] 그는 딱히 백신접종 의무화를 규정하는 법률을 만들려고 시도하지는 않았다. 오히려 에머리는 도시를 보호하는 방법에 대한 자신의 재량권을 사용하는 것에 대해 훨씬 더 총괄적인 승인을 받기를 원했던 것이다.

---

46 "Dangers of Smallpox," *Brooklyn Daily Eagle*, May 7, 1894, 5.

47 *In re Smith*, Ruling of William J. Gaynor, May 18, 1894, New York State Supreme Court Cases and Briefs, 35.

48 Testimony of Z. Taylor Emery, *Smith v. Emery*, New York State Supreme Court Cases and Briefs, 67.

게이너의 판결은《데일리 이글》,《타임스》,《데일리 트리뷴》,《월드》 등 언론을 통해 대거 보도되면서 주목을 받았고,[49] 대중들이 이 판결을 알게 되었다는 사실은 백신접종을 반대해 온 사람들을 고무시켰다. 5월 말 뉴타운 크릭 인근의 스탠다드 오일 팩토리에서 일하던 직원 한 명이 아프기 시작했고, 에머리는 그 직원의 동료들에게 백신을 접종하기 위해 한 무리의 사람들을 공장으로 파견했다. 공장 직원들은 백신접종을 거부하고 의사들은 접종을 하려고 애쓰는 사이, 직원 중 한 명이 게이너의 판결을 실은 신문 복사본을 꺼냈다. "당신들은 우리에게 손을 댈 수 없어요. 우리는 법에 의해 보호받고 있다고요." 그 직원은 이렇게 외쳤다고 한다.[50]

격리 조치는 멈췄지만 강제적인 조치는 계속되었다. 경찰관 120명을 대동한 의사 40명이 어느 늦은 밤 불시에 날카로운 경찰봉을 휘두르면서 플랫부시의 이탈리아인 거주 지역을 휩쓸었다.《데일리 이글》에 따르면, '경찰 배지를 보자마자 많은 사람이 창문과 문으로 휙 튀어나와 도망쳤지만' 얼마 지나지 않아 모두 잡혔다.[51] 다음 날에는 대략 의사 50명과 100명도 넘는 경찰이 또 다른 습격을 감행했다. 어떤 주민은 의사 한 명을 향해 돌격

49 "A Fight against Vaccination," *Brooklyn Daily Eagle*, May 5, 1894, 1; "Law as to Vaccination," *New York Times*, May 5, 1894, 9; "As to Compulsory Vaccination," *New York World*, May 5, 1894, 8; "Gaynor on the Health Board's Rights," *New York Daily Tribune*, May 5, 1894, 12.

50 "Smallpox Outbreak Feared," *Brooklyn Daily Eagle*, May 30, 1894, 1; "Refused to Be Vaccinated," *New York Times*, May 31, 1894, 9.

51 "Virus in an Italian Colony," *Brooklyn Daily Eagle*, May 7, 1894, 1. For an account of a similar sweep with police accompaniment in the Italian neighborhood of Red Hook, see "A Brooklyn Vaccinating Raid," *New York Sun*, April 19, 1894, 1.

하여 주머니칼로 찌르려 했고 격렬한 난투극이 벌어졌다.[52]

　브루클린 백신의무화 반대연맹은 에머리의 소송에 반대하는 야외 집회를 개최했고, 5월 말에는 공식적으로 그의 해임을 요구했다.[53] 게이너의 판결은 백신접종을 반대하는 향후 행동에 법률적인 길을 열어 준 것처럼 이해되었고, 이에 고무된 연맹 측은 다음 행동으로 학교 등록부 기재를 요구한 주 법률을 공격하기 시작했다. 스미스의 주치의로서 조력했던 월터스는 백신을 접종하지 않은 자신의 두 아이가 학교에 갈 수 있도록, 백신접종을 강요한 브루클린 제22 공립학교 교장을 상대로 소송을 제기했다.[54] 그렇지만 이 싸움에서 연맹은 이기지 못했다. 한 달 뒤 판사는 "현존하는 뉴욕주 헌법에 의하면 공립보통학교 교육은 단순한 권리가 아니라 기본적인 권리이다. (중략) 따라서 뉴욕 주는, 의회가 판단하건대 수많은 학생의 건강을 보호하는 데 필수적이라고 생각되는 사전 조치를 받아들이려 하지 않는 사람을 공공학교에 입학하지 못하도록 함으로써 그 역할을 확실하게 이행할 수 있다."[55] 판사는 이번 사건의 법률적인 문제가 스미스 사건에서 게이너 판사가 고려한 것과 다르다는 점을 조심스럽게 지적했다.

　1894년 5월부터 전염병이 마침내 잠잠해진 8월까지, 보건 당국은 도시 인구의 1/4에 달하는 225,000여 명에게 백신접종을 실시했고, 이 밖에 민간 의사들이 행한 사례들도 더 있었다. 도시 의사들이 백신을 접종한 사례 중

52　"Slashed at the Doctors," *Brooklyn Daily Eagle*, May 8, 1894, 12.

53　"Want Emery Removed," *Brooklyn Daily Eagle*, May 29, 1894, 7.

54　"A Legal Contest over Vaccination," *New York Tribune*, July 13, 1894, 12; "Anti-Vaccination Test Cases," *New York Times*, July 13, 1894, 9.

55　"Vaccination and the Public Schools," *Brooklyn Medical Journal* 8 (1894): 637-639.

3/4은 가정방문을 통해 진행되었다.[56] 이듬해에 드디어 천연두가 브루클린에서 사라졌지만, 1894년 대유행 동안 벌어진 일들에 대해, 그리고 백신접종을 더 널리 시행해야 하는지에 대한 법적 논쟁은 법정에서 계속 이어졌다.

1895년 2월 항소법원이 에머리가 월권을 했다고 단언한 게이너의 판결을 뒤엎자, 에머리는 보건 당국이 승리했다고 선언했다. 항소심 판결은, '강제적(compulsory)'이라는 단어의 정의가 얼마나 모호할 수 있는지, 그리고 백신접종이 폭력 행위냐 공공서비스냐에 대해 얼마나 많은 이견이 존재하는지 강조했다. 보건 당국의 행위에는 "위압이나 강제는 없었다."고 판사는 판결하면서 다음과 같이 적시했다. 스미스와 커밍스는 "천연두에 노출되었고 감염되었을 가능성이 크기 때문에 격리되었고 자유를 박탈당했다. (중략) 만약 자신들에게 부여된 기본적 권리를 활용한다면, 이를 수락함으로써 격리는 종료되었을 것이다."[57] 보건 당국을 옹호하면서 에머리가 주창했던 광범위한 권위의 완벽한 승리였다.

그렇지만 스미스와 커밍스의 변호사는 상고했고, 보건 당국이 스미스의 사업체에 대해 격리 조치를 내린 지 정확히 일 년이 지난 1895년 4월 3일, 상고법원의 판사 세 명은 에머리가 도를 지나쳤다는 게이너의 원심을 확정했다. 판결문에서는 '도시 헌장의 규정에 의거해 보건 담당자에게 부여한 권위에 따라 브루클린의 모든 시민에게 백신접종을 강제할 권리를 갖는다

---

56 *Annual Report of the Board of Health of the City of Brooklyn for the Year 1894* (Brooklyn, 1895), 96. The number of house-to-house vaccinations was 164, 306.

57 *In re Smith,* ruling of J. Dykman, February 14, 1895, Cases in the Court of Appeals, vol. 1442, New York Law Institute, 24.

는 사실은, 만일 시민이 이를 거부할 경우, 언어적으로 무익하고 부당한 추론일 뿐'이라고 적시했다. 판사의 판결은 공공을 보호하기 위해 법률이 보건 당국에 특정한 권력을 적절하게 부여하는 것을 의심하지 않지만, "개인의 자유를 침해할 수 있는 모든 법과 마찬가지로, 이 역시 엄격하게 해석되어야 한다."는 것이었다.[58]

격리를 해제하라는 게이너의 명령에 만족하지 않았던 스미스는 격리 기간 동안 사업을 못해 입은 손실을 보상받고자 에머리를 상대로 또 다른 소송을 제기했다. 스미스의 문제 제기는, 보건 당국의 조치가 적합한 이유 없는 불법적 감금이었고 이로 인해 사업을 지속할 수 없어 1만 달러의 손해를 봤다는 것이었다.(1894-1895년 몇 달 동안 주 법정에서 동시에 심리되기는 했지만, 민사소송인 '스미스 대 에머리'는 백신 강제 접종을 다툰 원래 소송인 *In re Smith*와는 별개의 건이었다.) 1895년 12월 1일 브루클린 순회 법정에서 두 번째 소송에 대한 재판이 시작되었고, 2주 뒤 판사는 스미스의 편을 들어 641.32달러의 손해를 배상하라고 결정했다.[59]

손해배상 소송에 관한 판결은 보건 당국의 논리와 법정의 사법적 관점 사이의 넓은 간극을 보여주었다. 스미스와 커밍스에게 백신을 강제로 맞게 하려던 시도를 옹호하기 위해, 에머리의 변호사들은 천연두의 급속한 확산 및 사람들에게 미칠 심상치 않은 위험을 보여줄 무수한 증거를 제시했다. 질병 발생에 관한 통계자료, 확진자의 분포를 보여주는 도시 지도, 보건 당국 조사관들의 증언, 위협의 정도를 설명하는 의회와 의사 단체의 결의안

---

58 *In re Smith*, 146 N.Y. 68 (1895).

59 *Smith v. Emery*, judgment of Charles F. Brown, December 16, 1895, New York State Supreme Court Cases and Briefs, 10.

등이었다. 그러나 찰스 브라운(Charles Brown) 변호사는 이 모든 것이 천연
두 확산과 아무 관련이 없다고 판단했다. 교차 심문하는 과정에서 판사는
에머리의 변호사에게 "나는 이 모든 것들을 브루클린 도시에 천연두가 퍼
졌다거나 하루에 140명의 환자가 나온다는 것을 보여주는 자료로 간주하
지 않습니다."라고 말했다.[60] 브라운 판사에 따르면 유일하게 관련된 문제
는 스미스가 스스로 천연두를 진단했는지 여부이며, 그렇지 않다면 격리는
부당하다는 것이었다.[61] 예전 게이너의 판결처럼 격리 조치에 대한 브라운
판사의 결정은, 보건 담당자에게 설득력 있는 증거와 법정에서 인정하는
증거의 유형에 차이가 있음을 보여주었다.

격리 조치에 대한 스미스의 소송은 그저 천연두 대유행으로 야기된 법
적인 문제만은 아니었다. 1895~1896년 동안 보건 당국은 백신접종 때문에
극심한 고통을 겪었다거나 부당하게 사망했다는 이유로 고발당했고 적어
도 세 번의 소송에 휘말렸다. 이 세 건의 소송은 이 시기 민간 혹은 공공 의
사가 백신을 부주의하게 접종하는 바람에 피해를 입었다고 분노한 시민들
이 제기한 수많은 소송 가운데 일부였다.[62] 부분적으로 이런 소송은 20세기
의 전환기에 신체적 피해에 관한 소송이 급속하게 늘어나던 법률적 추세를
반영한 것이었다. 그렇지만 신체적 피해를 다룬 소송 중 극히 일부만이 잘
못된 의료 행위와 관련되었을 뿐, 대부분은 공장에서 다치거나 교통사고로

---

60 *Smith v. Emery*, transcript, New York State Supreme Court Cases and Briefs, 43. The figure of 140 cases per day does not correspond to any health department data; it is probable that the judge here is speaking hyperbolically.

61 *Ibid.*, 39-42 and passim.

62 See, e.g., *O'Brien v. Cunard Steamship Company*, 154 Mass. 272 (1891); "Vaccination Too Thorough," *New York Times*, January 22, 1903.

인한 피해에 관한 것이었다.[63]

브루클린 보건국을 상대로 한 소송 중 어떤 것도 보건 당국의 법률적 권위와 직접 관련되지는 않았지만, 그 소송들을 보도하는 언론으로 인해 만들어진 부정적인 이미지 때문에 대중은 보건 당국이 시행하는 백신접종 절차의 안전 문제, 특히 질병으로부터 대중을 보호하려는 의학 전문가들의 유능함에 대해 불편해하기 시작했다. 1895년 말 어떤 판사는 에밀 새퍼에게 1,500달러를 배상해주라고 판결했는데, 새퍼는 스미스와 커밍스에게 백신접종을 강요하려 했던 바로 그 보건 당국의 의사들로부터 강제로 백신을 맞았고 그 이후 "출혈과 쇼크 때문에 거의 죽을 뻔"했다고 주장했다.[64] 1896년 초에는 1894년 전염병 대유행 동안 어린이가 사망한 것과 관련된 두 가지 소송이 제기되었다. 그중 더 잘 알려진 것은 윌리엄스버그 미네랄워터 공장주의 딸인 10살 난 줄리아 버그래프의 죽음에 관한 소송이었다. 언론 보도에 따르면, 학교에서 시 당국의 의사에게 백신을 맞은 사흘 뒤 "그녀의 왼쪽 상하반신이 부풀어 오르며 벌게졌고" 그녀의 팔과 다리, 목이 딱딱하게 굳었으며, 아무것도 삼키지 못하다가 3주일이 지나서 사망했다. 가족 주치의는 사망 원인이 파상풍이라고 주장했다.[65] 그녀의 아버지 피터 버그래프는 부당한 죽음에 대한 소송을 제기하면서, 에머리와 백신접종 의사 프랭크 보이든에게 5천 달러의 손해배상을 청구했다.[66] 쟁점은 의학적 태

---

63 Randolph E. Bergstrom, *Courting Danger: Injury and Law in New York City, 1870-1910* (Ithaca, N.Y.: Cornell University Press, 1992), 19-21.

64 "$1,500 for Forced Vaccination," *New York Times*, November 16, 1895, 1.

65 "Death Followed the Vaccination," *New York Herald*, May 3, 1894, 11.

66 "Vaccine Suits in Brooklyn," *New York Times*, January 10, 1896, 9; "Light on that Vaccination," *New York Tribune*, January 11, 1896, 9.

만 여부였다. 다시 말해 백신접종 절차를 진행하면서 보이든이 '적절한 주의'를 기울였는가 그리고 그녀의 접종 부위가 충분히 소독되었는지 확인했는가 하는 것이 쟁점이었다[67] 버그래프는 그 의사가 자기 일을 수행하는데 형법상 문제가 될 정도로 무능했다고 주장한 반면, 보이든은 그녀의 어머니가 그녀의 상처 부위에 바셀린을 발랐을 때 감염된 상태였다고 반박했다.[68] 최종적으로 판사는 어떤 결론도 내리지 못했고, 사건은 기각되었다.[69]

1896년 12월 에머리와 그 반대편 윌리엄 스미스 사이에 진행된 순회법정 논쟁의 결론이 나왔는데, 주 대법원의 항소법정 판사들은 1년 전 스미스가 보건 당국을 상대로 이긴 손해배상에 대한 에머리의 항소를 인용했다. 대법원은 천연두의 확산, 스미스와 커밍스가 일을 하다가 병에 걸릴 위험 등에 대해 에머리의 변호인들이 제출한 증거를 원심 판사들이 충분히 고려하지 않고 배척했다고 판단했다. 항소법원 결정문은 에머리가 강조하고자 한 전문가로서의 의견이 정당하다고 인정했다. 판사들은 "실제로 존재하든 그렇지 않든, 위험에 대한 노출을 구성하는 데 필요한 조건들은, 일반적으로 이해할 수 있는 범위 내의 문제일 필요도 없으며 그렇지 않을 수도 있다."면서 과학적 지식의 권위에 대한 열렬한 복종을 보여주었다. "그 조건들은 의학적 질문을 뜻하는 것이고, 이 사건에서 그런 질문의 답은 전문가들이 의견을 내야 할 주제이다."[70] 이런 언명을 통해 이들은 원심 판결을 뒤

---

67 "Burgraf vs. Emery," *Brooklyn Medical Journal* 19 (1896): 139 47. The spelling of the family name appears as "Burggraff" in most of the press accounts of the case.

68 "Lockjaw Germs Abound," *New York Times*, January 11, 1896, 14.

69 "The Burggraff Jury Discharged," *New York Times*, January 18, 1896, 9.

70 *Smith v. Emery*, 11 A.D. 10 (1896).

집었다.

  백신을 강제하려 했던 시도가 정당하다는 것이 아니라 에머리가 그것을 증명할 적합한 기회를 갖지 못했다는 것이었기에, 이 판결은 기껏해야 에머리와 보건 당국의 애매한 승리일 뿐이었다. 그러나 천연두가 도시에서 사라지면서 이 문제는 잠시나마 긴급 안건에서 멀어졌다. 그러다가 몇 년 뒤에 다소 다른 방식으로 강제적인 백신접종의 한계를 둘러싼 질문이 다시 표면 위로 올라왔는데, 20세기가 시작되자마자 도시에 천연두가 다시 퍼졌기 때문이다.

1901~1902년 대유행

  19세기 마지막 해에는 뉴욕에서 천연두가 발생하지 않았는데, 이 시기 맨해튼은 브루클린 및 주변 자치구와 합쳐서 전체 인구 350만 명에 가까운 거대 도시가 되었다. 1900년 12월 도시의 북쪽 구역에서 소란스러운 발병 사례가 알려지면서 보건 당국 본부가 있는 미드타운에 긴 방역선이 만들어졌다.[71] 보건국장 에른스트 레덜레(Ernst Lederle)는 새로운 확진자를 막기 위해 재빠르게 움직였다. 화학으로 박사학위를 받은 레덜레는 백신접종 담당자 75명을 고용하기 위해 22,500달러를 할당하도록 승인했고, 이들은 이후 몇 달 동안 375,000명에게 백신을 접종했다.[72]

---

71 "Crowds Seek Vaccination," *New York Daily Tribune*, December 2, 1900, 6.

72 *Annual Report for the Board of Health of the Department of Health of the City of New York for the Year Ending December 31, 1901* (New York: Martin H. Brown, 1902), 13, 30.

뉴욕 시민이 보기에, 1890년대 내내 보건 당국의 권위는 점차 커져 왔다. 뉴욕시 보건국은 미국 내 지방자치단체의 선구적인 보건 담당 부서 중 하나로 국제적인 명성을 얻었는데, 특히 세균학 실험실에서 대단한 연구를 수행하여 전국적으로 비슷한 프로그램이 만들어지는 본보기가 되었다.[73] 이 실험실이 1895년 미국에서 처음 디프테리아 항독소를 생산하고 대대적으로 도입했던 시도는 대단한 성공을 거두었는데, 이 덕분에 이후 몇 년 동안 이 도시에서 가장 흔했던 유아 질병으로 인한 사망률이 급격하게 떨어졌다. 그중에서도 디프테리아에 너무 많이 걸렸던 가난한 주거지역 아이들의 사망률이 급감했다.[74]

보건 당국이 디프테리아를 통제하는 데 성공하면서 얻은 호의 중 일부는 사람들에게 백신접종을 설득하는 것으로 이어졌다. 그렇지만 천연두 백신접종은 디프테리아 항독소 접종과는 두 가지 측면에서 달랐다. 첫째, 항독소는 대단한 팡파르와 함께 소개되었고 새로운 과학적 의학의 진보를 상징적으로 보여주는 것이었던 반면, 백신접종은 세균학자들의 놀랄 만한 발견보다 앞선 것이었고 그 안전에 대한 불확실성이라는 부담이 여전했다. 둘째, 디프테리아 항독소는 치료제라는 점인데, 아프던 아이가 항독소로 인해 낫는 것을 직접 확인할 수 있었다. 반면 백신은 예방적인 것이라서 그 효과는 믿어야 하는 것이었다. 왜냐하면 백신을 맞고 질병에 걸리지 않은

---

73 Elizabeth Fee and Evelynn M. Hammonds, "Science, Politics and the Art of Persuasion: Promoting the New Scientific Medicine in New York City," in David Rosner, ed., *Hives of Sickness: Public Health and Epidemics in New York City* (New Brunswick, N.J.: Rutgers University Press, 1995).

74 Hammonds, *Childhood's Deadly Scourge*, 169-173.

사람들은, 백신을 맞지 않았더라도 질병에 걸리지 않았을지 확신할 수 없기 때문이다.[75] 이런 이유 때문에, 다른 의학적 혁신을 환영했던 일부 뉴욕 시민에게도 백신접종에 대해서는 의심하거나 적대적인 태도가 여전히 남아 있었다.

뉴욕 시민 사이에 이런 저항이 얼마나 남아 있었는지는, 보건 당국의 백신접종 팀을 피해 이웃 지역으로 도망친 사례를 통해 살펴볼 수 있다. 그런 사건 중 하나가 브롱크스의 모리사니아 지역에서 일어났다. 환자 한 명이 지역에서 발생했고 모든 사람이 의사의 화살을 맞아야 할 것이라는 뉴스가 퍼지면서, 《데일리 트리뷴》에 따르면, 사람들은 "집에서 도망쳤고 백신접종 담당자를 피하려 했다." "수많은 남녀가 화재대피소로 내려가 숨거나 지붕 위로 올라가 도망치려 했지만, 집 밖으로 도망치는 모든 출구 앞에 경찰들이 있었고, 간절한 애원이나 호소는 무시되었다."[76]

그러나 그런 공격적인 조치가 전염병을 막기에는 충분하지 않다는 것이 증명되었고, 1901년에 거의 2천 명이 확진되었는데 환자 5명 중 1명이 사망했다.[77] 1902년이 시작되고서도 전염병이 수그러들 기세를 보이지 않자, 레덜레는 백신접종 부대를 200명으로 늘리고 도시의 대규모 공장과 사업장 현장에서 무료로 백신접종을 하겠다고 편지를 보내는 등 더욱 적극적

---

75   The distinction between treatment and prevention is not absolute. Antitoxin had limited immunizing powers against diphtheria, and vaccination, if performed very soon after exposure, could mitigate the effects of smallpox. But it was the curative power of antitoxin and the preventive properties of vaccination for which each was well known.

76   "Panic over Vaccination," *New York Daily Tribune*, April 28, 1902, 12.

77   *Annual Report for the Board of Health of the Department of Health of the City of New York for the Year Ending December 31, 1901* (New York: Martin H. Brown, 1902), 30. A total of 1,964 cases and 410 fatalities were recorded in 1901.

으로 나섰다.[78] 보건 당국의 이런 요구 사항에 호응하여 고급 열차를 운행하는 사업자들은 모든 운전사와 차장들에게 백신을 맞도록 지시했다.[79] 보건 당국은 또한 하숙집을 대상으로 한 규제도 통과시켰다. 맨해튼의 105세대 모든 하숙인은 하숙집에 들어가기 전에 백신접종 증명서를 보여주거나 그 절차에 동의해야 하며, 이를 어기면 하숙집 주인의 면허가 취소될 수 있었다. 하숙인 사이에서 업무를 수행한 백신접종 담당자의 굳센 면모는 젊은 의사 존 세지위크 빌링스(John Sedgwick Billings)의 1인칭 소설에서 볼 수 있다. 그 소설에는 1897년 겨울 뉴욕 시 바우어리 지구의 이웃들 사이에서 천연두 환자가 한 명 발생한 직후 야간 순찰을 도는 모습을 다음과 같이 그렸다.

> 나는 그곳의 오물과 쓰레기, 그리고 썩고 고약한 냄새가 풀풀 풍기는 더러움을 당신에게 설명할 수가 없다. (중략) 180명의 남자가 그곳에 살았는데, 그중 140명에게 백신을 접종했다. 그중 8분의 1은 곤드레만드레 취해 항의조차 못했고, 또 다른 8분의 1은 술김에 싸웠다. 나는 한 줄의 사람들을 맡았는데 그중 한 명이 나를 때렸다. 나는 그를 때려눕혔고 경찰이 그를 체포했다. 백신을 맞는다면 놓아주겠다고 나는 그에게 말했다. 그는 순한 양처럼 고분고분해졌고, 방 안에 있던 다른 사람들 역시 아주 재빨리 다가와 팔을 걷었다.[80]

78 *Annual Report for the Board of Health of the Department of Health of the City of New York for the Year Ending December 31, 1902* (New York: Martin H. Brown, 1903), 8.

79 "Small-Pox in Suburbs Rouses City Health Board," *New York World*, January 19, 1902, 5.

80 Quoted in Charles E. Rosenberg, *Explaining Epidemics and Other Studies in the History of Medicine* (Cambridge: Cambridge University Press, 1992), 231.

1902년 새로운 규제 법안이 통과된 며칠 뒤 보건 당국의 조사관들은 동일한 방식으로 야간 순찰을 시작했고 6천 명의 남자에게 백신을 접종했다.[81]

북동부 지역을 가로질러 주요 도시들에 빈진 전염병의 심각성은 혼란스러운 역설을 가져다주었다. 한편으로 보건 당국이 담당한 백신접종 숫자는 아주 컸고, 외견상 자발적인 정책이 성공한 것처럼 보였다. 다른 한편으로 천연두는 조금도 줄어들지 않고 퍼지고 있었는데, 이는 누군가에게는 확실한 법적 권위를 등에 업고 더욱 공격적인 통제 조치가 필요하다는 것을 말해 주었다. 1894년 브루클린에서 천연두가 대유행할 당시 백신접종을 밀어부친 에머리의 노력을 방해했던 것은 무엇보다도 그런 강제적 조치의 부재였다. 1901년 5월 뉴욕 카운티의 의사협회는 백신접종이 강제적으로 진행되어야 하는지 숙고할 특별위원회를 구성하고, 의견을 제시하고자 하는 모든 그룹을 초청했다.[82]

몇 개월 동안의 연구 끝에, 이 위원회는 법적 강제를 찬성하는 권고안을 마련했고, 한때 롱아일랜드 대학병원에서 의사로 근무한 주지사 제임스 매케이브(James McCabe)의 지지를 이이끌어 냈다. 1902년 2월 매케이브는, 보건 당국이 필요하다고 판단하면 뉴욕 주의 모든 도시는 언제라도 거주민에게 백신접종을 강제해야 한다는 법안을 제출했다. 이를 거부하는 사람은 경범죄로 처벌받게 되며 최소 50달러의 벌금과 최소 10일의 구금을 당할

---

81 "To Attack Disease in Lodging Houses," *New York Daily Tribune*, March 18, 1902, 5; "Vaccinated Six Thousand in a Night," *ibid.*, March 20, 1902, 6.

82 "Information Wanted by the Committee on Vaccination," *New York State Journal of Medicine* 1 (1901): 138.

수 있었다. 10인 이상의 사업장을 가진 회사는 최근 5년 이내 백신접종을 하지 않은 사람을 고용할 수 없었다.[83]

이 법안은 공중보건이라는 목적을 위해 강제적인 조치가 최선인지를 두고 의학 전문가들 사이에 격렬한 논쟁을 불러일으켰다. 대증적 요법을 사용하는 것에 대해서는 그들 모두 대체로 같은 생각이었지만, 이 시기 내내 일련의 의료 행위에 대해 의학 전문가들은 극도로 분열되어 있었다. 보건 당국과 긴밀한 관계를 유지한 의사들은 질병을 진단하고 치료하는 데 세균학과 실험실 연구의 권위를 강조했고, 임상 경험에 더 가치를 두면서 사설 진료를 하는 의사들과 대립했다.[84] 민간의 상업적 개업의들은 전염병에 대한 보고 의무와 같은 보건 당국의 지침에 종종 반대했는데, 이런 방침이 의사와 환자 사이의 관계를 방해하는 것이라고 여겼다. 그러나 강제적 백신접종을 둘러싼 논쟁은 전형적인 혹은 예측 가능한 방식으로 진행되지 않았다.

『브루클린 의학 저널(Brooklyn Medical Journal)』의 사설에는 백신접종을 자발적 방식으로 유지하려는 정치적이고 전략적인 이유를 솔직하게 언급했다. "강제적인 백신접종은 현명하지 못한 처사이다. 왜냐하면 그런 조치는 백신접종의 목적을 방해하는 적대감을 불러일으킬 수 있기 때문이다. (중략) 백신접종 반대론자들은 아무런 격려도 받지 않으며, 백신접종 파견대의 행렬 앞을 막으려는 그들의 노력은 아무 소용도 없다. 의회 보건위원회가 매케이브 주지사의 법안을 승인하지 않으려는 것은, 백신접종 반대론

---

83 "Compulsory Vaccination," *New York Medical Journal* 75 (1902): 292; "To Make Vaccination Compulsory by Law," *New York World*, February 11, 1902, 4.

84 See, e.g., Hammonds, *Childhood's Deadly Scourge*, 11-12.

자의 손에 엄청난 무기를 쥐여 주지 않을까 하는 두려움 때문이다."[85] 『뉴욕 의학 저널(New York Medical Journal)』도 최소한 이름만이라도 자발적인 것처럼 보이는 정책을 유지하는 것이 의미 있다고 강조했다. "철저하게 강제적인 법안은 거의 완벽하게 실패했다는 것을 우리는 항상 느껴 왔다. (중략) 백신접종에 있어 강제성은 개인의 자유에 관한 부인할 수 없는 침해이며 그래서 저항 받아 온 것이다."[86] 대신 저널의 편집인은 소위 '간접적인 강제' 전략을 선호했는데, 이는 광범위한 대중과 접촉하는 사업의 경우 그 고객에게 백신접종을 준수하도록 하는 것이다. "철도 회사처럼 자신들의 권한 내에서 광범위한 백신접종을 정부보다 더 잘 강제할 수 있는 또 다른 기관들도 있다."[87] 다시 말해 민간 조직을 통해 더욱 적절하고 효과적인 방식으로 강제 접종이 실시될 수 있었다. 편집인은 최근 일리노이에서 제정·승인된 법안을 설명했는데, 이 법안에 따르면 시카고로 가는 노선을 운행하는 철도 회사들은 천연두가 유행할 때 그 지역을 여행하는 모든 사람에게 백신접종 증명서를 요구할 수 있었다.

그러나 많은 의사들은 강제 접종의 이점에 대해 완전히 다른 의견을 표출하기도 했다. 『메디컬 리코드(Medical Record)』의 편집자는 그 법안이 '의학 전문가들의 지지를 받을 만한' 것이라고 선언했다. "다수에게 무엇이 좋은 것인지를 먼저 고려해야 한다. 천연두에 감염된 한 사람은 분명 공공의 해악이기 때문에 강제 접종은 정당화될 수 있다."[88] 강제 접종을 법으로 명

---

85 "Compulsory Vaccination," *Brooklyn Medical Journal* 16 (April 1902): 184.
86 "Vaccination under Indirect Compulsion," *New York Medical Journal* 75 (1902): 330.
87 *Ibid.*, 3-31.
88 "The Amended Vaccination Act for New York State," *Medical Record* 61 (1902): 379.

문화한 켄터키 주의 공중보건 담당자는 미국의사협회지에 "강제 접종과 감염자에 대한 감시는 전염병 대유행을 빠르게 통제하는 데 한 번도 실패하지 않았다."고 적었다.[89]

뉴욕의사협회 회원들은 강제 접종 법안의 승인을 받으려는 마음으로 보건국 담당자를 직접 방문했다.[90] 그러나 에른스트 레덜레와 보건위원회 동료들은 매케이브의 법안을 '분별없고 환영받지 못하는 것'으로 묘사하면서 완강히 반대했다. 그들은 '백신접종은 힘이 아니라 교육을 통해 가르쳐야 하는 것'이라면서, 예전 보건 당국의 완력에 기댄 전략과는 다소 배치되는 주장을 펼쳤다.[91] 이미 1889년에 주 의회에서 비슷한 법안이 발의된 적이 있었다. 그러나 당시에는 보건위원회 위원장인 사이러스 에드슨(Cyrus Edson)은 강제 수단의 공개적 사용에 대해 자치 당국 보건 담당자들의 다양한 의견을 설명하면서 이 법안을 승인했다. "뉴욕 시에는 백신접종에 대한 그들의 편견 때문에 다른 사람을 위험에 빠뜨릴 수 있는, 대부분 보헤미안인 특정 계층의 사람들이 살고 있습니다." 에드슨은 주 의회 공중보건 위원들에게 이렇게 말했다. "그들은 오직 법이라는 강력한 수단에만 굴복할 것입니다."[92] 에드슨과 레덜레 두 사람은 백신을 맞지 않으려는 시민들의 움직임을 규제하기 위해 광범위한 경찰권 사용을 주장했다. 그러나 에드슨은

---

89 J. N. McCormack, "The Value of State Control and Vaccination in the Management of Smallpox," *Journal of the American Medical Association* 38 (1902): 1434.

90 "Night Stations for Vaccination," *New York World*, February 9, 1902, 5.

91 "Compulsory Vaccination Law," *New York State Journal of Medicine* 2 (1902): 99.

92 Cyrus Edson, *A Plea for Compulsory Vaccination in Defence of Assembly Bill No. 474, Entitled "An Act Regulating Vaccination in the State of New York"* (New York: Trow's Printing and Bookbinding, 1889).

주 정부의 권위를 공공연하게 강조하면서 보건 당국에 대한 대중의 존중을 높이기 위한 전략적 수단으로서 경찰권을 광범위하게 사용한 반면, 그의 후임 레덜레는 그런 온정적 간섭주의에 자발성이라는 외피를 입히고 싶어 했다.[93]

이 법안에 대한 레덜레의 입장은 그 무렵 매사추세츠 주에서 있었던 사건에 영향을 받은 것이었다. 매케이브가 뉴욕 주 의회에 자신의 법안을 제출하기 한 달 전쯤, 예전부터 천연두를 통제하는 주 법안의 여러 조항을 성공리에 반박해 온 매사추세츠 주의 백신 반대 활동가들이, 그 주의 강제 법안을 폐지하기 위해 보스턴에 있는 주 의회 의사당에 일련의 법안을 제출했다. 그 결과는 백신접종 반대론자와 이 법안을 지지하는 매사추세츠 의사협회 사이의 지루한 정치적 싸움이었다.[94] 매사추세츠에서 진행된 논쟁으로 비추어 볼 때, 레덜레에게 강제적 법안은 자신의 프로그램에 대한 광범위한 동의를 얻는 것이 아니라 저항을 자극하는 것이며 정치적·법적 고민거리의 잠재적 원천이었다. 또한 뉴욕 주만큼이나 매사추세츠 주에서도 천연두가 퍼지고 있었기 때문에, 매사추세츠의 강제 법안이 그리 도움이 되지 않을 것이라는 사실 또한 레덜레는 놓치지 않았다.[95]

레덜레는 전염병이 유행하던 시기 백신접종 반대론자들이 대중적 공분

---

93 On Edson's aggressive use of police powers, see Howard Markel, *Quarantine! East European Jewish Immigrants and the New York City Epidemics of 1892* (Baltimore: John Hopkins University Press, 1997).

94 Michael R. Albert, Kristen G. Ostheimer, and Joel G. Breman, "The Last Smallpox Epidemic in Boston and the Vaccination Controversy, 1901-1903," *New England Journal of Medicine* 344, no. 5 (2001): 375-379.

95 The effort to repeal the Massachusetts law was ultimately unsuccessful (*ibid.*).

을 일으키고자 시도했다가 직면한 미적지근한 반응을 보며 이런 현명한 판단을 한 것 같다. 《타임스》에 따르면, 도시 의사들이 집집마다 방문하는 것을 즉각 멈추라고 요구한 강제적 백신접종 반대 뉴욕연맹 모임에는 '남성 9명, 아이 1명 그리고 기자들 7명'만 참석했다.[96] 이 모임의 메시지는 두 가지였다. 첫째는 백신접종이 안전하지 못하고 효과가 없다는 것, 둘째는 백신접종을 법으로 강제하는 것은 용납할 수 없는 독재라는 것이었다. 명문화된 법이 없기 때문에 두 번째 메시지는 부분적으로 사라졌고, 이로 인해 공감대를 더 크게 잃었다. 뉴욕 시민들은 백신접종 담당 의사가 다가오는 것을 보면 도망치려 했지만, 대체로 그들은 시 당국의 방침에 적극적으로 저항하는 데에는 동참하려 하지 않았다.

빡빡한 입법 일정 속에서 1902년 5월 그 법안은 주지사의 책상 위에 올라가 보지도 못하고 주 의회에서 사라졌다. 그리고 몇 달이 지나면서 전염병은 결국 스스로 불타 없어지는 것처럼 보였다. 1902년에만 대략 80만 명의 사람들이 백신을 접종했고, 이는 시민 4명 중 1명 꼴이었다.[97]

20세기 전환기 주 정부 혹은 지방정부가 공동체의 복지를 위해 거주민 개인의 자유를 얼마나 제한할 수 있는지는 해결되지 못한 난제로 남았다. 백신접종 반대론자들이 제기한 수십 건의 소송은 전국의 법정에서 수많은 판결을 낳았다. 대부분의 판결은 강제적 백신접종 법안을 옹호하는 것이었고, 특히나 학교 입학 조건에 이를 적용했다. 그렇지만 브루클린 보건 당국을 상대로 한 윌리엄 스미스의 소송과 같은 예외적인 판결도 있었다. 스미

---

96 "Anti-Vaccination League," *New York Times*, January 6, 1901, 5.
97 *Annual Report for the Board of Health of the Department of Health of the City of New York for the Year Ending December 31, 1902, 8.*

스 사건과 같은 여러 사례는 주 입법부가 강제적 조치를 특별히 승인할지 여부에 대해 질문을 던졌다.[98] 이런 대립된 의견들은, 전염병을 통제하기 위해 광범위한 경찰력을 사용할 수 있는 주 정부 및 지방정부의 권한을 확실히 한 역사적인 대법원 판결의 배경이 되었다.

야콥슨 대 매사추세츠 사건 그리고 강제된 건강

  북동부의 다른 지역처럼 매사추세츠는 20세기 첫해를 강타한 전염병 대유행 기간 동안 혹독한 시간을 보냈다. 매사추세츠 주는 백신접종 반대 행동파의 온상으로 잘 알려진 곳이었고, 평범한 시민들의 행동에 잔잔한 영향을 미쳤다. 『의학 뉴스(Medical News)』에 따르면, 보스턴에 거주하는 사람들이 "굳이 스스로를 백신 반대론자로 치부하지는 않았지만 그들이 몰두했던 숱한 대화를 통해 공중보건을 위한 자신들의 의무를 회피하고, 매년 백신접종을 미뤄 왔다는 것을 알 수 있다."[99] 1901년부터 1903년까지 거의 50만 명에 가까운 인구를 가진 보스턴에서는 천연두 환자 1,600명과 사망자 270명을 기록했다.[100]

  1902년 겨울 한복판에 케임브리지시의 보건위원회는 지난 5년 동안 백

---

98 James A. Tobey, *Public Health Law: A Manual for Sanitarians* (Baltimore: Williams & Wilkins, 1926), 89-98; William Fowler, "Smallpox Vaccination Laws, Regulations, and Court Decisions," *Public Health Reports*, suppl. 60 (1927): 1-21.

99 "The Cambridge Smallpox Epidemic," *Medical News* 80 (1902): 1231-1232; 1231.

100 Albert, Ostheimer, and Breman, "Last Smallpox Epidemic in Boston."

신을 맞지 않은 시민들에게 다시 백신을 맞을 것을 요구하는 결의안을 통과시켰다. 위원회의 이런 결정은, 공공의 안전을 위해 필요하다고 판단될 때에는 지방정부가 광범위한 백신접종을 강제할 권한을 가진다는 주의 법에 근거한 것이었다. 이 결의안이 마련된 2주일 후 보건위원회 위원장이었던 에드윈 스펜서(E. Edwin Spencer) 박사는 헤닝 야콥슨(Henning Jacobson)을 방문하여 백신을 맞으라고 제안했다. 만약 야콥슨이 이를 거부한다면 5달러의 벌금을 내야 할 것이라고 스펜서는 알려 주었다. 백신접종뿐 아니라 벌금을 내는 것까지 야콥슨이 거부했는데, 이는 이후 3년 동안 매사추세츠 법원부터 대법원까지 이어지는 법적 소송으로 이어졌다.

헤닝 야콥슨에 대해서는 알려진 바가 거의 없다. 그는 1856년 스웨덴에서 태어나 열세 살에 미국으로 건너왔다. 일리노이에서 대학에 입학한 그는 젊었을 때 영적 깨달음을 얻어 수습목사로 미국 중서부와 북동부를 여행했고, 예일신학교에서 신학을 공부했다. 1882년 미네소타의 루터대학 학생인 해티 앤더슨(Hattie Anderson)과 결혼했고, 다섯 명의 아이를 낳았다. 1892년 야콥슨은 스웨덴 루터파 복음교회에서 목사로 임명되었다. 이듬해 교회로부터 매사추세츠 케임브리지에 신도 모임을 만들 것을 부탁받은 그는 여생을 이곳에서 보냈다. 야콥슨은 능력 있는 웅변가로서 특히 신도들에게 헌신하는 인물로 평판이 높았다.[101]

---

101 This biographical summary is drawn from "The Rev. Henning Jacobson," *New York Times*, October 15, 1930, 17; "Rev. Henning Jacobson," *Boston Herald*, October 15, 1930, 19; S.J. Sebelius, My Church: *An Illustrated Lutheran Manual* (Rock Island, Ill.: Augustana Book Concern, 1931); and *The Augustana Messenger* I, no. 5 (1930), Archives of the Evangelical Lutheran Church in America.

그의 이름이 적힌 법적 소송으로 인해 야콥슨은 미국 역사에서 가장 유명한 백신접종 반대론자가 되었지만, 실제로 그가 백신접종 반대 행동파 조직에 참여했는지 혹은 그의 삶에서 어떤 사건 때문에 그가 그토록 격렬하게 싸웠는지는 분명하지 않다. 이어지는 사건의 진술들을 보면 그와 그의 아들은 언젠가 백신 때문에 '아주 심하게 고통을 받았다'는 것을 알 수 있는데, 그렇다고 언제 그런 사건이 있었는지, 만약 있었다 하더라도 케임브리지 시 당국과 싸우기 이전에 그의 행동이나 태도에 얼마나 영향을 미쳤는지는 알 수 없다.

벌금을 내지 않기로 한 것 때문에 야콥슨은 시 보건 당국의 명령을 어긴 지역 거주 남성 두 명과 함께 1902년 7월 미들섹스 카운티의 제3 지방법원에 불려갔다. 지방법원이 그에게 유죄를 선고한 이후 카운티의 상급법원에 배심원 재판을 청구했다. 이 재판에서 야콥슨은 백신접종을 강제한 주의 법이 매사추세츠 주 헌법 및 연방헌법의 일부 조항을 위반했다고 주장했다. 그는 이 법안의 불합리성을 설명하는 데 도움이 될 것이라고 생각한 백신접종 관련 열네 가지의 사실을 소개했다. 그중 열두 가지는 백신접종의 안전과 효과가 떨어진다는 일반적인 내용이었는데, 예를 들어 첫 번째로 "백신접종은 아주 빈번하게 심각하고 영구적인 손상을 일으킨다."는 식이었다.[102] 나머지 두 가지는 야콥슨과 특별히 연관된 것이었다. "어렸을 때 그는 백신접종으로 얻은 질병 때문에 아주 오랫동안 엄청나게 극심한 고통에 시달렸으며, 자기 아들도 백신접종 때문에 비슷한 경험을 하는 것을 보

---

102 *Transcript of Record, Supreme Court of the United States, Jacobson v. Massachusetts* (Washington, D.C.: Judd & Detweiler, 1903), 6.

았다."[103] 그러나 법원은 열네 가지 사실을 모두 중요하지 않은 것이라며 기각했고, 1903년 2월 말 배심원은 그에게 유죄를 선고했다.[104] 결국 야콥슨은 상급법원이 자신의 증거를 부당하게 배척했다면서 주에서 가장 높은 권위를 가진 법원, 즉 주의 최고법원(supreme judicial court)에 상고했다.

다음 달 최고법원은 두 개의 사건을 심리했는데, 하나는 야콥슨 사건이었고 다른 하나는 역시나 강제적인 백신접종 법안을 전복하려다가 하급법원에서 실패한 지역 거주민 앨버트 페어(Albert Pear) 사건이었다. 이 두 남성은 법률의 합헌성에 도전했고, 추가로 야콥슨은 하급법원 배심원이 자신이 제시한 열네 가지 사실을 인정했어야 한다고 주장했다. 최고법원은 해당 법률을 반헌법적이라고 반대하는 것은 아무 의미가 없다고 판단했다. 그 법안은 대중을 익히 알려진 위협으로부터 보호하기 위해 입법부가 적법하게 만든 합리적인 조치였다는 것이다. 판사는 수많은 선례를 언급하면서 다른 법원들은 공중보건 관련 규제를 만드는 것에 우호적이라고 강조했다. 스미스가 구금에서 풀어 달라고 인신보호영장을 청구한 사건(In re Smith)처럼 정반대로 결정된 일부 사건들도 있지만, 그것은 해당 법조항의 용어가 그런 제한 조치에 충분한 권한을 부여하지 않았기 때문이었다.[105]

백신접종 때문에 신체적으로 손상을 입었다는 증거를 하급법원이 부당하게 배척했다는 야콥슨의 항의에 대해, 판사들은 그런 증거들에 실체가 없다는 예전 판결을 확인했다. 판사들은 "개인이 겪은 의학적 사례의 역사

---

103 *Ibid.*, 7.
104 *Ibid.*, 5.
105 *Commonwealth v. Pear, Commonwealth v. Jacobson*, 183 Mass. 242 (1903), 245.

를 소개하는 것만으로는 충분하지 않다."고 강조했다. 대다수 의사는 "백신 접종 과정의 부주의로 인해 혹은 심지어 주의를 기울였어도 있을 법한 개인의 피해를 알고 있지만, 보통 그런 피해의 위험이 너무 작기 때문에 신중하고 적절하게 예방법을 사용해서 얻을 이익과 비교할 수도 없다고 생각한다."[106] 따라서 "법률로 강제한 결과 개별 사례에서 있을 수 있는 피해의 가능성이 백신접종 전체가 불합리하다는 사실을 보여주지는 못한다."고 법원은 강조했다.[107] 벌금 5달러를 부여한 세 번째 판결에 직면하여 야콥슨은 연방대법원에 상고했고, 1903년 6월 29일 그의 사건은 대법원 소송사건 일람표에 추가되었다.

1904년 12월 야콥슨 사건은 대법원 판사 앞에 제출되었다. 이 사건의 심리가 있던 날, 매사추세츠 강제 백신접종 반대 협회의 회원들을 포함하여 수많은 군중이 재판에 참석했다.[108] 야콥슨은 유능한 변호사들과 정치인 조지 윌리엄스(George Fred Williams)와 함께 법정에 출석했다. 무소속 정치인이었다가 민주당의 은화 자유주조 옹호론자가 된 윌리엄스는 하원에서 매사추세츠 주를 대표하고 있었고, 주지사 선거에서 세 번이나 떨어진 인물이었다.[109] 윌리엄스는 소송사건 적요서에서, 매사추세츠 주가 수정헌법 14조의 정당한 절차 및 동등한 보호 규정을 위반한 수많은 사례를 제시했

---

106 Ibid., 246-247.
107 Ibid., 248.
108 "Final Appeal on Vaccination," Boston Herald, December 7, 1904, 16.
109 On Williams's life and career, see Gordon S. Wood, "The Massachusetts Mugwumps," New England Quarterly 33 (1960): 435-451; "Running for Governor," New York Times, October 20, 1895, 21; "The Bay State Democracy," New York Times, September 29, 1897, 3.

다. 가령 주의 법은 20세 미만의 시민이 백신접종에 부적합하다는 의사의 증명서를 제시할 경우 이를 면제했는데, 성인에게는 동등한 면제 조항이 없다는 것이다.[110] 또한 소송 개요서에서는 야콥슨이 아무런 증상을 보이지 않는데도 주 정부가 그의 자유를 제한하는 것은 불합리하다고 주장했다. 경찰력은 '현존하는 공격적 행동이나 상황'에 대항하기 위해 사용될 수 있다는 것은 분명하지만, 그렇다고 해서 '인간으로서 전염병을 확산시킬 잠재력을 가지고 있다는 이유만으로' 건강한 시민에게 그런 경찰력을 사용할 수 있다는 것은 아니라는 것이다.[111]

매사추세츠주를 변론하는 대표 변호사는 소송사건 적요서에서 공공복리를 위해 법을 제정하고 행정 당국에 이를 시행할 권한을 위임한 지방의회 및 주 의회의 권위를 인정한 하급법원의 수많은 판례를 언급했다. 이 적요서에서는, 보건 당국의 요구 사항이 공격적이었다거나 그의 건강 상태 혹은 다른 상황들 때문에 백신접종이 위험할 수 있다는 것을 야콥슨이 증명하려고 하지 않았다면서, 다소 오해를 불러일으키도록 주장했다.[112] 사실 야콥슨이 제시한 열네 가지 증거 중 특히 하급법원이 심리하기를 거부한 마지막 두 가지는, 그와 그의 아들이 백신접종으로 겪은 예전의 부작용에 관한 것이었다.

1905년 2월 20일 대법원은 매사추세츠 주를 지지하는 72번 판결을 내렸다.[113] 다수 의견을 대표하여 존 마셜 할런(John Marshall Harlan) 대법관은, 그

---

110 *Jacobson v. Massachusetts, Brief and Argument for Plaintiff in Error* (New York: Eastern Press, 1904), 23.

111 *Ibid.*, 15.

112 *Jacobson v. Massachusetts, Briefand Argument for Defendant in Error* (New York: Eastern Press, 1904), 3.

113 *Jacobson v. Massachusetts*, 197 U.S. II (1905). The case has received surprisingly little

동안 상급법원이 경찰력의 한계를 규정지으려 하지 않았지만, 선거로 뽑힌 대표를 통해 시민들이 적절하다고 생각하는 어떤 방식으로든 공공선을 보호하려는 모든 종류의 건강법을 제정할 수 있는 주의 권한을 확실하게 정리해 왔다고 선언했다.[114] 마찬가지로 주에서는 그런 법률에 협조하기를 거부하는 사람들에게 벌금이나 격리와 같은 벌칙을 합법적으로 부여할 수 있었다. 주의 법률이 야콥슨의 자유를 침해했는지에 관한 핵심 질문과 관련해서, 할런 대법관은 사회 속에서 개인의 역할에 대해 솔직한 의견을 제시했다.

> 미국 헌법이 관할 지역 모든 사람에게 보장하는 자유란, 각 개인이 언제 어디서든 어떤 구속으로부터 완전히 자유로운 절대적 권리를 뜻하는 것이 아니다. 모든 사람이 공공선을 위해 복종할 필요가 있는 수많은 구속이 존재한다. 다른 근거에 바탕을 두고 조직된 사회라면 구성원의 안전이 확보될 수 없다. 각 개인이 스스로 하나의 법이라는 규칙에 근거한 사회라면 곧 무질서와 무정부 상태를 만나게 될 것이다.[115]

백신접종을 강제하는 법안은 '전체 구성원은 시민 개개인과, 그리고 시민

---

analysis from historians or legal scholars. The best overview is Lawrence O. Gostin, *Public Health Law: Power, Duty, Restraint* (Berkeley: University of California Press, 2000), 66-69 and passim. A cogent analysis of the case with respect to literal and metaphorical conceptions of bodily integrity is Alan Hyde, *Bodies of Law* (Princeton, N.J.: Princeton University Press, 1995), 241-252. See also Lynne Curry, *The Human Body on Trial* (Santa Barbara, Calif.: ABC-Clio, 2002), 51-54.

114 *Jacobson v. Massachusetts*, 25.

115 *Ibid.*, 26.

개개인은 전체 구성원과 계약을 맺는다는 사회계약설의 기본 원리'로서 매사추세츠 주 헌법이 확립한 이념과 일치한다고 할런 대법관은 주장했다.[116] 그는 공중보건에 관한 법률이 너무나 임의적이고 공격적이어서 법원의 개입이 정당화될 만한 사례들도 너무 많다고 인정했다. 가령 백신접종 때문에 신체 손상을 입은 어른의 사건도 있었는데, 그 경우 법률에서 규정한 강제 조치가 극도로 잔인하고 비인간적이기도 했다는 것이다. 그렇지만 그는 "여기에는 그런 사건이 제시되지 않았다. 설령 그렇게 볼 수 있다고 해도, 이 사건 당사자는 완벽하게 건강하며 백신접종에 적합한 대상인 성인이었다."고 주장했다.[117] 할런 대법관은 분명, 과거 백신접종 때문에 고통을 경험했다는 사실이 다시 백신을 맞았을 때 더 위험할 수 있는 증거라는 야콥슨의 주장을 납득하지 못했다.[118]

다른 대법관인 데이비드 브루어와 루퍼스 패컴은 별도의 의견 없이 판결에 반대했다. 두 달 후, 주의 경찰력과 건강 관련 규제에 관해 법원이 또 다른 판결을 내릴 때 이 두 대법관은 다수 의견을 표명했다. 공중보건의 영역 바깥에서는 훨씬 더 큰 영향을 미치게 될 로크너 대 뉴욕 주 사건(Lochner v. New York)의 판결은 야콥슨 사건에 대한 법원의 입장과 완전히 달랐다. 이 사건은 제빵사의 노동시간을 하루 최대 10시간, 일주일 최대 60시간으로

---

116 *Ibid.*, 27.

117 *Ibid.*, 38-39.

118 Lawrence Gostin contends, "If there had been evidence that the vaccination would seriously impair Jacobson's health, he may have prevailed in this historic case." *Public Health Law*, 69. Alan Hyde, who believes *Jacobson* was correctly decided, nevertheless claims that the failure of the lower court to admit Jacobson's evidence that he was in physical danger from vaccination is "truly embarrassing … to modern eyes." *Bodies of Law*, 244.

제한한 뉴욕 주 법에 관한 것이었다. 다섯 명의 다수 의견을 대표하여 패컴 대법관은 제빵사들이 건강 관련 법률 때문에 특별한 보호를 보장받는다는 관념을 거부했다. "제빵사의 근무 시간 제한이 그 자체로, 그리고 저절로, 개인의 노동할 권리 혹은 자기를 위해 자유롭게 계약할 권리를 입법부가 방해하는 것을 인정할 정도로 유해한 것은 아니다."[119] 무엇보다 고용주와 노동자가 각자의 노동과 전체 노동을 타협할 권리를 보호하는 것으로 수정헌법 제14조의 정당한 절차 문구를 해석함으로써, 로크너는 경제적 계약의 자유에 중점을 둔 자유의 개념을 확립했고, 이는 이후 30여 년 동안 자유방임적 자본주의의 고전적인 방어 논리로 기능했다.

로크너에 반대하여 할런 대법관은, 해당 법률이 개인의 권리에 대한 침해를 보호하는지 여부는 법원이 아니라 의회가 판단하는 것이라고 주장했다. 할런 대법관은 백신접종에 관한 자신의 예전 의견을 인용하면서 "계약의 자유에는 보편적인 복리를 증진시키거나 공중보건, 공중도덕 혹은 공공의 안전을 보장하기 위해 설계되고 맞춰진 규제들에 어느 정도 한계를 두고 복종해야 한다는 의미가 포함되어 있다는 것은 이미 확실히 확립되었다고 나는 생각한다."고 표명했다.[120] 별도의 이견서에서 대법관 올리버 웬들 홈스(Oliver Wendell Homes)는 야콥슨 사건에 대한 판결이야말로 자유가 사회적 선을 위해 제한될 수 있다는 증거라고 지적했다. "자신이 원하는 대로 할 수 있는 개인의 자유는, 다른 사람도 그렇게 할 수 있는 자유를 방해하지 않는 한, 학교 관련 법, 우정성(Post Office)과 대립한다. 그리고 개인이 좋아

---

119 *Lochner v. New York*, 198 U.S. 45 (1905), 59.
120 *Ibid.*, 70.

하든 말든 바람직하다고 생각하는 목적에 자금을 사용하려는 모든 주와 지방자치단체와도 대립한다."고 그는 표명했다.[121]

비록 언론의 주목을 받지는 못했지만, 야콥슨 대 매사추세츠 사건의 판결은 보스턴과 뉴욕의 신문 사설에서 우호적으로 묘사되었다. 《보스턴 헤럴드》는 "이 판결이 백신접종 반대론자들의 고집을 꺾을 것이라고 크게 기대할 수는 없다. 그러나 그들은 분명 보건 당국이 법을 집행하려 할 때 이에 반대하는 행위를 하는 자신들의 고집이 얼마나 적절하지 않은지 알게 될 것이다."라고 적었다.[122] 《뉴욕 타임스》는 이 판결이 '백신접종과 관련된 법의 집행에 저항하기 위해 조직된 괴상한 집단의 유용한 활동을 종식시킬 것'이라고 예언했다.[123] 그렇지만 확신에 찬 이런 예견은 성급한 것으로 판명되었다. 3년 뒤 미국 백신접종 반대연맹이 필라델피아에서 설립되었고, 다음 사반세기 동안 다양한 활동가들이 백신 강제 접종과 싸우려는 노력을 배가했다. 당국에 대한 이러한 도전 그리고 민주주의적 가치와 과학적 전문성 사이의 근본적인 갈등은 두 번째 장에서 다룰 것이다.

---

121 *Ibid.*, 75.

122 *Boston Herald*, February 21, 1905, 6.

123 *New York Times*, February 22, 1905, 6.

2장

민주주의 속 과학

– 혁신주의 시대와 1920년대 천연두 백신접종

State of Immunity

1914년 여름 열한 살 루이스 프리본 로이스터(Louis Freeborn Loyster)가 뉴욕주 중심 카제보비아의 작은 마을에서 백신을 맞은 지 3주 만에 사망했다. 부검 결과 사망 원인은 소아마비로 판명되었는데, 그의 아버지 제임스는 천연두 백신접종이 원인일 것이라고 확신했다. 슬픔에 잠긴 제임스 로이스터는 비슷한 경우의 아이들이 있는 지역의 도시와 마을을 찾아다녔고, 곧 두 가지의 결론에 다다랐다. 첫 번째는 백신접종 때문이라고 추정되는 사망 사례가 천연두 그 자체로 인한 것보다 훨씬 많다는 점, 그리고 '거의 반란에 가까운 정도의 감정'이라고 할 만큼 지역 정서는 백신접종에 강하게 반대하고 있다고 그는 주장했다.[1] 지역 공화당에서 적극적으로 활동했던 로이스터는 자신의 발견을 모아 삽화를 넣은 팸플릿을 만들어 주 의회 의원들에게 뿌렸는데, 이런 노력은 결국 성공하여 주 의회는 공립학교의 학생들을 대상으로 백신접종을 의무화한 주법을 정밀 검토하기로 했다.

1905년 야콥슨 대 매사추세츠 사건(Jacobson v. Massachusettes)에 대한 대법원의 판단은 그 재판이 거론될 때마다 예상되었을 법한 천연두 통제에

---

1 James A. Loyster, Vaccination Results in New York State in 1914 (Cazenovia, N.Y.: n.p., 1915).

대한 결정적인 영향력을 가지지 못했다. 비록 나라의 최고법원에서 백신접종을 강제할 수 있는 수단의 사용을 헌법적 권리로 인정했지만, 법적 논쟁이 계속된 수십 년 동안 각 주와 시 보건 당국은 학교 입학을 위한 자격 조건으로 제시하는 것 외에 자신들이 획득한 권위를 거의 사용하지 못했다. 천연두 환자가 점점 줄어들기 시작했고, 이유는 분명하지 않지만 환자의 증상이 뚜렷이 완화되고 사망률도 낮아졌다. 대대적인 백신접종 캠페인은 점점 보기 힘들어졌고, 이 질병을 통제하는 현장은 철저하게 학생들을 대상으로 한 일상적인 백신접종에 맞추어지기 시작했다. 우연찮게도 야콥슨 사건 이후 사반세기는 백신접종을 격렬하게 반대하는 사람들의 시대였는데, 이들은 법정에서 이길 수 없었던 것을 쟁취하기 위해 입법부를 공략한 행동파와 함께 움직였다.

혁신주의 시대와 1920년대에는 광범위한 집단과 개개인들이 백신접종에 반대하는 정치적, 정신적, 철학적 연합을 형성했다. 정통 의학의 가치에 질문을 던지면서 그들은 자유주의·반정부주의로부터 강력하게 영향을 받았고, 국가의 간섭으로부터 아이들을 보호해야 한다고 강조했다. 그들은 수많은 법적·수사학적 승리를 거두었고, 자신들의 반대편에 있는 공중보건 관료·의사·과학자를 끊임없이 여론전에 끌어들였다. 이런 고조된 반대는 더욱 강력한 강제 조치에 대한 것이 아니었다. 오히려 법률이 덜 체계적으로 집행될수록, 그런 희귀한 상황에 대한 저항은 더욱 강렬했다.

이번 장에서는 20세기의 첫 십 년 동안 드러난 백신접종의 논쟁적인 위상을 검토한다. 과학적 의학의 발전은 급변하는 민주주의 사회에서 엘리트의 지식이 담당해야 할 역할에 대한 논쟁을 촉발했지만, 백신접종은 특히 아이의 건강과 행복과 관련된 개개인의 의사 결정에 정부가 간섭하는 문제와 관련해서 광범위한 관심사로 떠올랐다. 이런 맥락에서 백신접종 반대론자들은 전국에서 법률과 정책의 변화를 가져왔고, 이를 통해 이들은 이후에 도입되는 모든 백신에 심오한 영향을 미칠 유산을 남겼다.

과학의 위상과 국가의 범위

19세기 천연두의 참혹함은 이에 맞서 행동하게끔 만든 일상의 자극제였지만, 20세기 들어 공동체에 덮친 이 질병은 한때 사람들이 백신접종을 맞으려 애썼던 그런 응급 상황을 더 이상 만들지 않았다. 천연두의 가벼운 형태 즉 소천연두(variola minor)가 1897년 미국에서 처음 등장했고 이후 이십여 년 동안 우세종이 되었다.[2] 비록 신체 전반에 퍼지는 우둘투둘한 발진은 전통적인 대천연두(variola major)와 비슷했지만, 새로운 우세종의 병세는 그만큼 심각하지 않았고 병약하게 만들지도 않았으며, 추후 그만큼의 흉터를 남기지도 않았다. 전통적인 대천연두의 치사율이 20~30%였던 것에 비해, 소천연두로 사망하는 희생자는 거의 없었다.[3]

이런 역학적인 전환이 가져온 중요한 결과는 백신접종을 반대해 온 사람들 마음속에 백신접종이 더 위험하고 불합리한 것처럼 보였다는 점이다.

2   Donald R. Hopkins, *Princes and Peasants: Smallpox in History* (Chicago: University of Chicago Press, 1983), 287-292.

3   Between 1908 and 1920, the number of deaths in New York state each year from smallpox never exceeded seven, and was sometimes zero, compared to deaths numbering in the hundreds or even thousands from conditions such as diphtheria, measles, and typhoid. Typescript, NYSDOH, series 13855, roll 28.

질병 그 자체가 덜 위협적인 것처럼 보이기 시작하자, 오랫동안 민간에서 떠돌던 백신접종 과정의 불운한 사건들이 과장되었다. 뉴욕 북부의 어떤 공중보건 관료는 "백신접종 때문에 누군가가 거의 죽기 직전까지 갔다거나 양팔을 잃을 뻔했고 심하게 아팠다는 소문이 퍼지면서 백신접종에 대한 공포는 더욱 커졌다."고 기록했다. "반면 질병 그 자체는 너무 가벼워서, 질병 때문에 사망자가 나오지 않는 이상 실질적인 우려는 거의 없었고, 위험보다는 불편함 정도로 간주되었다."[4] 이런 변화된 관념은 역설적인 것이었다. 1902년 미국공중보건국(U.S. Public Health Service)은 백신 제조 공장에 허가를 내주거나 조사할 수 있는 권한을 얻었다. 여러 자료로 판단하건대, 백신의 순도(purity) 문제는 지속적으로 제기되었고 정부 조사 결과 파상풍균이나 다른 미생물에 의한 오염이 드러나기도 했지만, 어찌 되었든 백신접종 과정은 더욱 안전해졌다.[5] 공중보건 전문가들은 점점 백신과 관련된 위해는 과거의 일이라고 주장하게 되었다. 1905년 어떤 의학 저널은 "부정하고 싶지만 그럴 수 없는데, 파상풍, 단독(丹毒) 그리고 일반적인 감염은 백신을 접종할 때 찰과상 같은 상처에서 비롯되었다."고 인정했다. 그러나 이 저널은 이런 불행한 사고들이 "지금과 같은 연방 정부의 감독 아래에서는 거의 일어나지 않는다."고 덧붙였다.[6] 보건 당국의 팸플릿은 "질병에 걸린 숫자

---

4 Dr. Hervey to deputy commissioner, December 27, 1926, NYSDOH, series 13855-84, reel 11.

5 See, e.g., correspondence in October 1917 between the Office of Hygienic Laboratory and the surgeon general regarding the National Vaccine and Antitoxin Institute, a manufacturer headquartered in Washington, D.C., which had its license suspended after samples were found to be contaminated with tetanus. NARA, RG 90, box 370, folder: Tetanus.

6 "Compulsory Vaccination," New York State Journal of Medicine 15 (15): 3.

와 백신접종을 한 숫자를 비교해 보면, 지금까지 백신접종으로 인한 위험의 가능성은 거의 없다."고 사람들을 안심시켰다.[7]

그렇지만 천연두의 역학적 양상, 백신으로 피해를 받았다고 의심되거나 실제로 있었던 사건들 모두, 이 시기에 전국적으로 관련 법률과 행위들을 바꾸려 했던 백신접종 반대론자의 격렬하고 완고한 노력을 설명할 수는 없다. 백신접종 반대론은 새로운 세기 두 가지의 거대하고 서로 연관된 흐름에 대한 반응이었다. 첫 번째는 질병을 예방하고 치료할 수 있는 생물학적 제품의 확산이었고, 두 번째는 예전에는 개인적이었던 영역에 국가가 영향력을 확대하려는 개혁적인 노력이었다. 이 두 가지는 모두, 정부와 민간 기구가 개인의 행동을 지시하기 위해 과학적 의학의 성과를 사용해야 하는지를 둘러싼 격렬한 논쟁에 불을 붙였다.

이 시기에 제약 산업은 급속히 성장했고, 약품 회사들은 세균학과 의학 분야에서 훈련받은 직원들을 대거 고용하면서 훨씬 더 과학적인 형태로 변했다. 연구·생산·광고 기법들이 훨씬 정교해지면서, 회사들은 새로운 상품을 시장에 출시했고 대학·약사·의학 전문가 공동체의 관계는 더욱 끈끈해졌다.[8] 콜레라·페스트·장티푸스를 포함해 여러 질병에 대한 백신이 개발되었고, 1910년쯤에는 천연두에 대한 면역력을 제공해 주는 우두 약품을 뜻했던 '백신'이라는 용어가 능동면역을 제공할 목적의 모든 생산물

---

7   Vaccination: What It Is, What It Does, What Its Claims Are on the People (Albany, N.Y.: J.B. Lyon, 1908). 8.

8   Jonathan Liebenau, *Medical Science and Medical Industry: The Formation of the American Pharmaceutical Industry* (Basingstoke: Macmillan, 1987); Louis Galambos with Jane Eliot Sewell, *Networks of Innovation: Vaccine Development at Merck, Sharp &Dohme, and Mulford, 1895-1995* (Cambridge: Cambridge University Press, 1995).

에 광범위하게 적용되기 시작했다. 1906년 미국 위생실험실(U.S. Hygienic Laboratory) 책임자는 "백신이라는 용어가 그 확장된 의미 속에서 너무 광범위하게 사용되어서, 지금 원래의 의미로 제한할 수도 없다."고 했다.[9] 그러나 이 새로운 조제품의 효능은 여전히 불확실했고, 특정한 지리적 영역에서 유행하는 산발적인 질병을 통제하는 데에만 제한적으로 적용되었다.[10] 장티푸스 백신이 가장 유용한 것으로 밝혀졌는데, 군대에서 이 백신을 사용했을 때 사망률을 낮추는 데 혁혁한 효과가 있었기 때문이었다.[11] 백신은 몇 달에 걸쳐 연속적으로 세 번 맞아야 했고 짧은 기간에만 면역력을 제공해 주었기 때문에, 위생 환경이 열악한 지역에 살거나 그곳을 여행하는 사람들에게는 권고되었으나 일반 민간인들에게는 널리 사용되지 못했다.[12]

통상적으로 과학적 혁신의 약속이 실제 이익을 넘어서지는 못했지만, 그런 혁신들은 대중매체에서 아주 열정적이고 가끔은 숨조차 쉴 수 없는 보도들을 만들었다. 신문과 잡지 기사들은 천연두를 통제하게 된 백신접종의 원리에 수많은 질병이 곧 굴복할 것이라는 전망을 떠벌리면서, 결핵·폐렴·암과 같이 다양한 질병에 맞선 예방적 '혈청'이 곧 개발될 것이라고 보도

---

9   George W. McCoy to surgeon general, January ro, 1916, NARA, RG 90, box 368.

10   Plague vaccine, e.g., was used in outbreaks in San Francisco in 1900 and 1906. See Nayan Shah, *Contagious Divides: Epidemics and Race in San Francisco's Chinatown* (Berkeley: University of California Press, 2001).

11   Mazyck P. Ravenal, "The Control of Typhoid Fever by Vaccination," *Proceedings ofthe American Philosophical Society* 52 (1913): 226-233; Anne Hardy, "'Straight Back to Barbarism': Anti-Typhoid Inoculation and the Great War, 1914" *Bulletin ofthe History of Medicine* 74, no. 2 (2000): 265-290.

12   Selwyn D. Collins, "Frequency of Immunizing and Related Procedures in Nine Thousand Surveyed Families in Eighteen States," *Milbank Memorial Fund Quarterly* 15, no. 2 (1937): 150-172.

했다.[13] 그러나 이런 발전은 또한 과학적 의학이 온정주의적으로 어쩌면 강제적으로 사용될 것을 우려한 반근대주의자들의 반발을 불러왔다. 이 시기 백신 반대론의 문건에는, 알려지지도 않았고 다루기도 힘든 부작용을 지닌 새로운 백신과 치료법이 강제로 사용될 것이라는 광범위한 우려가 그대로 담겨 있었다. 야콥슨 대 매사추세츠 사건 재판의 원고였던 헤닝 야콥슨이 대법원에 제출한 소송 개요서는 이런 우려를 대변했다.

> 의학적 과학의 최근 경향은 혈청을 이용한 전염병의 치료에 맞추어져 있습니다. 그리고 공중보건 당국과 의사들이 모든 전염병에 대해 백신접종을 계획하고 강제적인 의료 체계를 구축하려고 할 것인데, 이는 건강한 공동체를 강제적인 법률 아래 보건위원회의 공격에 종속시키는 것입니다. 어떤 질병에 대해 한 시민에게 백신접종을 강제하는 것이 정당하다면, 동등한 이유로, 공동체를 위협에 빠뜨릴 가능성이 있는 모든 질병에 대해 면역력을 갖도록 모든 시민에게 백신을 맞추어야 한다는 것도 공익을 위해 정당할 것입니다.[14]

이런 과학적 발전과 들어맞는 것이, 개인과 공동체 사이의 관계를 바꿔버린 사회적 변화였다. 행정국가와 시민사회의 새로운 기구들이 한때는 개

---

13 See, e.g., "Will Vaccine Be the Greatest Cure in Medical Science?" *New York Times,* August 21, 1910, V-12. See also Terra Ziporyn, *Disease in the Popular American Press: The Case of Diphtheria, Typhoid Fever, and Syphilis, 1870-1920* (New York: Greenwood Press, 1988); and Nancy Tomes, *The Gospel of Germs: Men, Women and the Microbe in American Life* (Cambridge, Mass.: Harvard University Press, 1998).
14 Jacobson v. Massachusetts, Brief and Argument for Plaintiff in Error (New York: Eastern Press, 1904), 29.

인, 가족, 교회의 것이었던 문제들에 대해 그 권한을 확대했다. 공공 부문이나 사적 영역에서 고용된 사회복지사, 방문간호사, 교육학자처럼 전문적 지식을 가진 사람이나 관련 당국이 가족의 의사 결정 자율권을 위협하는 존재로 부상했다.[15] 부분적으로는 산재보상 프로그램(worker's compensation program)의 등장과 함께 1910년 이후 수많은 공장에서 노동자들의 신체검사가 진행되었다.[16] 비슷한 시기 유력한 생명보험회사들은 보험계약자들에게 그런 검사를 요구하기 시작했다.[17] 지난 시기 미국인 대다수는 의사를 만나지도 못한 채 사망하기도 했지만, 이제 그들은 신생 예방의학 실행의 일부로서 보건 전문가들의 면밀한 검사를 더 많이 받게 되었다. 1914년 뉴욕시의 보건위원회 위원인 골드워터(S. S. Goldwater)는 도시의 모든 거주민이 본인을 위해 매년 의학적 검사를 강제적으로 받게끔 하는, 과거 한 번도 실시된 적 없는 계획을 지지한다고 선언했다. 그러면서 "나 자신은 의학적 지식을 적용하는 방식에 있어 급격한 변화를 원하지 않는다."고 했다. 그리고 그는 "심각하고 깊어진 질병을 치료하기 위해 그리고 보건 문제에 대한 의학적 조언자로서 의사를 전체 시민들이 꾸준히 찾을 때까지, 예방의학은 그 미덕을 발휘할 수 없다."고 덧붙였다.[18] 이런 과감한 선언의 맥락을 살펴

15 Christopher Lasch, *Haven in a Heartless World: The Family Besieged* (New York: Basic Books, 1977); see 12-21 for a discussion of "the appropriation of familial functions by agencies of socialized reproduction "(15). See also Andrew Polsky, *The Rise of the Therapeutic State* (Princeton, N.J.: Princeton University Press, 1991).

16 Angela Nugent, "Fit for Work: The Introduction of Physical Examinations in Industry," *Bulletin ofthe History of Medicine* 57 (1983): 578-595.

17 Audrey Davis, "Life Insurance and the Physical Examination: A Chapter in the Rise of American Medical Technology," *Bulletin of the History of Medicine* 55 (1981): 392-406.

18 S. S. Goldwater, "Wants Every New Yorker Physically Examined Yearly," *New York*

보면, 1920년 "의학적인 측면에서 국가를 노예 상태로 만들려는 잘 짜인 계획이 존재한다."고 부르짖은 백신접종 반대 진영 지도자의 외침을 더 잘 이해할 수 있다.[19] 이런 측면에서 예방의학 개념 그 자체가 건강에서 질병으로 관심사를 옮기고 나아가 오직 전문가만이 적법하게 보건과 관련된 결정을 할 수 있다는 믿음, 즉 의학 전문가에게 명백한 이익을 가져다주는 움직임을 조장하려는 의사들의 정교한 노력을 의미하는 것이었다.

아이들에 대한 의학적 통제는 백신접종 반대론자들로부터 가장 강력한 반발을 불러일으켰다. 어린이의 복지는 혁신주의 개혁가들의 중대 관심사였는데, 이들은 촉법소년에 관한 새로운 체계부터 아동노동을 금지하는 법률 제정까지 법과 사회정책 분야에서 수많은 변화를 이끌었다.[20] 개혁가들은 전문가의 지식을 근거로 삼아, 부모 세대보다 자신들이 아동의 복지를 판단할 수 있는 더 나은 자격을 가지고 있다고 주장했다. 심각한 전염병을 통제하기 위해 19세기에 시작된 공립학교 아이들에 대한 의학적 검사는 20세기 들어 더욱 확장되었는데, 편도선염이나 청각·시각 장애처럼 숨겨진 혹은 만성적인 질병을 확인하는 것도 포함되었다.[21] 1912년 절반에 가까운

Times, May 10, 1914, SM8.

19 H. B. Anderson, State Medicine: A Menace to Democracy (New York: Citizens Medical Reference Bureau, 1920), 23.

20 Theda Skocpol, Protecting Soldiers and Mothers: The Political Origins of Social Policy in the United States (Cambridge, Mass.: Belknap Press, 1992), 480- 4; and Linda Gordon, Pitied but Not Entitled: Single Mothers and the History of Welfare, 1890-1935 (New York: Free Press, 1994).

21 Stanley Joel Reiser, "The Emergence of the Concept of Screening for Disease," Milbank Memorial Fund Quarterly 56, no. 4 (1978): 403-425; Nadav Davidovitch, "Negotiating Dissent: Homeopathy and Anti-Vaccinationism at the Turn of the Twentieth Century," in Robert D. Johnston, ed., The Politics of Healing: Histories of Alternative Medicine in

주가 학교에서 의학적 검사를 하는 것을 허가하거나 강제하는 법을 통과시
켰고, 이 법률로 인해 부모들은 신체적 결함이 확인된 자녀들을 치료하도
록 명령받았다.[22] 이런 프로그램은, 정부 관료들이 과학을 이용해서 부모의
통제로부터 아이들을 빼앗는 것이 아닌가 하는 우려를 낳았다. 어떤 활동
가는 "조금씩 조금씩 학교 및 그곳의 아이들에게 의학이 지배권을 가지려
는 노력들이 진행되고 있다."고 주장했다.[23]

　아이들에 대한 가장 극단적인 의학적 통제 사례는 결핵 '예방수용소
(preventorium)' 운동이었다. 특별하게 설계된 이 수용소는, 실험실 검사
에서 결핵 감염이 확인되었지만 아직 증상이 나타나지 않은 '결핵 전(pre-
tubercular)' 아동에게 그들의 가정보다 더 나은 환경을 제공할 목적으로 만
들어졌다. 위험에 빠진 아이들을 그들 부모와 격리하여 불결한 영향으로부
터 그들을 보호하는 것이 전체 계획의 기본 사고였다. 외견상 아이들을 예
방수용소로 옮기는 것은 자발적이었으나, 극빈층이나 이민자 집단 혹은 질
병이 덮친 가족들을 대상으로 한 자선단체나 보건 관료들의 강요는 필연적
이었다.[24]

　아동복지를 위한 무리한 노력에 대한 우려와 마찬가지로, 개혁가들은 소
위 국가 의료(state medicine)를 둘러싼 논쟁에도 밀접하게 관여했다. 국가

　　Twentieth-Century North America (New York: Routledge, 2004), 11-28.

22　Luther Halsey Gulick and Leonard P. Ayres, *Medical Inspection of Schools* (New York:
　　Survey Associates, 1913).

23　Anderson, *State Medicine*, 23 . See also 65-81 in the same book.

24　Cynthia Connolly, "Prevention through Detention: The Pediatric Tuberculosis
　　Preventorium Movement in the United States, 1909~1951" (Ph.D. diss., University of
　　Pennsylvania, 1999).

의료라는 변화무쌍한 용어는 보편적 건강보험이나 공적 자금으로 설립된 진료실과 같은 체계를 통해 정부가 보건의료를 제공하려는 광범위한 프로그램을 포괄하는 것이었다. 이를 찬성하는 사람들은 국가 의료가 공동체에서 변덕스럽게 유행하는 질병을 치료할 수 있는 합리적인 그리고, 경제적으로도 효율적인 방식이라고 주장했다. 반면 반대하는 사람들에게 국가 의료는 미국을 사회주의 국가로 전락시키려는 교묘한 시도를 의미했다. 그들에게는 공공의 재원으로 시 당국에 고용된 의사가 시행하는 법적으로 강제된 백신접종이야말로, 국가 의료의 해악을 전형적으로 보여주는 것이었다.

의무적 건강보험 체계를 전국적으로 확립하고자 했던 1910년대의 캠페인은 국가 의료를 둘러싼 격렬한 대중적 논쟁의 중심에 서 있었다.[25] 주 정부가 모자보건 증진을 위한 프로그램을 마련하는 데 도움을 줄 수 있도록 연방 정부가 자금을 지원할 수 있게 규정한 1921년 셰퍼드-타우너법(the Sheppard-Towner Act)은 수년에 걸친 혁신주의자들의 노력의 최고점이자 동시에 보건의료에 대한 정부의 간섭이 확장되는 것을 비판하는 진영에게는 피뢰침이었다.[26] 셰퍼드-타우너는 주 정부 차원에서 이 업무를 관장하는 부서를 설립할 것을 요구했다.[27] 반대론자들에게 이것은 멀리 떨어져 있는 중앙정부의 섬뜩한 팽창이자, 전후 사회주의에 대한 반발이 몰아치는 가운데

---

25 Ronald Numbers, Almost Persuaded: American Physicians and Compulsory Health Insurance (Baltimore: Johns Hopkins University Press, 1978).

26 On the Sheppard-Towner Act as the fruition of some of the most prominent Progressive Era ideals, see J. Stanley Lemons, "The Sheppard-Towner Act: Progressivism in the 1920s," Journal of American History 55, no. 4 (1969) : 776-786.

27 Richard A. Meckel, Save the Babies: American Public Health Reform and the Prevention of Infant Mortality 1850-1929 (Baltimore: Johns Hopkins University Press, 1990), 200-219; Skocpol, Protecting Soldiers and Mothers, 494-524.

특이하나 위협적인 흐름을 의미했다.[28] 이 시기 반국가주의 분위기는 1921년 '어머니에 대한 정부의 감독, 유아에 대한 정부의 보호와 부양, 정부의 교육 통제, 직업훈련에 대한 정부의 통제, 고용·노동시간·휴일·임금·사고보험 그리고 모든 것에 대한 정부의 규제'를 공격한 의회 대표의 언급에서 확인할 수 있다.[29]

과학과 정통 의학에 대한 의심, 그리고 개개인의 행동에 대한 정부의 간섭을 반대하는 반국가주의 이데올로기가 백신접종 반대론자들에게 공통의 기반을 제공했지만, 이런 표면적인 유사함 뒤에는 각각의 배경과 전망에 있어 중요한 차이가 있다. 당시 공중보건 관료들은 보통 백신접종 반대론을 균질적인 운동으로 이해하면서 '반대론자들(the anti's)'이라고 경멸하듯 불렀고 대중매체 논평자들의 평가도 비슷했다. 그러나 이 시기 전국에 걸쳐 일어난 백신접종 반대 운동을 하나의 통합적인 현상으로 바라보면 안 된다. 20세기 초 백신접종 반대 운동은 믿음·전략·목적 등에서 서로 다른 각양각색의 비균질적인 개인과 조직으로 이루어져 있었다.

너무 다양한 백신접종 반대론

가장 걸출한 모임 중 하나는 미국백신접종반대연맹(the Anti-Vaccination League of America)인데, 부유한 사업가 존 피트케언(John Pitcairn)과 찰스 히

---

28 Lynn Dumenil, "'The Insatiable Maw of Bureaucracy': Antistatism and Education Reform in the 1920s," *Journal of American History* 77, no. 2 (1990): 499-4.

29 Cited in Skocpol, *Protecting Soldiers and Mothers*, 500.

긴스(Charles M. Higgins)가 1908년 필라델피아에서 창설했다. 이 모임은 전국 각 주에 있는 관련 조직들의 '전국적인 동맹'이라고 스스로를 지칭했고, 회원들은 각 주와 지방 차원에서 강제적인 백신접종을 반대하는 데 헌신했다.[30] 이 모임의 회장인 피트케언은 1841년 스코틀랜드에서 태어나 10대에 서부 펜실베이니아로 이민을 왔고, 이곳에서 토지를 취득했다. 또한 그는 스베덴보리 교회의 열렬한 신자이자 유력한 후원자였다. 피트케언은 늦은 나이에 백신접종 반대 진영에 뛰어들었는데, 특히 1906년 천연두 대유행 당시 주 정부의 백신접종을 거부하는 교회 구성원들과 격렬한 논쟁을 겪은 뒤였다. 백신접종을 거부하는 그의 생각은 부분적으로는 스베덴보리 교회의 가르침 때문이었고, 다른 한편으로는 당시 교회 구성원들이 환영하던 동종요법이라는 대안적 의료 행위에 빠져 있었기 때문이었다.[31] 또한 아들 레이먼드가 어렸을 때 백신을 맞고 부작용을 심하게 겪었던 과거의 경험에도 영향을 받았다. 그러나 그의 입장은 신학이나 의학적 행위에 주로 근거한 것이 아니라, 오히려 정치적인 것이었다. 피트케언은 아무리 그 의도가 좋다고 하더라도 정부가 사람들의 의지에 반하는 행동을 강요하는 것은 잘못이라고 믿었다.[32] 존 스튜어트 밀의 여러 작품 가운데 특히 「자유에 관하여(On Liberty)」라는 철학 논문에 실린 개인적 권리에 대한 전통적인 옹호를 언급한 글에서, 피트케언은 과장된 질문으로 "우리는 종교적인 독재를 거

---

30   A 1912 publication of the Anti-Vaccination League of America listed regional directors in eight states.

31   On the relationship among Swedenborgianism, homeopathy, and antivaccinationism, see Davidovitch, "Negotiating Dissent," 315.

32   Richard R. Gladish, *John Pitcairn: Uncommon Entrepreneur* (Bryn Athyn, Pa.: Academy of the New Church, 1989), 330-335.

부했다; 우리는 정치적 독재를 물리쳤다; 이제 우리는 의학적 독재에 굴복해야 하는가?' 라고 물었다.[33]

스베덴보리 교회 구성원들에게 백신을 접종하려 한 펜실베이니아주 당국의 시도가 정당하지 못하다는 것을 확신한 피트케언은 정치적으로 행동하기 시작했는데, 강제적 백신접종 법률을 철회시키기 위해 해리스버그에 있던 주 의회에 로비를 했다. 그리고 1911년에는 주지사로부터 강제적 백신접종을 조사하는 특별위원회 위원으로 임명되었다. 3년 동안 조사한 후 이 위원회는 피트케언의 소수 반대 의견에도 불구하고 해당 법을 유지하도록 권고했다.[34] 1908년 자신의 새로운 관심사로 인해 그는 백신접종 반대론자들이 필라델피아에서 전국적 모임을 할 수 있도록 자금을 지원했고, 이것이 미국백신접종반대연맹의 설립으로 이어졌다.

이 모임의 공동 설립자이자 비서이면서 가장 적극적인 회원은 피트케언의 친구인 브루클린 출신 찰스 히긴스였다. 히긴스는 피트케언과 공통점이 많았는데, 유년 시절 아일랜드에서 이민을 왔으며, 자신이 발명한 특별한 잉크를 제조하는 사업으로 큰 부를 얻었다. 그는 도시의 여러 문제에도 적극적이었는데, 브루클린의 역사적인 명소를 재단장하는 데 돈을 기부하거나 킹스 카운티 역사학회(Kings County Historical Society)의 공동 설립자로

---

33 John Pitcairn, *Vaccination: An Address Delivered before the Committee on Public Health and Sanitation of the General Assembly of Pennsylvania at Harrisburg, March 5, 1907* (Philadelphia: Anti-Vaccination League of Pennsylvania, 1907), 1; emphasis in original.

34 Bernhard J. Stern, *Should We Be Vaccinated?* (New York: Harper & Brothers, 1927), 110.

활동하기도 했다.[35] 히긴스는 모임의 대변인이자 팸플릿 저자로서 수많은 논쟁적 소논문, 예를 들어 「눈을 크게 뜨세요!」(1912), 「학교 아동에 대한 범죄」(1915), 「백신접종과 파상풍: 피의 암살자들」(1916), 「드러난 백신접종의 공포와 삽화」(1920) 등을 집필했다. 이 소논문들은 함께 실린 사진과 그림들, 즉 백신접종으로 몸이 상하고 눈이 멀었거나 심지어 사망에 이른 불행한 희생자들의 사진이나 그림들과 함께 독자들에게 만족을 주었다. 히긴스는 공립학교 학생에게 백신접종을 강제할 수 있도록 규정한 뉴욕주의 법을 뒤집고자 수많은 시도를 했다.

이 시기 강력한 영향력을 행사한 또 다른 그룹은 1919년 뉴욕에서 설립된 시민의료조회국(Citizen Medical Reference Bureau)이었는데, 이 그룹은 '어린이와 성인에 대한 강제적인 치료 및 외과술 반대', '모든 종류의 치료약에 대한 반대 및 아이에 대한 부모의 통제권 옹호'를 모토로 삼았다. 백신접종 반대 운동에 대한 헌신과 열정이라는 측면에서 히긴스와 비견할 만한 인물이 이 그룹의 사무국장이자 유일한 유급 직원이었던 해리 앤더슨(Harry Bernhardt Anderson)이다. 그의 개인적인 삶에 대해선 거의 알려진 바가 없지만(유인물에 적힌 내용과 자신이 똑같다고 여겼기 때문에), 이십여 년 동안 그는 뉴욕시에서 가장 걸출한 백신접종 반대 활동가였고, 전국에 걸쳐 각 주와 도시의 공중보건 관료에게 지속적으로 보낸 서한들 덕분에 그의 영향력은 전국적인 것처럼 여겨졌다. 또한 앤더슨은 매월 잡지를 출판했는데, 이 잡지를 자신의 지지자뿐 아니라 반대편 사람들에게도 보내면서 강제적 백신접종 법률을 철회시키기 위해 로비하는 데 사용했다. 앤더슨은 백신접종

---

35 "C. M. Higgins Dies; Ink Manufacturer" (obituary), *New York Times*, October 23, 1929, 27.

을 반대하는 것과 함께, 공공 포럼이나 회합에 참가하여 학생들에 대한 건
강검진, 결혼 전 매독 검사 의무화, 뉴욕시 공중보건 예산의 증가 등 공중보
건과 관련된 광범위한 문제들에 대해서도 의견을 개진했다. 이런 주제들을
하나로 묶어 주는 공통된 논지는 공공 포럼이나 '국가 의료'의 망령이었는
데, 1920년 출판한 책에서 이를 '전국의 각 주 모든 구석구석 그리고 카운티
와 더 쪼개진 주거 지구를 따라 거주민들에게 매일같이 도달하는, 의사의
권위에서 해방된 강제적 대중요법 의학을 주 정부나 연방 정부가 통제하는
것'이라고 설명했다.[36]

시민의료조회국은 미국백신접종반대연맹과 가족적인 관계에 있었는데,
이 조직의 활동에 존 피트케언의 두 아들 레이먼드와 해롤드가 지원했던
것이다.[37] 시민의료조회국 활동에 이 두 형제가 실제 얼마나 관련되었는지
는 분명하지 않다. 그들은 1920년대부터 1940년대까지 이 조직의 회장으로
활동했고, 이 단체에서 무수히 많은 출판물이 나올 수 있도록 재정적 지원
을 했을 것으로 짐작된다. 백신접종 반대론자의 세계관이 얼마나 자유주의
적 이데올로기와 맞닿아 있는지를 설명하면서, 레이먼드와 해롤드 피트케
언은 '공화정의 파수꾼'이라는 조직에 재정적 지원을 했다. 이 조직은 1922
년 설립된 우파 정치조직이었는데, 정부 권력의 집중·급진주의·볼셰비키
사상을 반대하고 '연방 정부의 온정적 간섭주의가 커지는 것'에 저항했다.

---

36 Anderson, *State Medicine*, 15.

37 The Pitcairn sons' commitment to the cause championed by their father recalls a similar
legacy in Britain, where the work of one of the most prominent anti-vaccinationists
of the nineteenth century, William Tebb, was carried on by his son, W. Scott Tebb.
See W. Scott Tebb, *A Century of Vaccination and What It Teaches* (London: Swan
Sonnenschein, 1899), which the younger Tebb dedicated to his father.

이십여 년 동안 이 조직은 공산주의인 것처럼 보이는 수많은 사회 개혁, 예를 들어 아동노동을 제한하기 위한 법률, 교육 문제에 관한 연방 조직 구상, 루스벨트의 뉴딜 정책 등에 대해 반대하며 싸웠다.[38]

시민의료조회국과 거의 같은 시기에, 관점이나 활동 목표가 거의 유사한 또 하나의 조직으로 미국의료자유연맹(American Medical Liberty League)이 있었는데, 이들은 대중요법 의료 헤게모니라고 여기는 것에 반대하여 1920년대 내내 지속적인 전투를 벌였다. 이 단체는 자신들의 편지지 머리말에서 스스로를 '헌법에 보장된 종교적 자유와 동일한 의료적 자유를 위한 시민들의 운동'이라고 표현했다. 이 연맹의 회장은 로라 리틀(Lora C. W. Little)이었는데, 20세기 들어 가장 적극적이고 성공적인 백신 강제 접종 반대 선동가였다. 그녀는 5년 동안 미네소타의 '건강과 자유에 관한 잡지'인 『해방자(Liberator)』의 편집인이었고, 잉글랜드·스코틀랜드·매사추세츠 등을 여행하면서 의료 독재로부터의 해방이라는 메시지를 전도했으며, 이후 오리건주의 포틀랜드에 정착하여 1909년부터 1918년까지 오리건주에서 강제적인 백신접종을 규정한 법에 반대하는 운동을 이끌었다.[39] 미국의료자유연맹의 회장이자 뛰어난 선동가로서 리틀은 시카고 본부에서 매월 뉴스레터를 출판했고, 일리노이뿐 아니라 전국에서 관련된 법과 정책에 영향을 주

---

38 Norman Hapgood, ed., *Professional Patriots* (New York: Albert and Charles Boni, 1927), 170-172. On the Sentinels ofthe Republic, see also Walter I. Trattner, *Crusade for the Children: A History of the National Child Labor Committee and Child Labor Reform in America* (Chicago: Quadrangle Books, 1970), 166-167.

39 An excellent account of Little's life and career is provided in Robert D. Johnston, *The Radical Middle Class: Populist Democracy and the Question of Capitalism in Progressive Era Portland, Oregon* (Princeton, N.J.: Princeton University Press, 2003), 197-217, from which this biographical sketch is drawn.

기 위해 노력했다. 앤더슨과 마찬가지로 리틀 역시 전국에 편지를 보내는 캠페인을 펼쳤고, 워싱턴과 각 주의 중심 도시 공중보건 관료들과 논쟁을 벌였다. 얼마나 회원이 많았는지 단정하기는 어렵지만, 미국의료자유연맹도 미국백신접종반대연맹처럼 전국에 지부를 만들었다.[40]

'의학적 자유'라는 수사학을 표방한 조직들은 백신접종의 법적·정치적 측면 중에서도 특히 '강제'라는 방식을 가장 반대했다. 그러나 다른 조직들은 백신접종 자체를 반대했는데, 건강과 치료 그리고 신체에 대한 자신들의 이념에 반대되는 것이었기 때문이다. 이들 중 가장 유명한 조직은 크리스천 사이언티스트(Christian Scientists)였다. 1879년 메리 베이커 에디(Mary Baker Eddy)가 매사추세츠에서 설립한 크리스천 사이언스는, 질병이란 육체적인 현상이 아니라 정신적인 것이며 따라서 기도를 통해 극복될 수 있다는 믿음을 표방했다. 일부는 치과 의사나 안과 의사의 치료를 받기도 했지만, 이들은 약제적 치료나 외과 수술과 같은 대중적 의료 개입을 반대했다.

크리스천 사이언스는 20세기 들어 급격히 성장하면서 1906년 추종자가 대략 4만 명 정도였고, 그에 상응할 정도의 공공연한 관심 혹은 적대적 반응을 경험했다. 크리스천 사이언스 소속 부모나 의사들의 치료를 받다가 디프테리아 등으로 어린아이가 사망하는 비극적인 사건이 발생하면, 대중과 입법자들은 격렬한 분노를 표출하면서 아이를 대상으로 한 살인 혹은 불법적인 의료 행위를 저질렀다고 비난했다.[41] 이런 적대적인 환경에서 교

---

40 In 1922, the letterhead of the American Medical Liberty League listed affiliates in thirty-six states and the District of Columbia.

41 Rennie B. Schoepflin, *Christian Science on Trial: Religious Healing in America* (Baltimore: Johns Hopkins University Press, 2003), 168-210 and app. 1.

회는 가능하면 관련 법률을 따르는 것이 더 강한 용기라는 자세를 취했다. 1901년 교회의 공식 출판물을 통해 에디는 추종자들에게 "백신접종이 강제적인 곳에서는 우리 아이들이 백신을 맞도록 하라. 그리고 여러분의 기도를 통해 백신접종이 아이들에게 아무런 해를 끼치지 못할 것이라고 마음을 다잡으라."고 말했다.[42] 거의 비슷한 시기에 그녀는 교회 신도들에게 "이 땅의 종교, 의료, 법정 그리고 법률을 향한 무정하고 적절치 않은 자료를 출판하지 말라."고 명령했다.[43] 따라서 크리스천 사이언티스트들은 20세기 초 백신 강제 접종 반대의 주장을 퍼뜨리는 운동에서 그리 눈에 띄지는 않았다. 법정의 공방에서 그들은 의료 행위를 하지 못하도록 막은 주의 법을 바꾸려는 스스로의 노력을 옹호하는 데 집중했다. 그러나 일부 개인들은 느슨한 법 집행을 이용하거나 필요할 경우 아이들을 홈스쿨링 하는 방식으로 강제적 법률을 위반하기도 했고,[44] 백신접종과 관련된 예산안을 준비하는 의원들을 흔들려고 시도하기도 했다.[45] 기독교 과학 잡지는 또한 백신접종

---

42 Cited in Schoepflin, *Christian Science on Trial*, 179; see also Stephen Gottschalk, *The Emergence of Christian Science in American Religious Life* (Berkeley: University of California Press, 1973), 224-225.

43 Cited in Edwin Frander Dakin, *Mrs. Eddy: The Biography ofa Virginal Mind* (New York: Charles Scribner's Sons, 1929), 369.

44 See, e.g., Julius Schiller to Edward S. Godfrey, January 13, 1924, NYSDOH, series 13855-84, reel rn; and "Deny School Clash," New York Times, June 27, 1929, 28.

45 See A.H. Flickwir to surgeon general, December 19, 1923, on the efforts of Christian Scientists to have the school vaccination requirement in Houston, Texas, repealed, NARA, RG 90, box 368; and Orwell Bradley Towne to Shirley W. Wynne, May 28, 1930, inquiring on behalf of the Christian Science Committee on Publication about the specifics qf New York City's school entry law, NYCDOH, box 141356, folder: Vaccination.

반대 활동가들의 활동에 대해서도 기록했다.[46]

비록 덜 종교적이거나 영성적이었지만 백신접종을 반대한 또 다른 보건 운동은 피지컬 컬처(physical culture, 신체 문화)였다. 건강 운동 권위자인 버나 맥파든(Bernarr Macfadden)이 만들어 유명해진 피지컬 컬처는 강렬한 운동을 통한 스파르타식 훈련, 자연음식을 통한 다이어트, 신선한 공기를 마시고 햇빛 쬐기 등을 포함했다. 맥파든과 추종자들은 주기적인 단식을 강조하면서, 커피·술·담배를 반대했다.[47] 이 운동은 질병세균설을 반대하면서 정갈하고 자연 친화적 삶을 사는 사람들이 질병에 덜 걸린다고 주장했다. 백신접종에 대한 맥파든의 끈질긴 반대는 초창기부터 시작된 것이었다. 1901년 피지컬 컬처 출판사는 『하나의 범죄 백신접종』이라는 책을 출판했는데, 여기서는 제너의 종두법에 대해 대중적 의료 행위 헤게모니를 유지할 목적으로 전개된 위험한 환상이라고 묘사했다.[48]

수많은 운동학교와 요양소를 설립하고 월간 건강 잡지 『피지컬 컬처(Physical Culture)』를 창간한 뒤, 맥파든은 『트루 스토리(Trus Story)』와 『트루 디텍티브 미스터리(True Detective Mysteries)』와 같은 타블로이드 잡지, 그리

---

46 See, e.g., "Public Defended as Schools Open," *Christian Science Monitor, n.d.* (August 1921), reporting on the efforts of Lora Little and the American Medical Liberty League to resist Chicago's compulsory school vaccination law. NARA, RG 90, box 366.

47 On physical culture and the life of Bernarr Macfadden, see William R. Hunt, *Body Love: The Amazing Career ofBernarr Macfadden* (Bowling Green, Ohio: Bowling Green State University Popular Press, 1989); Robert Ernst, "Macfadden, Bernarr," American *National Biography Online*, February 2000, www.anb.org/articles116116-02450.html (accessed December 16, 2002); and "Macfadden Dead; Health Cultist, 87" (obituary), *New York Times*, October 13, 1955, 31.

48 Felix Leopold Oswald, *Vaccination a Crime, with Comments on Other Sanitary Superstitions* (New York: Physical Culture Publishing, 1901).

고 섹스와 범죄 이야기를 집중적으로 다루는 선정적인 신문《뉴욕 이브닝 그래픽(New York Evening Graphic)》을 출판하면서 일종의 언론 왕국을 건설했다. 수많은 팸플릿을 발행한 히긴스와 앤더슨처럼 하나의 목적으로 백신접종 반대 운동에 열정을 쏟지는 않았지만, 맥파든은 훨씬 더 광범위한 청중을 끌어들였기 때문에 더 영향력 있는 인물이었다. 1920년대에 전국적으로 4백만 명에 가까운 사람들이 그의 발행물을 읽었을 것으로 추정된다. 『피지컬 컬처』와《뉴욕 이브닝 그래픽》모두 백신접종을 반대하는 수많은 기사를 실었다. 예를 들어 1922년 『피지컬 컬처』에 실린 기사에서 맥파든은 백신접종 때문에 사망한 사람이 천연두 그 자체로 인한 사망자보다 더 많다면서, "백신접종 때문에 생긴 건강 이상이 감기·폐결핵·폐렴처럼 고름이 잡히는 질병과 유사한 증상을 보인다는 점을 유능한 의사와 과학자들이 이제 인정하고 있다."고 주장했다.[49]《뉴욕 이브닝 그래픽》은 아마 의사가 썼을 법한 '백신접종이 나의 두 여동생을 죽였다'라는 제목의 기사를 실었는데, 곧바로 맥파든은 의사가 쓴 것이 아니라고 고백했다.[50] 또한 이 신문은 백신접종 때문이라고 소문이 난 송장 같은 피부병 환자의 사진을 계속 실었다.[51] 맥파든은 잡지의 구독자 리스트를 활용하여 뉴욕의 백신접종 강

---

49   Cited in Grace Perkins, *Chats with the Macfadden Family* (New York: Lewis Copeland, 1929), 81.

50   Hunt, *Body Love*, IO5. Morris Fishbein, the editor of the Journal of the American Medical Association and Macfadden's most vituperative critic, charged that Physical Culture frequently published articles by bogus medical professionals. See Morris Fishbein, *The Medical Follies* (New York: Boni & Liveright, 1925), 177-178.

51   Stern, *Should We Be Vaccinated?*, 107-108.

제법을 반대해 달라고 독자들을 설득했다.[52]

신체를 온전히 보존해야 한다는 생각은 또한 척추지압사와 같은 새롭고 유능한 치료사 단체가 백신접종을 반대하는 근거로 작용했다. 1895년에 설립된 척추지압 그룹은 건강에 대한 전일론적 관점을 강조하면서, 척추의 잘못된 배열 때문에 뇌에서 출발하는 에너지 흐름이 불균형하거나 충돌해서 질병이 발생한다고 주장했다. 약을 쓰지 않고 뼈를 다시 맞추는 식의 자연적인 방법으로 병에 맞서 치료하는 것을 강조하면서, 척추지압사들은 백신접종처럼 질병을 예방하기 위해 개입해야 한다는 생각을 거부했다.[53] 척추지압사 및 애호가들은 잡지와 팸플릿을 통해 백신접종에 반대했고, 입법자들과 관료들에게 로비를 했으며 종종 강제적 백신접종 법률을 준수하지 않겠다는 입장을 공공연히 표방했다.[54] 어떤 의미에서 척추지압사들의 반대는 자신들의 지위와 권위를 둘러싸고 수십 년 동안 다퉈 온 대체요법 의사들과 대중요법 의사들의 마지막 격전처럼 보일 수도 있다. 척추지압사·동종요법사·자연요법 치료사와 같은 의료 행위자들과 정규 의사들 사이

---

52 Bernarr Macfadden to "Dear Friend," February 8, 1930 NYCDOH, box 141356, folder: Vaccination.

53 Walter I. Wardwell, *Chiropractic: History and Evolution ofa New Profession* (St. Louis: Mosby Year Book, 1992); see esp. 51-130.

54 On chiropractors' advocacy against vaccination, see Frederick R. Green to Hugh S. Cumming, April 5, 1920 NARA, RG 90, box 369; Ennion G. Williams to Hugh S. Cumming, June 20, 1922, NARA, RG 90, box 367; Mosby G. Perrow to Hugh S. Cumming, October 31, 1923, NARA, RG90, box 368; A.H. Flickwirto surgeon general, December 19, 1923, NARA, RG 90, box 368; "Offer to Risk Smallpox," *New York Times*, January II, 1925, 2; "Vaccination Is Assailed," *ibid.*, March 2, 1925, 21; "Opposes Vaccination of Daughter; Jailed," *ibid.*, December 16, 1926, 49; and D. Pirie-Beyea to Shirley W. Wynne, December 12, 1929, NYCDOH, box 141353, folder: Vaccination.

에, 의학 교육과 자격 부여 문제를 둘러싼 치열한 전투가 혁신주의 시대 마지막까지 펼쳐졌고, 특히 1910년 플렉스너 보고서가 대체요법의 정당성에 상징적인(그렇지만 실질적이지는 않았던) 치명상을 입힌 이후로 그런 전투는 더욱 격렬해졌다.[55] 척추지압사들은 백신접종을 반대하는 분파적 의료 행위자 중에서도 가장 적극적이었다. 동종요법의 경우 소수의 사람들은 백신접종을 반대했지만 대부분은 지지하는 편이었다.[56]

또한 천연두 백신이 일부러 우두를 감염시킨 소의 림프에서 만들어지기 때문에, 백신접종은 생체해부 반대 진영의 분노를 일으켰다. 생체해부 반대론자들은 백신접종이 아무런 효과가 없다고 믿지는 않았다. 그 대신 백신을 만들면서 동물들에게 가해지는 고통 때문에, 백신 사용은 윤리적으로 정당화될 수 없다고 주장했다. 동물의 권리에 대한 옹호가 대다수 백신접종 반대론의 토대인 자유주의를 적나라하게 표방하지는 않았지만, 공공에게 가장 최선의 것을 행함에 있어 과학 관련 단체를 신뢰할 수 없다는 비슷한 믿음을 보였다. 실제로 이 두 진영은 19세기 중반 잉글랜드로 거슬러 올라가는 오래된 인연이 있었다.[57] 미국의 생체해부 반대론자들은 20세기에 들어 전성기를 맞이했는데, 이 당시 많은 대중이 이 운동을 알게 되었고 폭

---

55 Paul Starr, *The Social Transformation of American Medicine* (New York: Basic Books, 1982).

56 Eberhard Wolff, "Sectarian Identity and the Aim of Integration," *British Homeopathic Journal* 85 (1996): 95-114; Davidovitch, "Negotiating Dissent"; "Against Compulsory Vaccination," *New York Times*, April 22, 1894, 12; "Anti-Vaccinators Busy," *New York Herald*, April 28, 1894, 4.

57 On affinities between anti-vaccinationists and anti-vivisectionists in nineteenth-century England, see Richard D. French, *Antivivisection and Medical Science in Victorian Society* (Princeton, N.J.: Princeton University Press, 1975).

넓게 지지했던 것이다. 그러나 실험실에서 연구하는 과정에서 동물을 사용하는 것을 중지시키려는 이들의 노력은 대체로 성공적이지는 못했지만, 과학적 연구의 위상이 점차 높아지면서 생체해부 반대 운동은 점차 사그라들었다.[58]

지금까지의 간략한 스케치가 보여주는 것처럼, 백신접종 반대 운동은 다양한 믿음과 행위들을 포괄하는 것이었고, 따라서 이런 이질적인 운동을 이끈 사람들을 일반화하기는 어렵다. 백신접종을 반대하는 소책자와 팸플릿을 쓴 사람들은 로라 리틀만 제외하고 모두 남성이었지만, 각 조직의 유인물 머리말과 출판물에 적힌 임원과 회장 중에 여성도 일부 있었다. 그들 여성 대부분은 크리스천 사이언스 소속 의사이거나 선생님이었다. 생체해부 반대 운동 진영의 다수는 여성이었다.[59] 일부 저명한 백신접종 반대론자들은 상당한 재력과 사회적 지위를 가지고 있었지만, 백신접종을 경멸한 사람들은 대부분 중간계급이었다.[60] 주도적으로 활동했던 사람들이 서로 공유한 한 가지 중요한 개인적 상황은 비극적인 가족이었다. 헤닝 야콥슨, 존 피트케언, 제임스 로이스터, 로라 리틀 모두 백신접종 이후 사망하거나

---

58 Susan Eyrich Lederer, "Hideyo Noguchi's Luetin Experiment and the Anti-Vivisectionists," *Isis* 76 (1985): 31-48; Susan E. Lederer, "Political Animals: The Shaping of Biomedical Research Literature in Twentieth-Century America," *Isis* 83 (1992): 61-79; Susan Lederer, "The Controversy over Animal Experimentation in America, 1880-1914," in Nicolaas Rupke, ed., *Vivisection in Historical Perspective* (London: Croom Helm, 1987).

59 On female Christian Scientists, see Schoepflin, *Christian Science on Trial*, 52-54; on female anti-vivisectionists, see Lederer, "Political Animals," 63.

60 Johnston's study of anti-vaccinationism in Portland, Oregon, finds strong middle-class roots in the movement ("a plebian alliance solidly anchored in the world of lower-level white collar work"); see *Radical Middle Class*, 216 and passim.

심각한 후유증을 겪은 아이들이 있었다.

　백신접종 반대 운동과 로비는 물론 이를 반대한 대중들의 전체 모습 중 일부분만 보여주는 것이었다. 훨씬 더 많은 시민이 백신접종을 반대했는데, 철학적인 이유보다는 질병의 즉각적인 위협이 없는 상황에서도 겪을 수 있는 신체적인 통증과 불편함, 예를 들어 백신접종 때문에 생기는 일시적인 발열이나 종창으로 인해 일을 못하는 시간적 손실 같은 것을 반대했다. 가령 히긴스·리틀·앤더슨의 십자군 정신은 아칸소주의 밴 뷰런(Van Buren)에 사는 거주민 100여 명의 실용적인 관심사와 확연히 대비되는데, 그들은 1918년 강제적 백신접종을 규정한 아칸소주의 새로운 법률의 예외가 될 수 있도록 대통령 윌슨에게 특이한 방식으로 청원했다. 백신접종 비용 1달러와 추가적인 경제적 손실을 언급하면서 그들은 다음과 같이 말했다.

> 우리가 반대하는 것은 백신접종 그 자체의 비용만이 아니다. 아이들이 백신을 맞아 뜻하지 않게 얻게 되는 고통뿐만 아니라 그만큼 학교에서 시간을 보내지 못하는 피해를 반대하는 것이다. 면밀하게 살펴보았지만 우리는 지난 10여 년 동안 이 지역에서 천연두가 있었다는 단 하나의 기록도 찾지 못했다. (중략) 우리 주의 법률에 따르면 우리는 아이들을 학교에 보내야 한다(이건 옳은 일이다). 그러나 만약 아이들에게 백신을 맞게 한다면, 학교가 열릴 때까지 그 아이들은 학교에 가지 못할 것이다. 그렇다면 학교는 그만큼의 학생을 잃게 될 것이고 군대도 마찬가지이다. 아무런 손실도 없이 농작물을 수확하거나 밀이나 가을 작물을 파종하는 것은 불가능하다.[61]

61　NARA, RG 90, box 364; spelling and punctuation as in original.

대중들에게 가장 익숙한 백신접종 반대 운동의 모습은 출판물에서도 드러났다. 수많은 소책자와 팸플릿, 그리고 책들은 백신접종에 대해 아주 심각한 논쟁거리이며 대중적 분노와 소요를 자극할 수도 있다는 식으로 그 위험을 강조했다. 백신접종은 '의학을 이용한 야만스러운 아동 살해'이며,[62] 이를 강제하는 법률은 '미신과 공산주의, 그리고 온정주의에 뿌리를 둔 것'이라고 주장했다.[63] 백신접종을 탓하는 신체 손상과 죽음에 대한 생생한 묘사들이 난무했고, 수많은 팸플릿은 백신접종 때문이라고 의심할 만한 부작용 사진, 즉 심각한 종양·흉터·절단된 팔다리 사진을 실었다.(보건 당국이 출판한 백신접종을 옹호하는 출판물들은 비슷한 결과의 사진을 실으면서 천연두 환자의 우울한 증상을 보여주었다.)[64] 천연두 환자가 실제로 줄어든 것은 백신접종 때문이 아니라 위생 개혁과 생활수준의 향상 때문이라는 주장이 반복적으로 제기되었다. 강제적인 백신접종 정책은 이윤을 창출하기 위한 거대한 계획일 뿐이라는 비난도 반복적으로 제기되었는데, 이에 따르면 의사·보건 당국·백신 제조 회사가 민형사상 벌칙을 운운하며 사람들에게 억지로 백신을 맞도록 강요하면서 자신들의 배를 불리기 위해 은밀히 결탁한다는 것이었다. 예를 들어 로라 리틀이 초창기에 쓴 소책자, 『우두 반지의 범죄(Crime of Cowpox Ring)』에서는 백신접종을 확고한 이해관계 때문에 생긴 공모라고 규정지으면서 다음과 같이 적었다. "이 나라의 공중보건 관료들 월급은 연간 1,400만 달러에 달한다. 보건위원회의 중요한 기능 중 하나

---

62 Higgins, *Vaccination and Lockjaw*, 11.

63 Anderson, *State Medicine*, 82.

64 See, e.g., the New York State health department publication *Vaccination: What It Is, What It Does, What Its Claims Are on the People* (Albany, N.Y.: J. B. Lyon, 1908).

가 백신접종이다. 천연두의 위협이 없다면, 그들의 장사는 시들해질 것이다. 민간 영역에서 수많은 의사들 역시 '공포' 시대의 수혜자이다. 마지막으로 백신 '농장주'들은 이 더러운 사업에 투자된 자본금 2천만 달러를 상상한다."[65]

백신접종을 반대하는 이들 조직은, 매우 다양했지만, 서로서로 정기적으로 연락을 했다. 그들은 느슨하게 연대하면서 가끔 함께 일하기도 했는데, 가령 크리스천 사이언티스트, 척추지압사와 생체해부 반대론자들이 1910년 연방 수준의 보건 조직을 만들려는 시도에 반대하여 전국의료자유연맹이라는 조직의 우산 아래 모였다.[66] 이들은 다른 단체의 유인물을 뿌리기도 했고, 다른 조직의 행위를 지지한다고 선언하기도 했으며, 직원이나 회원들을 공유하기도 했다.[67] 또한 그들은 여러 자유주의적 정치 노선에 동참

---

65 Lora C. Little, *Crimes of the Cowpox Ring: Some Moving Pictures Thrown on the Dead Wall of Official Silence* (Minneapolis: Liberator Publishing, 1906), 6.

66 Manfred Waserman, "The Quest for a National Health Department in the Progressive Era," *Bulletin ofthe History of Medicine* 49 (1975): 353-380; Martin Kaufman, *Homeopathy in America: The Rise and Fall of a Medical Heresy* (Baltimore: Johns Hopkins University Press, 1971), 162-166.

67 For example, the American Medical Liberty League included copies of the newsletter of the Citizens Medical Reference Bureau in its mailings to legislators; see NARA, RG 90, box 367. The letterhead of the American Medical Liberty League identified the group as "endorsing the principles and aims of the anti-vivisection societies." H. B. Anderson of the Citizens Medical Reference Bureau also spoke at anti-vivisection conferences. See "Foes of Vivisection Hold Annual Meeting," *New York Times*, May 18, 1927, 28. Activists who belonged to more than one organization included Diana Belais, the president of the New York Anti-Vivisection Society, and Nellie Williams, a member of the society, both of whom served as directors of the American Medical Liberty League; Williams was also a vice president of the Citizens Medical Reference Bureau. Jesse Mercer Gehman, a doctor of naturopathy who worked as an associate editor of Macfadden's Physical Culture magazine, became the secretary of the Citizen's Medical Reference Bureau in the

하기도 했다. 히긴스와 로라 리틀, 해롤드와 레이먼드 피트케언 모두 금주법을 반대하는 운동을 펼쳤다. 히긴스는 "종교적 자유, 의학적 자유 그리고 먹고 마실 자유는 똑같이 미국 시민의 절대적 권리이며 손상되어서는 안 된다."고 주장했다.[68]

'민주주의 속의 과학'

백신접종의 정당성을 둘러싼 이데올로기 전쟁의 핵심에는 엘리트 지식인과 과학 전문가들이 급변하는 자유민주주의 사회에서 맡아야 할 역할에 대해 이견이 존재했다. 미국공중보건국(U.S. Public Health Service), 각 주와 도시의 보건 당국과 지방 의사 조직, 미국의사협회 모두 과학 엘리트가 보건과 관련된 의사 결정에 폭넓게 참여해야 한다는 사실을 입법부나 시민들에게 설득하려고 애썼다. 미국의사협회는 의학적 '반대자들'이라는 이름의 긴 파일을 가지고 있었고, 미국의사협회지(Journal of the American Medical Association)의 편집장 모리스 피시바인(Morris Fishbein)은 『의학적 명칭이들(The Medical Follies)』에서 이들을 조롱했다.[69]

1930s and ultimately carried on the bureau's work after H. B. Anderson's death in 1953. See Donald R. McNeil, *The Fight for Fluoridation* (New York: Oxford University Press, 1957), 121; and Hunt, *Body Love*, 109.

68 Charles M. Higgins, *Unalienable Rights and Prohibition Wrongs* (Brooklyn: n.p., 1919), 5.

69 The Medical Follies attacked alternative healers such as chiropractors, homeopaths, and naturopaths, as well as popular fitness movements such as physical culture.

과학적 의학을 주창했던 민간 조직은 석학들과 민간 지도자들로 구성된 미국의학진보연합(American Association for Medical Progress)이라는 곳이었다.[70] 1923년 매사추세츠에서 설립된 이 단체는 무식함과 미신의 힘이라고 생각되는 모든 것을 척결하기 위해 현대적인 연구 방법 특히 동물실험과 같은 방법을 옹호했다. 이 단체는 의회, 공산주의 모임, 교육자 모임에서 연구의 중요성을 발표했고, 생체해부 반대나 백신접종 반대 진영의 주장을 '과학적 의학에 대한 고질적인 반대론자'라고 이름 붙이며 비난했다.[71] 『천연두-예방 가능한 질병(Smallpox-A Preventable Disease)』이라는 책에서 이 단체는, 체계적인 백신접종과 천연두 통제 사이의 연결 고리를 설명하기 위해 전 세계 국가에서 데이터를 수집했다. 이 책에서, 피시바인은 의학 전문가를 반대하는 사람들을 공격하던 경멸적인 논조는 피하면서, 수십 년 동안 천연두 발생 비율이 점차 감소하고 있다는 것을 보여주는 냉철한 양적 근거를 제시했다.

> 우리가 이렇게 자기만족적인 마음가짐을 가지고 있는 사이에 우리는, 천연두가 사람을 해칠 힘을 가지고 있지 않다고 생각하는 고상하지만 잘못된 정보와 편견에 빠져 있는 사람들의 선전 선동의 먹이가 되어 버렸다. 사이비 종파들과 여러 단체가 우후죽순 생겨나, 그동안 과학적 탐구와 열정으로 질병

---

70 The group's honorary president was Charles W. Eliot, the former president of Harvard University, and its members included Yale University President James Rowland Angell, former New York governor and presidential candidate Charles Evans Hughes, and Edward Wigglesworth, the director of the Boston Museum of Natural History.

71 Benjamin C. Gruenberg, "Diphtheria Statistics," *New York Times*, September 21, 1927, 28.

을 막기 위해 쌓았던 방책들을 허물어 왔다. 우리는 '개인적 자유'가 망가졌다는 얘기를 듣고 있으나, 우리가 살고 있는 공동체의 자유와 동떨어진 '개인적 자유'란 없다는 사실을 잊고 있다. (중략) 우리는 '국가 의료'에 잘 속는 사람이라고 비난받고 있다. 그리고 우리는 이 나라 국민을 위해 보건 관료들이 했던 일들을 스스로 애써 되돌아보지 않고 있다.[72]

'민주주의 속 과학'이라는 제목의 에세이에서 이 단체의 베저민 그룬버그 (Benjamin Grunberg)는 자유민주주의적 가치와 기술 발전이 초래하는 현대 사회의 복잡성을 화해시키려고 노력했다. 그는 "대부분의 사람은 투명한 밥, 철강처럼 딱딱한 알루미늄 혹은 합성 단백질을 만들기 쉬울 거라고 감히 얘기하지 않지만, 그런 사람들이 백신접종의 효능, 혈청의 가치, 암의 인과관계와 같이 고도로 기술적인 문제에 대해서는 의견을 제시하고 그에 맞춰 행동할 권리를 주장하지 않는다."고 주장했다.[73] 그런 수사학과 함께 그룬버그는 질병으로부터 개인뿐 아니라 공동체를 어떻게 보호할 것인가라는 질문을 대중적인 상식이 아니라 전문가의 영역으로 옮기려고 노력했다. 미국의학진보연합(AAMP)은 '과학적인 문제에 관한 의사 결정을 대중의 투표에 붙이려는' 추세를 탄식하면서, "선량한 감성과 착한 마음에 미묘하게 호소하면서 개인적 자유를 말하는 알량한 논쟁들 때문에 많은 유권자가 공중보건 보호를 위해 제대로 확립되어 온 조치들을 반대하도록 현혹되어 왔

---

72 American Association for Medical Progress, *Smallpox-A Preventable Disease* (New York: American Association for Medical Progress, 1924), 8-9.

73 Benjamin Gruenberg, "Science in a Democracy," in id. ed., *Modern Science and People's Health* (New York: Norton, 1926), 11-12.

다."고 강조했다.[74]

그러나 백신접종 반대론자들은 그런 '기술적인' 문제들에 대한 의사 결정 과정에서 배제될 수 없다고 반대했다. 백신접종에 대해 계속된 찬반 논쟁은 여러 경험적인 질문에 집중되었다. 지난 세기 관찰된 천연두의 감소에 백신접종은 실제로 얼마나 기여했는가? 위생과 환경의 개선 외에 천연두 감소의 원인을 거슬러 추적할 수 있는가? 일부 국가 혹은 미국의 일부 주에서 관찰된 낮은 수준의 천연두 발병은 그 지역 사람들에 대한 백신접종 때문인가? 주기적으로 천연두가 유행하는 것은 백신을 맞지 않은 탓이라고 할 수 있는가? 로라 리틀이나 앤더슨 같은 반대론자들은 자신들의 지역에서 과학 전문가를 만나려고 노력했다. 통계치를 사용하는 데 기민했던 그들은 공중보건 관료와 똑같이 역학 데이터를 세심하게 정리하여 입법부와 정책 결정자를 설득하려고 했다. 예를 들어 미국의료자유연맹과 시민의료조회국 두 단체는 백신접종이 널리 진행되었던 필리핀에서 천연두가 대대적으로 유행한 기록을 입수하였고, 백신접종이 아무런 효과를 보이지 않은 증거라고 강조했다. 1922년 봄과 여름, 리틀은 공중보건국 장관 휴 커밍(Hugh Cumming) 및 백신접종에 두드러진 실패가 곧 강제 법안의 철회를 정당화해 준다고 선언한 몇몇 주 보건위원회에 편지를 보냈다.[75]

백신접종을 찬성하는 미국공중보건국은 데이터에 반대되는 해석을 제시

---

74 "Friends of Medical Progress," *Journal of the American Medical Association* 81, no. 17 (1923): 1443-1444.

75 Lora Little to Hugh S. Cumming, June 5, 1922, NARA, RG 90, box 367. See also letters from Little to the health commissioners of Colorado, Virginia, South Carolina, Iowa, and New York in the same box.

했다. 필리핀의 유행병은 백신접종을 느슨하게 강제해서 면역 수준이 완전하지 않은 결과이며, 백신이 적당한 냉동 시설 없이 장기간 보관되어 효능이 충분하지 않았기 때문이라는 것이다.[76] 어떤 주의 보건 담당 관료는 리틀에게 보낸 편지에서 "필리핀의 사례가 백신에 대한 나의 믿음을 약화시키지 않는 것은, 제대로 만들어진 거대한 다리가 붕괴되었다고 해서 공학의 원리에 대한 믿음을 버리지 않는 것과 같다."고 적었다.[77] 더군다나 공중보건국 관료들은 강제적 백신접종 법률의 시행과 천연두의 감소 사이에 명백한 상관관계가 있다고 보았다. 1921년 공중보건국이 출판한 보고서에 따르면, 그런 강제적 법률이 없는 유타·다코타·콜로라도처럼 중앙 지역 주에서는 천연두 발병률이 높았던 반면, 대대적으로 강제적 법률을 시행한 동부 해안 지역에서는 발병률이 더 낮았고, 백신접종 반대 운동이 고조된 캘리포니아와 오리건주와 같은 서부 지역에서는 점차 발병률이 증가하고 있었다. 이 보고서를 쓴 저자들은 '법률에 강제적인 조항이 없다면 혹은 아예 그런 법이 없다면, 천연두는 더 많은 사람에게 퍼질 것'이라고 결론 내렸다.[78] 민주적 절차가 공중보건에 미칠 해악에 대한 그룬버그의 우려에 동조하면서, 이 저자들은 "미국에서 천연두는 대중들의 투표에 달려 있다."고 선언했다.[79]

어떤 과학자들은 그런 논쟁에 대해 반대되는 목소리를 냈다. 존스 홉킨

76   Hugh S. Cumming to Edward S. Godfrey, June 21, 1922, NARA, RG 90, box 367.

77   Ennion G. Williams to Lora Little, June 20, 1922, NARA, RG 90, box 367.

78   John N. Force and James P. Leake, "Smallpox in Twenty States, 1915-1920," *Public Health Reports*, 1921: 1979-1989.

79   *Ibid.*, 1989.

스 대학교의 저명한 생물학자이자 통계학자인 레이먼드 펄(Raymond Pearl)
은 1922년 『죽음의 생물학(The Biology of Death)』이라는 논쟁적인 책에서 지
난 수십 년 동안 공중보건 관료들의 업무 대부분은 질병의 패턴에 아무런
영향도 주지 못했다고 주장했다. 자기 주위의 동료들에게 지나친 전문가
적 자만심에 빠지지 말라고 경고할 생각이었던 펄은 이 책에서, 비록 백신
접종과 천연두 감소 사이의 상관관계를 구체적으로 논하지는 않았지만, 둘
사이에 아무런 관계가 없다고 주장하는 사람들에게 무기를 제공한 셈이었
다.[80] 백신접종을 찬성한 사람들은 당황했다. 메트로폴리탄 생명보험회사
의 수석 통계학자이자 백신접종 찬성론자였던 루이스 더블린(Louis Dublin)
은 유명한 대중잡지 『서베이(Survey)』에서 펄의 주장을 반박하는 글을 쓰면
서, 의학적 반대론자들은 '동료 교수들의 헌신을 조롱하는 공중보건 대학
교수의 구경거리에서 대단한 만족을 얻을 것'이라고 씁쓸하게 예측했다.[81]

당시 미국인 6명 중 1명에게 생명보험 및 장애보험을 제공하고 있던 메
트로폴리탄 라이프는 과학적 의학을 지지하는 아주 막강한 회사였다. 필리
핀의 천연두 데이터를 둘러싼 세간의 흥분에 맞서 이 회사는 백신접종 반
대 운동이야말로 질병이 계속 유행하는 데 책임이 있으며 아이들이 가장
큰 희생자라고 주장하는 공보물을 발행했다.[82] 메트로폴리탄 생명보험회
사가 어린이의 복지에 특별히 관심을 가진 것은 이 시기 대중의 관념에 중

---

80   Raymond Pearl, *The Biology of Death* (Philadelphia: Lippincott, 1922); see 223-258 on
the effects of public health efforts on mortality patterns.
81   Louis I. Dublin, "Does Health Work Pay?" reprint from The Survey, May 15, 1923,
Louis I. Dublin papers, box 7, folder: Does Health Work Pay? 1923, National Library of
Medicine.
82   "Child Toll of Smallpox," *New York Times*, August 13, 1922, 11-14.

요한 변화가 있음을 말해 준다. 백신접종을 성인이 아닌 어린아이와 취학아동을 위한 절차로 점점 인식하기 시작한 것이다.

성인, 아이 그리고 강제의 범위

천연두에 대한 공중보건국의 우려는, 이 시기 법적으로 허용 가능한 강제의 범위를 좁히기 위해 분투한 전국 각 주의 대대적인 정치적 소요 때문에 더욱 커졌다. 유타주는 1907년 백신접종 강제 법안의 통과를 공공연하게 막을 수 있는 법을 제정했고, 북다코타주에서는 1919년 이를 따라야 한다는 청원이 이어졌다.[83] 강제적인 법안이 가장 대대적으로 시행되고 있던 매사추세츠주에서는 여전히 대대적인 항의가 일어났는데, 예를 들어 1915년부터 1918년까지 매년 법안을 철회시키려는 시도가 이어졌다.[84] 전국적인 운동의 대다수는 학교 입학 등록에 초점이 맞추어져 있었다. 워싱턴주는 1919년 학교 입학을 위한 의무적인 백신접종 법률을 철회했고, 이듬해 위스콘신주가 이를 뒤따랐다.[85] 그러나 많은 경우 대중들의 투표는 백신접종 반대와는 다른 결과를 보여주었다. 오리건 유권자들은 1916년 공립학교, 공공 기관, 고용주가 백신접종을 명령하면 중죄에 처하게 하자는 한 시

---

83 Stern, *Should We Be Vaccinated?* 109.

84 Samuel B. Woodward, "Legislative Aspects of Vaccination," *Boston Medical and SurgicalJournal* 185, no. 11(1921): 307-310.

85 C. C. Pierce, "Some Reasons for Compulsory Vaccination," *Boston Medical and Surgical Journal* 192, no. 15 (1925): 689-695; Force and Leake, "Smallpox in Twenty States," 1989.

민의 발의를 거부했다. 1920년에도 비슷한 발의가 커다란 표차로 거부되었다.[86] 후자의 발의는 소위 공립학교 보호연맹이라는 단체가 후원한 것이었는데, 이 단체는 같은 해에 캘리포니아주의 학교 등록법을 무산시키려고 노력했다. 이 연맹은 자유주의적 철학을 신봉했고, 주 정부에 아동위생국을 설치하자는 법을 비롯해 아동 보건과 관련된 다양한 법안을 반대했다. 대중의 인기를 사려는 또 다른 의학 관련 법안 두 건이 무기명투표에 부쳐졌는데, 하나는 생체해부를 불법화하는 것이었고 다른 하나는 주에서 척추지압사의 의료 행위를 허용하자는 것이었다.[87] 이 두 가지 법안 모두 압도적인 표 차이로 무산되었다.[88]

뉴욕주의 백신접종 법안 역시 이 시기에 대대적인 공격을 받았다. 찰스 히긴스와 미국백신접종반대연맹은 항상 실패했지만, 주 입법부에서 이 법안을 철회하게 하거나 변경하게 하기 위해 지속적으로 노력했다.[89] 이 목적을 달성하기 위해 일군의 정치적 동지, 즉 슬픔에 빠진 부모들을 모을 수 있었다. 제임스 로이스터는 변호사이자 주의 정치적 현안에 적극적인 인물이었고 자신의 고향인 뉴욕의 중앙 카제노비아에서 공화당 주위원회 위원으

---

86 Johnston, *Radical Middle Class*, 207-217.

87 Chester H. Rowell, "Medical and Anti-Medical Legislation in California," *American Journal of Public Health* 11 (1921): 128-132.

88 The vote on the anti-vaccination measure was 57 percent opposed and 43 percent in favor. "Defeat of Antivaccination and Antivivisection Measures on the Pacific Coast," *Public Health Reports* 35 (1920): 30-40.

89 Charles M. Higgins, *Repeal of Compulsory Vaccination: Memorial to the Legislature and Governor of the State of New York* (n.p., 1909); "Renew War on Vaccination," *New York Times*, March 17, 1911, 3.

로 활동하고 있었다.[90] 그는 백신접종 반대 단체와 직접 연루된 적도 없었고, 예전에는 백신접종을 믿었던 사람이라고 주장했다. 그런데 1914년 그의 아들 루이스가 백신을 맞은 뒤 사망했고, 로이스터는 스스로 전사가 되어 백신접종의 위험이 무엇인지 조사했다. 그는 뉴욕주 북부 지역의 도회지와 마을 거주민들을 조사했고, 뉴욕주의 시골 지역에서 백신접종과 관련된 피해나 사망 사례를 찾기 위해 수백 명의 조사원에게 편지를 보냈다. 그리고 이후 수개월 동안 수많은 부모로부터 다섯 명의 아이가 1914년 사망했다거나 셀 수 없이 피해를 입었다는 등의 보고서를 받았다. 이 수치는 그해에 천연두 그 자체로 사망한 사람이 3명뿐이라는 주의 공식적인 기록을 왜소하게 만드는 것이었다.[91] 로이스터는 1915년부터 발행하기 시작한 팸플릿에 유죄를 증명하는 통계자료 및 슬픔에 빠진 부모들의 심장을 찢는 듯한 증언을 모았고, 주에서 시행하는 강제적 백신접종 법안을 수정해 달라고 입법부 위원들에게 로비하기 시작했다.

로이스터는 완전한 철회를 원했지만, 최종 결과는 정치적 타협이었다. 시골 지역에선 백신 강제 접종을 완화하는 대신 큰 도시 지역에서는 오히려 확대하는 것이었다. 현존하는 법은 주의 모든 공립학교는 백신접종 증명서를 보여주지 않는 학생의 등록을 금지해야 한다는 것이었다. 이 법안의 수정안, 즉 이를 발의한 두 의원의 이름을 딴 존스-탈레트 수정안(Jones-Tallet amendment)은 5만 명 이상의 거주민이 사는 도시에만 이 법을 적용하

---

90 "Poll Gives Tie Vote in Fight on Barnes," *New York Times*, May 27, 1913, 2; "Keynote Address by Root," *ibid.*, July 10, 1914.

91 James A. Loyster, *Vaccination Results in New York State in 1914* (Cazenovia, N.Y.: n.p., 1915).

도록 수정했는데, 당시 뉴욕주 도시 10개 중 3개가 이에 해당되었다. 다른 대도시나 도심지, 마을에서는, 주 보건위원회가 천연두의 존재를 문서로 확인했을 경우 그 질병이 지역에 퍼진 기간에만 학교 입학 등록명부가 강제되었다. 동시에 이 수정 법안은 10개의 가장 큰 도시에서 강제의 범위를 확대했는데, 이에 따르면 예전에는 면제 혜택을 받았던 사립학교·교구부속학교도 백신접종을 의무적으로 시행해야 했다.

주의 의사협회나 사실상 거의 모든 지역단체는 이 조치에 일제히 반대했다.[92] 뉴욕시의 저명한 내과 의사이면서 소아의학의 선구자인 아브라함 야코비(Abraham Jacobi)는 강제적 법률의 필연적인 역할에 대해서 언급했다. 그는 의회에서 "내가 만난 사람들 대부분은 선견지명이 있는 공적인 마음보다는 대체로 무관심했다."고 증언했다. 이어 "거대한 정치체에 민주주의적 영혼을 불어넣기 위해서는 의회와 같은 정치 구심체의 집단적인 고려와 행동이 필요하다."고 말했다.[93] 그러나 주 보건위원 허먼 빅스(Hermann Biggs)는 법안에 반대하기를 꺼려했기에 동료들을 아연실색하게 만들었다. 빅스는 뉴욕시 보건국에 재직하는 동안 백신접종을 강제하는 데 관여했는데, 여기서 그는 지역 의사가 결핵과 성병 사례를 보건 당국에 보고하도록 강제하는 법안을 제정하는 데 기여했다. 또한 그는 자발적으로 병원에 입원하지 않으려는 반항적인 환자를 강제로 격리하도록 의무화했다.[94] 빅

---

92   Louis K. Neff to Rupert Blue, February 1, 1915, NARA, RG 90, box 251, folder: 2796 (1915).

93   Abraham Jacobi, "Address in opposition to the Jones-Tallett Amendment to the Public Health. Law in Relation to Vaccination," *New York State Journal of Medicine* 15, no. 3 (1915): 90-92.

94   On Biggs's career, see C.-E. A. Winslow, *The Life of Hermann M. Biggs* (Philadelphia:

스의 동료들이 보기에, 수정된 법안에 대해 순응하는 그의 태도는 변절이었다. 그러나 빅스는 이론가가 아니라 실용주의자에 더 가까웠다. 백신접종이 자신의 목적을 달성하는 데 도움이 된다면 적절하게 이용할 수 있다고 믿은 것이다. 그는 현재의 법이 결코 체계적으로 강제하는 것이 아니라고 했는데, 천연두가 감소하고 있기 때문에 그 법이 지닌 가치가 무엇이든 그보다 더 중요한 반대를 야기하고 있다는 것이었다. 빅스는 주 의회의 공중보건위원회에서 '나는 강제적인 법률과 이를 반대하는 대중적 감성보다는 법 없이도 보건 당국을 강력하게 지지하는 공동체의 감성을 선택할 것'이라고 증언했는데, 이는 1902년 레딜레와 매케이브의 법안에서 강조한 것이기도 했다. "내가 생각하기에 지금의 법을 더욱 강하게 밀어붙이려는 시도는 지역공동체의 공중보건에 많은 해악을 끼칠 뿐 그만큼의 이득은 없을 것이다."[95]

빅스의 신중한 지지에 일부 힘입어, 그 법률은 의회를 통과했고 승인되었다. 그러나 백신을 반대하는 행동파들이 얼마나 다양한지 설명하면서, 미국백신접종반대연맹의 찰스 히긴스는 존스-탈레트 수정안을 맹렬하게 공격했다. 히긴스의 생각에 이 새로운 법안은 소심한 정치적 항복일 뿐이었는데, 그는 '지난 수년 동안 우리가 힘겹게 노력한 것에 완전히 반대되는 것이며, 의학적 강제를 옹호하는 사람들에게 완벽하게 굴복한 것'이라고

Lea & Febiger, 1929); on Biggs's use of compulsion and the politics of such policies, see Daniel M. Fox, "Social Policy and City Politics: Tuberculosis Reporting in New York, 1889-1900," *Bulletin of the History of Medicine* 49, no. 2 (1975): 169-195.

95 Hermann M. Biggs, "Arguments in Favor of the Jones-Tallett Amendment to the Public Health Law in Relation to Vaccination," *New York State Journal of Medicine* 15, no. 3 (1915): 89-90.

한탄했다.[96] 히긴스는, 강제적 조치가 확대된 10개 도시에는 주의 인구 대부분이 거주하고 있다고 지적했다. 그러나 그 법안은 로이스터가 가장 중요하게 생각한 목적을 분명히 달성했는데, 바로 강제적 조치에 대해 시골 지역을 예외로 하는 데 성공했던 것이다.

이 시기 가장 격렬한 논쟁은 아이와 학교에 집중되었는데, 천연두가 점차 감소하고 있었기 때문이다. 당시 12개 정도의 주에는 일반 시민들에게 백신접종을 강제하는 법안이 있었다. 이들 법률의 대부분은 명령하기보다는 적당히 관대한 편이었는데, 다시 말해 담당 관료가 필요하다고 생각할 경우 지역 주민에게 백신접종을 강제하는 것을 허용했지만 명령하도록 하지는 않았던 것이다.[97] 그렇지만 광범위한 백신접종을 법적으로 강제하고 있던 지역에서조차 이런 합의된 시도가 어른들을 광범위하게 보호할 수 있으리라고 생각하지는 않았다.

미국이 제1차 세계대전에 참전한 8개월간 성인 시민에게 대대적이고 체계적으로 백신접종을 추진하려는 시도가 있었다. 이 당시에 보건 관료들은 백신접종을 전쟁 시기 국가의 산업 역량을 보호하기 위한 애국적 조치로 묘사했다.[98] 공중보건국장 루퍼트 블루(Rupert Blue)는 전국의 모든 주 보건위원회 관료들에게 권고 사항을 전달했는데, 지역의 모든 공중보건 담당 직원들과 협력하여 대대적인 백신접종을 시행하라는 것이었다. 특히 전쟁

---

96 Charles M. Higgins, *The Crime against the School Child* (Brooklyn: n.p., 1915), 권.

97 William Fowler, "Smallpox Vaccination Laws, Regulations, and Court Decisions," *Public Health Reports*, suppl. 60 (1927): 1-21.

98 The campaign against syphilis was also framed in this way. Allan Brandt, No Magic *Bullet: A Social History of Venereal Disease in the United States Since 1880* (New York: Oxford University Press, 1987).

과 관련된 산업에 종사하거나 군대 숙영지 근처의 노동자들에게는 더 적극적으로 백신접종을 시행하라고 권고했다.[99] 그러나 이런 캠페인은 그다지 성공적이지 않았다. 구리, 광산 때문에 전쟁 업무에 아주 중요했던 애리조나의 경우, 보건위원회 위원들은 자신들의 지역에서 강제적 백신접종 법률은 너무 광범위한 반대 때문에 '죽은 문자일 뿐'이며, 백신접종을 강제하려는 블루의 시도는 그 주에서 저항을 더욱 부추긴다며 불만을 표출했다.[100] 군수품을 생산하는 여러 주 가운데 하나인 미시건주의 앨비언(Albion)에 위치한 철강 회사의 어떤 관리자는 극히 일부 공장들만 그 명령을 따르고 있으며, 계속 그렇게 하면 경쟁 회사에 뒤처지는 불이익을 받게 될 뿐이라고 했다. "어떤 노동자들은 백신접종을 거부할 것이며, 백신접종을 요구하지 않는 다른 회사로 옮겨갈 것이다."라고 말했다.[101] 시카고에서는 전쟁 산업에 종사하는 수많은 노동자가 백신접종을 거부했는데, 철학적인 이유 때문이 아니라, '하루, 어떤 경우 5일이 걸릴 정도로 시간 낭비를 하고 싶지 않기 때문'이었다.[102]

전쟁 기간 동안 노동력의 부족 및 노동조합의 격렬한 투쟁이라는 맥락에서 보면, 정부에 소속된 일부 인사들은, 민감한 노동자들을 자극할 위험에 비교하면 백신접종이 그만큼 중요하지 않을 수도 있다고 생각했다.[103] 국

---

99 Circular Number 116 of the Public Health Service; see correspondence between the PHS and state and local health officers in NARA, RG 90, boxes 363 and 369.

100 See clippings and correspondence in NARA, RG 90, box 363.

101 President, Union Steel Products Company, to Rupert Blue, July 8, 1918, NARA, RG 90, box 369.

102 W. D. Heaton to medical officer in charge, July 29, 1918, NARA, RG 90, box 363.

103 On wartime labor unrest, see David Kennedy, *Over Here: The First World War and*

방부는 "지금 시기에 이런 백신접종 조치는 너무 공격적이어서는 안 되며, 적어도 전쟁 기간 동안에는 노동정책 위원회가 노동문제를 더 안정시킬 수 있는 기회를 가져야 합니다. 백신접종 때문에 수많은 노동력이 손실되고 있다는 얘기들이 우리에게 전해지고 있습니다."라고 블루에게 권고했다.[104] 비슷하게도 미국 철도청에서는 강제적인 백신접종 정책이 취해진다면 '엄청난 수의 노동자가 그들의 직장을 떠날 것'이라고 우려를 표했다.[105] 미국노동자연맹(The American Federation of Labor) 또한 전쟁 기간 동안 군수산업 노동자들을 대상으로 한 강제적 신체검사에 반대해 투쟁하면서, 신체의 고결함에 대한 위협이 공장에 큰 불안 요인이 된다고 강조했다.[106]

이처럼 상황이 급속하게 악화되는 가운데 몇몇 공중보건 관료들은 전쟁 업무를 방해한다는 이유로 백신접종 반대 진영의 문건 발행을 금지하려고 했다. 어떤 보건 관료는 "나는 이들의 선동 문건과 전쟁을 반대하며 독일을 옹호하는 선동 사이에 아무런 차이도 발견할 수 없다."고 주장하기도 했지만, 이런 시도가 성공한 사례는 없었다.[107] 백신접종 반대 진영은 전쟁을 반대한 급진주의자 및 이의 제기자들을 억압하기 위한 희생양이었다. 로라 리틀은 1918년 군인들을 대상으로 하는 강제적 백신접종을 공격하는 팸플

American Society (New York: Oxford University Press, 1980), 258-270.

104 Fred C. Butler to surgeon general, July 10, 1918, NARA, RG 90, box 369.

105 Walker Hines to Rupert Blue, August 7, 1918, NARA, RG 90, box 369.

106 Nugent, "Fit for Work," 591.

107 W. o. Sweek to Rupert Blue, March 22, 1918; NARA, RG 90, box See also Walter A. Scott to U.S. Public Health Service, NARA, RG 90, box 3 69; Rupert Blue to solicitor, Post Office Department, October 28, 1918, NARA, RG 90, box 364, folder: October 1918.

릿을 배포한 뒤 군대 내에서 반항과 폭동을 야기했다는 간첩법 위반 혐의로 구속되었다. 주 대법원이 그녀를 상대로 한 재판을 거부한 뒤에야 그녀는 비로소 풀려났다.[108]

전쟁 이후 거주민들을 대상으로 한 백신접종률은 점차 떨어졌다. 보건 관료들은 종종 사설 진료를 하는 의사들이 환자들에게 일상적으로 백신을 맞으라고 권고한다고 불평했는데, 이는 산발적으로 질병이 유행할 때 이를 통제하기 위해 과중한 업무에 시달리며 제대로 지원도 못 받는 공중보건 관료에게 가지 말라는 말이나 마찬가지였기 때문이었다. 뉴욕주 보건위원회 마티아스 니콜(Matthias Nicoll)은 1927년, "내가 아이일 때 주치의는 자신의 환자들이 천연두에 면역을 갖는 걸 당연하게 생각했는데, 지금은 어때? 아무도 안 그래. 천연두 백신접종은 필연적으로 아니면 의학 전문가들의 동의나 관심 부족 때문에 공중보건 영역으로 되돌아가 버렸어."라고 푸념했다.[109] 1930년 전국적으로 진행된 조사에 따르면 백신접종률이 떨어지는 몇 가지 징후가 보였다. 아동 건강에 대한 조사에 따르면, 미국 평균 도시에서 미취학 아동의 13%만 백신접종을 마쳤다는 것이다. 천연두 백신접종을 하는 가장 일반적인 시기는 5세 때인데, 이는 전국적으로 학교 입학 등록제의 영향 때문이었다. 백신을 접종하는 사람의 거의 75%가 이 나이대였다.[110] 생활수준에 따른 백신접종률의 차이는 거의 없었는데, 이는 백

108   Johnston, *Radical Middle Class*, 210.

109   Matthias Nicoll, "Discussion," *American Journal of Public Health* 17 (1927): 206-207.

110   George Truman Palmer, Mahew Derryberry, and Philip Van Ingen, *Health Protection for the Preschool Child* (New York: Century, 1931), 50.

신접종이 진행된 공공 영역의 성격을 보여주는 것이었다.[111] 백신접종에 대해 접종 대상자들이 의사에게 어떤 태도를 보이는지 조사한 결과에 따르면, 대부분의 접종 대상자는 백신접종을 호의적으로 받아들이는 것 같았는데, 이는 사람들이 백신접종 행위에 대해 생각하는 것과 실제로 백신접종을 맞는 것 사이의 간극을 보여주는 것이었다.[112] 동시에 이런 결과는, 의사들이 접종 대상자의 태도에 영향을 줄 수 있는 믿을 만한 재판관이 되지 못한다는 것도 보여주는 것이었다.

비슷한 시기에 진행된 또 다른 조사 결과는 인구 밀집 지역과 그렇지 않은 지역의 차이를 확연하게 보여주었는데, 시골 지역보다 도심에서 백신접종이 훨씬 더 일반적이었던 것이다.[113] 그들이 어디에 거주하는지와 상관없이 아이들은 보통 5세에 최소 한 번 백신을 접종했고, 사춘기 이후에는 거의 백신을 맞지 않았다. 7년에 한 번씩 천연두에 대한 면역력을 갱신하라는 공중보건 관료의 권고를 새겨들은 성인은 거의 없었다. 결국 이 조사에 따르면, 백신접종은 어느 정도 아이들을 위한 것으로 인식되는 경향이 있었고, 이는 곧 어른들은 백신을 접종해야 한다는 생각을 거의 하지 않았다는 것을 말해 주는 것이다.

---

111   *Ibid.*, 51.

112   *Ibid.*, 7.

113   Selwyn D. Collins, "Frequency of Immunizing and Related Procedures in Nine Thousand Surveyed Families in Eighteen States," *Milbank Memorial Fund Quarterly* 15, no. 2 (1937): 150-172.

무관심, 행동주의 그리고 천연두의 오래된 위협

1915년 존스-탈레트 수정 법안으로 뉴욕주의 법이 바뀌면서 천연두를 통제하려는 노력에 심각한 모호함이 발생했다. 천연두가 유행한다는 것을 '인정받았을 때'에만 학교에서 백신접종을 강제할 수 있다는 법 조항, 다시 말해 그 결정이 지역의 하급 관리인 보건위원회 위원에게 달려 있다는 이 조항은 반복적인 판단이 필요하다는 것을 의미했다. 즉 보고 사례가 심각하고 급속하게 유행하고 있음직한 상황과, 강제적인 혹은 자발적인 백신접종 정책에 대중들이 어떻게 반응할 것인지에 대한 정치적 고려 사이에 면밀한 계산의 균형이 맞아야 한다는 것이었다. 1920년대 뉴욕주에서 있었던 사건들은 사람들에게 백신을 접종하려는 노력을 훼방 놓는 수많은 요소의 총체를 보여주는데, 여기에는 여러 해석이 가능한 법의 성격, 대중들의 무관심과 적대감, 관료적 비효율성, 재정적 지원의 결핍 등이 얽혀 있었던 것이다.

위에서 언급한 여러 조사 보고서는 뉴욕의 백신접종 상황에 대해 복잡한 그림을 제시했다. 뉴욕시는 미국 전체에서 백신접종률이 가장 높았는데 미취학 아동 중 48%가 백신을 맞았던 것이다.[114] 그러나 다른 도시들의 경우 백신접종률이 훨씬 낮았다. 시골 카운티의 경우 미취학 아동 중 평균 7% 정도만이 백신을 맞았다. 나이아가라폴스나 버펄로, 엘마이라처럼 백신접종 반대 운동이 심했던 도시들의 경우 상대적으로 6%, 4%, 3%의 아이들만

---

114   Palmer, Derryberry, and Van Ingen, *Health Protection for the Preschool Child*, 44, 111.

이 백신을 맞았다.[115]

1923년 허먼 빅스가 사망한 직후 그 자리를 승계한 뉴욕주의 보건위원회 마티아스 니콜은 공중보건 업무의 정치적 성격을 너무나 잘 알고 있었다. 1915년 올버니로 옮기기 전에 뉴욕시 보건국의 국장보로 재직하면서 주 보건 업무의 베테랑이었던 니콜은 공중보건 영역의 전문화를 위해 끈질기게 싸운 투사였고, 위원으로 재직하는 동안 카운티 단위까지 행정조직을 강화하기 위해 노력했다. 니콜은 가능하면 설득이라는 방법을 선호했지만, 공동체의 보건 업무와 관련해서는 결코 인류평등주의자는 아니었다. 반대로 그는 보건 관료들이 스스로 적절하다고 생각되는 일을 할 때에는 상당한 선택의 자유를 가져야 하며, 대중들에게 최선의 이익을 줄 수 있도록 온정주의적으로 행동해야 한다고 믿었다. 1927년 그는 "공중보건 관련 입법에 영향을 줄 만한 자리에 있는 사람이라면 공중보건 관련 법률이 불필요한 강제 조항 때문에 혼란해지지 않도록 모든 수단을 강구해야 한다."고 주장했다. 이어 그는 "모든 사람이 준수해야 할 의무가 있는 광범위한 강제적 법령을 만드는 것보다는, 정부 관료들에게 그들의 지침대로 사용할 수 있는 관대한 권한을 부여하는 것이 더 낫다."고 주장했다.[116] 1890년대 브루클린의 에머리가 말한 것과 마찬가지로, 이런 전망은 존스-탈레트 법안의 법 조항 아래에서 니콜의 사무실에 부여된 권한 범위와 완전히 일치하는 것이었다.

수많은 주에서 백신접종에 반대하는 감정이 점점 커지는 것을 느낀 니콜

---

115 *Ibid.*, 82-83, 112.

116 Matthias Nicoll, "The Age of Public Health," *New York State Journal of Medicine* 27 (1927): 114-116.

과 그의 부하들은 천연두가 너무 빈번하게 유행한다는 것을 '공식화'하고 싶지 않았고, 나아가 그런 선언을 너무 오래 내버려 두고 싶지 않았다. 왜냐하면 이는 법률에 대한 법정의 도전을 자극하여 향후 자신들을 불리하게 만들 수도 있다는 우려 때문이었다.[117] 전염병 통제 책임자였던 에드워드 고드프리(Edward Godfrey)는 이런 공식화가 양날의 칼이라고 생각했다. 한편으로 '그런 공식화는 사태의 심각성을 대중들에게 알리고 선량한 더 많은 어른들로 하여금 그런 공식화가 없을 때보다 더 많이 백신을 맞도록 이끌 것'이었다. 다른 한편으로는 그는 설득적인 수단들을 이용하면 훨씬 더 '온건한' 반응이 대중들 사이에 퍼질 것이고, 이는 백신접종 반대 감정을 일소하는 데 도움이 될 것이라고 믿었다.[118]

지역의 보건 관료들은 어른들에게 백신접종을 받게끔 하는 과정에서 드문드문 성공했을 뿐이었다. 부분적으로 이것은 직원과 예산 부족 때문이었다. 초창기부터 강력한 공중보건 인프라를 구축한 뉴욕시와 달리, 1920년대 뉴욕주 북부 지역은 보건 업무를 수행할 최소한의 행정조직만 있을 뿐이었다.[119] 지역 보건 관료 대부분은 계약직으로 일했고 그들의 주된 수입원은 사설 의료 행위였다.[120] 백신접종 캠페인을 수행할 책임은 그런 업무

---

117   See, e.g., Edward Godfrey to Thomas E. Spaulding, August 19, 1924 and Paul Brooks to Thomas E. Spaulding, August 24, 1924, NYSDOH, series 13855-84, reel II; and Dr. Brooks to Dr. Godfrey, March 19, 1927, NYSDOH, series 13855-84, reel 13.

118   Edward Godfrey to Dr. Sayer, March 26, 1927, NYSDOH, series 13855-84, reel 13.

119   Herman E. Hilleboe, "A Brief History of the New York State Department of Health and Its Activities," *New York State Journal of Medicine* 57 (1957): 533-542; 536.

120   Governor's Special Health Commission, *Public Health in New York State* (Albany: State of New York Department of Health, 1932), 38-39, 55-77.

를 위해 등록된 의사와 간호사 한두 명에게 맡겨졌는데, 광범위한 지역을 감당하기에는 부족한 공공자금을 지급받았다. 북부 지역의 천연두 대유행을 통제하는 업무를 수행하고 보건 관료가 받은 하찮은 지원들을 언급하면서, 지역의 어떤 보건 관료는 씁쓸한 논조로 "시 정부의 일들은 당신네가 관찰한 것처럼 아주 저렴한 업무일 겁니다."라고 주 정부 보건위원회에 말했다.[121]

지역신문들은 대체로 백신접종 노력을 지지하면서 대대적인 접종의 필요성을 강조하는 당국의 말을 인용하는 기사를 길게 실었다. 그런 기사들은 보통 도시 거주민들 사이에서 상당히 자발적인 반응을 이끌었다.[122] 그러나 신문들은 또한 지역의 상업적 이해관계에 대해 책임감을 느꼈는데, 천연두 대유행을 쓸데없이 걱정하는 표지 기사는 지역 사업에 불리한 것이기도 했기 때문이다. 워터타운에서 주 보건위원은 천연두가 유행한 첫째 날에는 "신문들이 매우 협조적이었고 매우 우호적인 세간의 일들을 실었는데, 몇 주일이 지나면서 사업에 대한 위협이 너무나 분명해지는 바람에 신문들은 원래의 방침을 바꾸었고, 이 문제에 대해 거의 얘기하지 않았다."고 밝혔다.[123]

천연두가 발발했다는 소문은 도시의 여러 사업에 위협이 되었을 수 있지만, 완전한 대유행은 더 심각한 재난이었고, 지역의 주도적인 사업가들

---

121 Thomas E. Spaulding to H. F. Senftner, July 18, 1926, NYSDOH, series 13855-84, reel 11.

122 See, e.g., Dr. Hervey to deputy commissioner, October 27, 1926, NYSDOH, series 13855-84, reel 12.

123 Dr. Hervey to deputy commissioner, December 27, 1926, NYSDOH, series 13855-84, reel 11.

은 그 위협이 정말로 커질 것 같다면 이를 통제하려는 노력에 동참해야 한다고 설득당할 수 있었다. 록포트상업위원회는 도시의 보건 관료들에게 강력한 로비를 진행한 직후 도시의 사업가들에게 '존경하는 고용주분들께'라는 편지를 보냈다. 여기에는 모든 사업 부문에서 대대적인 백신접종이 시행되지 못하면 "천연두가 정말로 대유행할 것이고, 다 아는 것처럼 이는 이 도시의 사업을 빼앗아 갈 것입니다. 주 정부는 도시를 격리할 수 있고 외부 세계와 상업적, 사업적 교류를 완전히 끊을 수도 있습니다."라고 적혀 있었다.[124]

이 시기 백신접종을 둘러싸고 가장 격심한 전쟁터는 학교였다. 이 시기 성인을 대상으로 한 백신접종 강요에서 아동으로 초점이 점점 옮겨 간 것은 여러 가지 측면에서 보건 관료들의 업무를 더 쉽게 만들었다. 왜냐하면 학생들은 쉽게 접근할 수 있는 '우리에 갇힌' 대중이었기 때문이다. 1922년 연방대법원은 야콥슨 대 매사추세츠 사건의 판결에서 직접 다루지 않았던 주제, 즉 학교 입학 요건이 헌법에 보장된 권리를 침해하는지에 대한 질문을 필요 없게 만들었다. 1922년 판결은 텍사스주에서 제기된 사건에서 비롯되었는데, 15세 된 로절린 주흐트(Rosalyn Zucht)라는 소녀가 부모의 반대로 백신을 접종받지 않아 샌안토니오의 브래큰리지 고등학교에서 쫓겨난 사건에 대한 판결이었다. 야콥슨 사건의 초창기 의견에 근거를 둔 만장일치 판결에서 법원은, 백신을 접종하지 않은 학생이 학교에서 쫓겨나는 것이 어떠한 헌법적 권리를 침해하는 것은 아니라고 판단했다.[125] 이 결정문

---

124 Lockport Board of Commerce to. "Dear Employer," July 23, 1926, NYSDOH, series 13855-84, reel 11.

125 *Zucht v. King*, 260 U.S. 174 (1922).

을 쓴 대법관 루이스 브랜다이스(Louis Brandeis)는, 이 사건이 새로운 헌법적 문제를 제기하는 것이 아니기 때문에 법원이 이 사건을 판결해야 한다고 생각하지는 않았다고 추후 언급했다.[126]

뉴욕 공중보건 관료들이 생각하기에 중요한 문제는, 학교에서 추방하는 것을 넘어 백신을 접종하지 않고 자녀들을 방치하는 부모들에게 주의 법률이 아무런 벌칙도 부여할 수 없다는 점이었다. 자녀들에게 백신을 접종하지 않고 학교에서 쫓겨나도록 방치한다면 이론적으로 그 부모는 주의 의무교육법을 위반한 것으로 처벌받을 수 있지만, 그런 일은 결코 일어나지 않았다. 니콜이 코닝에서 천연두가 발생했다고 공식화했을 때, 백신접종을 반대한 일군의 부모들은 변호사를 찾아갔는데, 그 변호사는 부모들에게 항의의 의미로 백신접종 증명서 없이 아이들을 매일 학교에 보내라고 조언했고, 그 결과 아이들은 집으로 돌려보내졌다.[127] 주 보건 당국의 관료는 이 부모들을 "다른 아이들에게 아주 '건방진' 태도를 보였고, 자신들이 백신을 거부한 것을 대단히 자랑스러워하는" 사람들로 묘사했다.[128] 이 사건은 처벌을 두려워하지 않고 백신접종을 강제한 법을 공개적으로 조롱함으로써 결과적으로 반대편에게 유리한 입장을 제공한 것이었다.

법률은 각 학군에 입학 요건을 강제할 수 있는 직무를 부여했는데, 지역의 보건 당국은 학교의 업무 수행 방식에 개입할 수 있는 권한이 없었다.

---

126   Louis Brandeis to Felix Frankfurter, December 17, 1924, quoted in Melvin Urosky and David W. Levy, eds., *"HalfBrother, HalfSon": The Letters of Louis D. Brandeis to Felix Frankfurter* (Norman: University of Oklahoma Press, 1991).

127   Frank S. Swain to Matthias Nicoll, February 1, 1924, NYSDOH, series 13855-84, reel 9.

128   Dr. Conway to Dr. Brooks, February 6, 1924, NYSDOH, series 13855-84, reel 9.

학교 임원들은 자신들의 첫 번째 임무가 질병을 통제하는 것이 아니라 아이들을 교육하는 것이라 생각했기 때문에, 보건 법률을 강제하는 것을 우선으로 생각하지 않았다. 그들은 또한 백신접종을 받지 않은 학생들을 수용하면서 경제적 이익도 얻었다. 각 학군들은 '일일 평균 등교 학생' 공식에 따라 학생 수를 총합한 금액을 주 정부로부터 지원받았는데, 많은 학생을 쫓아낸 학군은 그만큼의 재정적 손실을 입어야 했다. 보건 관료들은, 긴박한 보건상의 잠재적 위협에 대해 학교 당국이 보여주는 오만한 듯한 태도를 보면 혼란스러울 수밖에 없다고 반복해서 토로했다. 어떤 관료는 "나는 교육 담당자들이 정말로 아무것도 안할 것이라고는 생각도 못했다. (중략) 우리가 준비를 하지 않았다면, 아무것도 진행되지 않을 것이다. (중략) 작년에는 천연두가 발생했다고 확인된 네 지역에서 백신을 맞지 않은 학생들을 쫓아내려는 어떤 시도도 없었다."고 동료에게 하소연했다. 그로 인한 질병 통제 실패는 부당하게도 보건 당국의 책임으로 돌려졌다. "아무리 많은 찬반 주장이 제기된다 하더라도, 보건 관료는 [법률을] 강제하기 위한 사람으로 비춰지고, 그렇게 강제하는 데 실패하는 것은 교육 당국이 아니라 우리 탓으로 돌려진다."[129]

가장 곤란한 법적 질문은 아이들이 입학 요건을 면제받을 수 있는지 여부였다. 당시에 종교적 면제는 그리 흔한 것이 아니었고, 뉴욕에서는 백신접종으로 인해 건강상 위험할 수 있어 백신을 맞지 않은 아이조차 법적으로는 공립학교·사립학교·교구부속학교에 입학할 수 없었다. 뉴욕은 이런 점에서는 유별났다. 강제적 백신접종 법률을 지닌 대부분 주에서는 백신을

---

129 Dr. Sayer to Dr. Brooks, April 26, 1928, NYSDOH, series 13855-84, reel 16.

접종하기에 신체적으로 적합하지 않은 사람에게는 이를 면제해 주는 조항을 가지고 있었다.[130] 백신접종 지지자들은 그런 예외 조항이 바람직하다는 데 동의했다. 연방대법원 역시 야콥슨 사건에서, 백신접종으로 위험해질 수 있는 사람에게 강제하는 것은 '더할 나위 없이 잔인하고 비인간적'이라고 인정했다.[131] 그러나 뉴욕에서는 보건 관료 및 교육 당국 모두, 백신접종 반대론자들이 아이들을 학교에 입학할 수 있게 하기 위해 의학적 예외 조항 추가를 이용하고 있다는 것, 그리고 이런 예외 조항 문제에 입법부가 동정적으로 귀를 기울이기 시작하면 그들이 법 전체의 철폐를 주장할 것이라는 걸 정확하게 걱정했다.

이것이 바로 시민의료조회국의 지칠 줄 모르는 간사 앤더슨의 전략이었다. 뉴욕이라는 거대한 도시에서 강제적 백신접종을 종식시키려 하면서 앤더슨은 학교위원회 청문회나, 대통령 및 교육위원회 위원들의 사무실에 눌어붙어 있었다. 그는 또한 더 나은 학교 만들기에 관심 있는 자발적 조직인 통합학부모연합(United Parents Association)의 지지를 구하려 했다.[132] 1932년 그는 뉴욕시 학교위원회를 설득해 의학적 예외 조항을 추가하는 결의안을 통과시켰고, 곧이어 어떤 경우에는 백신접종이 건강에 위험할 수도 있다는 이 위원회의 고백이야말로 강제적 조치가 완전히 철폐되어야 할 근거라고 주 의회에서 주장했다. 어떤 학생이 정말로 의학적 면제를 받을 만한지를 결정하는 것은 어쩔 수 없이 임의적 판단에 의존할 수밖에 없다면서, 앤더

130　Fowler, "Smallpox Vaccination Laws, Regulations, and Court Decisions."

131　*Jacobson v. Massachusetts*, 197 U.S. II (1905), 47.

132　H.B. Anderson to George J. Ryan, November 7, 1932, and William Snow to Shirley Wynne, November 26, 1932, NYCDOH, box 141354, folder: Vaccination.

슨은 그 절차를 완전히 자발적인 것으로 그냥 두는 편이 더 나을 것이라고 주장했다.[133] 보건 당국이나 교육위원회 모두 예외 조항을 추가하는 데 조심스러운 지지를 보냈지만, 법을 바꾸려 한 앤더슨의 시도는 성공하지 못했다.

백신접종 반대론의 쇠락과 천연두의 소멸

1930년대가 지나면서 앤더슨이나 시민의료조회국의 행동주의는 점차 고립된 성전이 되었다. 미국백신접종반대연맹은 1920년대부터 주류에서 밀려나기 시작했고, 1929년 찰스 히긴스가 사망하면서 자취를 감추었다. 미국의료자유연맹도 1931년 로라 리틀이 사망한 이후 비슷한 쇠락의 길을 걸었다. 이 단체들의 실질적인 소멸은 이 운동이 몇몇 헌신적인 리더의 끈질김에 얼마나 의존했는지를 보여주었다. 앤더슨은 1930~1940년대에 '사회주의적' 의료 프로그램에 대항하여 계속 싸웠다. 그는 1935년 주의 모자보건 프로그램을 연방 정부가 지원하기로 한 프랭클린 루스벨트의 경제안보법(Economic Security Act)에 반대하여 의회에서 증언하기도 했다.[134] 1945년 출판한 책 『공중보건 미국의 길(Public Health the American Way)』에서 앤더

---

133 "Seeks to Amend Law on Vaccinating Pupils," *New York Times*, November 13, 1932, ro; "Citizens Urge End of Vaccination Law," *ibid.*, November 22, 1932, 10.

134 *Economic Security Act: Hearings before the Committee on Ways and Means, House of Representatives, Seventy-fourth Congress, First Session, on H.R. 4120* (Washington, D.C.: U.S. Government Printing Office, 1935), 652-653.

슨은 성 접촉에 의한 전염병 검진, 결핵 확인을 위한 흉부 X-레이 촬영, 혹은 대대적인 건강검진을 제공하겠다는 의회의 제안 등 당시 몇 가지 진전된 의료 정책들을 공격했다.[135] 그는 뉴욕 및 북동부 지역의 주 정부 및 지역 보건위원들에게 열정적으로 편지를 보냈다.[136] 1953년 앤더슨이 사망한 이후 이 단체는 공공 수돗물의 불소화, 소아마비 백신접종에 반대하여 투쟁했으나 패배하고 있었다.

백신접종을 반대하면서 대안적인 공중보건 방침을 옹호한 사람들 역시 점점 사그라지는 영향력을 실감하고 있었다. 1920년대 말 전국적으로 시행된 조사에 따르면, 척추지압사, 크리스천 사이언티스트 그리고 약을 사용하지 않고 믿음으로 치료하는 사람들 등 대체의료 행위자들은 전국 모든 환자 중 고작 5% 정도만 치료할 뿐이었다.[137] 이 시기 대중요법 의학은 다른 형태의 의학과 비교하여 문화적 위상이나 권위 측면에서 승리를 거두었고, 보건에 관한 대중의 의사 결정에 의사들의 권고가 큰 영향력을 미치고 있었다. 이는 다른 질병들에 대한 대비책으로서 백신접종을 궁극적으로 받아들이는 데 결정적인 요인이 발달하기 시작했다는 것이다.

뉴욕시에서 천연두는 1947년 3월 마지막으로 출현했다. 유진 르 바(Eugene Le Bar)라는 47세 상인이 아내와 함께 버스를 타고 멕시코를 출발해 메인으로 여행을 가던 중에 뉴욕에 다다랐다. 르 바는 여행 초창기부터 몸

---

135 H. B. Anderson, *Public Health the American Way* (New York: Citizens Medical Reference Bureau, 1945).

136 See, e.g., H. B. Anderson to state and local departments of health, New York, Pennsylvania, New York City, Buffalo, and Philadelphia and vicinity, August 15, 1944, NYCDOH, box 141566, folder: Vaccination.

137 Starr, *Social Transformation of American Medicine*, 127.

이 안 좋았는데, 뉴욕에 도착하자마자 40℃의 열감 및 얼굴과 손에 이상한 발진이 생겨 벨뷰 병원(Bellevue Hospital)의 피부과에 갔다. 사흘 뒤 그는 뉴욕시의 전염병 전담 병원인 윌라드 파커 병원(Willard Parker Hospital)으로 옮겨졌고, 이틀 뒤 사망했다. 그러나 그가 왜 사망했는지 바로 알 수는 없었는데, 3월 말이 되어서야 르 바와 같은 시기에 윌라드 파커 병원에 입원한 환자 중 두 명에게서 천연두가 확진되었고, 병원 당국은 이 상황을 인지하여 보건 당국에 보고했다.[138]

4월 4일 금요일 오후 보건위원회 이스라엘 와인스타인(Israel Weinstein)은 자신의 사무실에서 기자회견을 열어 천연두가 발생했다고 발표했다. 지금 퍼지고 있는 전염병의 위험은 '가벼운 수준'이라고 대중들에게 확신시키면서도 그는 최근 백신을 맞지 않은 뉴욕 시민은 다시 백신을 맞을 것을 촉구했다. 상황을 우려한 신문과 라디오에서는 도시 전체 병원에 즉시 대기 줄을 서라고 독려했다. 반면 보건 당국의 조사관들은 사방팔방으로 흩어져 르 바의 행적을 역추적하면서 그와 접촉했을 법한 누구라도 찾아내 백신접종을 하려고 애썼다. 시간이 흐르면서 보건 관료들은 더 경각심을 갖게 되었다. 르 바가 벨뷰 병원에 오기 전에 며칠 동안 도심지 호텔에 숙박하면서 어느 오후에는 5번가에서 쇼핑을 했다는 것도 알게 되었다. 르 바가 윌

---

138 The events described here are drawn from the following accounts: Israel Weinstein, "An Outbreak of Smallpox in New York City," *American Journal of Public Health* 37 (1947): 1376-1384; Berton Roueche, "*A Man from Mexico,*" in *Eleven Blue Men* (Boston: Little, Brown, 1953), 100-120; Judith Walzer Leavitt, 'Be Safe. Be Sure.': New York City's Experience with Epidemic Smallpox," in David Rosner, ed., *Hives of Sickness: Public Health and Epidemics in New York City* (New Brunswick, N.J.: Rutgers University Press, 1995); and coverage in the *New York Times*, April 5-May 12, 1947.

라드 파커 병원에 있는 동안 천연두에 걸린 남성의 부인이 두 번째로 사망했다. 르 바를 추적하면서 확인한 또 다른 사례는 역시나 월라드 파커 병원 환자였던 4세 소년이었는데, 이 아이는 도시 북부 밀브룩(Millbrook)에서 확진되었다. 병세는 확산되는데 백신 공급이 부족해지자, 와인스타인은 4월 12일 개인적으로 윌리엄 오드와이어(William O'Dywer) 시장을 찾아가 백신을 구입하고 공공을 보호하기 위한 캠페인을 확대할 수 있도록 추가 직원을 고용하는 데 필요한 50만 달러를 특별히 배정해 달라고 요청했다. 오드와이어는 이런 요청에 동의했고, 그날 기자들을 불러 회견을 했다. 카메라들이 번쩍이는 가운데 와인스타인은 오드와이어에게 백신을 접종했고, 오드와이어 시장은 뉴욕 시민에게 자신처럼 미리 조심해 줄 것을 촉구했다.

오드와이어의 발표는 대대적인 백신접종 프로그램을 최고조에 달하도록 밀어붙였고, 3주 뒤에 뉴욕 시민들은 역사상 가장 이상한 대중 동원 현장 중 하나를 목격했다. 매일같이 수만 명이 심지어 빗속에서도 몇 시간씩 건물들을 뱀처럼 두르는 긴 줄에서 대기했다. 시장의 발표가 언론에 처음 등장한 4월 5일부터 한 달 뒤 백신접종 병원이 문을 닫을 때까지 635만 명이 백신을 맞았는데 도시 거주민의 80%에 달하는 것이었다. 백신을 맞은 사람들 5백만 명쯤은 오드와이어 시장의 특별 요청 이후 2주 안에 백신을 맞았다. 백신접종의 절반 정도는 보건 당국의 접종소 및 공공·민간 병원에서 행해졌다. 질서 정연하게 사람들을 이동시키는 엄청난 규모의 수송 업무는 3,000명에 달하는 자원봉사자들의 도움 덕분에 가능했는데, 이들은 대부분 미국적십자사 및 미국여성자원봉사단 소속이었다. 백만여 명의 사람들은 민간 의사 진료실에서 백신을 맞았고, 약 120만 명은 시나 공제조합이 만든 특별 구역에서 혹은 회사나 노동조합이 설치한 공장의 특별한 구역에서 백신을 맞았다.[139] 이스트만 코닥, TWA, 유니언 카바이드, 워너메이커 등 도시의 거대한 고용주들은 보건 당국 의사들을 현장으로 불러서 모든 노동자에게 백신을 접종했다. 아서 머레이 댄스 스튜디오와 레인 브라이언트 백화점 등 일부 사업장 역시 공공의 백신접종을 위해 자신들의 공간을 제공했다.[140] 고용주나 대형 사업장의 협조는, 병원을 방문하는 데 어려움이 있어 백신접종을 주저하거나 확신하지 못했던 많은 사람의 참여를 이끌었다. 예를 들어 미국합병의류노동자회 간사는 오드와이어 시장에게 "우리 모두는 천연두 백신을 접종하자는 당신의 캠페인에 협력하고 있습니다. 그렇지만 이런저런 이유 때문에 많은 사람이 아직 주저하고 있습니다."라고 말했다.[141]

뉴욕 시민들이 압도적으로 백신접종에 긍정적인 반응을 보인 이유는 무엇일까? 가장 중요하게는, 그렇게 많은 사람이 상당한 불편함을 기꺼이 감수한 것은 지역 보건 관료의 판단과 권고를 그만큼 신뢰했다는 것을 보여준다.[142] 이런 믿음은 지역공동체에서 광범위한 네트워크를 이룬 접종소나 보건교육 자료 등과 같이 도시 곳곳에서 보건 당국이 가시적으로 활동한 결과였다. 두 번째 요인은 이를 다루는 언론의 현란한 보도였다. 보건 당국의 홍보팀장이었던 칼 프렛숄드(Karl Pretshold)는 십여 년 뒤 소아마비 백

---

139 "Report of Outbreak of Smallpox in New York City" (typescript, May 5, 1947), NYCDOH, box 141593, folder: Vaccination.

140 See letters in NYCDOH, box 141592, folder: Vaccination.

141 Teresa Scordino to William O'Dwyer, April 16, 1947, NYCDOH, box 141592, folder: Vaccination.

142 Karl Pretshold and Caroline C. Sulzer, "Speed, Action and Candor: The Public Relations Story of New York's Smallpox Emergency," Channels 25 (1947): 3-6; 3-4.

신접종 캠페인에서도 두드러진 활약을 보였는데, 그는 언론 보도를 최신의 내용으로 바꾸거나 취재기자의 모든 질문에 대답하고 뜬소문을 잠재우기 위해 부단히 노력했다. 세 번째 요인은 공동체를 먼저 생각하는 대대적인 심리 상태였는데, 이는 전쟁 기간 동안 형성된 것이었다. 전쟁 직후 뉴욕 시민들은 여전히 군사훈련이나 여타 비상조치들에 협조하는 데 익숙해져 있었다.[143]

그런 노력에 반대하여 오직 산발적인 저항들만 일어났다. 앤더슨은 학교 입학 조건에 대한 자신의 반대를 반복하는 캠페인을 시작할 기회를 잡았는데, 그는 와인스타인에게 "만약 보건 당국이 어떤 사람들에게 적용한 강제 접종을 순조로운 것처럼 기록한다면, 사람들 마음속에는 항상 보건 당국이 이런 강제 접종 기조를 더 확대하고 싶어 할지 모른다는 의심이 생길 겁니다."라고 말했다.[144] 또한 시민들에게 백신을 무료로 제공하는 것에 대해 일부 민간 의사들 사이에는 불평불만이 있었다. 브루클린의 격앙된 한 의사는 "최근 백신을 맞으려고 쇄도하는 사람 중에는, 아주 부유한데도 [보건 당국이 제공하는] 무료 서비스를 받으려는 사람들이 많다."고 보건 당국에 계속해서 불평했다. 이어서 그는 "만약에 시 당국이 모든 시민에게 공짜로 고기와 잡화를 제공한다면, 고깃집 주인과 식료품 상인들은 분명 저항할 것

---

143 In the years following World War II, Leavitt contends, "The public retained something of an emergency mentality and easily followed government advice ⋯ New Yorkers had already become accustomed to regulations that affected the behavior of the whole population, from food rationing to blackout drills." Leavitt, "'Be Safe. Be Sure.,'" 102, 111.

144 H. B. Anderson to Paul L. Ross, April 24, 1947, NYCDOH, box 141592, folder: Vaccination.

이다! (중략) 의사들은 정치인과 보건위원회 봉급쟁이들이 자신들의 환자를 빼앗아 가게 하려고 의대를 졸업하지는 않았다."고 했다.[145] 그러나 백신접종을 격렬하게 반대하는 운동이 확연하게 보이지는 않았다. "백신접종을 하는 동안 우리 중 절반은 백신접종 반대론자들의 행동이 문제가 될 것으로 예상했다."고 프렛숄드는 이후에 회상했는데, 이어서 "그들은 결코 문제가 되지 않았다. 어떤 사람이 한 보건센터에 나타나 백신접종 반대 유인물을 뿌리려고 했으나 백신을 맞으려고 기다리던 사람들의 저지로 그 남성은 쫓겨났다."고 했다.[146]

5월 3일 특별 접종소가 마지막으로 문을 닫은 이후, 백신접종을 위한 운동은 성공적인 것으로 널리 인정받았다. 천연두로 인한 희생은 환자 12명과 사망자 2명에 국한되었다. 수많은 뉴욕 시민이 보건 당국의 노력에 감사하는 편지를 보냈다.[147] 그러나 이 캠페인에는 90만 달러의 비용과 함께 인적 희생도 있었다. 백신접종 그 자체의 부작용 때문에 3명이 사망한 것으로 확인되었는데, 66세 노인 1명은 백신접종 부위의 패혈증으로 사망했고 어린아이 2명은 면역력이 떨어진 몸에 우두 바이러스가 퍼져서 나타나는 증상, 즉 보통의 우두로 인해 사망했다. 보건 당국의 노력을 기록한 보고서에서 와인스타인은 '이런 사고들이 너무 비극적'이라면서도 "백신접종이 그렇게 큰 규모로 진행되지 않았더라면 수천 명의 환자와 수백 명의 사

---

145 Francis G. Velardi to health department, May 1, 1947, NYCDOH, box 141592, folder: Vaccination.

146 Pretshold and Sulzer, "Speed, Action and Candor," 6.

147 See letters in NYCDOH, box 141592, folder: Vaccination.

망자가 나왔으리라는 것을 기억할 필요가 있다."고 했다.[148] 보건 전문가들은 대체로 미리 예측한 피해가 비용을 훨씬 초과하고 심지어 3명의 사망자가 발생했다는 사실에 동의했다.

사망자를 공식적으로 인정한 것은, 15년 후 천연두 백신의 위험과 효과에 대해, 그리고 가끔 끔찍한 결과가 나타날 수도 있는 예방책을 사용하는 것을 윤리적으로 수용할 수 있을지에 대해 격렬한 논쟁을 예고했다. 그러나 1947년 위험 대비 효과에 대한 계산은 백신접종의 긍정적 효과에 완전히 유리한 것으로 드러났다. 이 당시 면역 획득이라는 개념은 천연두보다는 디프테리아나 백일해와 같은 다른 질병으로부터 보호받는 것과 연결되었고, 혁신주의 시대와 1920년대 내내 천연두 백신접종을 따라다닌 부정적 여론의 짐에서 벗어나 전혀 논쟁거리가 되지 않았다. 다음 장에서 다룰 대중적인 인식의 이런 전환은 강제적인 법률보다는 대중적인 설득 기법을 통해 이루어진 것이었다.

---

148 Weinstein, "Outbreak of Smallpox in New York City."

3장

디프테리아 백신접종

−설득의 힘 그리고 한계들

State of Immunity

1933년 어느 화창한 봄날, 뉴욕시 보건위원회 위원 셜리 윈(Shirley Wynne)은 생후 9개월 아이 메이 맥더모트(McDermott)가 어퍼 이스트 사이드 클리닉에서 주사를 맞는 것을 자랑스럽게 지켜보고 있었다. 메이는 뉴욕시에서 디프테리아 백신을 맞는 백만 번째 아이였는데, 카메라 불빛이 터질 때마다 행복하게 웃었다. 《Times》에 따르면 메이 다음으로 주사를 맞은 백만한 번째 아이는 "비명을 지르며 얼굴을 찌푸렸다."[1] 당시 클리닉에 있던 모든 사람은 잠시 후 수천 명의 취학아동과 세 블록을 행진하여 센트럴파크의 건강 축제에 참석했는데, 여기에서는 뮤지컬과 민속춤 경연이 벌어졌고, 정치인과 시민 단체 지도자들은 가장 흔한 전염병 중 하나로부터 아이들을 보호해야 하는 중요성에 대해 연설을 하면서 관심을 끌었다. 이날의 사건은 당시 의학적 발전을 고취하려는 뉴욕시의 접근법을 상징적으로 보여주는 것이었고, 불과 이십여 년 이후 광범위한 대중들의 지지를 이끌어 냈다.

1920년대 디프테리아 예방주사는 이전의 천연두 백신접종에 이어 대중들로부터 폭넓게 용인된 두 번째 백신접종으로 등장했다. 학교와 기관에

---

1   "Children's Fete Aids Health Drive," *New York Times*, May 16, 1933, 19.

들어가기 위한 조건에 대한 두 번째 재판이 뉴욕시에서 진행된 후 십여 년이 지난 1926년 초부터 1930년까지 보건 관료들은 디프테리아를 박멸하기 위해 전국적으로 야심 찬 노력을 쏟기 시작했다. 이 캠페인은 강제적 수단이 아니라 교육을 기본 방침으로 삼았다. 신문광고, 광고 게시판, 영화, 무대가 마련된 선전 행사, 부모의 의무와 감성에 호소하는 화려한 플래카드 등 대중을 설득하기 위한 새로운 기법들이 사람들을 자극했다. 이런 접근법이 기존에 천연두 백신접종을 반대할 당시의 반격이나 저항을 제압하는 데는 성공했지만, 효과는 오래가지 않았고, 항상 비용과 시간이 많이 드는 강제적인 조치를 필요로 했다.

이번 장에서는 연구자들이나 주/지방 보건 관료, 의사, 아동복지 주창론자들이 1920~1930년대에 사람들에게 디프테리아 백신접종을 소개하고 이를 일상화하려고 했던 방식을 살펴본다. 이런 노력의 과정에서 두 가지가 특히 중요했는데, 첫 번째는 공중보건에 대한 접근법으로서 교육이 등장했고 그 결과 기업에서 자동차나 특히 담배를 판매하는 방식으로 백신접종을 판매하는 광고 기법이 사용되었다는 것이었다. 두 번째는 예방적 차원의 의학적 치료라는 새로운 범주를 둘러싸고 전문가 집단의 긴장 관계가 조성되었다는 것이다. 백신접종은 간섭적 성격의 공중보건과 의료 행위를 가로지르는 분야였고, 나아가 민간 의사들은 종종 어디에서 누가 새로운 백신접종을 제공해야 하는지, 그 비용은 얼마인지, 대중들에게 얼마나 독려해야 하는지를 둘러싸고 공중보건 당국과 다투었다.

디프테리아 백신접종 추진은, 백신의 광범위한 사용과 질병의 박멸이라는 원래 목적을 달성하는 데에는 결국 실패했지만, 광범위하고 지속적인 결과를 낳았다. 이 캠페인은 백신접종에 대해, 잠재적으로 위험하고 위기를 통제해야 하는 조치로부터 안전하고 아이를 양육하는 일상의 부분인 것처럼 대중의 인식을 바꾸었고, 이를 통해 예방의학적 치료의 개념을 확립하는 데 기여했다.

독소-항독소 그리고 디프테리아 백신접종의 기원

디프테리아를 통제하려는 노력은 세균학 혁명의 초기 성공담 중 하나였다. 공기 중 비말로 전파되는 디프테리아는 어른에게는 거의 영향을 미치지 않지만 19세기 내내 어린아이의 가장 주요한 감염 및 사망 원인 중 하나였다. 이 질병은 독소를 만드는 박테리아에 의한 것인데, 인후에 얇은 막을 만들면서 기관지 상부를 공격하여 숨 쉬는 것을 방해했다. 이 병에 걸리는 환자 열 명 중 한 명은 호흡곤란이나 신체 다른 부위에 생긴 독소 때문에 사망에 이르렀다. 뉴욕시 보건 당국은 디프테리아 통제의 역사에서 핵심적인 역할을 담당했다. 보건 당국의 실험연구소에서는 1895년 새롭게 개발된 치료법 즉 항독소를 생산하기 시작했고, 뉴욕시 의사들이 병에 걸린 아이에게 항독소를 제공하자 사망률은 급격히 떨어졌다.[2]

항독소가 아직 병에 걸린 적 없는 가족 구성원을 잠시 보호할 수 있는 일시적인 면역 효과를 제공한다는 감질나는 발견이 있은 뒤로, 조금 더 지속적인 효과를 제공할 수 있는 방법을 찾기 위한 노력이 시작되었다. 1913년

---

2 Evelynn Maxine Hammonds, *Childhood's Deadly Scourge: The Campaign to Control Diphtheria in New York City, 1880-1930* (Baltimore: Johns Hopkins University Press, 1999).

두 가지 과학적 업적이 이를 가능하게 했다. 독일의 연구자 에밀 베링(Emil Behring)이 디프테리아에 대한 강력하고 지속적인 면역력을 제공할 수 있게끔 소량의 디프테리아 독소와 항독소를 섞는 방법을 개발했다. 같은 해 비엔나의 의사 벨라 쉬크(Bella Schick)가 디프테리아에 대해 각 개인의 면역 여부를 확인할 수 있는 피부 검사법을 개발했다. 피하에 소량의 디프테리아 독소를 주입하면 면역력이 없는 사람은 그 부위에 작고 빨간 혹이 생길 것이었다. 이 두 가지의 업적 덕분에 과학자들은 면역력을 유도하는 방법뿐 아니라 백신접종의 효과를 간단하면서도 비교적 단순하게 측정하는 방법을 얻게 되었다.

뉴욕시 보건국의 실험연구소 소장이었던 윌리엄 파크(William Hallock Park)는 이 두 가지 성과를 즉각 이용하기로 했다. 파크와 동료들은 병원, 각종 시설과 고아원에 있는 수천 명의 아이를 대상으로 일련의 실험을 기획했는데, 여기서 그들은 누가 이미 디프테리아에 대해 면역력을 가지고 있는지 확인하기 위해 쉬크 테스트를 진행했다. 그리고 면역력을 갖고 있지 않은 아이에게는 백신접종 이후 얻게 되는 면역력의 효과와 지속성을 확인하기 위해 독소-항독소를 주입했다. 그들의 연구는 제1차 세계대전 때문에 잠시 중단되었다가, 1921년 이후 미국적십자사의 지원을 받은 파크는 뉴욕시 학교 시스템의 협조를 얻어 학생들을 대상으로 대대적인 쉬크 테스트 및 독소-항독소 실험을 진행했다. 공립학교에서 진행된 연구는 확실히 전략적인 장점이 있었다. 이미 확보된 대중인 학생들은, 여타 시설에 있는 아이들처럼 의학적 개입과 추적을 위해 특정한 시공간에 쉽게 접근할 수 있었다. 그럼에도 불구하고 이런 시도에는 몇 가지 업무상 어려움이 있었다. 고아원이나 여러 시설에 수용된 아이들에게 했던 방식과는 달리, 독소-

항독소 처치를 하기 전에 학생들의 부모들로부터 확실한 동의를 받았는데 이는 당시에 아주 보편적인 관행이었다.[3] 면역에 대한 지식을 대부분 천연 두 박멸 당시의 경험에서 얻은 부모들의 걱정을 불식시키기 위해, 연구자들은 학교 교장과 긴밀하게 협력했다. 영어, 이탈리아어, 이디시어 등으로 된 유인물을 학부모들에게 배포했다. 학부모에게 전달된 어떤 팸플릿에는 "천연두 백신접종 후에는 가끔 그랬지만, 독소-항독소 처치 이후에는 아이들이 아프지 않습니다."라고 적혀 있었다.[4]

학생들로부터 얻은 우호적인 결과 덕분에 파크와 동료들은 독소-항독소 처치가 면역력을 획득하는 데 안전하고 믿을 만한 방법이라고 확신할 수 있었다. 그러나 학교 아동을 대상으로 한 시도는 훨씬 더 긴급한 미취학 아동의 문제를 다루는 데에는 실패했는데, 이들은 디프테리아에 훨씬 더 취약했고 어떤 아이들에게는 디프테리아가 치명적이었던 것이다. "이런 어린 아이들은, 각 가정에 흩어져 있어서 학교의 아이들처럼 커다란 집단으로 접근할 수 없다."고 파크는 말했다. "부모들은 동의를 하기 이전에 먼저 이해하고 설득되어야 한다. 이 모든 것은 보건 담당자의 입장에서 엄청난 시간과 노력이 필요한 일이다."[5] 보건 당국은 산하 아동 보건소에 독소-항 독소 처치법을 제공하고, 새로 아이가 태어난 부모들에게는 수천 통의 자

---

3 Abraham Zingher, "Diphtheria Preventive Work in the Public Schools of New York City," *Archives of Pediatrics* (1921): 336-359. On the use of informed consent during this period, see Susan Eyrich Lederer, "Hideyo Noguchi's Leutin Experiment and the Antivivisectionists," *Isis* 76 (1985): 31-48.

4 Zingher, "Diphtheria Preventive Work," 338.

5 William H. Park, M. C. Schroder, and Abraham Zingher, "The Control of Diphtheria," *American Journal of Public Health* 13 (1923): 23-32.

료를 보냈으며, 방문간호사 및 사회복지관을 통해 이 처치를 대중화함으로써, 공공에 대한 서비스를 확대하기 시작했다.

뉴욕시 공립학교에서 진행된 대대적인 작업은 백신접종 반대론자들의 시선을 벗어나지 않았는데, 제2장에서 살펴본 것처럼 이들은 정부 지원의 의료 프로그램 특히 아동을 대상으로 한 것에 매우 회의적이었다. 시민의 료조회국의 앤더슨은 교육위원회에 공식적인 항의를 제기하면서, 보건 당국 의사들이 도시의 어린이를 기니피그로 사용할 수 없도록 막아 달라고 촉구했다. 그는 "공립학교는 이토록 논쟁적인 성격을 지닌 의료 절차를 개발하는 데 사용되어서는 안 된다."고 주장했다.[6] 그는 보건 당국이 천연두 백신접종처럼 독소-항독소 처치를 의무화하기 위한 첫걸음을 떼고 있다고 확신했던 것이다.

뉴욕주 보건위원회 허먼 빅스(Hermann Biggs)는 파크의 멘토이면서 옛날 뉴욕시 생물학실험실에서 함께 일한 동료인데, 그는 항독소를 개발하는 데 중요한 역할을 했을 뿐 아니라 이를 널리 활용될 수 있도록 하는 데 열정적이었다. 도시의 학교에서 진행된 여러 연구가 독소-항독소 처치의 근거를 제공했지만, 뉴욕시 외에는 그런 절차에 대해서 거의 알려지지 않았다. 빅스는 독소-항독소를 이용해 도시 전체에서 대대적인 면역력 획득이 가능한지 최초로 시험할 수 있는 장소로 앨라배마주 오번을 선택했다. 주에서 디프테리아 발병률이 가장 높았기 때문에, 오번의 보건 관료 프레데릭 시어스(Frederick Sears)와 함께 빅스는 이곳을 선택한 것이었다. 오번은 통제가

---

6 H. B. Anderson, *Protest against Sending Nurses into Homes of School Children to Urge Medical Treatment, and against Using Public Schools to Promote the Schick Test, and Toxin-Antitoxin* (New York: Citizens Medical Reference Bureau, 1922).

가능하면서 다양한 집단의 인구를 가지고 있었기 때문에, 아주 좋은 시험 사례가 될 것이었다. 뉴욕시의 긍정적인 결과가 재현될 수 있는지를 확인하기 위해 1922년 2월 오번에서 시범 프로그램이 시작되었다.[7]

오번시의 학생 7천 명의 모든 학부모에게 편지가 발송되었는데, 이 편지에서 쉬크 테스트에 대한 동의 및 독소-항독소 처치에 우호적인 사람에게 면역력을 부여하는 것에 대한 동의를 요청했다. 전체 학부모의 58%가 동의서를 보냈다. 다음 해 이 지역의 보건 담당자들은 사람들이 이 절차를 순순히 받아들였다고 보고했으며, 1926년에는 디프테리아로 인한 사망률이 제로로 떨어졌다.[8]

지역사회 전체에 독소-항독소 처치가 전파되면서 1924년 예상치 못한 부수적인 실험을 하게 되었는데, 이 당시 디프테리아가 허드슨강을 따라 시골 지역인 얼스터 카운티의 여러 작은 마을에 심각하게 퍼졌기 때문이었다. 이 지역의 보건 담당자는 이를 이용하여 광범위한 사람들이 독소-항독소 처리를 받아들일 수 있도록 시도했다. 그러나 학교 밖까지 이를 확장하려던 노력은 결국 뒤죽박죽이 되어 버렸다. 디프테리아가 퍼진 지역 중 하나인 글래스코의 보건 담당자는 "TAT(독소-항독소) 면역 획득에 대해 대대적인 관심을 불러일으키는 건 가능하지 않을 듯하다."고 밝혔다.[9] 노동 집

---

7 F.W. Sears, "Can Diphtheria Be Eliminated?" *American Journal of Public Health* 15 (1925): 98-101; F. W. Sears, "Further Observations of the Schick and Toxin-Antitoxin Immunization against Diphtheria in the City of Auburn," *American Journal of Public Health* 15 (1925): 210-213.

8 George Sincerbeaux, "Auburn's Experience with Toxin-Antitoxin," *New York State Journal of Medicine* 26 (1926): 857-858.

9 Dr. Laidlaw to deputy commissioner, January 5, 1924, NYSDOH, series 13855-84, roll9.

약적인 이 절차는 사람들의 수락을 필요로 하는 것이었다. "단 한 명의 간호사도 없이 현장에서 대대적인 면역 획득 임무를 수행하는 것은 불가능하다. 수많은 집을 하나하나 방문하는 과정이 진행되어야 한다. (중략) 가족에게 병원의 절차를 알려 주는 안내장을 보낸 뒤 학교에서 이 절차를 진행하는 것으로는 충분하지 않다."[10] 이에 대해 얼스터 카운티 각 마을의 행정 당국은 이 지역의 유명한 인사인 이탈리아-미국계 치안판사 델시코(Delcicco)라는 사람의 도움을 얻었다. 델시코는 지역의 거대한 이탈리아인 공동체를 설득하는 데 결정적인 역할을 했다. 주 보건위원회의 이 지역 담당자는 "델시코는 다른 방법으로는 만나기조차 힘들었던 가족들이 병원에서 이 처치를 받도록 설득하는 데 성공했다. 이들 가족 중 상당수는 델시코의 차를 타고 병원으로 왔다."고 적었다.[11]

이 지역에서 있었던 여러 사건은 강제적 방식의 논쟁적 성격을 극명하게 보여주었다. 감염 의심자나 그 접촉자를 격리하는 등 공격적인 법적 수단을 선호한 뉴욕시의 어떤 보건 담당자는 자녀들이 면역력을 갖도록 그 부모를 강제하기 위해 올버니에 있는 자신의 상관과 격돌하기도 했다. 그 상관은 '면역력 획득을 확실히 하는 데 중요한 요인인 사람들의 선의를 파괴할 수 있는 이런 움직임들'을 반대했던 것이다.[12]

디프테리아가 한창 유행할 때조차 부모들을 설득해 그 자녀에게 이 새롭고 유익한 조치를 받도록 할 때 의사나 보건 담당자들은 어려움을 겪었

---

10 Dr. Laidlaw to deputy commissioner, February 23, 1924, NYSDOH, series 13855-84, roll9.
11 Dr. Laidlaw to deputy commissioner, January 5, 1924, NYSDOH, series 13855-84, roll9.
12 *Ibid.*

다. 그것은 일반 대중이 과학적 의학의 혁신을 받아들일 때 주저하여 그 속도가 들쭉날쭉한 것을 보면 알 수 있다. 점점 과학에 바탕을 둔 단일한 관점과 방법을 갖추기 시작한 의학 전문가들은 1920년대 내내 놀랄 만큼 빠른 속도로 독소-항독소 처치를 수용했다. 1921년 뉴욕시 보건 당국이 발행한 팸플릿에는 쉬크 테스트와 독소-항독소 처치에 대해 "너무나도 새로워서 극소수의 의사만이 이런 것들에 익숙해질 기회를 가졌다."고 묘사되었다.[13] 그러나 불과 5년 뒤 전국의 각 주와 지역 보건 담당자들은 아이들을 위한 독소-항독소 면역 획득이 표준적인 절차로 받아들여지고 있다는 사실을 확인했고, 응답자 38명 중 35명은 이 처치를 일상화할 것을 추천했다고 밝혔다.[14] 이런 인식이 생기게 된 데에는 파크와 그 동료들의 열정적인 노력이 크게 기여했는데, 이들은 주의 곳곳을 돌아다니면서 의사협회의 모임에서 수많은 발표를 했다. 주요 의학 저널에 출판된 이들의 글은 전국적으로 보건 당국의 관심을 받았고, 이들은 이런 처치의 안전성과 효과를 보여주는 강력한 증거에 기반한 자신들이 캠페인이 확장되고 있다고 생각했다.[15] 1920년대에는 독소-항독소 사용법이 표준적인 의학 교과서에 포함되었는데, 밀턴 로즈노(Milton Rosenau)의 1921년 책 『예방의학과 위생(Preventive Medicine and Hygiene)』 4판에 처음 실렸고,[16] 1925년에는 월

---

13 "A Plea to Physicians to Employ Active Immunization and So Prevent Deaths from Diphtheria," *Archives of Pediatrics* 38 (1921): 380-388.

14 "Communicable Disease Practice," *American Journal of Public Health* 16 (1926): 904-906.

15 See, e.g., Leslie Frank to U.S. surgeon general, October 29, 1919, NARA box 365; and T.F. Abercrombie to Hugh Cumming, August 25, 1921, NARA box 366.

16 Milton J. Rosenau, *Preventive Medicine and Hygiene,* 4th ed. (New York: D. Appleton,

리엄 오슬러 경(Sir William Osler)과 여러 사람이 편집한 『현대의학(Modern Medicine)』 3판에도 실렸다.[17] 당시 육아 분야에서 가장 영향력 있는 전문가였던 예일대 교수 아닐드 게젤(Arnold Gesell)은 1923년 논문에서 가장 중요한 절차라면서 독소-항독소 사용을 인정했다.[18]

대중들이 이를 수용하는 것은 훨씬 느리게 진행되었다. 1921년 몇몇 의사들은 자신을 찾아온 극소수의 환자만이 이 방법의 가치를 인정하면서 아이들을 위해 수용할 준비가 되어 있다고 보고했다.[19] 그러나 독소-항독소 사용법의 가치를 일찍부터 인정하고 지지한 곳은 메트로폴리탄 생명보험회사였다. 뉴욕시의 여러 학교에서 파크와 그 동료들이 기울인 노력에 탄복하여 이 회사는 1920년대부터 이런 조치의 결과를 널리 알리는 데 중요한 역할을 했다. 메트로폴리탄 생명보험회사는 현장 요원을 활용하여 이 조치를 선전하는 수많은 안내문을 정책 결정자들에게 배포했고, 『새터데이 이브닝 포스트(The Saturday Evening Post)』와 같은 유명 잡지에 전면 광고

1921), 200-201. The third edition, published in 1917, mentions that the curative use of antitoxin could produce a brief period of immunity, but there is no mention of active immunization through toxin-antitoxin. Milton J. Rosenau, *Preventive Medicine and Hygiene*, 3d ed. (New York: D. Appleton, 1917), 165-167.

17 William Osler, Thomas McCrae and Elmer H. Funk, eds., *Modern Medicine, Its Theory and Practice*, 3d ed. (Philadelphia: Lea & Febiger, 1925-1928), vol. 1, 727. The second edition, published in 1913, mentions the transient immunity produced by antitoxin and notes, "Active immunization is still in the experimental stage." William Osler and Thomas McCrae, eds., *Modern Medicine, Its Theory and Practice*, 2d ed. (Philadelphia: Lea & Febiger, 1913), 732.

18 Arnold Gesell, *The Pre-School Child from the Standpoint of Public Hygiene and Education* (Boston: Houghton Mifflin, 1923), 18.

19 "Preventive Diphtheria Work in the Public Schools of New York City," *Medical Record* 100 (1921): 34-35.

를 내서 디프테리아 백신접종의 이점을 널리 알리는 동시에 아이들을 위해 이런 조치를 수용하라고 독자들을 독려했다.[20]

알래스카의 놈에서 디프테리아가 대대적으로 유행한 1925년 겨울, 항독소는 대중들의 엄청난 관심을 받게 되었다. 항독소를 공급할 수 있는 가장 가까운 곳은 600마일 떨어진 앵커리지였는데, 그마저도 육로로 운송해야 했다. 몰아치는 눈보라를 뚫고 개썰매를 탄 세 팀이 '죽음에 맞선 경주'를 벌였는데, 이는 전국 수많은 신문의 1면 제목으로 등장했다. 항독소가 도착하여 아이들의 생명을 구하게 되면서, 열 명의 썰매 운전사와 그 개들은 영웅으로 추앙받았고, 특히 첫 번째로 도착한 팀을 이끈 시베리안 울프하운드 발토(Balto)는 더욱 그러했다.[21] 앵커리지로 공수된 항독소를 제공한 뉴욕시는 이 극적인 모험이 성공했다는 것에 큰 자부심을 느꼈고, 이를 기념하기 위해 센트럴파크에 발토의 동상을 세웠다. (시민의료조회국의 앤더슨은 이 동상 제작을 공개적으로 반대하면서, 항독소는 의심스럽기 때문에 공경의 대상이 되어서는 안 된다고 공원 위원회에 주장했다.)[22]

부모의 관점에서 보면 디프테리아 백신접종은 천연두 백신접종에 비하면 훨씬 더 부드럽게 경험할 만한 것이었다. 백신을 접종할 때 팔에 생기는 수많은 작은 찰과상을 만드는 것과 달리, 독소-항독소 처치는 피하 주삿바늘을 통해 진행되었고 따라서 어떤 상처도 남기지 않았다. 이 방법을 사용

---

20 Park, Schroder, and Zingher, "Control of Diphtheria."
21 The trek was subsequently commemorated in the annual Iditarod dog sled race. Gay Salisbury and Laney Salisbury, *The Cruelest Miles: The Heroic Story of Dogs and Men in a Race against an Epidemic* (New York: Norton, 2003).
22 "Serum Foes Oppose a Statue for Balto," *New York Times*, March 29, 1925, 17.

하면 가끔 접종 부위 주변에 작은 부기가 생겼고 일시적인 미열이 발생하기도 했지만, 부작용은 대체로 무시할 만했다. 그리고 백신접종에 끈덕지게 붙어 다니던 부작용에 대한 의심은 독소-항독소 처치에는 제기되지 않았다. 그러나 한 달 동안 세 번 연달아 접종받아야 한다는 불편함은 있었다.

디프테리아 백신접종이 진행된 초창기에는 이를 둘러싼 논쟁으로부터 완전히 자유롭지는 못했다. 1919년 부적절한 방식으로 준비된 독소-항독소를 맞은 뒤 아이 5명이 사망했고 수십 명이 고열을 겪거나 손과 팔에 염증을 경험했다.[23] 빙점 아래의 온도에 노출되었을 때 독소-항독소 혼합물은 분리될 수 있었고 이는 곧 독소를 활성화해 위험한 상태로 되돌릴 수 있었다. 그런 독소-항독소를 사용하여 매사추세츠 콩코드와 브리지워터에서 1924년 일어난 사고는 비록 사망에 이르지는 않았지만 아이에게 대대적인 염증을 유발한 것이었다.[24] 그렇지만 천연두 백신접종으로 인한 피해처럼 사람들이 본질적으로 위험할 수밖에 없다고 생각했던 것과는 달리, 이 사고들은 제조와 관리상의 실수 때문이라고 간주되었고, 이에 뒤따른 부정적인 평판과 혼란은 이 처치의 안전에 관한 명성에 치명적인 타격을 주지는 못했다.

1920년대 중반 독소-항독소 처치는 보건 및 의학 전문가 사이에서 얻은 폭넓은 인정을 받았고, 일반 대중 사이에도 그 가치를 인식할 수 있도록 노력할 수 있는 무대가 마련되었다. 뉴욕주 보건위원 마티아스 니콜은 디프테리아에 대항하기 위한 주 전체의 항전과 함께 오번과 얼스터 카운티에서

---

23 "Deaths Following Toxin-Antitoxin," *Journal of the American Medical Association* 73 (1919): 1778.

24 "Health Officers' Exchange," *American Journal of Public Health* 14 (1924): 257-258.

얻은 잊을 수 없는 교훈을 더욱 밀어붙였다. 뉴욕시는 대대적인 노력을 펼치는 와중에 독특한 재정적·수송적 어려움을 겪었고 그 지역 보건 당국은 내부 스캔들 및 당시 태머니홀(Tammany Hall)의 정치적 압박과 혼란으로 곤경에 빠져 있었기 때문에, 이 캠페인은 주 전체 중 뉴욕시를 제외한 지역에서만 진행되었다.[25] 그 규모나 방법 측면에서 뉴욕주가 겪은 어떤 공중보건 캠페인과도 비슷하지 않았다.

뉴욕의 '디프테리아는 이제 그만(No more Diphteria)' 캠페인

제2장에서 살펴본 것처럼 뉴욕주는 1920년대에 공중보건을 위해 얼마 안 되는 재원을 쏟아부었는데, 백신접종을 위한 야심 찬 캠페인을 준비하기 위해서는 외부로부터 상당한 금전적·실천적 후원이 필요했다.[26] 마티아스 니콜은 운영위원회를 꾸리면서 이 일에 반드시 관여할 수밖에 없는 의학 및 공중보건 전문가 및 이런 활동을 이끌 재계와 자선단체의 리더들을 모았다. 금전적·물질적 지원을 해 준 두 군데 주요한 조직은 메트로폴리탄 생명보험회사와 밀뱅크 기념 기금(Milbank Memorial Fund)이었다.

---

25 John Duffy describes the early 1920s as "years of travail" for the New York City health department. John Duffy, *A History of Public Health in New York City, 1866-1966* (New York: Russell Sage Foundation, 1968), 343-374.

26 On public-private partnerships for child health during the first decades of the twentieth century, see Richard A. Meckel, *Save the Babies: American Public Health Reform and the Prevention of Infant Mortality, 1850-1929* (Baltimore: Johns Hopkins University Press, 1990), 124-158.

앞서 본 것처럼 메트로폴리탄 생명보험회사는 초창기부터 독소-항독소 처치의 열렬한 옹호자였고 디프테리아 척결 운동에 주요한 재정적 후원자였는데, 1926년 이 운동의 시작을 위해 15,000달러를 기부했고 다음 해에도 같은 금액을 기부했으며, 1928년에는 1,000달러를 기부했다.[27] 또한 이 회사는 필름 한 통짜리 영화 〈과거를 향하는 새로운 방법들(New Ways for Old)〉을 포함하여 수많은 교육용 자료를 만들었다.[28] 1910년대 초반부터 세 곳의 생명보험회사(메트로폴리탄 라이프, 프루덴셜, 존 핸콕) 모두 보건 문제에 관한 통계자료를 만들고 공중보건을 위한 교육용 자료를 제공하면서 공중보건 활동에 적극적으로 관여했다. 대부분의 도시와 주 정부 보건 당국의 행정적 기반이 취약했던 당시, 엄청난 보험계약자와 관련된 사망률 정보 덕분에 보험사들은 사실상 역학 조사관이나 마찬가지였고, 미국공중보건국도 통계자료가 필요할 때마다 보험사에 의지했다.[29] 이런 활동에서 가장 적극적이었던 곳이 바로 메트로폴리탄 생명보험회사였다. 회사의 복지 프로그램을 관장한 부사장 리 프랭클(Lee Frankel)은 보험업이 향후 확장될 수 있는 비전을 제시했다. 1914년 그는 '오늘날 보험은 사실 어마어마한 사

---

27 *Preventing Diphtheria in New York State* (New York: State Committee on Tuberculosis and Public Health and State Charities Aid Association, 1927), 3; "Aids Diphtheria Campaign," *New York Times*, January 12, 1928, 12.

28 On the use of short films to promote health issues, see Martin Pernick, "Thomas Edison's Tuberculosis Films: Mass Media and Health Propaganda," *Hastings Center Report* 8 (1978): 21-27.

29 Bruce V. Lewenstein, "Industrial Life Insurance, Public Health Campaigns, and Public Communication of Science, 1908-1951," *Public Understanding of Science* 1 (1992) : 347-365 ; and William G. Rothstein, *Public Health and the Risk Factor: A History of an Uneven Medical Revolution* (Rochester, N.Y.: University of Rochester Press, 2003), 146-175.

회적 제도'라면서 '보험회사는 개개인의 집단이 일상의 위험과 우연 요소에 대해 스스로를 보호하는 데 활용하는 단순한 매개체'라고 적었다.[30] 보험사의 복지 담당 부서는 공중보건을 증진시킬 수 있는 비범한 조치를 수행했는데, 특히 수십 명의 공중보건 간호사를 고용해서 보험계약자의 집을 방문하게 하여 질병과 싸우고 건강을 유지할 수 있는 가장 최신의 기법들을 안내하도록 했다.

프랭클과 메트로폴리탄 보험사의 수석 통계학자로 고용된 루이스 더블린(Louis Dublin)은 과학적 의학 분야의 진전을 대중들이 받아들이도록 노력한 지칠 줄 모르는 십자군이었다. 이런 관심은 인간의 삶에 달러의 가치를 매기는 공리주의적 언어로 표현되었다. 더블린은 1927년 미국아동건강협회 연설에서 '아이를 낳는 데 비용이 들기 때문에, 그리고 그 아이가 성년에 다다를 수 있다면 양육비보다 더 큰 경제적 가치를 창출할 것이기 때문에, 막 태어난 아이는 경제적 자산'이라고 언급했다. 이어서 그는 "자신들이 소비하는 것보다 더 큰 가치를 만들 역량이 있는 인간의 존재 때문에, 우리의 부는 증가하고 있다."고 말했다.[31] 더블린은 어린 시기 디프테리아와 같은 질병 때문에 이를 치료하고 간호하는 비용으로 미국 전체에서 연간 2천만 달러가 소요되고 부모의 수입을 줄어들게 만들었다고 계산했다. 공중보건을 위한 개입을 이렇게 경제적인 측면에서 정당화하는 것이 완전히 새로운

---

30   Lee K. Frankel, "Insurance Companies and Public Health Activities," *American Journal of Public Health* 4 (1914): 1-10; 5.

31   Louis Dublin, "Child Health Protection or Neglect: The Ultimate Cost to the Community," presentation to the annual meeting, American Child Health Association, May 10, 1927, Dublin papers, box 10, folder: Child Welfare 1927.

것은 아니었다. 지역 경제에 충격을 던진 팬데믹은 수백 년 동안 검역의 근거였으며, 19세기 위생개혁가들은 질병이 도시의 생산성을 없앨 것이라고 지방정부를 설득하면서 자신들에 대한 지지를 모으기도 했다. 더블린은 이런 주장들을 통계학적 분석을 통해 새로운 수준으로 정교화했다.

메트로폴리탄 생명보험회사가 과학적 의학의 발전을 지원하는 데에는 이타주의 외에 다른 동기도 있었다. 사실 보험계약자 중 건강한 사람들은 더 오래 살았기에 회사의 금고로부터 돈을 받기보다는 계속해서 회사에 돈을 지불했던 것이다. 건강이라는 주제를 다루는 신문과 잡지 광고, 예를 들어 독소-항독소 처치법으로 아이들을 보호하라고 부모들을 설득하는 광고에는 모두 회사 로고를 달았고, 복지에 관심 있고 책임감 높은 법인격 시민으로서 그 이미지를 강조했다.[32]

공중보건에 대한 또 다른 큰 지원은 혁신주의 시대에 설립된 최초의 거대 자선단체 중 하나인 밀뱅크 기념 기금으로부터 나왔다. 1905년에 설립된 이 기금은 교육과 사회복지 그리고 건강 문제에 집중했다. 밀뱅크는 1926년에 뉴욕주 전역의 디프테리아 캠페인에 5천 달러를 기부했다. 그렇지만 더욱 중요한 것은 1920년대에 이 조직이 뉴욕주에서 펼친 건강 관련 세 개의 행사에 간접적으로 지원했다는 것이다. 이 행사는 시골, 소규모 도시, 대도시를 배경으로 공중보건 활동을 조직하는 일의 효율성을 확인하기 위해 다양한 규모의 세 도시에서 진행되었다. 이 프로젝트는 전염병 및 만성질환을 통제하기 위해 공중보건에 개입할 권한을 가진 관료적 기구를 만

---

32 Roland Marchand, *Creating the Corporate Soul: The Rise of Public Relations and Corporate Imagery in American Big Business* (Berkeley: University of California Press, 1998), 181-189.

드는 데 큰 자금과 기술 전문가들을 동원했고, 디프테리아 백신접종과 같은 생의학적 발전의 가치를 거주민에게 설득하는 것을 목적으로 삼았다.[33] 따라서 밀뱅크 기금은 반디프테리아 캠페인에 핵심 요소를 제공했는데, 바로 클리닉과 훈련받은 의사 및 간호 인력을 통해 사람들에게 독소-항독소 처치법을 전해 줄 행정적 조직이었다.[34]

19세기의 공포심은 사람들이 백신을 맞도록 장려하는 강력한 자극제였다. 그러나 얼스터 카운티의 소요가 보여준 것처럼, 디프테리아는 천연두가 조장한 위기감을 부추기지는 않았다. 디프테리아는 섬뜩한 증상이나 높은 사망률을 보이지 않았고, 천연두의 공격이 보여준 심각한 대유행의 정점까지 가지는 않았다. 스키넥터디의 한 의사는 "취학 전 아동 사망률이 연간 1,500명 중에서 1명 미만이고, 우리는 일반적인 부모들이 엄청난 선견지명 있는 활동을 하게끔 흥분시킬 정도의 위험을 다루지는 않습니다."라고 말했다.[35] 따라서 사람들이 새로운 예방 지침을 수용했다면 디프테리아의 위험은 과장되고 극적이었어야 했다. 이 캠페인의 기저에 깔린 메시지는 천연두 백신접종을 독려하는 데 사용된 것과는 세심하게 달랐어야 했다. 시민들은 급박한 위험으로부터 공동체를 보호하는 대신, 공동체가 완벽하게 건강한 국가를 향해 나아갈 수 있도록 행동할 것을 요구받았다. 독소-항독소는 안전하고 고통이 없었기 때문에, 보건 관료들은 사람들에게 본인

---

33 On the health demonstrations, see Clyde V. Kiser, *The Milbank Memorial Fund: Its Leaders and Its Work, 1905-1974* (New York: Milbank Memorial Fund, 1975), 22-41.

34 Louis Dublin, "New York Health Demonstrations, Report of Technical Board to Board of Directors of the Milbank Memorial Fund" (typescript, March 19, 1925), Dublin papers, box 7, folder: Milbank Memorial Fund 1922-48.

35 "Annual Reports, 1926," *New York State Journal of Medicine* 27 (1927): 451-467.

및 자녀들의 웰빙을 공익에 종속시키라고 요구하지 않고도, 자신만을 생각하는 개인들에게 직접 백신접종을 호소할 수 있었다.

이 캠페인은 1926년 초 벽촌 지역 곳곳에서 시작되었고 이후 3년 동안 지속되었다. 자녀가 있는 가족은 인구통계 기록을 근거로 공중보건 간호사들의 가정방문을 받거나 메일을 받았고, 자녀가 한 명이라면 주치의에게 독소-항독소 주사를 요청하라고 권고받았다. 무료로 혹은 저렴한 비용으로 주사를 놔 주는 전문 백신접종 클리닉이 학교, 보건소 그리고 여러 지역에 세워졌다. 이들 캠페인은 시민 단체, 자선 기구, 지역 기업들이 모두 관여한 공동체 전체의 노력이었다. 뉴버그에서는 주니어 리그 회원들이 지역 내 5세 이하 아동의 명단을 취합하기 위해 카운티 성직자 사무실에서 인구통계 기록을 뒤졌으며, 라이온스 클럽은 부모들에 이어 아이들도 주사를 맞은 가정에 막대 사탕을 선물했다.[36]

실제로 모든 주의 신문들이 광고, 기사, 사설을 쏟아 냈다. 라디오방송은 집집마다 메시지를 전파했다. 광고판과 포스터, 그리고 플래카드가 도처에 널렸다. 지역 학교는 높은 백신접종률을 달성하기 위해 각 반끼리 경쟁을 붙였고, 학생들은 디프테리아 백신접종의 중요성을 설명하는 에세이 및 포스터 콘테스트에 참가했다. 젊은이들은 백신을 맞은 뒤에 황금별과 배지를 받았다. 백신접종을 독려하는 퍼레이드, 야외 연극, 곡예 공연이 펼쳐졌다. 용커스의 시장은 자신의 세 아이가 주사를 맞는 동안 새 카메라로 사진을 찍었다. 용커스와 마운트 버넌에서는 군 비행기가 백신접종을 독려하는 전

---

36 *Preventing Diphtheria*, 7.

단지를 뿌리기도 했다.[37] 시러큐스에서는 보이스카우트가 도심 빌딩의 옥상에 서서 캠페인 시작을 알리는 반디프테리아 메시지를 수기로 신호했다. 나중에 보건 당국은 놈(Nome) 개썰매 대회를 도심 거리에서 개최했는데, 실제로 눈썰매를 끄는 개들 중 한 마리가 자신의 동료들과 시청으로 돌진하기도 했다.[38] 뉴욕주의 채리티 에이드 협회(Charities Aid Association) 컨퍼런스에서 참가자들은 모의재판을 열기도 했는데, 여기서 붉은 마스크를 쓰고 검정색 긴 옷을 입은 사람 즉 '검은 디프테리아'는 수백 명의 아이를 암살한 혐의로 재판에 회부되었다.[39]

당시 아동 건강을 위한 선전 선동과 흡사한 이런 공공연한 노력은 젊은 이들 웰빙의 수호자로서 어머니의 역할을 강조했다. 반디프테리아 포스터에서는 행복한 어머니와 아이들의 목가적인 장면을 묘사했고, 퍼레이드에서는 유모차를 밀며 도심을 가로지르는 어머니 부대가 선보였다. 뉴욕주의 이런 노력은 전국적인 관심을 끌었고 대규모로 발행되는 잡지에 우호적인 기사들이 실렸는데, 특히 『Woman's Home Companion』, 『Ladies' Home Journal』, 『Good Housekeeping』처럼 여성 독자를 대대적으로 거느린 잡지가 더욱 그러했다.[40]

1928년 말에는 엄청난 행정적 소동을 겪은 바 있는 뉴욕시 보건국이 뉴

---

37 "War on Diphtheria From Air," *New York Times*, May 2, 1928, 19.

38 Louise Franklin Bache, *Health Education in an American City* (Garden City, N.Y.: Doubleday, Doran, 1934).

39 Evart G. Routzahn, "Education and Publicity," *American Journal of Public Health* (1928): 518-519.

40 "Report of the Committee on Immunization of Children against Diphtheria," *New York State Journal of Medicine* 28 (1928): 604-607.

욕주 전역의 이런 노력에 동참할 준비를 갖추었다. 메트로폴리탄 생명보험 회사 및 밀뱅크 기념 기금과 일한 적 있는 보건국장 셜리 윈(Shirley Wynne)은 재계, 시민 단체, 종교계, 자선 기구의 지도자들과 함께 인상적인 모임을 만들었다. 매우 화려하고 값비싼 대중음악극이 횡행하던 도시에서조차 1929년 1월에 시작된 반디프테리아 운동의 범위와 활약상은 대단했다. 보건국은 막 아이를 출산했거나 9개월 미만의 영아가 있는 어머니들에게 25만 통에 가까운 편지를 보냈다. 맨해튼과 브루클린의 가톨릭 교구는 교구민 및 교구 내 학교의 교장들에게 편지를 보내, 대대적인 광고를 펼쳤다. 교육통계위원회와 협력하여 브롱크스와 퀸스의 보건 당국은 거의 모든 가정을 방문하여 5세 이하 아동의 명단을 작성했다. 백신접종을 알리는 리플릿이 전기요금 및 가스요금 명세서에 끼워져 있었고 공립학교에서는 학생들에게 백만 장에 가까운 안내문을 배포했다.

이런 개별적인 노력에 더해져, 대중 광고를 통한 권유도 이루어졌다. 타임스퀘어의 회전 전광판 2개, 그리고 브로드웨이와 23번가를 따라 2백 피트에 달하는 색칠된 간판이 뉴욕시에서 볼 수 있는 가장 큰 옥외광고였다. 그리고 3백여 편에 달하는 라디오방송이 흘러나왔으며, 4개의 짧은 영화 시리즈가 5백여 극장에서 상영되었다. 대형 일간신문, 외국어 잡지, 지역 신문, 무역 잡지 등을 포함한 거의 모든 신문에서 백신접종의 중요성을 강조하는 기사를 실었다. 지하철, 고가 열차, 거리의 자동차, 버스에는 플래카드가 붙어 있었고, 도시의 가장 큰 백화점들은 신문광고 기금을 기부했다. 울워스와 에이앤피산업 주식회사와 같은 체인점에는 포스터가 붙었다. 도시 내 주요 이민자를 위해서, 널리 많이 사용되는 10개 외국어로 번역된 포스터, 브로슈어, 리플릿이 만들어졌다. 여섯 개의 '건강열차'(이동 클

리닉으로 개조된 제설 트럭)가 도시 구석구석, 공원, 해변을 돌아다녔다.[41]

　1930년 156개 도시에서 실시된 아동 건강에 대한 전국적 조사를 보면 뉴욕주의 노력이 이룬 결과를 알 수 있었다. 미국 내 10개 도시 중에서 미취학 아동의 독소-항독소 백신접종률이 높은 순위에 뉴욕주의 7개 도시가 포함되었다.[42] 디프테리아 백신접종에 대한 열정은 천연두 백신접종을 수용했던 모습과 극명하게 대비되었다. 예를 들어 디프테리아 백신접종률 상위권에 랭크된 나이아가라폴스의 경우, 지역 내 50%의 아동이 디프테리아에 대해 면역을 지녔지만 천연두에 대해서는 고작 3%만 면역을 지녔을 뿐이었다.[43]

　천연두 백신접종에서 보인 도시와 농촌 사이의 갈등과 달리, 대도시나 소규모 마을의 거주민들 모두 디프테리아로부터 아이들을 똑같이 보호할 수 있었다.[44] 또한 다른 백신접종과 달리, 디프테리아로부터 보호받는 데에는 독특한 사회경제적 요소도 있었는데, 고소득 납세자 부모의 경우 최저소득 세 계층보다 두 배 이상 보호받을 수 있었다.[45] 학교에 입학하는 아이들이 천연두에 면역을 가져야 한다는 조건은 소득 격차로 인한 차별을 해소시킬 수 있었다. 고소득 가정의 미취학 연령대 아이들은 백신을 맞고 면

41　City of New York Department of Health Annual Report 1929 (New York: F. Hubner, 1930), 20-32.

42　Niagara Falls, Syracuse, Yonkers, Rochester, Elmira, Schenectady, and Utica all had between 40 and 50 percent of their preschool children immunized. George Truman Palmer, Mahew Derryberry, and Philip Van Ingen, *Health Protection for the Preschool Child* (New York: Century, 1931), 113.

43　*Ibid.*, 52, 113.

44　*Ibid.*, 94.

45　*Ibid.*, 60.

역을 얻는 것이 더 쉬웠겠지만 5~14세 집단에서는 그런 차이가 무시할 만한 수준이 되었던 것이다.[46]

강력한 개혁 운동으로서 디프테리아를 박멸하겠다는 목표를 지닌 독소-항독소 운동이 뉴욕 공동체에 도입된 것은, 전염병이 궁극적으로는 박멸되어야 하고 그럴 수 있다는 믿음을 반영한 것이었다. 세균학 혁명이 막 시작되던 즈음 질병을 이해하는 극적인 변화, 그리고 과학적 의학을 적용한 수많은 성공담은 전염병을 완벽하게 정복할 수 있다는 약속을 제시했다. 그래서 뉴욕의 반디프테리아 운동의 목적을 설명하는 자리에서 셜리 윈은 "지구상에서 세균으로 인한 질병을 없애는 것은 인간의 능력에 달려 있다."는 파스퇴르의 선언을 자랑스럽게 인용했다.[47] 전염병 박멸이라는 아이디어는 또한, 지식과 전문성을 체계적으로 적용하여 인간사를 완벽하게 만들수 있다는 혁신주의 시대의 사회적, 정치적 환경과도 일맥상통했다. 반디프테리아 운동은 거대 자선 기구를 통해 가능해진 또 다른 대규모 질병 박멸 캠페인의 모델이 되었는데, 가령 1909년에 미국 남부에서 십이지장충병 감염을 박멸하기 위해 시작된 록펠러 위생위원회의 야심 찬 캠페인이나 1910년 라틴아메리카에서 황열병을 없애기 위해 시작된 록펠러재단의 캠페인이 그러했다.[48]

---

46   *Ibid.*, 168-169.

47   Shirley W. Wynne to James J. Walker, December 14, 1931, NYCDOH, box 141372, folder: Diphtheria.

48   On the hookworm campaign, see John Ettling, *The Germ of Laziness: Rockefeller Philanthropy and Public Health in the New South* (Cambridge, Mass.: Harvard University Press, 1991), and William A. Link, "Privies, Progressivism, and Public Schools: Health Reform and Education in the Rural South, 1909-1920," *Journal of Southern History* 54, no. 4 (1988): 623-642; on yellow fever eradication, see Marcos Cueto, "Sanitation from

디프테리아 박멸이라는 목적만큼이나 그 행군에 대한 수사학적 아이디어는 질병의 존재 및 인간과 미생물의 관계에 대한 특별한 믿음에 뿌리를 둔 것인데, 마찬가지로 이 운동을 수행하기 위해 도입된 수많은 기술은 전문가주의 이데올로기를 반영한 것이었다. 이 새로운 관점은 환경이 아니라 개인에게서 질병의 근원을 찾으려 하며, 강제하기보다는 설득하는 것이 변화를 이끌어 내는 가장 적절하고 강력한 도구라고 여겼다.

설득의 힘: 새로운 공중보건 이데올로기의 등장

"오늘날 공중보건 임무의 핵심은 강제가 아니라 공중보건교육입니다." 1915년 뉴욕주 의회에서 관내 소도시와 시골 지역에 백신접종 강제조치 사용을 제한해야 한다는 존스-탈레트 수정안(Jones-Tallet amendment)을 지지하는 연설에서 허먼 빅스는 이렇게 주장했다. "성공은 사람들을 밀어붙이는 것이 아니라 지도하고 교육하는 데에서 온다."[49] 수십 년 동안 미국 최대 도시의 최전선에서 보건 활동을 펼치며 얻은 교훈을 반영한 빅스의 주장은 혁신주의 시대에 등장한 공중보건의 새로운 이데올로기를 보여주는 것이었다.

Above: Yellow Fever and Foreign Intervention in Peru, 1919-1922," *Hispanic American Historical Review* 72 (1992): 1-22.

49   Hermann M. Biggs, "Arguments in Favor of the Jones-Tallett Amendment to the Public Health Law in Relation to Vaccination," *New York State Journal of Medicine* 15, no. 3 (1915): 89-90.

이런 접근은 19세기 후반 반결핵 캠페인에서 구체화되기 시작했는데, 이때는 보건 당국과 자원봉사 단체가 어떻게 이 질병으로부터 스스로를 보호할 수 있는지를 설명하려고 만든 브로슈어를 배포하기 시작했다. 그러나 보건교육은 혁신주의 시대 동안 진실로 꽃을 피웠는데, 이때 보건교육은 특별한 지식과 기법으로 무장한 독특한 분야라고 인식되었고 전문가 활동의 최전선으로 나아가기 시작했다.[50] 뉴욕시 보건국은 1914년에 미국 최초로 보건교육 부서를 설립했고, 1923년에 미국공중보건협회(American Public Health Association)는 회원들을 위해 보건교육 및 홍보 부서를 만들었다.[51]

도덕심 고양과 사회개혁을 위한 원동력으로 교육을 생각하는 믿음, 특히나 노동계급과 하층민, 이민 집단을 향해 엘리트 개혁가들이 주도한 이런 믿음은 혁신주의 시대의 정책 및 정치학의 주요한 주제였다. 공중보건을 위한 방법상의 변화는 세균학적 혁명을 수반한 개념적 전환을 반영하는 것이었는데, 이 전문 분야의 지도자들은 질병의 원인을 환경이 아니라 개인 내부에 존재하는 것으로 규정하기 시작했다. 이런 새로운 관점은 사회적 변화보다는 개인의 행동에 집중했고, 백신의 개발로 인해 열악한 주택 환경이나 경제적 불평등과 같은 광범위한 사회적 조건보다는 개인적 수준에서 백신으로 질병을 통제하려는 노력에 집중하는 경향이 더욱 강화되었

---

50 Elizabeth Toon, "Managing the Conduct of the Individual Life: Public Health Education and American Public Health, 1910 to 1940" (Ph.D. diss., University of Pennsylvania, 1998); Nancy Tomes, *The Gospel of Germs: Men, Women and the Microbe in American Life* (Cambridge, Mass.: Harvard University Press, 1998), 242-244; and John C. Burnham, *How Superstition Won and Science Lost* (New Brunswick, N.J.: Rutgers University Press, 1987), 56-62.

51 Toon, "Managing the Conduct of the Individual Life," 95.

다.[52]

　새로운 교육학적 방법론이 적용된 중요한 분야 중 하나가 모자보건이었는데, 공중보건 관계자들은 당대 과학 지식에 의거하여 어머니들 특히 가난하거나 이민 온 어머니들의 관행을 바꾸고자 노력했다. 이런 작업은 미국아동국(the United States Children's Bureau)과 같은 기관에서 구현되었는데, 이 기구는 계몽적이며 근대적인 자녀 양육법을 다루는 수백만 부의 건강교육 팸플릿을 배포했다.[53] 출판물 외에도 보건교육은 공중보건 간호사의 개별 지도, 박람회나 지역사회 모임 장소에서 교훈적 전시의 형태로 진행되기도 했다. 새로운 방법 중 주목할 만한 것 하나는 '건강 주간'의 인기였는데, 이 기간 동안 전체 공동체는 특별한 주제를 다루기 위해 모였다. 공중보건 개혁과 시민들의 열렬한 지지가 합쳐진 이 이벤트는 1910년대부터 1920년대까지 널리 퍼졌다. 이 행사는 기업인들, 상인들, 친목 단체, 일반 시민들에게 보건 문제의 개선을 통해 도시의 자부심을 표현할 기회를 제공했고, 이를 통해 규모나 상황이 비슷한 다른 도시들보다 우월하게 자신들을 평가할 수 있었다.[54] 아동복지를 늘리고 유아 사망률을 줄이는 것은 건강 주간의 가장 인기 있는 주제 중 하나였다.[55]

52　Whether or not the "new public health" after the turn of the century represented a retreat from the reformist spirit of the profession's early days remains a matter of disagreement among historians. On this debate, see Judith Walzer Leavitt, "'Typhoid Mary' Strikes Back: Bacteriological Theory and Practice in Early Twentieth-Century Public Health," *Isis* 83 (1992): 608-629.

53　On health education aimed at reforming child health and maternal practices, see Meckel, *Save the Babies*, esp. 92-177.

54　Toon, "Managing the Conduct of the Individual Life," 70-80.

55　Gretchen A. Condran and Samuel H. Preston, "Child Mortality Differences, Personal

보건교육의 부상은 이 시기 미국적 시민 생활을 전환시키고 있던 광범위한 추세 즉 광고, 마케팅, 그리고 홍보의 대대적 성장으로부터 큰 영향을 받았다. 인쇄·사진·복사 등 기술적 변화와 상품의 대대적 배포에 힘입어, 설득의 새로운 형태가 일상생활의 모든 영역으로 스며들었고, 금욕과 절약이라는 오래된 가치를 대체하기 시작한 편안함과 소비라는 문화적 기풍이 만들어졌다.[56] 사람들의 태도와 행동에 영향을 주는 새로운 방법들, 즉 신문과 잡지에 생생하게 그려진 광고, 상점의 윈도우 디스플레이, 연단에 마련된 대중적인 곡예와 같은 방법들이 보건교육에 자연스럽게 따라왔고, 공중보건 전문가들은 이런 방법의 잠재력을 재빨리 알아챘다. 보건과 광고의 관계는 쌍방향으로 발전했는데, 보건 관료들이 대중 마케팅의 기법들을 수용한 것처럼, 소비자 상품 제작자들은 치약·가정용 소독제·세제와 같은 제품이 건강에 그럭저럭 유익할 것 같다는 점을 이용하면서 자신들의 상품에 과학적 의학의 신뢰성을 부여하려고 시도했다.[57] 실제로 제약 회사들은 교육위원회와 의과대학에 디프테리아 항독소를 홍보하기 위해 랜턴 슬라이드 쇼와 영화를 개발하는 등 새로운 설득 기술을 사용하는 데 앞장섰으

Health Care Practices, and Medical Technology: The United States, 1900-1930," in Lincoln C. Chen, Arthur Kleinman and Norma C. Ware, eds., *Health and Social Change in International Perspective* (Boston: Department of Population and Family Health, Harvard School of Public Health, 1994).

56 William Leach, *Land of Desire: Merchants, Power and the Rise of a New American Culture* (New York: Vintage Books, 1993), and T.J. Jackson Lears, *Fables of Abundance: A Cultural History of Advertising in America* (New York: Basic Books, 1994).

57 Nancy Tomes, "Merchants of Health: Medicine and Consumer Culture in the United States, 1900-1940," *Journal of American History* 88, no. 2 (2001): 519-547; Rima Apple, *Vitamania: Vitamins in American Culture* (New Brunswick, N.J.: Rutgers University Press, 1996), 13-32.

며, 그들의 노력은 현대 광고가 과학적 혁신에 기여할 수 있는 방법을 보여 주었다.[58] 대량으로 유통되는 잡지의 새로운 중요성을 보여주는 사례로, 미국화학학회(the American Chemical Society)는 1919년에 전문 과학 작가를 고용하여 자신들의 연구를 언론과 대중에게 알리는 최초의 과학 조직이 되었고, 향후 20여 년 동안 다른 조직들도 자신들 연구의 중요성을 대중들에게 교육하기 위해 홍보 기법을 활용하기 시작했다.[59]

보건교육 옹호자들은 미국의 수백만 가구에 최신 소비재를 공급한 이들의 작업에서 자신들의 노력을 의식적으로 모델화했다. 미국공중보건협회 의장인 헤르만 분데센(Herman Bundesen)은 1927년 "건강은 팔 수 있는 상품이다."라면서 "건강을 강요하는 단순한 법률은 건강을 만들어 낼 수 없다. 좋은 건강에 대한 욕구 특히 그 가치에 대한 지식과 이를 얻을 수 있는 방법에 자극받은 욕구가 먼저 일어나야 한다. 그리고 건강 판매원이 들어와야 한다."고 강조했다.[60] 이런 정신은 뉴욕의 반디프테리아 운동에 스며들었다. 뉴욕시 보건국장 셜리 윈은 1929년에 "디프테리아 백신접종이라는 아이디어는 추잉 껌이나 또 한 대의 가족 자동차 혹은 담배와 거의 비슷한 방식으로 '판매되어야' 했다."고 말했다.[61] 보건교육 전문가들은 동료들에

---

58   Louis Galambos with Jane Eliot Sewell, *Networks of Innovation: Vaccine Development at Merck, Sharp & Dohme, and Mulford, 1895-1995* (Cambridge: Cambridge University Press, 1995), 19-20.

59   Dorothy Nelkin, *Selling Science: How the Press Covers Science and Technology* (New York: W.H. Freeman, 1987), 134.

60   Herman N. Bundesen, "Selling Health-A Vital Duty," *American Journal of Public Health* 18 (1928): 1451-1545; 1452.

61   *City of New York Department of Health Annual Report, 1928* (New York: F. Hubner, 1929), 23.

게 현대적인 시각적 설득 방법을 채택하라고 촉구했다. 현대적인 건강 메시지는, 단색의 작은 활자로 가득 찬 칙칙한 팸플릿 대신, 매력적인 레이아웃·색상·서체를 사용하여 효과를 극대화해야 하며, 홍보는 극적이고 재미있고 신중하게 계획되어야 한다.[62] 뉴욕 전역의 도시에서 독소-항독소 처치법에 대한 관심을 자극하기 위해 펼친 거리 공연은, 홍보의 대가인 에드워드 버네이즈가 개척한 '의사 이벤트'에서 극대화되었는데, 그는 담배를 여성 소비자들에게 홍보하기 위해 뉴욕시 부활절 퍼레이드에 자랑스럽게 담배를 피우는 여성들을 배치한 것으로 유명했다.[63]

그렇지만 새로운 보건 증진 기술들이 실제 사람들의 행동에 어떤 영향을 미쳤는지는 여전히 불확실했다. 뉴욕의 '디프테리아 퇴치' 운동에 대한 후속 평가에 따르면, 대대적인 홍보만으로는 대중의 행동에 박차를 가하기에 충분하지 않았으며, 집중적인 홍보와 대면 접촉이 필수적이었다. "개썰매 팀·포스터·강연·편지·엽서 등은 단지 배경 역할을 했을 뿐이고, (중략) 아이들을 병원이나 주치의에게 데려가려면 직접 대면해서 설득해야 했고 무료 클리닉의 존재가 필요했다."[64]

---

62 See, e.g., Edward A. Moree, "Public Health Publicity: The Art of Stimulating and Focusing Public Opinion," American Journal of Public Health 6 (1916): 97-ro8.

63 The term "pseudo-event" is from Daniel Boorstin: "It is not but comes about because someone has planned, planted or incited it…. It is planted primarily (not always exclusively) for the purpose of being reported or reproduced…. Its relation to the underlying reality of the situation is ambiguous. Its interest arises largely from this very ambiguity…. Usually it is intended to be a self-fulfilling prophecy." Daniel Boorstin, The Image; or, What Happened to the American Dream (New York: Atheneum, 1962), 11-12. On the career of Edward Bernays, see Leach, Land of Desire, 319-322.

64 Edward S. Godfrey, "Practical Uses of Diphtheria Immunization Records," American Journal of Public Health 23 (1933): 809-812; 810.

혁신주의 시대의 공중보건 지도자들은 이전 세대의 강압적인 전술을 거부하는 새로운 설득 기법을 명시적으로 규정했다. "과거의 위대한 공중보건 발전은 적극적인 협력 없이, 심지어는 지역사회의 평범한 남녀의 반대에도 불구하고 이루어졌다."고 1929년 뉴욕 결핵 및 보건협회의 이아고 갈드스턴(Iago Galdston)은 말했다. 나아가 그는 "공중보건에 대한 일반인의 인식은, 거의 대부분 그 중요성은 전혀 인식하지 못한 채 성가신 법을 마지못해 준수하는 것에 국한되어 있었다."고 언급했다.[65] 보건교육은 과거 방식에 비해 발전한 것일 뿐만 아니라 자유와 자율의 강력한 전통을 반영하는 미국 특유의 혁신이었는데, 이는 미국의 공중보건 업무를 유럽보다 우월하게 만들었다. 뉴욕시 보건국의 보건교육 책임자 찰스 볼두안(Charles Bolduan)은 독일에서 태어나 제1차 세계대전 후 특수 임무를 띠고 몇 년 동안 그곳에 머물렀는데, "독일인은 상사 노릇을 좋아하는 것 같다."며 비웃듯이 말했다. 이와는 대조적으로 미국인은 다양한 개입이 지니는 가치를 이해하고 이를 바탕으로 행동하길 좋아했다.[66] 독특한 미국식 보건교육은 미국의 디프테리아 퇴치 캠페인을 분석한 1933년 영국 공중보건 저널에 실린 기사에서 잘 드러났다. 그 기사에서, 미국의 방식은 "냉정하고 냉철한 우리의 방식보다 더 강력하고 더 화려하다."고 언급했다. 그리고 "이 나라에 사는 우리는 미국 대륙에서 우리 형제들이 사용하는 화려한 선전 방법에 대해 의아해하는 경향이 있다. (중략) 우리의 존경할 만한 반항심과 고립된 자존심은 우리의 직업적 문제를 해결하기 위해 시장의 정신 및 광고업

---

65   Iago Galdston, "Health Education and the Public Health of the Future," *Journal of the Michigan State Medical Society*, 1929: 335.
66   Charles Bolduan, "Health Education Today" (typescript, n.d. [1938?]), NYCMRL.

자의 마음을 수입하는 데 냉담하다."고도 언급했다.[67]

이 분야의 많은 사람이 보건교육의 부상을 목적론적 관점에서, 즉 자신들의 목표를 달성하기 위해 더 계몽된 수단으로 나아가는 불가피한 진전으로 설명했지만, 강제적 조치의 사용이 공중보건의 수사학이나 실천에서 사라지지는 않았다. 그리고 새로운 교육 기술은 더 오래되고 더 강압적인 법이라는 도구와 다소 불안한 관계에 있었다. 미국 공중보건 저널의 사설은, 1922년 주흐트 대 킹 사건의 판결에서 학교에서의 강제적인 디프테리아 백신접종을 인정한 대법원의 승인 내용을 언급하면서, 법의 힘과 함께 설득을 위한 조치가 뒷받침될 필요가 있다고 주장했다. 또한 그 사설에서는 "사람들이 예방 조치의 기초가 되는 원리를 공정하게 이해한 가운데 기꺼이 예방 조치를 취하도록 하는 것이 항상 더 낫다. 이것이 불가능할 때에, 국가의 경찰력에 의지해야 한다."고 주장했다. '경우에 따라서는 이성에 호소해도 소용없고 법의 힘을 빌려야 할 때도 있다. 교육할 수도, 설득할 수도 없는 사람들이 있기 때문'이었다.[68] 마찬가지로 뉴욕주 의학 저널(New York State Journal of Medicine) 사설에서는 "사람들은 명백하고 즉각적인 위험에 직면하면 법 앞에서 기꺼이 복종하지만, 모든 사람이 성가시고 불편하거나 비용을 지불해야 하는 절차에 항상 복종하는 것은 아니다. (중략) 전염병과의 전쟁에 사용할 백신 및 항독소의 준비를 믿지 않는 사람들도 있다. 질병 예방을 위한 현대적인 방법을 수용하는 것은 교육에 달려 있지만, 무지한

67　Elwin T. Nash and J. Graham Forbes, "Diphtheria Immunisation: Its Possibilities and Difficulties," *Public Health* 46 (1933): 245-271.

68　"The Supreme Court on Vaccination Laws," *American Journal of Public Health* (1923): 120-121.

사람들에게는 복종을 강제하기 위해 법이 필요하다."고 언급했다.[69]

따라서 강압은 현대의 선전 선동과 함께하는, 잘 알려지지 않은 동반자로 남았다. 성홍열과 소아마비 같은 전염병을 막기 위한 검역은 여전히 시행되었고, 심지어 보건 당국이 사람들에게 이러한 질병을 피하는 방법을 가르치는 팸플릿을 배포했다.[70] 성병 퇴치 캠페인은 제1차 세계대전 전후 몇 년 동안 가장 주목받은 공중보건 활동 중 하나였다. 이 캠페인에서는 포스터나 영화와 같은 최신 설득 기법도 사용되었지만 몇 가지 강압적 조치도 진행되었는데, 강제적인 혼전 매독 검사, 발병 사례에 대한 의사의 보고 의무화, 매춘 통제 등이 그러했다.[71] 그리고 보건교육가들이 교육을 통한 행동 변화의 미덕을 찬양하던 그 시대 내내, 박테리아의 '수동적 운반자'로 악명을 떨친 아일랜드 출신 요리사인 '장티푸스 메리'라는 별명으로 불린 메리 맬런은 이스트강의 한 섬에 격리되어 있었다.[72]

디프테리아 백신접종을 대중들에게 팔려는 보건 당국의 노력을 특징짓는 많은 수사학은, 보호받지 못한 아이의 질병에 대한 부모의 과실이라는 강력한 논조와 함께 굴절되었다.[73] 뉴욕 북부의 디프테리아 퇴치 활동을 지원한 자선단체인 오리건 카운티 결핵 및 보건위원회가 발행한 팸플릿은,

---

69 "The Evolution of Public Health Work," *New York State Journal of Medicine* 26 (1926): 614-616.

70 On the control of polio during the Progressive Era, which involved both quarantine and "Swat the Fly" education campaigns, see Naomi Rogers, *Dirt and Disease: Polio before FDR* (New Brunswick, N.J.: Rutgers University Press, 1992).

71 Brandt, *No Magic Bullet*.

72 Judith Walzer Leavitt, *Typhoid Mary: Captive to the Public's Health* (Boston: Beacon Press, 1996). Mallon remained on North Brother Island until her death in 1938.

73 On rhetoric of parental blame, see Hammonds, *Childhood's Deadly Scourge*, 200-207.

"디프테리아로 고통받거나 사망하는 모든 아기 또는 나이가 많은 어린이는 누군가가 자신의 의무를 다하지 않아서 불필요하게 고통받거나 죽게 되는 것이다."라고 선언했다.[74] 그런 비난 논리의 극단은 비협조적인 부모에게 과실치상 혐의를 씌우려 하는 것이었다. 1926년 미국아동건강협회 대표는 '디프테리아가 발생할 때마다 그 부모의 지능에 대해 기소하는 때가올 것'이라면서 "디프테리아로 인한 모든 사망 사건이, 형사책임을 묻기 위해 조사할 검시관과 배심원에게 회부될 날이 몇 년 남지 않았다."고 주장했다.[75] 이런 준강압적인 수사학은 어머니의 육아 관행을 대상으로 하는 많은 '교육적' 언어의 전형이었고, 보건 전문직에 국한되지 않았다. 상업용 상품 광고주들도 죄책감과 수치심이 잠재적인 소비자에게 상품을 구매하도록 설득하는 데 강력한 도구가 될 수 있다는 점을 깨달았다. 이들은 부모 특히 어머니가 최상의 비타민이나 치약을 구매하지 않는다면 자녀들의 건강을 위해 최선을 다하지 않았다고 생각하는 두려움을 이용했다.[76]

디프테리아에 걸려 아프거나 결국 사망한 아이를 치료할 항독소를 제공하지 않았던 크리스천 사이언티스트에 대한 법적 조치를 떠올려 보면, 형사 기소를 하겠다는 위협이 완전히 터무니없는 것은 아니었다. 그러나 예방적인 차원에서 독소-항독소를 제공하지 않은 부모들에 대해서 고소가 제기되었다는 증거는 거의 없었다. 뉴저지 보건국장은 뉴저지주 아동복지법

---

74   Little Boy Blue (pamphlet, Orleans County Committee on Tuberculosis and Public Health, n.d.), NYCDOH box 141380, folder: Diphtheria.

75   Cited in "Diphtheria Is Called Conquered Disease," New York Times, September 3, 1926, 14.

76   Apple, Vitamania, 13-32.

에 의거하여 입학 전 아이들에게 백신접종을 하지 않은 부모들을 기소하려고 했지만, 이런 시도는 대부분 성공하지 못했다.[77]

그러나 일부 부모들은 자녀를 보호하는 것이 전적으로 부모의 책임으로 돌리는 것을 받아들이려 하지 않았다. 퀸스에 사는 한 여성은 "아이가 디프테리아 백신접종을 받지 않은 것은 엄마의 잘못이라는 논문을 여러 번 읽었다."면서 뉴욕시 보건국장 셜리 윈에게 편지를 보냈다. 뒤이어 그녀는 "지금 나의 어린 자녀 네 명과 이 지역의 최소 일곱 명 이상의 어린아이에 대해 조언을 원합니다. 퀸스 빌리지에는 보건 담당 부서가 없으며, 가장 가까운 곳은 트롤리나 버스로 왕복 최소 2시간이 걸리는 자메이카 148번가에 있는데, 이 때문에 제 아이들과 다른 여러 아이가 돌봄을 받지 못하고 있습니다."라고 적었다.[78] 이 요청에 따라 보건국장 윈은 지역 학교의 임시 진료소에서 백신접종을 할 수 있도록 조치했는데, 동네 의사들은 자신들의 전문 영역을 침범한 것으로 간주하고 이를 날카롭게 질책했다. 이 사건은 당시 보건국과 개인 의사 사이의 불안한 역학 관계를 잘 보여주는 것이었고, 향후 백신접종 프로그램에 중요한 영향을 미치는 긴장이기도 했다.

---

77 In one successful prosecution, a judge fined a Newark father $50 and sentenced him to one month in jail for refusing to have his son immunized against diphtheria; the father relented rather than go to jail. "Faces Jail for Refusing Son Immunization," *New York Sun*, January 28, 1936; "9 Children Are So Healthy, She Fights Immunization," *New York World-Telegram*, January 29, 1936, 36; "Allows Schick Test," *New York Sun*, January 29, 1936, 10.

78 Mrs. E. C. Schoeler to Shirley Wynne, June 7, 1933, NYCDOH, box 141421, folder: Diphtheria. Punctuation as in original.

공중보건 vs. 민간의학

백신접종의 중요성에 대한 대중의 지식과 인식을 제고하는 것은 그런 절차가 주류가 되는 과정의 일부분일 뿐이었다. 그만큼 중요한 것은 사람들이 독소-항독소의 가치를 확신한 바로 그 순간 그것을 얻을 수 있는 방법을 제공하는 것이었다. 디프테리아 퇴치 캠페인은 다른 예방적 조치들보다 백신접종이 공중보건 프로그램과 의료적 절차 사이의 경계를 넘나드는 정도를 더욱 눈에 띄게 만들었고, 누가 백신접종 공급을 책임져야 하는지에 대한 의견 불일치를 두드러지게 보여주었다.

1920년대에 정기적인 건강검진, '웰 베이비' 검사, 만성질환 검진 등 예방의료가 보편화되면서 시 보건국과 의료계 사이에 긴장이 고조되었다. 일부는 일반 의사들이 새로운 예방 조치에 대한 책임을 지지 않고 보건 부서가 이런 임무를 맡기 위해 움직이는 것을 보았을 때만 더 적극적으로 나섰다는 사실을 인정했지만, 대다수 의사는 공적 자금이 투입된 보건소가 자신들의 영역을 침범하고 수입에 잠재적인 위협이 될 것이라고 여겼다.[79] 그런 긴장은 미국의사협회의 분노를 불러일으킨 셰퍼드-타우너법(Sheppard-Towner Act)에 따라 공적 자금을 지원받는 모자 프로그램 때문에 더욱 강해

---

79 On tensions between the professions of public health and medicine, see Allan M. Brandt and Martha Gardner, "Antagonism and Accommodation: Interpreting the Relationship Between Public Health and Medicine in the United States during the 20th Century," *American Journal of Public Health* 90 (2000): 707-715; John Duffy, "The American Medical Profession and Public Health: From Support to Ambivalence," *Bulletin of the History of Medicine* 53 (1979): 1-15; and Paul Starr, *The Social Transformation of American Medicine* (New York: Basic Books, 1982), 180-197.

졌다.

1920년대 내내 모든 사회계층의 부모들은 더 적절하고 '과학적인' 자녀 양육 방법에 대한 지침을 얻기 위해 가정의에게 의지했다.[80] 그러나 2장에서 살펴본 바와 같이, 보건 당국자들은 의사들이 천연두 백신접종을 시 당국의 업무라고 여기면서 자신들의 환자에게 이를 권장하지 않는다고 불평했다. 이런 비난은 독소-항독소가 개발되었을 때 다시 등장했다. 뉴욕주 보건국장 마티아스 니콜(Matthias Nicoll)은 "의료계 대다수가 자신의 환자들에게 디프테리아 백신접종을 받도록 하는 데 거의 아무것도 하지 않는다."고 강력하게 비난했다.[81]

뉴욕주 전역의 반디프테리아 운동은 지역의사협회, 보건 부서, 기업, 자선단체 사이의 협력에 의해 이루어졌다. 비록 각 단체가 이 운동에 대한 협력적인 파트너십을 인정하면서 함께 일하는 단체들에 대해 최소한의 칭찬을 하기도 했지만, 그런 표면적인 정중함은 긴장감을 상당히 감춘 것이었다. 가장 논쟁적인 분야 중 하나는 독소-항독소가 얼마 만큼이나 '판매'되어야 하느냐는 문제였다. 의료계의 윤리적인 규범에 따르면 의사들은 그들의 서비스를 광고하거나 홍보하는 것이 금지되어 있었는데, 이는 과거 돌팔이 의사와 허풍쟁이들에 대한 혐오에 뿌리를 둔 일종의 금기였다. 그러나 그런 자세는 예방의학의 목표와 상충되는 것이었다. 예방의학은 사람들에

---

80 Sydney A. Halpern, *American Pediatrics: The Social Dynamics of Professionalism, 1880-1980* (Berkeley: University of California Press, 1988), 90-98; and Charles R. King, *Children's Health in America: A History* (New York: Twayne, 1993), 124-142.

81 Matthias Nicoll, "The Past, Present and Future of Preventive Medicine," *New York State Journal of Medicine* 26 (1926): 883-886.

게 자신들의 건강을 보호하기 위해 예전 같았으면 하지 않았을 행동을 취하도록 촉구할 필요가 있었기 때문이었다. 마티아스 니콜은 디프테리아 퇴치 운동에 대한 미지근한 반응을 '우리의 최고 실무자들이 환자들 사이에서 어떤 행동을 취할지 망설이고 거리끼는 것이며 이는 곧 자신들의 관행을 유지해서 상업주의라는 비난으로부터 자유롭게 보이려는 것'이라고 치부했다.[82]

특히 스키넥터디에서는 백신접종을 홍보해야 하는지, 주사 방식을 공개적으로 사용해야 하는지에 대한 서로 다른 견해가 확연히 드러났다. 1926년 초 주 전체에서 백신접종 드라이브가 시작되었을 때, 스키넥터디 카운티 의학협회는 다른 도시들에서도 따르는 주의 권장 프로그램과 절연했다. 의사들이 주도하는 그 지역 운영위원회는 특별 진료소 설치를 거부했는데, 이들은 모든 백신접종을 민간 의사가 수행해야 한다고 주장했다. 의사들은 다른 도시들이 채택하고 있는 공공연한 '부흥회 방식'을 경멸했다. 그들은 대대적인 광고와 공개적인 이벤트 대신, 의사들이 시민 단체와 환자들에게 행하는 강연으로만 보건교육을 구성해야 하며, 집집마다 방문하여 설득해야 한다고 주장했다. 스키넥터디 의사들은 또한 주 보건국의 교육 자료 사용을 꺼렸는데, 그 자료에 있는 '쉬크 테스트(Schick test)'나 '독소-항독소'라는 용어들이 대중들한테는 혼란스러울 것이라고 생각했기 때문이다.[83] 스키넥터디의 책략은 진료소가 설치된 다른 도시들보다 낮은 면역력을 얻는

---

82 Ibid., 886.

83 Howard Gilmartin, "The Medical Society's Share in Protecting the Children of Schenectady against Diphtheria," New York State Journal of Medicine 28 (1928): 1097-1100.

것으로 마무리되었다.[84] 결국 도시는 캠페인의 두 번째 단계를 시작했는데, 1927년 6월 공공 클리닉을 열고 일주일에 3일 동안, 사람들은 자신의 아이들을 데리고 와 백신접종을 할 수 있었다.

그런 직업적인 긴장은 시러큐스에서도 분명히 드러났는데, 여기에서는 몇몇 의사들이 반대하기 전까지 학교 진료소와 마을 보건소에서 무료 백신 접종을 시행하는 프로그램을 활발하게 진행했다. 시러큐스에서 있었던 밀뱅크의 보건 프로그램을 평가한 윈슬로(C. E. A. Winslow)는 1928년 그 도시에서 있었던 일에 대해 다음과 같이 꾸밈없이 평가했다.

> 올해에는 의료 전문가 중 일부에서 면역 클리닉에 대한 반대 의견을 제시했다. 실험적인 수준에서 민간 의사들에게 스스로 백신접종을 맡을 기회를 제공하기 위해, 학교 캠페인이 중단되었다. 알려진 바로는 백신접종은 1927년 10,003명에서 1928년 188명으로 감소했고, 민간 의사들이 적극적으로 백신접종을 시행했다는 증거는 없었다. 그래서 진료소 프로그램이 재개되었다.[85]

의사들은 본인들의 낮은 백신접종 수행력에 대해 사람들이 건강에 돈을 쓰고 싶어 하지 않았다고 탓하면서, 적절한 대응책은 공짜로 제공하는 것이 아니라 그런 서비스의 가치를 사람들에 확신시키는 것이라고 주장했다. 시립 병원에서 아이에게 백신접종을 하려 한 많은 부모들을 보면서, "충분히 지불할 능력이 있는 사람들을 치료하기 위해 공공 및 준공공 시설을 남

---

84 "The Tri-State Conference," *New York State Journal of Medicine 27* (1927): 733-736.

85 C.E.A. Winslow, *A City Set on a Hill* (Garden City, N.Y.: Doubleday, Doran, 1934), 123.

196 | 면역국가의 탄생

용하는 것은, 민간 의사들의 수입에 치명적인 영향을 미쳤다."면서 뉴욕카운티의사협회의 공식 잡지인 『뉴욕 메디컬 위크(New York Medical Week)』 사설은 개탄했다.[86] 공중보건 공무원들은 자신의 목표가 보편적인 혜택을 주는 것이었기에 도시 주민들이 무료로 백신을 맞을 수 있도록 하는 편리함을 좋은 일이라고 생각했지만, 민간 의사들에게는 이런 편리함이 무료 서비스의 남용이라는 문을 열어젖힌 것으로 이해되었다.[87]

이렇게 이해된 남용에 대해 퀸스의 한 의사는 도시의 반디프테리아 운동을 얘기할 때 무료 진료소에 대한 언급을 하지 말아 달라고 셜리 윈에게 촉구했다.

> 이런 언급을 하지 않더라도, 정말로 자선 의료 서비스를 받을 자격 있는 사람들은 자녀들을 위해 적절한 의학적 주의를 기울일 것이라고 확신합니다. 그리고 의사에게 돈을 지불할 여유가 있는 사람들은 자신의 권리가 아닌 서비스를 이용하려고 하지 않을 것이라고 확신합니다. 무엇이라도 할 수 있으면서 공짜로 얻으려 하는 것은 오직 인간뿐입니다. 그러나 보통 그런 일은 공정하지 않지요. 의료 서비스를 무료로 받을 자격이 있는 사람들에게 그런 서비스를 무료로 제공하는 것이 공중보건 관련 기관이 할 의무입니다.[88]

---

86 "Public Health vs. Private Practice," *New York Medical Week* 9 (January 18, 1930): 6.

87 On the alleged abuse of medical charity services by the middle class, see Halpern, *American Pediatrics*, 98-102.

88 Morris Myers to Shirley Wynne, June 15, 1932, NYCDOH box 141380, folder: Diphtheria.

이에 대해 원은 디프테리아와 싸우는 데 있어 "많은 민간 의사들이 자신들의 역할을 하지 않았다."면서 공공 캠페인이 시작되자마자 의사 진료실에서 진행된 백신접종 건수는 감소했다고 날카롭게 응대했다.[89]

미국의사협회지(*JAMA, The Journal of the American Medical Association*) 편집장이었던 모리스 피시바인(Morris Fishbein)은 자신의 책 『메디컬 폴리스(*Medical Follies*)』에서 백신접종 반대론자들을 공격했는데, 공산주의적 공중보건 계획을 추진한다고 의심했던 공중보건 관료들에게는 동정심을 거의 보이지 않았다. 사회주의적 의학에 대해 열렬히 반대했던 피시바인은 『미국의사협회지』 기사에서 공공의 목적으로 백신접종을 제공하는 것을 비판했는데, 이 기사에는 어떤 어머니와 가정의 사이의 '전형적인 대화'가 실려 있었다.

"선생님, 디프테리아를 예방하기 위해 톡소이드를 투여하는 것을 믿습니까?"
"그럼요."
"그럼 선생님은 보건국이 사용하는 혈청과 같은 것을 사용하세요?"
"네, 맞습니다."
"비용은 얼마나 받나요, 선생님?"
"5달러입니다."
"선생님, 보건국에서도 선생님과 같은 치료를 해 주나요?"
"네."

---

89 Shirley Wynne to Morris Myers, June 18, 1932, NYCDOH, box_141380, folder: Diphtheria.

"그들도 비용을 요구하나요?"

"아니요. 그들은 세금에서 비용을 충당합니다."

"그럼 선생님, 제가 보건국에서 무료로 같은 서비스를 받을 수 있는 거라면, 선생님에게 5달러를 드리는 건 바보 같은 일이 아닐까요?"

피시바인은 '환자와 의사 사이의 개별적인 상호 책임'을 호소하면서 자신의 논의를 마무리 지었다.[90]

경제 대공황으로 인해 공공 진료소를 찾는 일이 더욱 빈번해졌다. 선택의 폭이 좁은 부모들은 할인을 제공하는 의사들보다 공공 진료소를 선호했다. 보건국 관계자는 "민간 의사의 호의적 서비스를 받아들이지 않고 대신 보건국을 찾아와 시의 서비스를 이용하려 했다. 시민들은 스스로 그럴 자격이 있다고 느꼈다."고 언급했다.[91] 그러나 『뉴욕 메디컬 위크』는 무상 서비스 남용을 줄일 수 있는 더 확실한 이유로 1930년대 초 경제적 어려움을 들었다. 1933년 사설에서 '시 예산을 절감해야 할 필요가 있는 지금이야말로 민간 의사들에게 개별적 예방 조치를 다시 되돌릴 최적의 시간'이라고 강조했다. 그리고 이 사설은 "도시의 의무가 스스로 비용을 지불할 수 있는 사람들에게까지도 의료적 보살핌을 허용하는 것이라면 가난한 사람들에게 너무 가혹한 일이다."라고 적었다.[92]

---

90 Morris Fishbein, "Present-Day Trends of Private Practice in the United States," *Journal of the American Medical Association* 98 (1933): 2039-2045; 2044.

91 Assistant sanitary superintendent, Queens, to commissioner, August 25, 1933, NYCDOH, box 141421, folder: Diphtheria.

92 "Prevent Diphtheria," *New York Medical Week* 12 (May 20, 1933): 3-4.

돈을 낼 능력이 있는 사람들을 위한 무료 의료 서비스에 대한 반감은 자선에 대한 미국인들의 뿌리 깊은 태도를 반영하는 것이었다. 금전적 혹은 기타 형태의 지원은 '자격이 있는' 가난한 사람에게만 제공되어야 한다는 믿음은 식민지 시대부터 사회복지 정책의 핵심이었으며, 이는 정부 구호의 성격에 반영되어 과부·고아·참전 용사처럼 그럴 만한 자격이 있는 사람들의 범주에 제한되었다. 자선은 주도적이고 자부심을 지닌 능력 있는 이들을 약화시킬 뿐이라고 여겨졌다.[93] 『뉴욕주 의학 저널(New York State Journal of Medicine)』의 사설은 무료 의료가 "수혜자의 도덕성을 향상시키지 못한다. 또한 적극적인 자조 정신을 불러일으키지 못할 뿐만 아니라 그 반대로 게으름과 의존성을 조장할 뿐."이라면서 이런 시각을 잘 드러냈다.[94]

뉴욕시에서 독소-항독소 캠페인을 진행하는 동안, 셜리 윈이 가장 중요하게 여긴 업무는 뉴욕시 의사들의 협력을 확보하고 유지하는 것이었다. 윈은 국가 의료를 지지하지 않았으며 보건 당국의 목표는 시민들을 의사의 진료실로 안내하는 것이라고 주장했다.[95] 그러나 그는 이런 방법만으로는 뉴욕시가 높은 수준의 백신접종률을 달성할 수 없다는 것도 깨달았다. 따라서 윈은 공공 의료와 민간 의료 사이에서 불확실한 진로를 그려 나갔다. 1929년 5월, 그는 뉴욕시 1만 2,000명의 의사에게 백신접종을 위해 특별히 시간을 할애해 줄 것을, 그리고 1회당 2달러의 특별 요금(3회 접종하는 표준

---

93   Michael Katz, *In the Shadow of the Poorhouse: A Social History of Welfare in America* (New York: Basic Books, 1996).

94   "State Medicine," New York State Journal of Medicine 27 (1927): 723.

95   See Shirley W. Wynne, "Diphtheria Must Go," in Edward Fisher Brown, ed., *How to Protect Children from Diphtheria* (New York: Department of Health, n.d. [1929]), 7.

적인 절차에는 (6달러)으로 백신접종을 제공해 달라고 요청하는 서한을 보냈다.[96] 수천 명의 의사들은 이 가격 구조를 준수하는 데 동의했고, 1930년 윈은 후속 조치로 뉴욕시의 모든 의사가 '어린이 진료 시간'을 정하도록 하는 계획을 세웠고, 이 시간 동안에는 정해진 비용으로 어린이를 잘 돌보도록 했다.[97]

윈이 얻은 협력에도 불구하고, 민간 의사에게 백신접종을 받은 아동의 비율은 1930년 37%에서 1931년 24%로 감소했다.[98] 이에 실망한 윈은 1932년 "민간 의사는 우리가 기대했던 것만큼 백신접종을 하지 않았다."고 주장했다. 또한 그는 "백신접종이 진행되는 과정에서 민간 의사들의 비중은 해마다 증가했어야 했다. 특히 그들의 입장에서 보면 보건국의 무료 백신접종이 그들의 정당한 권리를 침해한다고 느꼈을 것이다."라고도 언급했다.[99] 1934년 말엽에는, 민간 의사가 시행하는 백신접종의 비율은 4분의 1에 불과했고, 전체 건수도 감소했다.[100]

---

96 "Dear Doctor" letter, May 17, 1929, NARA box 425, folder: New York Cities & Counties 0115-0425. See also "Wynne Acts to Widen Immunization Drive," *New York Times*, May 27, 1929, 20.

97 Shirley Wynne to Hugh Cumming, June 19, 1930, NARA box 425, folder: New York Cities & Counties 0875-1658.

98 "More Immunization Needed," *New York City Department of Health Weekly Report* 21 (July 2, 1932): 204-205.

99 Shirley W. Wynne to Homer Folks, January 8, 1932, NYCDOH, box 141380, folder: Diphtheria.

100 John Rice to Henry Vaughan, October 19, 1934, NYCDOH, box 141406, folder: Diphtheria.

설득의 한계

독소-항독소 캠페인에 대한 적극적인 저항은 미미했다. 1920년대 후반이 되자 백신접종 반대 운동은 상당히 사그라들었고, 그나마 나온 반대의 목소리는 비동종요법 시술자들이나 오랫동안 의료계에 반대해 왔던 사람들로부터 나왔다. 《카이로프랙틱 뉴스(Chiropractic News)》는 '무고한 사람들에 대한 고문'이라는 제목의 1면 기사에서 뉴욕시의 백신접종 캠페인을 반대하는 입장을 드러내면서, "현명하지 못한 엄마들이 완벽하게 건강한 아이들을 데려와서 그들의 피를 위험한 질병 '배양균'과 섞이게 했다. 이는 의학적으로 믿음을 선동한 결과이며, '공공복지'라는 이름으로 자행되는 범죄다."라고 적었다.[101] 뉴욕생체해부반대협회는 부모들에게 '쉬크 테스트를 조심'하고 독소-항독소 사용을 피하라고 촉구하는 전단지를 배포했다. 이 협회는 백신 물질을 제조하기 위해 말과 기니피그를 이용하는 것에 개탄하면서, 부모들에게 "백신접종의 제단에 어린아이들을 희생시키지 말라."고 촉구했다.[102] 그러나 그런 반대는 강제적인 천연두 백신접종이 불러일으킨 광범위하고 격렬한 항의와 비교하면 미미한 수준이었다.

1929년 뉴욕시 전역에 독소-항독소 처치를 널리 퍼뜨린 엄청난 광풍에도 불구하고, 1930년대 중반이 되면서 이에 대한 대중의 관심이 시들해졌고 뉴욕시에서 백신접종을 받은 유아의 수가 전년도보다 훨씬 적다고 보건

---

101 "Torture of the Innocents," *Chiropractic News*, January 31, 1929, NYCDOH box 141349, folder: Bellevue-Yorkville Health Demonstration.

102 Edgar H. Bauman to Shirley Wynne, February 23, 1932; Beware the Schick Test (New York Anti-Vivisection Society leaflet, n.d.), NYCDOH, box 141359, folder: Diphtheria.

당국 관계자들은 불평했다. 이전과 마찬가지로, 백신접종 절차는 그 자체의 성공의 희생자가 되었다. 1930년 질병 발생 건수와 사망자 수가 전년 대비 급격히 감소했고, 바로 이런 성공으로 인해 보건국은 긴급한 위험이 다가오고 있다고 주장하기 어렵게 되었다. 따라서 보건 관료들은 간신히 막고 있는 위협을 강조하는 수사학을 펼쳤다. 윈은 "백신접종으로 점검하지 않는다면, 이번 겨울에는 지난 몇 년 동안 그랬던 것보다 디프테리아가 훨씬 더 퍼질 가능성이 크다."고 말했다. 또한 그는 언론 인터뷰를 통해 '디프테리아가 도착할 때까지 백신접종을 받지 않은 모든 어린이는 그 병에 걸리거나 그것이 가져올 심각한 위험에 처하게 될 것'이라고 말했다.[103]

질병의 부담이 적어지면서 생긴 자만심이 독소-항독소를 보편적으로 수용하지 못하도록 만든 분명한 요인이었던 반면, 백신접종의 본질과 의미에 대해 대중이 거부하고 혼란스러워하는 복잡한 상황도 어느 정도 책임이 있었다. 브루클린에 거주하는 한 주민은 백신접종을 받는 것에 대해 조심스러워하면서 '따뜻한 날씨와 아기의 이가 나고 있다는 사실 때문'이라고 말했다.[104] 또 다른 사람은 "잘 먹고 잘 키운 아이들은 디프테리아에 걸리지 않는다."고 믿었다.[105] 천연두 백신접종의 중요성에 대해 오랫동안 들어 온 부모들은 종종 두 가지 절차가 서로 금기시되는 것인지 혹은 중복되는지, 그리고 어느 것을 먼저 해야 하는지 혹은 두 접종 사이에 얼마나 간격이 있

---

103   "Ready to Immunize 1,000,000 Children," *New York Times*, July 6, 1930, p. 27.

104   Fred L. Mickert to Shirley Wynne, June 26, 1933, NYCDOH, box 141421, folder: Diphtheria.

105   Miss Casey to Shirley Wynne, [n.d., June 1932], NYCDOH, box 141380, folder: Diphtheria.

어야 하는지 확신하지 못했다.[106] 어떤 부모는 천연두 백신접종이 모든 질병을 예방한다고 믿었다.[107] 브루클린의 한 어머니는 아들이 디프테리아 백신접종을 받은 지 3개월 만에 천연두 백신접종을 받게 한 것이 "아이에게 너무 큰 부담이 된 것 같다."고 걱정했다.[108] 또 다른 어머니는 백신접종에 대한 금기 사항으로 잘 알려진 습진 때문에 아이가 디프테리아 백신접종에 적합하지 않은지 걱정했다. 이런 상황을 혼란스러워한 어떤 어머니는 보건국에 편지를 써서 "저는 두 명의 '아기 전문가'로부터 '접종하지 말라'는 조언을 들었는데, 일반 의사 세 명은 제 아이에게 항디프테리아 치료를 하라고 조언했습니다."라고 말했다. 그녀는 이어 "백신접종에 반대하는 사람들은 습진으로 고통받는 사람에게 나타나는 부작용이 너무 위험하며, 디프테리아가 싸우기 더 쉬운 질병이라는 이유를 들어 반대했다."라고도 썼다.[109] 질병세균설이 미국 사회에서 오랫동안 정설로 받아들여져 왔지만, 과학적 의학에 대한 의심은 여전히 남아 있었다. 퀸스의 어떤 여성은 원에게 편지를 써서, "항독소 사용은 (중략) 아직 실험 단계에 있습니다. (중략) 나는 항독소 사용이 결단코 개인 청결, 적절한 음식 또는 위생적 생활 조건에 대한 만족스러운 대체물이 될 것이라고 믿지 않아요."라고 언급했다.[110]

---

106 See, e.g., Anna Robinson to Shirley Wynne, January 23, 1932, and Katherine F. Blake to Shirley W. Wynne, February 8, 1932, NYCDOH, box 141380, folder: Diphtheria.

107 Acting director, Bureau of Nursing, to commissioner, June 27, 1930, NYCDOH, box 141359, folder: Diphtheria.

108 Mrs. M. Messner to John Rice, January 2, 1934, NYCDOH, box 141410, folder: Vaccination.

109 Max Bernstein to New York City Health Department, May 28, 1934, NYCDOH, box 141406, folder: Diphtheria.

110 Frances B. Morley to Shirley Wynne, February 5, 1932, NYCDOH, box 141380, folder:

의사들 자신도 이런 문제에 대해 서로 의견이 달랐다. 일부 의사는 독소-항독소가 이가 나는 중이거나 저체중인 어린이에게 부적절하다고 생각했다.[111] 맨해튼의 한 의사는 1930년 윈에게 쓴 편지에서 "5월과 6월 동안 정말로 많은 어린이가 천연두 백신접종을 빚았으며 저를 포함한 많은 의사가 현재 다른 적극적인 백신접종에 대해 조언하고 있습니다. … 그러니까 4개월 내에 다른 질병에 대한 백신접종을 하게 되면 디프테리아 또는 백일해에 대한 면역력 발달에 어떤 식으로든 방해가 될 수 있는지 여부를 알려 주시겠습니까?" 하고 문의했다.[112] (보건국의 방침은 두 절차가 서로 간섭하지 않지만, 천연두 백신접종 이후에 생긴 농포가 여전히 보인다면 디프테리아 백신접종을 하지 않는 것이 바람직하다는 것이었다.) 1931년에는 소아마비가 유행하면서 디프테리아 및 천연두에 대한 백신접종 횟수가 줄었다. 부모뿐만 아니라 많은 의사도 어떤 형태의 백신접종이라도 일시적으로 아이들의 저항력을 낮춰서 소아마비에 더 취약하게 만들 수 있다고 우려했다.[113]

또한 독소-항독소를 받아들이는 방식은 민족 공동체에 따라 달랐다. 유대인 이민자들은 다른 집단에 비해 과학적 의학의 응용을 수용하고 뉴욕의 이민자 커뮤니티 중 가장 낮은 영아 사망률을 보였다.[114] 이탈리아계 미

Diphtheria.

111 Acting director, Bureau of Nursing, to commissioner, June 27, 1930, NYCDOH, box 141359, folder: Diphtheria.

112 William Rost to Shirley Wynne, July 3, 1930, NYCDOH, box 141356, folder: Vaccination.

113 Shirley Wynne to Homer Folks, January 8, 1932, NYCDOH, 141380, folder: Diphtheria.

114 Gretchen A. Condran and Ellen A. Kamarow, "Child Mortality among Jewish Immigrants to the United States," *Journal of Interdisciplinary History* 22 (1991): 223-

국인은 인종 그룹 중 천연두 백신접종과 독소-항독소에 대해 가장 부정적인 태도를 지녔는데, 그들은 디프테리아 발병률도 가장 높았다.[115] 뉴욕시 아동 보건소에서 일하는 간호사들이 비공식적으로 조사한 바에 따르면, 백신접종에 대한 젠더 편견도 존재했다. 아기의 백신접종을 거부한 가장 흔한 이유는, 엄마가 원하더라도 아버지가 원하지 않았기 때문이라는 것이었다.[116] 어떤 아버지는 자신이 군대에서 천연두나 장티푸스 백신접종으로 겪은 나쁜 경험 때문에 반대하기도 했다. 간호사들은 보건국이 아버지들에게 직접적으로 호소할 수 있는 더 매력적인 홍보물을 개발할 것을 제안하면서, 특히나 폴란드·리투아니아·이탈리아계 아버지가 반대할 확률이 더 높다고 지적했다. 보건국이 아버지를 대상으로 한 홍보 자료를 개발했다는 증거는 없다. 실제로 그다음 해 윈은 지역의사회에 편지를 보내 "우리는 특히나 어린아이가 있는 어머니를 대상으로 교육 캠페인을 지속하고 강화해야 합니다. 가능하면 그 어머니들이 아이에 대한 백신접종을 일상적인 일로 여길 수 있도록 말이지요."라고 적었다.[117] 또한 윈은 노동조합을 대상으로 한 발표를 준비하면서 아버지들에게도 다가가려고 시도했다.[118]

254; Alice Goldstein, Susan Cotts Watkins and Ann Rosen Spector, "Childhood Health-Care Practices among Italians and Jews in the United States, 1910-1940," *Health Transition Review* 4 (1994): 45-61.

115 "Warns of Diphtheria," *New York Times*, June 28, 1930, 14; "Diphtheria Rate Studied," *ibid.*, May 25, 1931, 3; Hammonds, *Childhood's Deadly Scourge*, 199.

116 Acting director, Bureau of Nursing, to commissioner, June 27, 1930, NYCDOH, box 141359, folder: Diphtheria.

117 Shirley Wynne to Ernst Boas, February 5, 1931, NYCDOH, box 1372, folder: Diphtheria.

118 Shirley Wynne to James C. Quinn, May 12, 1932, NYCDOH, box 141380, folder: Diphtheria.

초창기에 대중과 의료 전문가 사이에 혼란이 있었던 것은 백신접종에 대한 과학이 발전하고 있었기 때문이었다. 1920년대 초 프랑스 과학자들은 포르말린과 같은 화학물질에 의해 중화된 디프테리아 독소가 질병을 일으키지 않으면서도 면역반응을 자극한다는 사실을 발견했다. 톡소이드 (toxoid)라고 불리는 이 제제는 독소-항독소 혼합물을 사용할 때보다 몇 가지 장점이 있었다. 톡소이드는 더 많은 어린이에게 더 오래 지속되는 면역력을 제공하는 것처럼 보였고, 독소-항독소보다 더 안정적이었으며 냉동을 해도 별 영향을 받지 않았다. 독소-항독소는 말이나 염소와 같은 동물의 혈청을 사용하여 만들어졌는데, 혈청이 포함된 다른 백신을 추후에 접종한 경우 부작용을 일으킬 수 있으며, 드물게는 아나필락시스 쇼크가 발생할 수 있었다. 톡소이드에는 그런 동물 혈청이 포함되어 있지 않았다.

대중의 광범위한 사용이라는 관점에서 가장 중요한 것은, 톡소이드가 세 번이 아닌 한두 번만 주사를 맞으면 되는 것처럼 보였다는 점이었다. 단 한 번의 투여가 실제로 얼마나 효과적인지에 대해서는 논란의 여지가 있었지만 말이다.[119] 한 가지 중요한 단점은, 대여섯 살보다 나이가 많은 아이에게 주사할 경우 톡소이드가 고열과 같은 부작용을 유발할 수도 있다는 것이었다. 영국 연구자들은 톡소이드를 명반과 혼합하여 추가로 개선했는데, 이는 톡소이드의 효과를 높이고 필요한 투여 횟수를 줄여 주었다. 그러나 명반 침전 제형은 더 큰 바늘을 필요로 했고 국소 반응을 더 자주 일으켰다.

다양한 용량으로 독소-항독소 및 톡소이드를 사용하면서, 일반 대중과

---

119 Robert A. Strong, "The Newer Conception of Diphtheria Immunization," *Archives of Pediatrics* 49 (1932): 614-620.

일반 의사들 사이에는 효능 촉진제(부스터)가 필요한지, 한두 번 또는 세 번의 주사로 아이들이 적절하게 보호되고 있는지에 대해 상당한 혼란이 있었다. 뉴욕시 보건국이 영유아를 위한 명반 침전 톡소이드를 한 번만 접종하라고 권장하기 시작했을 때, 퀸스 의사협회 대표는 보건국의 정책 변경이 "이전에 그 내용을 들어본 적 없는 의사들에게 그리고 어머니들을 통해 그 내용을 처음 접하게 된 많은 사람에게 상당한 당혹감을 줬다."고 불평했다.[120] 1935년 보건국은 입장을 바꿔 부모들에게는 '단 한 번의 고통 없는 치료'를 받도록 촉구하는 알림 카드를 계속 발송했지만, 다시 한번이 아닌 두 번의 주사를 권고하기 시작했다.[121]

1930년대 내내 전국적으로 백신접종을 진행하는 데 여러 불일치가 만연했다.[122] 이 기간에 어떤 백신을 접종해야 하는지, 어떤 연령대에 접종해야 하는지, 어떤 상황에서 접종해야 하는지에 대한 명확한 지침을 담은 단일한 권고안은 존재하지 않았다. 새로운 연구 성과와 실험실의 발전은 백신을 투여하는 사람들에 따라 다양하게 해석되었다. 1930년에 설립된 미국소아과학회는 1934년에 소아 정기 백신접종에 관한 첫 번째 공식 권장 지침을 발표했고, 이후 2년마다 업데이트된 버전의 『레드북(Red Book)』을 발간했다.[123] 미국의사협회의 약학 및 화학위원회는 '새로운 그리고 비공식적인

120 H.A. Reisman to Shirley Wynne, October 12, 1933, NYCDOH, box 141421, folder: Diphtheria.

121 John L. Rice to Charles Weymuller, February 1, 1935, NYCDOH, box 141436, folder: Diphtheria; see also attached "Diphtheria Warning!" card.

122 Herman N. Bundesen to John L. Rice, March 22, 1938, NYCDOH, box 141488, folder: Diphtheria.

123 Lewis I. Coriell, "Recommendation and Schedules for Immunization," *Archives of*

치료법' 목록을 발표했는데, 이는 의사가 치료법에 대해 결정을 내리는 데 도움이 되는 자문 역할도 했다.[124] 미국공중보건협회의 행정실무위원회 역시 자체적인 지침을 발표했다. 그러나 시기, 용량, 위험성 등의 문제는 모두 개별 의사와 공중보건 부서의 전문적 판단에 따라 상당히 달라질 수 있는 주제였다.

1930년대에는 백신접종률이 제자리걸음을 하거나 감소했음에도 불구하고 디프테리아 발병률이 급감했다.[125] 디프테리아 발병률은 독소-항독소가 사용되기 전 수십 년 동안 천천히 감소하고 있었고, 심지어 그런 예방적 절차를 지지하는 사람들도 이런 감소가 백신접종 때문인지 아니면 전반적인 위생의 개선 때문인지 혹은 질병의 독성이 약해진 것 때문인지 정확히 말하기 어렵다고 인정했다.[126] 1936년에 전체 1,600만 명의 젊은이 중 천여 명 정도가 디프테리아에 걸렸다는 뉴욕시의 기록을 통해 알 수 있듯이 매년 발병 사례가 줄어들었고, 또한 암이나 심장병 같은 만성질환이 불길하게 증가하고 있었기에, 보건 당국자들은 면역력을 증진하기 위해 얼마나 많은 노력을 기울여야 하는지 의문을 품기 시작했다. 디프테리아 퇴치 캠페인에 자금을 지원했던 민간 후원자들은 더 시급한 문제로 관심을 돌리기 시작했다. 메트라이프사는 추가 자금 지원 요청에 대해 "디프테리아가 특별 지출

Environmental Health 15 (1967): 521-527.

124 Harry M. Marks, *The Progress of Experiment: Science and Therapeutic Reform in the United States, 1900-1990* (Cambridge: Cambridge University Press, 1997).

125 Samuel Frant, "Survey of Diphtheria New York City 1937" (typescript, February 1938), NYCMRL.

126 "Diphtheria Mortality in Large Cities in the United States in 1930," *Journal of the American Medical Association* 96 (1930): 17680-1771; 1771.

을 정당화할 만큼 충분히 중요한 프로젝트인지에 대해 우리는 확신할 수 없습니다."라고 응답했다.[127]

1920년대 백신접종 캠페인의 수사학은 질병 박멸을 목표로 강조하면서 독소-항독소를 대대적으로 사용하여 그 목표를 달성할 수 있다고 주장한 반면, 1930년대가 되면 보건국 관료들은 디프테리아를 통제하기 위해 수행해야 할 방침들에 대한 기대치를 낮추기 시작했다. 도시 주변의 집집마다 조사한 결과, 6세 미만 어린이의 3분의 2가 주사를 맞았다는 사실이 확인되었는데, 이는 질병을 가볍게 겪을 수 있을 정도로 충분히 높은 면역력을 가지는 것이었다. 1934년 셜리 윈 후임으로 뉴욕시 보건국장이 된 존 라이스(John Rice)는 '물론 더 강력한 조치를 통해 이 비율을 늘리는 것은 가능할 것'이라면서도 '그러나 내 생각으로는 그 비용과 노력이 얻어지는 결과와 비례하지 않을 것'이라고 밝혔다.[128] 1930년대 후반 디프테리아 발병이 살짝 증가하면서 뉴욕시가 특별한 백신접종 프로그램을 시작했을 때, 그런 노력은 디프테리아 발병률이 도시 전체 평균을 크게 상회하는 지역의 일부 사람들에게 집중되었다. 이들 지역은 모두 높은 인구밀도와 높은 유아 사망률 및 결핵과 같은 기타 전염성 질병을 갖고 있었다.[129] 이런 좁은 목표를 달성하기 위한 노력은 광고나 홍보 이벤트보다는 집집마다 방문하는 조사

---

127   Donald B. Armstrong to Shirley Wynne, March 21, 1933, NYCDOH, box 141421, folder: Diphtheria.

128   John L. Rice to Herman N. Bundesen, April 30, 1936, NYCDOH, box 141451, folder: Diphtheria.

129   Committee on Neighborhood Health Development, Statistical Reference Data, Five-Year Period, 1929-1933 (New York: Department of Health, 1935).

에 더욱 의존했다.[130]

전체 도시 중 집중된 고립 지역에서 디프테리아가 지속적으로 발생하는 상황 그리고 그 도시 아이들의 3분의 2 정도만이 꾸준히 면역을 유지하고 있으며 어떤 지역의 경우 그 비율이 현저히 낮은 상황은 설득의 한계를 여실히 드러냈다. 어떤 부국장은 "지역에서 가장 관심을 받아야 할 시민들은 가장 적은 비용을 지불하는 사람들인 것으로 밝혀졌다."면서 "그들이 디프테리아 백신접종을 달성하려는 우리의 노력에 가장 적대적이다."라고 밝혔다.[131]

백신접종률이 낮은 문제를 해결하기 위해 반복적으로 제기된 한 가지 제안은 그 절차에 대한 일종의 법적 명령을 입법화하는 것이었다. 1921년 초, 일부 공중보건 및 의학 전문가들은 학교 입학을 위해 디프테리아에 대한 백신접종을 의무화할 것을 제안했다.[132] 그리고 독소-항독소 사용이 인기를 얻으면서 비슷한 제안들이 이후 수십 년 동안 제기되었다.[133] 보건 당국은 일관되게 그런 제안을 지지하려 하지 않았다. 부분적으로는 강요보다 교육을 선호하는 제도적인 이유 때문이었는데, 이는 특히나 설득의 덕목에

---

130 "Diphtheria War Is Begun," *New York Times*, March 21, 1937, p. 7; director, Bureau of School Hygiene, to John L. Rice, March 26, 1937, NYCDOH, box 141527, folder: Diphtheria.

131 Deputy commissioner to the commissioner, April 8, 1933, NYCDOH, box 141392, folder: Diphtheria.

132 "Preventive Diphtheria Work in the Public Schools of New York City," *Medical Record* 11 (1921): 34-35.

133 For example, a joint committee of the Bronx County Tuberculosis and Health Committee and the Bronx County Medical Society made such a recommendation in 1931, and the following year, the Bronx County Medical Society passed a formal resolution in support of a school entry law.

따라 부서의 정책을 결정하고 대중 앞에서 눈에 띄게 이를 대변했던 중요 인물 찰스 볼두안(Charles Bolduan)이 자주 그리고 웅변적으로 표현한 입장 이기도 했다. 그러나 그런 철학적 이성보다 훨씬 더 중요한 것은 실용적인 관심사였다. 디프테리아가 학령기 아이들에게 더 많이 영향을 미쳤고, 따라서 학교 입학 요건은 위험에 처한 다수 아이를 보호하는 데 아무런 도움이 되지 않을 것이었다.[134] 게다가 보건 관료들은 그런 법 때문에 아이들이 학교에 갈 나이가 될 때까지 부모들이 백신접종을 연기하도록 조장할 것이라고 우려했다.[135] 이런 걱정에는 경험적 근거가 있었다. 한 조사 결과에 따르면, 의사와 공중보건 관료들이 유년기에 백신접종을 하도록 대대적으로 권고했음에도 불구하고, 일반적으로 부모들은 아이들이 천연두로부터 보호받기 위해 학교에 입학할 때까지 기다린다는 것이었다.[136]

　뉴욕시 보건국 내의 주류 의견은 법적 명령이 현명하지 못하다는 것이었지만, 이런 견해가 보편적인 것은 아니었다. 1932년 백신접종 횟수가 줄어들면서 보건 보조감독관은 "더 학교 입학의 전제 조건으로서 강제적인 보호를 만들어주는 것이 지금보다 더 좋을듯한 시간은 없다."고 단언했다.[137]

134　Ernst Boas to Shirley Wynne, February 2, 1931; and Shirley Wynne to Ernst Boas, February 5, 1931, NYCDOH, box 141372, folder: Diphtheria.

135　Shirley W. Wynne to I.J. Landsman, June 7, 1932, NYCDOH, box 141380, folder: Diphtheria; see also Shirley Wynne to H. F. Dana, January 25, 1933, NYCDOH, box 141421, folder: Diphtheria.

136　The most frequent age to administer toxin-antitoxin was between one and two; the most frequent age to vaccinate against smallpox was between five and six. Health Protection for the Preschool Child, 59, 62.

137　Assistant sanitary superintendent to commissioner, July 6, 1932, NYCDOH, box 141380, folder: Diphtheria.

이런 입장은 많은 아이가 태어나는 도시에서 헛수고일 뿐인 설득 임무에 대한 좌절감에 뿌리를 두고 있었는데, 그는 "우리는 다른 모든 취약계층 어린이들이 보호를 받더라도, 평생 의무적으로 노력해야 하는 매년 125,000명의 신생아를 가지고 있다."고 언급했다. 10년 후, 보건국의 통계학자는 효율성을 이유로 비슷한 탄원서를 국장에게 제출했는데, 여기서 그는 디프테리아 백신접종을 촉구하는 캠페인이 '몇 가지 입법 요구 사항이 있을 때마다 매번 뉴욕시 각 지구의 보건 관료들에게 특별한 노력을 지속적으로 요구할 것'이라면서 이는 소중한 시간을 낭비하는 것이라고 지적했다.[138]

디프테리아 백신접종을 의무화하려는 뉴욕시의 입장은 미국 전역의 전형적인 입장이었다. 천연두 백신접종 도입에 뒤이은 광범위한 입법 활동에도 불구하고, 그 백신접종이 널리 사용된 이후 20여 년 동안 단지 몇 개의 주들만이 디프테리아 백신접종을 의무화하기 위해 움직였다. 노스캐롤라이나주는 생후 6개월부터 1세 사이의 모든 아이와 과거 백신접종을 받은 적이 없는 1~5세 모든 어린이의 백신접종을 강제하는 가장 광범위한 법을 채택했다. 그리고 4개 주에서는 등교를 위해 백신접종을 의무화한 반면, 다른 4개 주에서는 전염병의 전조가 보이거나 특별한 기관처럼 특수한 상황일 때에만 이를 의무화하도록 했다.[139]

---

138 Thomas J. Duffield to Ernest Stebbins, March 10, 1943, NYCDOH, box 141549, folder: Diphtheria; Thomas J. Duffield to Ernest Stebbins, November 6, 1943, NYCDOH, box 141549, folder: Diphtheria.

139 Kansas, New Jersey, West Virginia, and the territory of Alaska required immunization for school entry; Illinois, Kentucky, West Virginia, and New York had miscellaneous provisions (New York required the procedure for children entering the state reconstruction home at Haverstraw). William Fowler, "State Diphtheria Immunization Requirements," *Public Health Reports* 57 (1942): 325-328.

디프테리아 백신접종의 유산

디프테리아 백신접종이 안전하고 효과적이라는 일반의 인식은 다른 질병에 대한 새로운 백신의 수용 가능성에 큰 영향을 미쳤다. 1941년 전국적으로 수행된 조사에서 백신접종의 원리에 대해 높은 신뢰도를 보여주었다.[140] 전체 성인의 약 4분의 3이 백신을 통해 질병을 예방할 수 있다고 믿었다. 조사에 응한 사람 중 10퍼센트 미만이 백신접종을 믿지 않거나 적극적으로 거부하는 입장을 보였다. 그러나 혼란도 여전했다. 어떤 부모는 백신접종이 병에 노출된 후에만 필요하다고 생각한 반면, 다른 부모들은 의사들이 권장한 것처럼 생후 한 살이 아니라 여섯 살이 천연두와 디프테리아 모두에 대해 면역을 가질 수 있는 적절한 시기라고 생각했다. 부스터의 필요성에 대해서도 큰 무지가 존재했는데, 이는 이 문제에 대한 전문가들의 꾸준한 의견 차이를 반영하는 혼란스러움이기도 했다. 이듬해 제약 회사 MSD(Merck Sharp & Dohme)가 의뢰한 설문 조사에서도 비슷한 결과가 나왔다. 응답자의 약 70%는 백신접종이 디프테리아로부터 아이들을 보호할 수 있다고 생각했지만, 많은 사람들은 디프테리아를 완전히 예방할 수는 없고 중증도만 줄일 수 있다고 믿었다.[141]

디프테리아 톡소이드의 사용은 백신접종에 대한 대중의 우호적인 인상

---

140   Leona Baumgartner, "Attitude of the Nation toward Immunization Procedures," *American Journal of Public Health* 33 (1943): 256-260. The survey respondents were all white, and the article did not specify their ethnic background.

141   Oliver E. Byrd, ed. *Health Instruction Yearbook 1943* (London: Oxford University Press, 1943), 106-107.

을 조성하는 것 외에도 다른 백신들에 힘을 주었다. 1930년대 중반, 파리에 있는 파스퇴르 연구소의 과학자들은 아이들에게 흔하고 종종 치명적인 소아질환인 백일해에 대한 백신과 디프테리아 톡소이드를 결합한 단일 제제로 실험을 시작했다. 1940년내에는 최근에 개발된 파상풍에 대한 톡소이드를 이 혼합물에 첨가하는 실험이 시작되었다. 실험 결과, 이중 및 삼중 보호 백신이 시너지 효과를 발휘하여 단독으로 투여한 어떤 백신보다도 높은 면역력을 제공한다는 것을 알게 되었다. 더 중요한 것은 운반하는 데 편리하다는 점이었는데, 아이들이 병원에 자주 가지 않더라도 더 많은 질병으로부터 보호받을 수 있다는 것이었다.[142]

오랫동안 효능에 대한 의구심에 시달리던 백일해 백신을 채택하는 데에는 특히 조합 공식의 개발이 중요했다. 백일해 백신을 개발하려는 시도는 1906년 원인균이 확인되자마자 시작되었다. 1931년까지 백일해에 대해 최소 14가지 다른 백신 제제가 개발되었지만, 어떤 것이 가장 좋은 조합인지, 언제 어떻게 백신을 투여해야 하는지에 대한 통일된 의견은 없었다.[143] 1934년 뉴욕시 보건국에 조언을 구한 브루클린의 한 어머니는 "의사들마다 각기 다른 양의 주사를 놓는 것 같다."면서 혼란스러워했다.[144] 그런 질문은 보건국을 난처하게 만들었다. 보건국장 존 라이스와 그의 동료들은 대부분의 백일해 백신이 가치가 없다고 믿었지만, 대중에게는 그런 식으로 말하

---

142 Joseph H. Lapin, "Combined Immunization of Infants against Diphtheria, Tetanus and Whooping Cough," *American Journal of Diseases of Children* 63 (1942): 225-237.

143 "Pertussis Vaccines Omitted from N.N.R.," *Journal of the American Medical Association* 96, no. 8 (1931): 613.

144 R. S. Lepsotta to health commissioner, December 17, 1934, NYCDOH, box 141410, folder: Whooping Cough.

지 않았다. 이는 백일해 백신을 제공하기로 한 의사들의 전문적인 판단을 폄하하는 것처럼 보일 위험을 피하기 위해서였다. 브루클린의 어머니에 대한 반응으로, 라이스는 부서장 중 한 명에게 "의사들로부터 비난을 받지 않고 글쓴이를 만족시킬 수 있도록 이 편지에 대한 외교적 답변을 작성하라."고 지시했다.[145]

백신접종 권고에 대해 단일한 권위 있는 출처가 없는 상황에서, 개발 중인 다양한 백신의 당사자들은 디프테리아 3차 백신접종을 연구하면서 새로운 절차의 가치에 대해 다투었다. 루이스 사우어(Louis Sauer)는 일리노이주 소아과 의사이자 에번스턴 공립학교에서 그의 제형을 광범위하게 테스트한 연구자인데, 그는 백일해 백신을 개발하고 의학 저널에 유망한 결과를 발표한 후 언론으로부터 주목을 받았다.[146] 1935년 의사 조세핀 케니언(Josephine Kennyon)은 『굿 하우스키핑(Good Housekeeping)』 3월 호 의학 조언 칼럼에서 사우어 백신을 강력하게 추천했다.[147] 케니언의 기사가 나온 후 뉴욕시 보건국에는 백신을 어디서 구할 수 있는지 알고 싶어 하는 문의가 쇄도했다.[148]

비슷한 시기에 미시간주 보건국 미생물학자인 펄 켄드릭(Pearl Kendrick)이 또 다른 유망한 제제를 개발했다. 켄드릭의 연구 결과에 감명을 받은 이들 중에는 메트라이프 회사가 있었는데, 이 회사는 과학적 의학의 발전을

---

145 John L. Rice to Dr. Oleson, December 19, 1934, NYCDOH, box 141410, folder: Whooping Cough.

146 Baker, "Immunization and the American Way."

147 Josephine H. Kenyon, "Immunize Your Child against Whooping Cough," *Good Housekeeping*, March 1935, 95.

148 See NYCDOH, box 141432, folder: Whooping Cough.

촉진하는 데 중요한 역할을 해 왔다. 1941년 초 메트라이프는 보험계약자에게 자녀를 위한 백일해 백신접종을 장려하는 노력을 시작했다. 켄드릭의 데이터에 확신을 갖지 못한 존 라이스는 메트라이프의 노력 때문에 방해를 받게 되었다. 라이스는 메트라이프의 복지 부문 책임자인 도널드 암스트롱에게 "내가 보기에 백일해에 대해 그 가치가 입증된 백신이나 혈청이 없다는 것이 일반적인 합의인 것 같다."면서 "사용 여부를 결정하는 것은 의사에게 맡겼지만, 당신의 광고는 독자들에게 백일해 백신이 유망한 것이라는 인상을 준다."고 썼다.[149] 암스트롱은 전국의 소아과 의사들과 폭넓게 의견을 나눈 끝에 "공중보건 및 실험실 사람들의 일반적인 태도와 반대로, 소아과 분야의 임상의는 거의 대부분 백신에 대해 우호적인 인상을 받았다."고 판단했다.[150]

1943년 미국소아과학회는 사우어(Sauer) 백신과 켄드릭(Kendrick) 백신 모두에 승인 도장을 찍었고, 이는 유명 언론의 추가적인 관심을 끌었다.[151] 당대 가장 유명한 의학 저널리스트인 폴 드 크루이프(Paul de Kruif)는 1943년 『리더스 다이제스트(Readers' Digest)』에 극찬하는 기사를 썼다.[152] 더 많은 민간 의사와 병원에 새로운 백신을 제공하기 시작했지만, 많은 전문가들은

149 John L. Rice to Donald Armstrong, January 13, 1941, NYCDOH, box 1415, folder: Whooping Cough.

150 Donald B. Armstrong to John L. Rice, January 14, 1942, NYCDOH, box 141525, folder: Whooping Cough.

151 Harriet M. Felton and Cecilia Y. Willard," Current Status of Prophylaxis by Hemophilus Pertussis Vaccine," *Journal ofthe American Medical Association* 126 (1944): 294-299.

152 Paul de Kruif, "We Can Wipe Out Whooping Cough," *Reader's Digest*, January 1943, 124-126.

이런 백신을 승인하는 데 모호한 태도를 보였다. 이 시기의 아동 건강 가이드에서는 천연두와 디프테리아 백신을 '꼭 필요한 것'으로 묘사한 반면, 백일해 백신은 '필요할 수도 있는 것'으로 보았다.[153] 1946년, 전후 가장 인기 있던 아동 양육 가이드인 벤저민 스포크(Benjamin Spock)의 『아기와 육아에 대한 상식』에서 스포크는 천연두와 디프테리아에 대한 백신접종을 강력하게 지지했지만, "아이가 [백일해 예방주사에 의해] 얼마나 많은 보호를 받는지 아직 과학자들이 확실히 결정하지 않았다."고 시인했다.[154]

그럼에도 불구하고, 백일해 백신은 디프테리아 톡소이드와 결합된 주사의 일부로서 거의 독점적으로 점차 일반화되었다. 이는 디프테리아 톡소이드의 큰 효능과 대중의 수용에 힘입은 것이었다. 보다 넓게 보면, 제2차 세계대전 기간과 그 이후 과학적 의학의 발전에 의해 크게 고무된 백신접종이라는 개념에 대한 대중의 호의적 태도는, 20세기에 가장 세간의 이목을 끄는 의학 이야기인 소아마비 백신 개발의 발판을 마련했다.

---

153   Catherine Mackenzie, "Diphtheria Cases Termed Unnecessary; New City Booklet Tells of Immunization," *New York Times*, October 12, 1944, 30.

154   Benjamin Spock, *The Common Sense Book of Baby and Child Care* (New York: Duell, Sloan & Pearce, 1946), 187-192.

4장

강경파와 약점

— 소아마비 백신 팔기

State of Immunity

소아마비에 대한 첫 번째 백신이 전례 없는 팡파르 속에서 허가된 지 5년 후인 1960년 말, 이 질병에 대한 국가의 보호 수준을 평가하면서, 미국 최고 전염병학자인 알렉산더 랭뮤어(Alexander Langmuir)는 엇갈린 결론을 제시했다. 그는 "백신접종을 수용하는 모습이 획일적이지 않았습니다."라고 말했다. "우리 사회에는 도시 빈민가, 고립되고 인종적으로 구별되는 지역사회, 그리고 많은 농촌 지역에 백신을 제대로 접종하지 않은 큰 '섬'이 존재합니다.[1] 특히 성인들의 상황이 낙담할 만한 정도였는데, 완전한 보호를 위해 권장되는 4회 접종을 받은 사람은 3분의 1 미만이었습니다." 랭뮤어가 설명한 상황은 사람들이 백신을 너무 많이 원해서 제조업체와 정부의 능력을 초과했던 불과 몇 년 전에는 상상할 수 없었다.

조너스 소크(Jonas Edward Salk)의 소아마비 백신에 대한 전국적인 테스트와 허가는 미국 백신접종 역사의 분수령이었고, 이는 그 이전이나 이후에도 비할 바 없을 정도로 대중문화의 최전선에 백신접종의 가치를 가져다놓았다. 하지만 백신 개발을 둘러싼 신화에도 불구하고, 백신이 지역사회

---

1 A. D. Langmuir, "Epidemiologic Considerations," *Journal of the American Medical Association* 175 (1962): 840-843; 840.

에 배포되는 이야기는 성공적인 것이 아니었다. 초기의 수요는 적었고, 심각하게 백신이 부족했던 상황은 곧 수많은 영역에서 남아도는 사태로 전환되었다. 보건 당국은 사람들이 주사를 완전히 맞도록 설득하기 위해 엄격한 배급 방식에서 적극적인 영업 방식으로 전환했다. 두 번째 소아마비 예방약인 앨버트 세이빈(Albert Sabin)의 경구백신이 허가를 받은 것은, 투여가 쉽기 때문에 광범위하게 수용될 수 있을 것으로 기대했기 때문이다. 하지만 백신이 예방을 하리라고 기대한 바로 그 마비 증상을 드물게 일으킬 수도 있기 때문에, 정책 입안자들은 백신접종의 이점을 고유의 위험과 비교하여 따져 봐야 할 의무가 있었다. 천연두 백신접종으로 인한 것으로 추정되는 부상과 사망 때문에 대중들이 신랄하게 비판했던 20세기 초 이래, 이런 골치 아픈 윤리적 질문들은 대체로 관심 밖에 있었다.

이 장에서는 소아마비와의 싸움이 백신접종 프로그램을 어떻게 변화시켰는지 살펴본다. 이전 공중보건 부서와 의사협회가 지배하던 무대에 새로운 인물들이 나타나 정책과 실천에 지대한 영향을 미쳤다. 소크 백신 개발을 주도한 자선단체인 국립소아마비재단(National Foundation for Infantile Paralysis)은 백신접종에 대한 대중의 인식에 영향을 주기 위해 정교한 홍보 능력을 갖추기 시작했다. 소아마비로부터 보호해야 한다는 대중의 요구로 인해 연방 정부도 백신 배포와 홍보에 적극적인 조치를 취할 수밖에 없었고, 결국 1962년에 입법을 통해 미국 공중보건 서비스 조직 내에 백신접종 프로그램을 주관하는 상설 기구가 마련되었다. 그 결과, 백신 홍보 캠페인은 더 체계화되고 범위가 확대되기 시작했다.

훨씬 더 중요한 것은, 역학 감시와 사회과학 연구가 백신의 홍보를 이끌기 시작했다는 것이다. 이 연구는 행동학적·심리학적·사회학적 변수에 따라 백신을 접종하는 경향을 설명하고, 보호를 받지 못한 채 전통적인 보건 교육 캠페인의 영향을 가장 적게 받는 백신을 접종하지 않은 '강경파' 사람들에 대한 새로운 담론을 생성했다. 이 인구 집단의 가장 두드러진 특징은 낮은 사회경제적 지위였으며, '강경파'라는 용어는 오래된 현상에 대한 새로운 이름일 뿐이었다. 소득이 높고 공식 교육을 받은 사람들이 가난한 사람들보다 훨씬 더 쉽게 백신접종 요구에 응답했다. 그러나 비용과 접근의 장벽을 제거하고자 한 공중보건 공무원들은 민간 의사의 진료실 밖에서 백신접종이 얼마나 가능할 것인지를 두고 의료계와 오랜 기간 긴장 관계에 있었다.

소크 백신의 출현

소아마비는 천연두와 마찬가지로 사망자 수와 상관없이 대중의 공포를 촉발시켰다. 이 바이러스는 19세기 말에 미국에서 나타났고 1916년에 미국 북동부 지역에서 처음으로 유행병 형태로 발병했다. 1908년 바이러스가 확인되었지만, 이 질병의 전염 방식과 발병 기전은 수십 년 동안 논쟁거리로 남아 의학 연구자들을 힘들게 했다.[2] 이 질병의 가장 흔한 증상은 합병증 없이 끝나는 독감과 비슷했지만, 이 질병은 약 1%의 사례에서 발생하는 전체 또는 부분마비였다.(그래서 원래 이름도 영유아마비였다.) 소아마비의 상징

---

2 Naomi Rogers, *Dirt and Disease: Polio before FDR* (New Brunswick, N.J.: Rutgers University Press, 1992).

적 이미지는 살아 남기 위해 '철의 허파(Iron lung)'인 인공호흡기에 의지하는 사지마비 환자였다. 다른 전염병이 과학적 의학의 발전에 굴복하고 있던 시기에, 소아마비는 무서운 변칙을 보여주었고, 발병률이 그만큼 증가했다. 1940년대에는 연간 소아마비 발병률이 가파르게 증가했는데, 1952년은 최악의 해로 그해에 21,000명 이상의 사람들이 소아마비에 걸렸다. 또한 시간이 지남에 따라 유아기에서 학령기까지 가장 많이 발병한 사람들의 평균 연령이 꾸준히 상승했다.[3] 다른 전염병과 달리, 소아마비의 희생자 중에는 가난한 집 아이들뿐만 아니라 중산층과 상류층의 아이들도 많았다. 소아마비는 매년 여름에 재발했고, 8월과 9월에 정점을 찍었다. 겁에 질린 부모들은 아이들을 놀이터에 가까이 가지 못하게 했고, 공공 수영장은 문을 닫았다.

소아마비의 가장 유명한 희생자인 프랭클린 루스벨트는 소아마비에 대한 대중의 인상을 만드는 데 핵심 역할을 했다. 루스벨트는 1921년 소아마비에 걸렸을 때 장래가 유망한 정치인이었고, 그의 경험은 소아마비에 대한 미국인들의 취약성을 상징했다. 루스벨트는 그 질병으로 인해 마비를 겪었지만, 자신의 상태를 대중에게 숨겨서 다리를 다시 쓸 수 있게 되었다는 인상을 주었고, 뉴욕 주지사와 미국 대통령에 오른 그의 이야기는 소아마비의 공포와 그것을 극복할 수 있는 가능성에 대한 문화적 이야기를 만들어 냈다.[4]

---

3   Neal Nathanson and John R. Martin, "The Epidemiology of Poliomyelitis: Enigmas Surrounding Its Appearance, Epidemicity, and Disappearance," *American Journal of Epidemiology* 110 (1979): 672-692.

4   Amy L. Fairchild, "The Polio Narratives: Dialogs with FDR," *Bulletin of the History of*

더욱 중요한 것은 소아마비에 대한 과학적 연구에 대한 루스벨트의 영향이었다. 1938년, 루스벨트는 그의 전 법률 파트너인 바실 오코너(Basil O' Connor)와 함께, 희생자들에게 재활 치료를 제공하고 소아마비의 치료법이나 백신에 대한 과학적 연구에 자금을 지원하는 자선단체인 NFIP(National Foundation for Infantile Paralysis, 국립소아마비재단)를 설립했다. NFIP는 가족의 재산에 기반을 둔 재단들과는 달리, 사회 각계각층의 시민들이 소아마비에 대한 전국적인 십자군 전쟁에 자금을 지원할 수 있도록 장려하는 '다임스 행진' 캠페인을 이용하여, 대중에게 직접 호소하는 방식으로 기금을 끌어모았다.[5] 기금을 모으는 호소들은 광고·영화·라디오 같은 정교한 홍보 기술과 화려한 '포스터 아이', 유명인을 이용한 캠페인을 적극 활용해 부모의 감정과 두려움을 자극했고, 이를 통해 소아마비를 특별한 관심의 대상으로 만들었다.

대부분의 의학 연구가 소규모였던 당시 NFIP는 국내 최고의 소아마비 연구자들을 한자리에 모아 그들의 지식을 공유할 수 있게 했다. 1946년 NFIP가 소집한 연구팀이 실용적 의미가 있는 획기적인 발견을 함으로써 세 가지 유형의 바이러스(유형 I, II, III)를 확인했다. 항체는 각 유형에 특이적이고 다른 유형으로부터 보호되지 않기 때문에 성공적인 백신은 세 유형 모두에 효과적이어야 했다.[6] 1949년, 후에 최초의 홍역 백신 중 하나를 개발

Medicine 75 (2001): 488-534.

5 Jane S. Smith, Patenting the Sun: Polio and the Salk Vaccine (New York: Doubleday, 1990), 64-68 and passim.

6 John R. Paul, History of Poliomyelitis (New Haven, Conn.: Yale University Press, 1971), 233-239.

한 하버드 대학 연구원 존 엔더스는, 소아마비 바이러스를 비신경성 조직에서 성공적으로 배양하여, 이 질병이 중추신경계만을 공격하는 것이 아니라, 온 몸에 퍼진다는 것을 보여주었다.[7] 이러한 기초과학의 발전은 두 가지 경쟁적인 백신 유형으로 이어졌다. 하나는 조너스 소크가 개발한 사백신으로, 포르말린(독소를 중화하여 톡소이드를 만드는 데 사용되는 화학물질)에 의해 바이러스가 비활성화된 것이었다. 동시에 여러 연구자들 특히 저명한 앨버트 세이빈(Albert Sabin)은 약독화된 생백신을 개발하기 위해 노력하고 있었다. 이 과정에서 바이러스는 배양액을 연속적으로 통과하면서 점점 약화되어 결국 질병을 일으키는 능력을 잃으면서 여전히 면역력을 만들 수 있었다. 어떤 종류의 백신이 더 나은 면역력을 제공할 것인지는 오랜 논쟁의 주제였는데, 이 논쟁에 참여한 과학자들은 종종 양극단으로 분열되었고 서로를 신랄하게 비판하거나 개인적인 적대감을 표출하기도 했다. NFIP의 전문가 패널은 궁극적으로 소크의 백신이 가장 유망하다고 판단하여, 사람을 대상으로 한 대규모 실험을 계획했다.[8]

소아마비 연구의 발전은 전염병과의 싸움에서 극적인 발전을 배경으로 이루어졌다. 말라리아와 결핵의 새로운 치료법, 혈액제제인 감마글로불린의 새로운 활용, 그리고 가장 유명한 항생제 페니실린의 대량생산은 제1차 세계대전 동안과 전후에 대중매체에서 널리 환영을 받았다. 공공 부문과

---

7 Saul Benison, "The History of Polio Research in the United States: Appraisal and Lessons," in Gerald Holton, ed., *The Twentieth Century Sciences: Studies in the Biography of Ideas* (New York: Norton, 1972). Enders and his colleagues Frederick Robbins and Thomas Weller received the Nobel Prize in medicine in 1954 for their work.

8 Paul, *History of Poliomyelitis*.

민간 부문 모두에서 생물학 연구에 대한 재정적 투자는 전후 몇 년 동안 빠르게 증가했다.[9] 전례가 없을 정도로 과학적 의학은 인류의 삶을 향상시키는 귀중한 국가적 자산이자 힘으로 여겨지게 되었다.[10]

1954년 봄에 시작된 소크 백신 실험도 이런 맥락에서 이해할 수 있다. 이 실험은 당시까지 세계에서 행해진 가장 큰 규모의 의학 실험으로 20세기 그 어떤 과학적 사건과도 비교할 수 없을 정도로 대중의 관심을 끌었다.[11] 1954년 봄과 여름, 조사관들은 미국 전역에서 약 3백만 명의 어린이들('소아마비 개척자들')을 등록시켜 백신이나 위약 주사를 맞거나 '관찰 대조군' 역

9 Paul Starr, The Social Transformation of American Medicine (New York: Basic Books, 1982), 343. On the rise of biomedical research in the public and private sectors during and after World War II, see also Harry M. Marks, The Progress of Experiment: Science and Therapeutic Reform in the United States, 1900-1990 (Cambridge: Cambridge University Press, 1997), 98-128.

10 See, e.g., Stephen B. Withey, "Public Opinion about Science and Scientists," Public Opinion Quarterly 23 (1959): 382-388. Based on public opinion polls this article concluded that "for the public the caduceus of medicine sits proudly at the top of the totem pole of science"(388).

11 The details of the Salk vaccine trials have been described extensively in the scientific and popular literature and will not be recounted here. See the official report on the trials by the University of Michigan evaluation center: Tom Rivers, Evaluation of the 1954 Field Trial of Poliomyelitis Vaccine (Ann Arbor, Mich.: Poliomyelitis Evaluation Center, 1957). For subsequent scholarly evaluations, see Paul, History of Poliomyelitis, 426-440; Arnold S. Monto, "Francis Field Trial of Inactivated Poliomyelitis Vaccine: Background and Lessons for Today," Epidemiological Reviews 21 (1999): 7-22; Jeffrey P. Baker, "Immunization and the American Way: 4 Childhood Vaccines," American Journal of Public Health 90 (2000): 199-207. For more journalistic accounts, see Smith, Patenting the Sun; John Rowan Wilson, Margin of Safety (Garden City, N.Y.: Doubleday, 1963, 79-99; Richard Carter, Breakthrough: The Saga of Jonas Salk (New York: Trident Press, 1966), 207-267; Aaron Klein, Trial by Fury: The Polio Vaccine Controversy (New York: Charles Scribner's Sons, 1972), 66-126.

할을 하도록 했다. 이 실험의 진행 과정은 언론의 주요 기삿거리였고, 프랭클린 루스벨트 사망 10주년인 1955년 4월 12일에 발표될 예정인 결과는 신문의 1면을 장식했으며, 전국의 텔레비전과 라디오 방송의 첫 번째 뉴스를 차지했다. 여론조사에 따르면, 약 97%의 인구가 백신 관련 기사를 읽거나 들은 적이 있다고 했다.[12]

유리한 실험 결과에 대한 초기의 행복감은, 사람들이 어떻게 새로운 백신을 구할 수 있을지에 대한 혼란스러움으로 급속히 전환되었다. 수십 년 동안의 공포 그리고 1년 내내 백신이 즉시 활용될 것이라는 공공연한 기대 때문에, 사람들은 그해 여름 소아마비 시즌이 다가옴에 따라 아이들을 위해 즉시 백신을 원했다. 하지만 6개의 백신 제조사가 2천만 명의 미국 청소년들을 위한 충분한 백신을 생산하는 것은 불가능했다. 초기 공급품들은 백신이 성공할 것이라고 확신한 NFIP에 독점적으로 보내질 예정이었는데, NFIP는 1955년 초 9백만 달러어치의 백신을 사기 위해 6개 제조업체와 계약을 했고, 이는 소아마비가 가장 많이 발병한 연령대인 1, 2학년들에게 무료로 접종할 수 있도록 주 정부에 제공할 계획이었다.[13]

심각한 백신 부족 사태는 몇 가지 곤란한 정책적 질문을 야기했다. NFIP의 주문이 완료되면 얼마만큼의 백신을 상업적으로 이용할 수 있는가? 이 백신을 구매한 제약 회사들은 민간 의사들에게 얼마만큼 판매할 수 있는

---

12   Hazel Gaudet Erskine, "The Polls: Exposure to Domestic Information," *Public Opinion Quarterly* 27 (1963): 491-500; 498. See also *National Association of Science Writers, Science, the News, and the Public: Who Gets What Science News, Where They Get It, and What They Think About It* (New York: New York University Press, 1958), 31-33.

13   Carter, Breakthrough, 301-302.

가? 또 도시와 국가의 보건 당국이 공공 제공용으로 백신을 얼마만큼 보유해야 하는가? 어린이들은 단독으로, 혹은 주로 집단 클리닉을 통해, 특히 학교에서, 혹은 민간 소아과 의사의 진료실에서 백신을 접종받아야 하는가? 최적의 면역력을 제공하기 위해 세 번의 백신접종이 필요했지만, 한 번의 접종으로도 몇 달 동안 충분한 면역력을 제공할 수 있었다. 소아마비 시즌인 여름이 빠르게 다가오고 있는 가운데, 도시들은 여름 동안 많은 수의 어린이들에게 한 번의 접종을 제공해야 하는가, 아니면 적은 수의 어린이들에게 여러 번의 접종을 제공해야 하는가?

뉴욕시에서 백신 배포를 감독하면서 공중보건과 공보 업무를 담당하는 일은 면역학 박사학위를 받은 의사인 레오나 바움가르트너(Leona Baumgartner)에게 떨어졌다. 그녀는 1954년 초 부서의 책임을 맡게 되었는데, 이는 여성 최초였다. 그녀는 1940년대 초에 그 도시의 아동 위생국을 이끌었고, 이후에 미국 아동국에서 잠시 일했으며, 오랫동안 백신에 관심을 가지면서 1943년에는 백신접종에 대한 전국민들의 반응에 대한 보고서를 작성하기도 했다.[14] 그녀는 또한 공중보건의 정치적 특성을 직관적으로 이해했는데, 이는 그녀가 소크 백신의 허가 이후 혼란스러운 사건에 직면했을 때 매우 귀중한 자산이 되었다.

백신의 양과 시기에 대한 지속적인 혼란은 돈이나 정치적 인맥이 있는 사람들에게 유리하게 분배될 것이라는 의혹 때문에 악화되었다. 예를 들

---

14 On Baumgartner's life and career, see Farnsworth Fowle, "Wagner Names 2 Women to Cabinet," *New York Times*, January 1, 1954, 1; "Her Vigil: City's Health," *New York Times,* March 7, 1957, 14; and "Dr. Leona Baumgartner, 88, Dies; Led New York Health Department," *New York Times*, January 17, 1991, Bio.

어, 백신 제조업체 중 한 곳은 주주들에게 그들의 자녀와 손자들을 위해 백신을 우선적으로 제공할 수도 있다는 편지를 보냈다.[15] 도난당한 백신이 암시장에 등장하고 의사들이 자기 자녀나 친구의 자녀들에게 주사를 놓는다는 소문도 돌았다. 선출직 공무원들은 백신이 어떻게 분배되어야 하는지에 대해 순전히 추측에 가까운 공개적인 성명을 종종 발표했다. 비록 대중의 우려를 완화하고 우호적인 인상을 주기 위한 것이었지만, 그러한 선언은 정반대의 결과를 낳기도 했다.[16] 바움가르트너는 백신이 허가된 지 한 달 후 로버트 와그너 주니어 뉴욕 시장에게 "소크 백신에 대한 질문에 더 이상 얽히지 않기를 강력히 촉구합니다."고 밝혔다. "그런 질문을 받은 한 모든 비의료인은 많은 어려움을 겪었습니다. (중략) 여러 주지사, 대통령 및 사람들이 불가피하게 질문을 받았고 더 많은 혼란을 야기하는 방식으로 질문에 답했습니다."[17]

4월 29일, 백신의 비윤리적인 배포에 대한 소문에 대응하여, 시는 의사들이 주사를 맞는 사람의 이름·주소·나이를 기록하도록 요구하는 위생 법규를 개정했다. 배포된 모든 백신에 대한 자세한 기록을 보관해야 했고, 도난 사건이 발생하면 즉시 보건 당국에 보고해야 했다. 승인되지 않은 백신을 판매 또는 보유하는 행위는 500달러 벌금과 1년 징역까지 처해질 수 있는 경범죄였다.[18]

15   Carter, *Breakthrough*, 303-304.

16   Leona Baumgartner to Paul R. Hays, May 12, 1955, NYCDOH, box 141647, folder: Polio January-June.

17   Leona Baumgartner to Robert F. Wagner, May 23, 1955, NYCDOH, box 141647, folder: Polio January-June.

18   B. J. Cutler, "Jail for Vaccine Black Marketers; Adults Got Shots, City for Rationing,"

실험 결과가 발표된 몇 주 후, 상황은 더욱 혼란에 빠졌는데, 공중보건국에서 최근에 소크 백신 주사를 맞은 사람들에게서 발생한 마비성 소아마비에 대한 보고가 나오기 시작했다. 정부 조사관들은 신속하게 제조업체인 커터 연구소의 백신 감염을 추적했고, 4월 27일, 공중보건국장 레너드 셸은 커터 연구소에 모든 품목을 회수할 것을 요청했다. 질병통제예방센터 (CDC, Centers for Disease Control and Prevention)에 특별 감시 프로그램이 설치되었는데, 이 프로그램은 제조 과정에서 불충분하게 비활성화된 커터 백신이 소아마비를 일으킨 수십 건의 사례를 추적했다. 결국 주사를 맞은 어린이 79명, 가족 및 지역사회를 통해 감염된 135명이 결함 있는 커터 백신 때문인 것으로 확인되었고, 그 중 11명이 사망했다.[19]

뉴욕에서 커터 백신을 추적하는 과정에서, 조사관들은 몇몇 의사들이 지역의사협회의 자발적인 협약을 위반하고 연령 범위를 벗어난 환자들에게 주사를 놓은 것을 발견했다. 위반한 의사들의 이름은 보건 당국으로 넘겨졌고, 보건 당국은 즉시 후속 조치와 징계를 위해 그 명단을 의사협회에 넘겼다. 한 의사는 십 대 아이 두 명에게 주사를 놓은 것처럼 보였고, 다른 의사들은 임신한 여성과 소아마비가 만연한 해외 지역으로 여행을 가려고 하

New York Herald-Tribune, April 30, 1955, 1.

19 Alexander D. Langmuir, Neal Nathanson and William Jackson Hall, "Surveillance of Poliomyelitis in the United States in 1955," *American Journal of Public Health* 46 (1956): 75-88; Neal Nathanson and Alexander D. Langmuir, Notes to Pages 119 22 281 "The Cutter Incident: Poliomyelitis Following Formaldehyde-Inactivated Poliov1rus Vaccination in the United States during the Spring of 1955," *American Journal of Hygiene* 78 (1963): 16-28. For a historical and ethical analysis of the Cutter incident, see Allan M. Brandt, "Polio, Politics, Publicity, and Duplicity: Ethical Aspects in the Development of the Salk Vaccine," *Connecticut Medicine* 43 (1979): 581-590.

는 사람들에게 주사를 놓은 것으로 보였다. 의사협회는 의사들의 행동이 불법이었다기보다는 무지와 혼란을 나타내는 것이라고 의견을 내놓았고, 최소 3명의 의사가 처벌을 받았고 1명은 정직을 당했지만 암시장 거래나 수수료 폭리는 없었다고 판단했다.[20] 이런 사례에 대한 대중들의 관심은 백신의 유통이 의료계를 훨씬 넘어서는 중요성을 지니고 있다는 것을 보여주었다. 바움가르트너에 따르면 백신접종에 대한 결정은 '의사와 대중이 개인적인 이해관계를 잊고 가장 심각한 위험에 처한 사람들에게 백신을 제공하기 위해 협력할 수 있는지 확인하기 위한 일종의 도덕적 테스트'였다고 말했다.[21]

5월 둘째 주 동안 정부 검사관들이 모든 제조업체 공장의 안전을 확인함에 따라 국가 프로그램이 중단되었다.[22] 한편, 과학자들 사이에서는 이 사건이 비정상적이었는지 아니면 소크가 바이러스를 비활성화하기 위해 고안한 방법이 본질적으로 비효율적이었는지에 대해 치열한 논쟁이 벌어졌다.[23] 여러 날 동안 집중적인 회의를 거쳐, 대통령자문위원회는 이 프로그램이 진행되어야 한다고 권고했다. 뉴욕주 보건 국자인 허먼 힐레보는 의사들에게 백신접종을 권고한 뒤에, "많은 면역 물질들은 그것을 사용함에 있어 위험을 가지고 있습니다."라고 편지를 썼다. 그는 "예를 들어, 천연두와 백일해 백신의 경우, 이 백신들은 때때로 심각한 반응을 일으키거나 심

---

20 "Physician Suspended by Society, 3 Reprimanded for Adult Shots," *New York Herald-Tribune*, May 5, 1955, 1.

21 Morris Kaplan, "Vaccine Misuse Laid to 5 Doctors," *New York Times*, May 1, 1955, 57.

22 Smith, *Patenting the Sun*, 368; Brandt, "Polio, Politics, Publicity, and Duplicity."

23 Benison, "Polio Research in the United States," 330.

지어 사망에 이르기도 합니다. 하지만, 이 백신들로 인해 지금까지 얻은 인명 구조 효과는 잠재적인 위험보다 훨씬 더 큽니다."라고 말했다.[24] 위험과 이익의 균형에 대한 힐레보의 솔직한 인정은 이 시기에는 이례적이었다. 천연두 백신접종에 대한 논쟁에서 두각을 나타낸 이러한 절충안은 세기 중반까지 수십 년 동안 백신에 대한 공개적이고 전문적인 담론에서 거의 표면화되지 않았다.

커터 사건은 백신에 대한 대중의 신뢰를 흔들었지만, 파괴하지는 않았다. 백신에 반대하는 대규모 전환이 일어나지 않았다는 것은, 이에 대한 결정과 권고를 내리는 과학 전문가들의 역량에 대한 대중의 믿음을 보여주는 척도였다. 보건국 조사에 따르면, 백신접종 등록을 한 뉴욕시 부모들 중 자녀에게 주사를 맞을 수 있도록 허락한 것을 철회한 경우는 1퍼센트 미만이었다.[25] (실험 결과가 나오면 뒤따를 대중의 요구 사항을 정확히 예견한 것처럼, 바움가르트너는 그해 초 도시 학교의 모든 학부모들에게 요청서를 보내 자녀들이 백신을 접종하기를 원하는지 여부를 표시해달라고 했다.)[26] 취소는 주로 스페인어를 사용하는 지역사회와 교장이 백신에 무관심하거나 적대적인 학교에서 발생했다.[27] 사건이 발생한 지 한 달 후, 뉴욕의 아프리카계 미국인 신문《뉴

---

24 Herman Hilleboe to "Dear Doctor," May 27, 1955, NYCDOH, box 141647, folder: Polio July-December.

25 B.J. Cutler, "Few Parents Canceling Salk-Shots Permission," *New York Herald-Tribune*, May 6, 1955, 1.

26 Leona Baumgartner to "Dear Parents," March 1955, NYCDOH, box 141647, folder: Polio January-June.

27 New York State Advisory Committee on Polio Vaccine, minutes, May 3, 1955, NYCDOH, box 141647, folder: Polio January-June.

욕 암스테르담 뉴스》의 '길거리 인터뷰' 특집은 "소크 백신이 어린아이에게 충분히 안전하다고 생각하나요?'라는 질문에 대해 응답자의 의견이 고르게 나뉘는 것을 보여주었다. "아직 완벽하지 않습니다."라고 한 응답자는 "저는 제 아이를 위험에 빠뜨리지 않을 것입니다."라고 대답했다. 또 다른 응답자는 이 백신이 '5명에게 해를 끼칠 수도 있지만 수천 명의 다른 사람들을 구할 것'이라고 말했다.[28]

백신에 대한 대중의 신뢰가 지속되는 것은 NFIP의 노력 덕분이기도 했는데, 이 조직은 '가능하면 많은 아이들이 클리닉으로 갈 수 있도록' 하는 공격적인 캠페인을 펼쳤다.[29] 이 단체는 뉴욕시 본부에 대규모 홍보 직원을 두고 있었는데, 백신 홍보를 위해 지역사회에 동원될 수 있는 9만 명의 자원봉사자들이 참여한 3,000개의 지부로 구성된 전국 네트워크를 가지고 있었다.[30] 이 재단은 지역 및 전국 언론 매체, 시 및 주 의사협회, 보건 부서와 협력하여 '유명한 보건 및 의료 당국으로부터 백신에 대해 안심할 수 있는 성명을 최대한 많이 받아 발표하고, 가능하다면 저명한 부모의 자녀들이 두 번째 주사를 맞는 사진을 공개하기' 위해 노력했다.[31] 그러나 재단이 이렇게 노력하고 있음에도 불구하고, 일단 안전성을 확신한 대중이 그 백신을 구하는 것은 쉽지 않은 상황이었다.

28　"Sidewalk Interviews," *Amsterdam News,* June 4, 1955, 55.

29　James Osborne to all state reps in Region IV, July 14, 1955, MOD, series 3, file: Vaccine Promotion and Education 1955.

30　Smith, *Patenting the Sun*, 65, 81.

31　James Osborne to all state reps in Region IV, July 14, 1955, MOD, series 3, file: Vaccine Promotion and Education 1955.

'뒷문으로 들어온 사회주의 의학?'

백신을 공급하기 어렵거나 지연되는 상태로 인해, 공평한 분배를 보장하기 위해 연방 정부가 어떤 역할을 해야 하는지, 무료 진료소를 이용할 수 없는 도시와 주에서 가난한 어린이들을 위한 백신 비용을 지불해야 하는지에 대한 문제가 전면으로 제기되었다. 대중이 NFIP에 기부한 돈을 통해 개발과 테스트가 가능했기 때문에, 많은 사람은 백신이 대중들의 것이므로 자신들에 의해 통제되어야 한다고 생각했다. NFIP가 더 많은 어린이가 이용할 수 있도록 하기 위해 3회 접종 중 한두 번의 접종을 위해서만 충분한 백신을 제공하겠다고 발표했을 때, 많은 조직의 지부장들은 '신념 위반'이라고 생각하여 분노했고, 향후 재단 활동에 참여하지 않겠다고 위협했다.[32]

소크 실험이 발표된 다음 날, 와그너 뉴욕 시장은 드와이트 아이젠하워 대통령에게 페니실린과 감마글로불린 초기에 했던 것처럼 백신 배포에 대한 연방 감독 지침을 만들 것을 촉구하는 전보를 보냈다.[33] 와그너와 바움가르트너가 공개적으로 백신 배포의 초기 단계에서 연방 정부의 통제를 촉구한 가운데, 뉴욕의 수많은 시민·정치 단체와 학부모 단체들은 정부가 가족 소득에 관계없이 모든 어린이에게 공평하고 신속하게 백신을 제공할 것을 요구하는 결의안을 통과시키고 공개회의를 열었다.[34] 전국 34명의 논설

---

32 George P. Voss to Basil O'Connor, MOD, series 3, file: Vaccine Promotion and Education 1955.

33 Robert F. Wagner Jr. to President Dwight Eisenhower, April 13, 1955, NYCDOH, box 141647, folder: Polio January-June.

34 "U.S. Vaccine Rule Urged by Parents," *New York Post,* June 12, 1955, 4; Abel Silver, "Call Rally to Demand U.S. Vaccine Controls," *ibid.,* June 21, 1955, 2; "Civic Club Asks

위원은 연방 보건·교육·복지부가 백신의 수요를 예측하지 못하고 적절하고 질서 있는 배포를 위한 조치를 취하지 않았다고 질타했다.[35]

워싱턴이 나서야 한다는 요구는 루스벨트 뉴딜 정책의 경기부양 기조에 따라 만들어진 믿음, 즉 연방 정부가 국내 시급한 문제에 개입하는 것이 적절하다는 믿음을 반영한 것이었다. 하지만 냉전 시대의 극심한 반공 분위기에서 '사회주의'라는 꼬리표는 그런 제안에 맞서려는 사람들에게 강력한 수사적 무기였다. 실제로 백신 배포를 어떻게 처리해야 할지에 대한 논쟁은 정부의 역할에 대해 다소 상반된 감정을 드러냈다. 많은 사람이 추상적으로 사회주의를 반대했지만, 자녀들에게 이익이 될 때는 '사회주의적' 해결책으로 여겨질 수 있는 연방 정부 통제 아래 제한된 공급을 수용했다.

아이젠하워는 1952년 대통령 선거에서 사회주의적 의학에 반대하는 운동을 노골적으로 펼쳤으며, 이념적으로 자유 시장에 간섭하기를 거부한 그의 행정부는 소아마비 백신접종 프로그램을 주 정부의 관심사로 여겼다.[36] 1949년 해리 트루먼의 국가 보건 계획을 꺾기 위해 사회주의적 유령을 경찰봉(truncheon)이라고 불렀던 미국의사협회는, 연방 관료들이 이런 의학적 성과에 대한 접근권을 통제해야 한다는 제안에 적대적이었다. 1955년 6월 미국의사협회는 연례 회의에서 비용을 지불할 능력이 없는 사람을 제외하고 백신을 구매하고 배포하려는 정부의 노력에 반대하는 결의안을 통과시켰다. 이 단체의 서기는 의회 증언에서 "우리는 연방 정부가 기존 책임을

Effective Salk Vaccine Control Plan," *New York Amsterdam News*, July 2, 1955, 24.

35 Smith, *Patenting the Sun*.

36 James L. Sundquist, *Politics and Policy: The Eisenhower, Kennedy, and Johnson Years* (Washington, D.C.: Brookings Institution, 1968), 290-293.

넘어서 면역 프로그램에 투입하는 제안을 찬성하지 않는다."고 언급하고, 의원들에게 미국 의사들은 백신이 더 널리 보급될 때까지 5세에서 9세 사이의 어린이들에게만 접종하도록 협력할 것이라고 확언했다.[37] 비슷하게 미국의약품제조업협회는 백신 유통에 대한 연방의 통제에 반대한다고 경고하고 보편적인 백신 보급에 반대했다.[38]

비록 정부 개입 방침을 초당적으로 지지했지만, 의회의 많은 일을 주도했던 민주당은 19세 미만 모든 어린이에게 백신을 무료로 제공하기 위해 연방 자금을 사용하자고 제안했고, 보건·교육·복지 장관인 오베타 컬프 하비(Oevta Culp Hobby)는 이를 두고 '뒷문으로 들어온 사회주의 의학'이라고 이름붙였다.[39] 행정부는 백신 분배에 대한 어떤 역할도 거부하면서, 대신 각 주가 백신을 구입하는 것을 돕기 위해 2,800만 달러를 제공하겠다고 제안했다. 이 계획은 부모들이 비용을 지불할 여유가 없는 청소년들에게만 무료 백신을 제공할 것을 요구하는 것이었지만, 그 자금을 어떻게 사용할지는 각 주에 맡겼다. 하비는 대다수 부모가 자녀들을 보호하기 위해 비용을 지불할 능력이 없다고 '생각할 이유가 없다.'고 주장했다.[40] 의회가 궁극적으로 승인한 이 계획은 각 주의 어린이 수와 1인당 소득을 고려하도록 설계된 복잡한 공식에 기초하여 각 주에 자금을 할당할 것을 요구했다. 백신 접종 대상은 20세 미만의 사람들과 모든 연령의 임신부들로 제한될 예정이

---

37 *Poliomyelitis Vaccine*, 116.

38 *Ibid.*, 115.

39 William M. Blair, "Mrs. Hobby Terms Free Vaccine Idea a Socialistic Step," *New York Times*, June 15, 1955, 1.

40 "Mrs. Hobby Says Responsibility for Vaccine Plan is Dr. Scheele's," *New York Times*, June 21, 1955, 1.

었다. 이 법안은 백신을 접종할 사람의 자격을 판단하기 위해 여러 시험을 하는 것을 명시적으로 금지했다.[41]

그러나 주 정부에 대한 금전적 지원은 6개 백신 제조업체의 공급 속도를 높이는 데 아무런 도움이 되지 않았다. 커터 사건 이후 엄격한 새로운 테스트 절차가 마련되어 미국국립보건원(NIH, National Institutes of Health) 검사관이 각 공장의 제조 공정을 확인하도록 배정되었는데, 이는 이미 대중의 수요를 충족시키기에 불충분했던 백신 생산을 더욱 지체시켰다. 그리고 여름에 거의 한 달 동안 새로운 백신이 출시되지 못했다.[42]

계속되는 백신 부족 사태로 인해, 레오나 바움가르트너와 올버니의 주 보건국 동료들은 자신들이 고집불통의 힘과 타협할 수 없는 힘 사이에 끼어 있음을 깨달았다. 한쪽에는 자녀들을 위해 신속하고 편리하게 백신에 접근할 수 있도록 요구하는 학부모들이 있었다. 학교 학부모 협회, 시민 단체 및 개별 학부모들은 백신의 불균등한 보급과 특정 연령대의 아동들이 배제된 것에 불만을 제기하고, 적절한 공급을 보장하기 위해 더 강력한 개입을 촉구하는 서한을 정부 관계자들에게 보냈다.[43] 어떤 이들은 모든 어

---

41 Extension of Poliomyelitis Vaccination Assistance Act, Hearing before a Subcommittee of the Committee on Interstate and Foreign Commerce, House of Representatives, Eighty-fourth Congress, Second Session, January 24, 1956 (Washington, D.C.: Government Printing Office, 1956), 4.

42 "Report on Poliomyelitis Vaccine Situation" (typescript, July 15, 1955), NYCDOH, box 141647, folder: Polio July-December.

43 See, e.g., Leona Baumgartner to Ruth Shatz, March 17, 1955; Shirley Lacy (Tompkins Parents Association) to Leona Baumgartner, June 8, 1955; Jessie Futerman (Parents Association of P.S. 28) to Robert F. Wagner, June 15, 1955; New York State Advisory Committee on Polio Vaccine, minutes, May 3, 1955, NYCDOH, box 141647, folder: Polio January-June; and Sylvia LeVine to Leona Baumgartner, November 26, 1956, NYCDOH,

린이가 학교나 지역사회에서 무료로 주사를 맞을 기회를 얻을 때까지 민간 의사에게 백신을 주지 말아야 한다고 주장했다.[44]

반대쪽에는 지불 능력이 있는 부모들의 요구를 충족시키기 위해 백신을 공급받아야 한다고 주장하는 불만에 찬 의사들이 있었다. 완벽한 전문적 자율성을 가지고 운영하는 데 익숙한 의사들은 백신을 얻기 위해 번거로운 행정 절차를 준수하는 부담을 감수했다. 백신이 배포되도록 보장하기 위해 시는 각 의사에게 치료 중인 모든 어린이의 이름, 주소 및 나이를 제출하도록 요청했으며 백신은 그에 맞게 배포되었다.[45] 의사들은 또한 자신이 돌보고 있는 일부 어린이들에게는 백신을 접종할 수 있지만 다른 아이들에게는 접종할 수 없다는 것에 화가 났으며 1955년 가을 바움가르트너의 결정은 '사회주의적'이라고 비난했다.[46] 브루클린 소아과 아카데미는 1956년 1월 이 도시의 학교 백신접종 프로그램에 대해 '의사와 환자의 관계에 정부든 아니든 제3자가 간섭하지 않는다는 미국의 원칙을 위반한 것'이라고 규탄하는 결의안을 채택하고 즉각 중단할 것을 시에 촉구했다.[47] 바움가르트

---

box 141657, folder: Polio July-December.

44   Mildred Hochman to Leona Baumgartner, March 26, 1956, NYCDOH, box 141657, folder: Polio January-June.

45   Leona Baumgartner to Leon Greenspan, April 5, 1956, NYCDOH, box 141657, folder: Polio January-June.

46   New York State Advisory Committee on Polio Vaccine, minutes, September 26, 1955, NYCDOH, box 141647, folder: Polio July-December. On this issue, see also Roscoe P. Kandle to Hollis Ingraham, November 9, 1955, NYCDOH, box 141647, folder: Polio July December; Leon Greenspan to Leona Baumgartner, April 5, 1956, NYCDOH, box 141657, folder: Polio January-June.

47   Brooklyn Academy of Pediatrics, "Resolution re Salk Poliomyelitis Vaccine" (typescript, January 25, 1956), NYCDOH, box 141657, folder: Polio January-June.

너는 이 단체의 회장에게 "가장 취약한 어린이들부터 면역을 얻게 한 후 대중적인 백신접종 프로그램을 추진하는 것은 우리의 목적이 아니라고 계속 말해 왔습니다."라고 편지를 보냈다.[48]

그해 겨울부터 1956년 봄까지 백신을 이용하는 것은 제한적이고 불균등했다. 제조업체들은 주와 도시에 제대로 공지하지도 않고 불규칙한 간격으로 배송을 했다.[49] 이러한 불확실성으로 인해 백신을 홍보하는 사람들은 난처한 입장에 놓였다. NFIP 홍보국장 도로시 두카스(Dorothy Ducas)는 1956년 2월에 "우리가 타이밍을 조심하지 않으면, 대대적인 백신접종이 가능하지도 않은 상황에서 그런 조치가 가능할 수도 있다는 인상을 주게 되어, 우리 재단에 대한 나쁜 태도를 조장할 수도 있다."고 밝혔다.[50] 그러나 곧 대대적인 백신접종이 가능해질 것이었고, NFIP는 전국의 보건 관계자들과 함께 그런 백신접종이 바람직하다는 것을 사람들에게 설득하기 위해 에너지를 쏟을 것이었다.

"소크에게 돌려주지 마라": 백신 판매

1956년 여름까지 백신 생산과 공급이 안정화되었고 대중의 백신접종은

---

48 Leona Baumgartner to Adolph Emerson, February 1, 1956, NYCDOH, box 141657, folder: Polio January-June.

49 Morris Greenberg to Leona Baumgartner, February 23, 1956, NYCDOH, box 141657, folder: Polio January-June.

50 Dorothy Ducas to Members of Vaccine Education Committee, February 2, 1956, MOD, series 3, file: Vaccine Promotion and Education 1956.

평준화되기 시작했다. 수요가 감소하는 것을 보여준 징후로 17개 주가 연방에서 할당받은 백신 일부를 반환했다. 이 중 13개 주는 다른 곳보다 일반적으로 백신접종 프로그램에 대한 대응이 더 부진했던 남부 지역이었다.[51] 연방 자금 지원이 종료된 8월, 백신에 대한 모든 연령 제한이 해제되었고 보건 당국은 이전에 제외되었던 연령대로 관심을 돌렸다. 15세에서 19세의 청소년은 발병률 면에서는 두 번째로 높은 위험군이었지만, 이 백신은 40세 미만의 모든 성인에게까지 권장되었다. 하지만 백신이 널리 보급된 후에도, 이 연령대의 대다수는 단 한 번도 백신접종을 받지 못했다. 놀라울 정도로 짧은 시간 백신이 보급되면서, 백신을 맞지 않은 사람들 사이에서도 소아마비의 위협에 대한 절박함을 떨쳐 버리는 듯했다.

지지부진한 백신의 수용은 적극적인 반대를 반영하지 못했고, 이는 대중의 담론에서 거의 두각을 나타내지 못했다. 일반적으로 백신에 대해 제기된 반체제적인 목소리는 공적 영역에서 과학적 의학의 중요성이 커지고 있다는 의심과 함께 반공 이데올로기를 혼합했다. 혁신주의 시대에 '사회주의적' 의료 계획에 대한 불신이 반정부적인 반감을 부채질했듯이, 미국의 이상적 가치가 전복될 수도 있다는 냉전 시대의 편집증은 대중적 의료 프로그램을 표적으로 삼았다. 백신접종을 반대하는 많은 단체는 널리 알려진 또 다른 과학, 즉 불소화에 대한 싸움에도 적극적이었다.[52] 소크 백신이 등장한 시기는, 전국 도시들이 충치를 예방하기 위해 도시 상수도에 불소를

---

51 "17 States Return Share of Vaccine," New York Times, July 25, 1956, 27.

52 Judd Marmor, Viola W. Bernard, and Perry Ottenberg, "Psychodynamics of Group Opposition to Health Programs," American Journal of Orthopsychiatry 30 (1960): 330-345.

추가하려고 할 때였다. 두 혁신 모두 자유, 자율성 및 신체의 완전성이라는 결정적인 문제를 건드렸고, 이 조치의 반대자들은 둘 다 미국인들을 독살하려는 공산주의 음모라고 공격했다.[53] 1920년대와 1930년대에 가장 적극적인 백신접종 반대 단체 중 하나인 시민의료조회국은 의회에서 상수도 불소화에 반대한다고 증언했다.[54] 조너스 소크가 유대인이었다는 사실(대중에게 이름이 잘 알려진 또 다른 소아마비 연구자인 앨버트 세이빈도 그렇듯이) 때문에 백신접종 반대 진영은 공공연하게 악의에 찬 반유대주의적 주장을 펼칠수 있었다.[55] 한 전단지는 소크 실험에 참여한 과학자들을 "사기성 소아마비 백신으로 수백만 명의 무고한 어린아이의 몸을 아프게 하고 오염시키려고 은밀히 시도하는, '기독교'와 싸우는 '반그리스도'의 세력"이라고 묘사했다.[56] 그러나 그러한 반대는 여전히 주변부에 남아 있었다.

소아마비 백신에 대한 적극적인 반대 대신, 보건 당국은 레오나 바움가르트너가 '전체 상황에 대한 일반적인 무관심'이라고 부르는 것에 맞서야

---

53 On the battles against fluoridation, see Gretchen Ann Reilly, "'Not a So Called Democracy': Anti-Fluoridationists and the Fight Over Drinking Water," in Robert D. Johnston, ed., *The Politics of Healing: Histories of Alternative Medicine in Twentieth-Century North America* (New York: Routledge, 2004); Donald R. McNeil, *The Fight for Fluoridation* (New York: Oxford University Press, 1957); Brian Martin, *Scientific Knowledge in Controversy: The Social Dynamics of the Fluoridation Debate* (Albany: State University of New York Press, 1991).

54 *Fluoridation of Water, Hearings before the Committee on Interstate and Foreign Commerce, House of Representatives, Eighty-third Congress, Second Session* (Washington, D.C.: Government Printing Office, 1954), 239.

55 Flora Rheta Schreiber, "The Fear Campaign against the Polio Vaccine," *Redhook*, April 1956.

56 Polio Prevention Inc., flyer, March 25, 1955, NYCDOH, box 141647, folder: Polio January-June; emphases in original.

했다.[57] 보건국의 홍보 고문은 노인들에게 백신을 접종하는 데에는 '진중하고 집중적인 판매 기술'이 필요하다고 느꼈다.[58] 그러한 판매 기술은 원래 NFIP의 활동 방식이었는데, 1956년 가을 홍보 네트워크를 강화하여 새로운 텔레비전·라디오·인쇄 홍보를 기획했고 주요 기업들의 직원들과 그 가족에게 백신접종을 설득하기 시작했다.[59] 전국의 지부를 통해 배포된 수백만 장의 브로슈어·전단지·포스터에 더해, NFIP는 전국 언론과 깊은 관계를 맺었고 아주 능숙하게 신문과 잡지에 기사를 실었다.

NFIP는 더 야심 찬 '이벤트' 중 하나로, 캔자스주 프로텍션 마을의 40세 미만의 모든 주민(800명)이 이틀에 걸쳐 백신을 접종하도록 주선했는데, 이는 전국 유선 서비스를 통해 보도되었고, 뉴스, 영화, 텔레비전, 라디오 및 인쇄 매체를 통해 알려졌다.[60] NFIP와 뉴욕시 보건국은 1956년 10월 엘비스 프레슬리가 뉴욕을 방문하여 에드 설리번 쇼에 출연했을 때 백신을 접종하는 대중적인 이벤트를 조율했다.[61] 이 재단은 이후 전국의 600개 엘비

---

57 Leona Baumgartner to Albert H. Douglas, October 12, 1956, NYCDOH, box 141657, folder: Polio July-December.

58 Karl Pretshold to Leona Baumgartner, October 3, 1956, NYCDOH, box 141657, folder: Polio July-December.

59 Wilber Crawford to Headquarters List #1, September 28, 1956, MOD, series 3, file: Vaccine Promotion and Education.

60 Vaccine Education Committee Meeting minutes, May 2, 1957, MOD, series 3, file: Vaccine Promotions and Education 1957.

61 "Elvis Shielded from Mob of Teeners on Broadway," New York Tribune, October 29, 1956; "Presley Receives a City Polio Shot," New York Times, October 29, 1956. The idea for vaccinating Presley had originated within the NFIP's public relations department in the summer of 1956 as part of its response to the sluggish demand for the vaccine. See Dorothy Ducas to Raymond H. Barrows, August 28, 1956, MOD, series 3, file: Vaccine Promotion and Education.

스 프레슬리 팬클럽에 연락하여 이 행사를 활용했고, 모든 회원이 백신을 접종한 클럽에게는 이 슈퍼스타의 백신접종 사진을 제공했다. 전국 수십 개의 클럽이 이에 응답했다.[62] 재단 회장인 바실 오코너(Basil O'Connor)는 3개 뉴스 서비스의 책임자들을 만나 백신접종의 필요성에 대한 지속적인 보도의 중요성을 강조했다.[63] 그러나 백신 뉴스는 실험 초기부터 전국 언론 매체의 보도에서 포화 상태에 이르렀고, 편집자·작가·텔레비전 제작자들이 점점 더 흥미를 갖기 어려워졌다.[64]

엘비스의 묘기가 보여주었듯이, 10대들에게 다가가는 것이 NFIP의 중요한 관심사였다. 1957년, NFIP는 뉴욕시에서 열리는 3일간의 컨퍼런스에 전국 10대 청소년 약 50명을 초대하여, 10대들이 또래에게 다가가는 데 어떤 방법이 가장 효과적인지 배우기 위해 그룹 토론을 열었다. 10대들은 '소크홉(sock hop, 10대를 위한 댄스 이벤트)'과 같은 청소년 중심의 행사를 개최할 것, 그리고 홍보물에 10대의 은어를 사용할 것을 제안했다. 뉴스에 따르면 젊은이들은 특히 피닉스나 애리조나에서 사용된 슬로건, "소크를 주저하지 마십시오. 소매를 걷어 올려요, 스티브. 그게 최선입니다."와 같은 슬로건을 좋아했다. 그러나 참가자들은 일반적으로 10대들이 스스로 결정을 내리지 않으며, 백신접종을 받는 주된 이유는 부모가 요구하기 때문이라는 점

---

62 Ruth Migdal to Leona Baumgartner, February 8, 1957, NYCDOH, box 141667, folder: Poliomyelitis.

63 Dorothy Ducas to regional public relations representatives, March rr, 1957, MOD, series 3, file: Vaccine Promotion and Education 1957.

64 See, e.g., Leona Baumgartner to Frank LaGattuta, Ocwber 5, 1956, NYCDOH, box 141657, folder: Polio July-December. Baumgartner believed the disease was "a dead subject" as far as the major newspapers were concerned.

을 인정했다.[65]

보건 관계자들은 홍보를 강화함과 동시에 지역사회에서 백신을 사용할 수 있도록 노력을 기울였다. 하지만 이 전략은 사람들이 민간 의사의 진료실 밖에서 주사 맞는 것을 반대하는 의료계와의 긴장을 고조시켰다. 1956년, 뉴욕 동부의 중산층 주택단지인 불바르 하우스(Boulevard House)의 입주자 모임 한 곳이 현장 백신접종 클리닉을 주선했다. 이 모임은 시간을 할애하기로 한 지역 의사 두 명의 도움을 확보했다. 입주자들은 백신접종 비용으로 2달러를 지불해야 했다. 브루클린 의사협회는 그 계획을 알아차리자, 그 의사 두 명에게 그 일을 맡지 말라고 명령했고, 이 계획이 제3자의 권유에 대한 윤리적 규정을 위반했다고 비난했다. 일부 입주자들이 의사에게 관례적인 진료비를 지불할 수 있었기 때문에, 의료계는 입주자 모임의 계획이 비윤리적인 경쟁이라고 주장했다.[66] 따라서, 의사협회는 의사들에게 정기적인 근무시간 동안 최소 평균 진료비를 받고 백신을 제공하라고 요청했다.[67] 이 클리닉은 결국 보건 당국이 해당 의사협회와 입주자 모임 간의 합의를 중재한 몇 달 후에야 열렸다.[68]

이 에피소드에서 알 수 있듯이, 백신 사용을 지연시키는 원인이 되는 재

65 "National Foundation Report of Youth Conference on Polio Vaccination" (typescript, August 28, 1957), MOD, series 3, file: Youth Conference on Polio Vaccination 1957.

66 "Medical Group's Protests Stop Polio Shot Project in Brooklyn," *New York Times,* September 12, 1956, 39; "Salk 'Clinics' Dropped," *ibid.*, September 19, 1956, 39.

67 Aaron Kottler to "Dear Doctor," September 13, 1956, NYCDOH, box 1657, folder: Polio July-December.

68 Karl Pretshold to Leona Baumgartner, January 18, 1957, NYCDOH, box 141657, folder: Polio July-December.

정적인 장벽은 복잡한 상황을 초래했다. 민간 의사의 진료비는 주사당 평균 3~5달러였지만, 보건 당국은 의사들이 더 높은 진료비를 부과한다는 부모들의 불만을 많이 받았다.[69] 1929년 디프테리아 백신접종에 반대하는 캠페인 과정에서 보여준 협력 정신을 떠올린 5개 카운티 의사협회는, 바움가르트너의 요청에 따라, 1956년 말 백신 비용을 포함하여 주사당 3달러에 백신을 제공하도록 회원들에게 촉구하는 계획에 합의했다.[70] 이 협회들은 또한 관심 있는 의사들이 현장에 나가 산업 단체, 노동조합, 입주자 단체 등을 대상으로 백신접종을 할 수 있도록 주선했다.[71]

공중보건과 조직적인 의료계 사이의 긴장도 전국적인 차원에서 발생했다. 1957년 1월, 전국소아마비재단(NFIP)과 미국의사협회(AMA) 지도부는 백신 사용을 촉진하기 위해 홍보 활동 협력을 논의하려고 만났다. NFIP는 AMA가 이 계획에 대해 미온적인 반응을 보이면서 전력을 다하지 않는 모습에 실망했다. "'사회화된 의학' 때문에 NFIP나 연방 기금으로 백신을 구매하는 것은 AMA가 받아들일 수 없었다."면서 "전체 모임에서는 백신접종을 위해 진료소를 이용하는 것을 사실상 배제하지 않았지만, '사회화된 의학'이라는 똑같은 이유로 회의 전 대화에서는 백신접종을 배제했다."고 NFIP 직원은 회의 후에 적었다.[72] 1958년 초 NFIP는 AMA가 특별한 날과 시간에

---

69 Michael Antell to Roscoe P. Kandle, November 14, 1956, NYCDOH, box 141657, folder: Polio July-December.

70 "Dear Doctor" letter, December 5, 1956, NYCDOH, box 141657, folder: Polio July-December.

71 Abe A. Brown to Public Health Educators, December 10, 1956, NYCDOH, box 141657, folder: Polio July-December.

72 Vaccine Education Committee Meeting, minutes, February 6, 1957, MOD, series 3, file:

지역사회에서 저렴한 비용으로 백신접종을 받을 수 있는 '달러 클리닉'을 후원하도록 설득했다.[73] AMA의 발표는 어려운 시기에 AMA의 이미지를 빛나게 하는 데 도움이 되었다. AMA는 전국의 의사들 수입에 엄청난 영향을 미칠 수 있는, 노인들을 위한 연방 건강보험 계획에 영향력을 행사하는 데 몰두했다.[74] AMA는 지역의사협회에 '달러 클리닉'을 요청할 때, 과거 지역 진료소가 실제로 의사 수익을 늘렸다는 점을 지적하면서 이 '달러 클리닉'이 회원들에게 도움이 될 것이라고 호소했다.[75]

이 기간 내내, 백신 홍보에 참여한 많은 조직과 개인들은 어떤 인구 집단이 목표가 되어야 하고 어떤 접근법이 가장 효과적인지에 대해 의견이 엇갈렸다. 일부는 NFIP가 두려움에 기초한 접근법을 사용한다며 비판했다. 한 광고는 "그래서 당신은 쉽게 겁을 내지 않나요?"라는 자막과 함께 휠체어를 탄 한 젊은 남자를 등장시켰다. 또 다른 광고에서는, '철의 허파(Iron lung)' 인공호흡기를 사용하는 한 남자가 "아빠 빼고 다들 백신을 맞았습니다."라는 태그 라인과 함께 등장했다. 이러한 광고를 비판하는 사람들은 젊은 성인 특히 젊은 남성들이었는데 그들은 그러한 경고를 가볍게 무시했다.[76] 일부 주 보건 책임자들은 나이가 많은 집단들에 너무 집중하고 있다

Vaccine Promotion and Education 1957.

73 George P. Voss to state representatives,January 13, 1958, MOD, series 3, file: Vaccine Promotion and Education 1958.

74 Sundquist, Politics and Policy, 1968.

75 American Medical Association, Polio Inoculation Clinic (brochure, n.d. [1958]), NYCDOH, box 141677, folder: Poliomyelitis.

76 Summary of Discussion, Second Meeting of the Governor's Committee to End Polio by Vaccination, June 26, 1958, NYCDOH, box 141677, folder: Poliomyelitis.

면서, 이 캠페인이 미취학 아동들과 청소년의 면역을 목표로 해야 한다고 주장했다. 다른 사람들은 성인에게서 질병의 심각성이 더 크기 때문에 이렇게 초점을 맞추는 것이 옳다고 주장했는데, 청소년보다 성인의 질병 사망률이 약 4배 높으며, 질병에 걸린 노인들은 심각한 마비를 겪을 가능성이 훨씬 높다고 생각했다.[77]

홍보 효과를 높이고 그들의 호소가 최고의 경험적 증거를 통해 전달되도록 하기 위해, NFIP는 점차 대중의 태도를 측정하는 방법으로 여론 조사를 활용했다. 1956년 가을, NFIP 직원들은 백신접종 실패를 분석하기 위해 전국적인 조사가 가능한지 논의했다. NFIP의 기획 책임자였던 사회학자 멜빈 글래서는 이 분석을 위해 미국 여론 연구소(조지 갤럽이 운영하는 여론조사 기관)와 컬럼비아 대학 응용사회 연구국에 도움을 요청했다.

그 조사를 통해 백신에 대한 적극적인 저항은 거의 없었지만, "사람들을 클리닉이나 민간 의사의 진료소로 향하게 할 수 있는 확실하고 긍정적인 영향력이 부족했다."는 사실을 발견했다.[78] "소아마비를 극복했다."는 믿음은 널리 퍼져 있었다. 많은 사람들은 어른이나 청소년이 이 백신을 맞을 필요가 없다고 믿고 있었는데, 그 이유는 이 질병의 원래 이름이 '소아마비(Infantile Paralysis)'였다는 점 그리고 지난 20년 동안 절름발이 아이가 NFIP의 홍보전략의 주인공이었기에 소아마비가 어린아이의 질병이라고 생각

---

77 "Summary of Question and Answer Session with the Honorable Arthur S. Flemming, Secretary, Department of Health, Education and Welfare" (typescript, n.d. [1958]), ASTHO Archives, box 8, folder: Proceedings, 1958 Annual Conference, Surgeon General, Children's Bureau, State and Territorial Health Officers.

78 Melvin A. Glasser, "A Study of the Public's Acceptance of the Salk Vaccine Program," *American Journal of Public Health* 48 (1958): 141-146.

했기 때문이다. 주치의의 권유는 가족의 의사 결정에 중요한 역할을 했다. 커터 연구소 사건은 대중의 인식에 지속적인 영향을 미치지 않는 것으로 보였는데, 백신의 안전성에 대한 의구심은 백신접종을 하지 않기로 결정하는 주요 요인이 아니었던 것이다. 개인적인 민감성에 대한 인식의 결여와 질병의 위험성은 중요했다. 하지만 이 조사에서는 심리적인 요인보다는 재정적인 요인이 더 중요하다는 것을 밝혀냈다. 어떤 신념이나 행동보다도 낮은 소득이 백신접종 실패를 가장 잘 대변한 것이었다.

『미국공중보건저널』은 1958년 NFIP 조사 결과를 설명하는 기사를 실으면서 '백신접종 상황'을 조사하는 학술 연구에 합류했다. 전국의 각 현장에서 백신을 맞은 자녀를 둔 부모의 특성을 분석하는 연구를 필두로,[79] 소아마비 백신접종은 이후 10년 동안 사회과학 연구자들의 지속적인 관심을 끌었다.[80] 이러한 관심은 학술 센터와 상업 여론조사 기관을 통해 전후 수십

---

79 John A. Clausen, M. A. Seidenfeld, and Leila Calhoun Deasy, "Parent Attitudes toward Participation of Their Children in Polio Vaccine Trials," *American Journal of Public Health* 44 (1954): 1526-1536; Leila Calhoun Deasy, "Socio-economic Status and Participation in the Poliomyelitis Vaccine Trial," *American Sociological Review* 21 (1956): 185-191.

80 John C. Belcher, "Acceptance of the Salk Polio Vaccine," *Rural Sociology* 23 (1958): 158-170; Malcolm H. Merrill, Arthur C. Hollister, Stephen F. Gibbs, et al., "Attitudes of Californians toward Poliomyelitis Vaccination," *American Journal of Public Health* 48 (1958): 146-152; David L. Sills and Rafael E. Gill, "Young Adults' Use of the Salk Vaccine," *Social Problems* 6 (1958-59): 246-252; Warren Winklestein Jr. and Saxon Graham, "Factors in -Participation in the 1954 Poliomyelitis Vaccine Field Trials, Erie County, New York," *American Journal of Public Health* 49 (1959): 1454-1466; Irwin M. Rosenstock, Mayhew Derryberry, and Barbara K. Carriger, "Why People Fail to Seek Poliomyelitis Vaccination," *Public Health Reports* 74 (1959): 98-103; Walter E. Boek, Lewis E. Patrie, and Violet M. Huntley, "Poliomyelitis Vaccine Injection Levels and Sources," *New York State Journal of Medicine* 59 (1959): 1783-1785; Francis A. Ianni,

년간 사회학자들과 심리학자들의 조사 연구를 급성장하게 이끌었다. 이 분야의 성장은 미국 사회의 다양한 측면, 소비자의 행동, 그리고 시사와 정치에 대한 태도를 분석, 기술, 그리고 정량화하는 연구로 확산되었다.[81]

소아마비에 대한 사회과학 연구로 인해, 백신을 맞지 않는 사람들에 대해 조각조각 덧붙여진 이미지가 만들어졌다. 어떤 연구에서는 소아마비에 대한 민감성, 소아마비가 어린이보다 성인에게서 덜 심각하다는 잘못된 믿음과 같은 심리적 요인을 강조했다. 다른 연구에서는 백신을 접종한 사람들이 교회나 교사-학부모 모임, 또는 친구모임에서 백신에 대해 대화했을 가능성이 훨씬 더 높다는 사실처럼 사회학적 설명을 중시했다. 이런 문헌에서 확인된 모든 상관관계 중에서, 백신접종 프로그램을 관리하는 사람

Robert M. Albrecht, Walter E. Boek, et al., "Age, Social, and Demographic Factors in Acceptance of Polio Vaccination," *Public Health Reports* 75 (1960): 545-556; Monroe G. Sirkin and Berthold Brenner, *Population Characteristics and Participation in the Poliomyelitis Vaccination Program, Public Health Monograph No. 61* (Washington, D.C.: Government Printing Office, 1960); Constantine A. Yeracaris, "The Acceptance of Polio Vaccine: An Hypothesis," *American Catholic Sociological Review* 224 (1961): 299-305; id., "Social Factors Associated with the Acceptance of Medical Innovations: A Pilot Study," *Journal of Health and Human Behavior* 3 (1962): 193-198; Albert L. Johnson, C. David Jenkins, Ralph Patrick, et al., *Epidemiology of Polio Vaccine Acceptance: A Social and Psychological Analysis, Florida State Board of Health Monograph No. 3* (Jacksonville, Fla.: Florida State Board of Health, 1962); Robert E. Serfling and Ida L. Sherman, "Survey Evaluation of Three Poliomyelitis Immunization Campaigns," *Public Health Reports* 78 (1963): 413-418; Carol N. D'Onofrio, *Reaching Our "Hard to Reach" - The Unvaccinated* (Berkeley: California Department of Health Services, 1966).

81 On the growth in survey research during this period, see, inter alia, Jean M. Converse, *Survey Research in the United States: Roots and Emergence 1890-1960* (Berkeley: University of California Press, 1987); Seymour Sudman and Norman M. Bradburn, "The Organizational Growth of Public Opinion Research in the United States," *Public Opinion Quarterly* 51 (1987): S67-S78; and William H. Sewell, "Some Reflections on the Golden Age of Interdisciplinary Social Psychology," *Social Psychology Quarterly* 52 (1989): 88-97.

들의 담론과 관행 모두에 가장 중요한 영향을 미친 것은 사회경제적 지위 (SES, socioeconomic status)였다. 가족의 소득, 교육 수준, 직업, 또는 이 세 가지의 합성어인 SES(혹은 이를 대신할 '계급'이라는 용어)를 포함하는 수치가 백신접종 프로그램의 주요한 관심사가 되었다.

사회적 기울기의 (재)발견

소아마비의 전국적인 발병률은 백신이 허가된 후 꾸준히 감소했다. 1954년 약 38,000건이었던 발병 건수는 1955년 약 29,000건, 1956년 약 15,000건으로 줄어들었다. 소아마비의 연간 발병률은 수년에 걸쳐 크게 변동했고, 시험기를 거친 이후 백신의 사용은 보편적이지 않았기 때문에 일부 전문가들은 이러한 추세를 백신접종 덕분이라고 판단하는 것을 경계했다. 그러나 1957년에 발병 건수가 5,500건으로 최저치로 떨어졌을 때, 백신 때문이라는 것에 대해서는 아무도 의심하지 않았다.[82] 그러나 하강 추세는 계속되지 않았다. 발병 건수는 1958년과 1959년에 증가했고, 새로운 역학적 양상이 기존과 확연히 다른 모습으로 나타났다.

새로운 패턴의 전조 현상은 1956년 여름에 나타났고, 특히 심각한 전염병이 시카고를 강타했을 때, 발병의 몇 가지 특징이 아주 독특했다. 학령기 어린이가 아닌 유아들에게서 가장 발병률이 높았으며, 도시 전체로 퍼지기

---

82 "Surveillance of Poliomyelitis in the United States, 1958-61," *Public Health Reports* 77 (1962): 1011-1020.

보다는 서쪽과 남쪽의 소수의 아프리카계 미국인 인구 지역에 크게 집중되었다. 비백인의 질병 비율은 백인에 비해 7배 높았으며, 이전에는 소아마비가 도시의 모든 사회경제 집단에서 상당히 고르게 발병했지만, 이제는 도시에 집중되어 있었다. 질병통제예방센터 전염병정보국이 수집한 자료를 보면, 소아마비 발병률과 가족 소득, 가장의 교육 수준과 직업 수준 사이에 뚜렷한 반비례 관계가 드러났다.[83]

1958년에는 전국적으로 약 6,000명의 환자가 발생했는데, 가장 심한 발병은 최악의 주거환경에서 가난한 이들이 빽빽이 모여 사는 도시 중심 지역에 집중되었다. 가장 심각한 발병은 디트로이트에서 발생했으며 뉴어크, 저지시티, 베이온을 포함한 뉴저지 북부의 여러 도시와, 버지니아와 웨스트버지니아 경계에 있는 29개 카운티의 산악 지역도 심각한 영향을 받았다.[84] 뉴욕시는 가장 어려운 지역에 속하지는 않았지만 예상보다 높은 발병 건수가 많았으며 푸에르토리코 어린이들에게 거의 집중되었다.[85] 1959년에는 상황이 더 심각했는데, 전년도에 비해 발병 건수가 50% 가까이 증가했다. 심각한 마비를 초래한 발병 사례가 증가했는데, 1957년 수치의 두 배 이상이었다. 볼티모어와 프로비던스의 도시 게토가 진원지였고, 혼잡한 빈민가의 상황도 좋지 않았으며, 공공 주택 개발이 타격을 입었다. 반면 주변

---

83 Neal Nathanson, Lauri D. Thrup, Wm. Jackson Hall, et al., "Epidemic Poliomyelitis during 1956 in Chicago and Cook County, Illinois," *American Journal of Hygiene* 70 (1959): 107-168.

84 Alexander D. Langmuir, "Progress in Conquest of Paralytic Poliomyelitis," *Journal of the American Medical Association* 171 (1959): 271-273.

85 Roscoe P. Kandle to Barry L. McCarthy, February 3, 1959, NYCDOH, box 141690, folder: Poliomyelitis.

교외 지역은 질병으로부터 자유로웠다.

전국적인 백신접종 노력이 부분적으로 성공하면서 질병의 역학이 바뀌었다. 이전에는 1학년과 2학년 학생들에게 가장 자주 발병했지만, 이제는 1세와 2세 어린이들 발병률이 높아졌다. 모든 사회계층에 퍼져 있기보다는 가난한 사람들 사이에 집중되었고, 백인보다는 비백인들에게 타격이 컸다. 무엇보다도, 이 질병은 면역률이 가장 낮은 사람들에게만 국한되었다. 1961년 질병통제예방센터 관계자는 '소아마비의 패턴은 백신을 접종하지 않은 사람들의 패턴'이라고 지적했다.[86]

보건 공무원이 전염병을 면밀히 추적하여 전염병과 백신접종 현황의 상관관계를 밝혀낸 것은 주로 질병통제예방센터의 감시 활동이 증가했기 때문이었다. 1958년 질병통제예방센터 전염병정보국은 125개 도시에서 백신접종에 대한 정기적인 감시를 시작했는데, 각 도시 블록 내 거주자 비율을 조사하는 샘플링 방법을 사용했다. 블록은 인구조사 데이터를 기반으로 4개의 사회경제적 계층으로 분류되었다.[87] 과거에는 백신 허용률의 지역적 차이를 대략적으로만 파악할 수 있었고 가난한 지역에서는 에피소드 중심의 보고서를 기반으로 하는 경우가 많았는데, 새로운 표본 추출 시스템을 통해 공중보건 공무원들은 어디에서 사례가 발생하고 있으며, 누가 보호를 받지 않고 남아 있는지를 좀 더 정확하게 확인할 수 있었다. 사회과학자들

---

86   E. Russell Alexander, "The Extent of the Poliomyelitis Problem," *Journal of the American Medical Association* 175 (1961): 837-840.

87   Robert E. Serfling, R. G. Cornell, and Ida L. Sherman, "The CDC Quota Sampling Technic with Results of 1959 Poliomyelitis Vaccination Surveys," *American Journal of Public Health* 50 (1960): 1847-1857.

이 백신접종 상태의 상관관계를 파악하기 위해 설문 조사를 하는 일이 급증함에 따라, 질병통제예방센터의 광범위한 감시 활동은 축소되었다. 이 두 가지 형태의 조사는 모두 백신을 접종하지 않은 사람들에 대해 분석했다.

물론, 다양한 계층, 인종, 경제적 배경을 가진 사람들이 백신접종을 차등적으로 수용하는 것은 새로운 것이 아니었다. 19세기의 보건 당국자들은 이민자와 가난한 사람들의 무능함을 불평해 왔고, 1930년대 백신접종 현황에 대한 최초의 전국 조사에서는 소득선에 따른 기울기를 발견했다.[88] 하지만 이 조사 결과는 미국에서 상대적으로 경제적 번영과 문화적 동질성이 존재하던 1950년대에 특히 큰 반향을 불러일으켰다. 백신을 맞지 않은 사람들의 '발견'은 빈곤에 대한 새로운 우려를 동시에 낳았는데, 이는 1950년대 정치적인 문제로 다시 등장했고, 이 두 문제에 대한 담론들은 놀랄 만치 평행선을 달렸다.[89] 경제학자 존 케네스 갤브레이스(John Kenneth Galbraith)는 1958년에 『부유한 사회』에서, 부유한 나라에 빈곤의 섬들이 있다고 지적했다.[90] 공중보건 및 의학 저널들은 소크 백신을 맞지 않은 사람들을, 백신을 맞지 않은 사람들의 '섬들' 또는 '포켓들'이라고 표현했다. 그들은 건강 메시지에 응답할 가능성이 가장 낮은 '강경파(하드코어)' 집단이었다. 그들

88   Selwyn D. Collins, "Frequency of Immunizing and Related Procedures in Nine Thousand Surveyed Families in Eighteen States," *Milbank Memorial Fund Quarterly* 15, no. 2 (1937): 150-172.

89   Carl M. Brauer, "Kennedy, Johnson, and the War on Poverty," *Journal of American History* 69 (1982): 98-119.

90   John Kenneth Galbraith, *The Affluent Society* (Boston: Houghton Mifflin, 1958). See pp. 325-327 for Galbraith's discussion of "insular" poverty-entire communities in which "everyone or nearly everyone is poor"- as distinct from "case poverty," an individual or family that is poor because of some misfortune or personal shortcoming.

은 '접근하기 어려운 사람들'이었다. 풍요로운 사회에서 빈곤이라는 것이 설명을 필요로 하는 변칙적인 현상이었던 것처럼, 예방책이 마련되어 있음에도 불구하고 소아마비로부터 자신과 가족을 보호하지 못하는 것도 마찬가지였다. 두 현상 모두 미국 주류 사회 및 그것이 제공해야 하는 물질적 재화로부터의 단절을 의미했다.

지역 및 국가적으로 홍보를 계획하는 사람들은 백신접종 가능성이 가장 낮은 그룹에 더 잘 호소해야 한다는 데 동의했지만, 이를 달성할 수 있는 최선의 방법에 대해서는 의견이 일치되지 않았다. 예를 들어, 일부 연구는 친구 및 이웃과의 대면 접촉이 백신접종을 결정하는 가장 중요한 요인이라고 주장한 반면, 다른 연구는 그렇지 않다고 지적했다. 레오나 바움가르트너의 조수는 "증거에 따르면, '교육적 접근'과 신문, 팸플릿, 표지판 및 텔레비전에 대한 과도한 의존이 이런 사람들에게 다다르지 못한다는 것을 알 수 있다."고 주장했다.[91] 비록 대부분의 관계자들이 각각의 인종을 대변하는 언론을 통해 의사소통해야 할 필요성을 강조했지만, 피츠버그에 있는 아주 배타적인 아프리카계 미국인 지역에서 진행된 설문 조사에 따르면, 일간 《메트로폴리탄 신문》이 아프리카계 미국인 주간지보다 백신접종 프로그램에 대한 더 중요한 정보원이 되었음을 보여주었다.[92]

인종(흑인과 백인)에 대한 이분법적 개념화가 '백신을 접종하지 않은 하드코어' 담론의 중심이었지만, 특히 푸에르토리코인들과 같은 민족 소집단

---

91 Roscoe Kandle to Leona Baumgartner, December 8, 1958, NYCDOH, box 141677, folder: Poliomyelitis. Emphasis in original.

92 S. M. Wishik to Leona Baumgartner, April 5, 1961, NYCDOH, box 141907, folder: Poliomyelitis.

에 대한 우려도 있었다. '민족 집단'이라고 명명한 사람들에게 동기를 부여하는 방법을 배우기 위해, NFIP는 뉴욕시의 다양한 민족 공동체의 지도자들을 인터뷰했다. NFIP 인터뷰 진행자들은 그룹마다 상당한 다양성이 있지만 이를 일반화할 수 있다고 생각했다. 인터뷰 진행자 중 한 사람은 "많은 민족(인종) 소수자들은 병원과 의사들과 관련된 어떤 것이든 정말로 두려워합니다."라고 언급했다. "예를 들어, 스페인어를 사용하는 뉴욕의 이탈리아 집단 사이에는, 도시의 병원에 가면, '약간의 검은 알약으로 당신을 고통에서 벗어나게 해 준다.'는 믿음이 널리 퍼져 있습니다. 의사들은 최후의 수단으로만 간주됩니다. 분명히, 높은 수준의 백신 재료로 이들에게 접근하는 것은 시간 낭비입니다."라고 주장했다.[93] 그러한 문화적 장벽을 극복하기 위해, NFIP는 민족 언론, 친목회, 정착촌을 활용하여 이 단체들에게 다가가는 계획을 고려했다.

일부 도시와 주에서는 사람들을 보호하도록 요구하는 법 제정을 고려했지만 대부분 거부되었다. 1959년 한 시민 단체는 레오나 바움가르트너에게 뉴욕시에서 소아마비 백신접종을 의무화할 것을 촉구했다.[94] 바움가르트너 휘하의 한 국장은 다음과 같이 주장하는 답변서 초안을 작성했다. "만약 사람들이 소아마비 백신접종을 하지 않더라도 다른 사람들의 건강이나 생명을 심각하게 위협하지 않는다면, 그들의 건강을 위해서라도 무언가를 하도록 강요하는 것이 옳은지 의심스럽습니다. 우리는 이 도시에서 지속적인

93   Al Burns to Dorothy Ducas, December 20, 1957, MOD, series 3, file: Vaccine Promotion and Education 1957.

94   Harold R. Moskovit to Leona Baumgartner, March 24, 1959, NYCDOH, box 141690, folder: Poliomyelitis.

보건교육이 강박만큼 효과적인 도구가 될 수 있다는 것을 증명했습니다."[95] 답변서 초안을 검토하면서, 바움가르트너는 여백에 "불소화?"라고 적었는데, 불소화는 도시의 상수도에 불소를 첨가하려는 한 보건 당국의 시도였는데, 종종 지역사회의 격렬한 반대에 직면하여 오랫동안 실패해 온 투쟁을 일컫는 말이었다.[96] 불소화는 사실 사람들에게 자신을 위해 당국의 건강 개입을 받아들이도록 강요하는 것이 옳다고 여기는 상황의 한 가지 사례였다. 발송된 답변서에는 결국 강제적 수단에 대한 국장의 논평은 삭제되었다.[97] 그러한 법은 제정되지 않았고, 이 시기의 대부분 도시와 주들은 계속 자발적인 방식에 의존했다.

사람들을 끌어들이기 위해 뉴욕시는 강제적인 방법 대신, 어린이 건강 진료소 네트워크와 전통적인 원조 및 홍보 방법에 의존했는데, 이는 20년 전부터 디프테리아를 퇴치하기 위해 해 온 방식이었다. 뉴욕시는 할렘의 학생 수십 명을 모집하여, "지금 당장 소아마비 예방주사를 무료로 맞으세요."라고 촉구하는 샌드위치 판을 착용하고 거리를 행진하게 했다.[98] 뉴욕시는 또한 할렘의 아프리카계 미국인 교회에서 주일학교 수업을 받는 어린

---

95 Leona Baumgartner to Harold R. Moskovit, March 31, 1959 (draft), NYCDOH, box 141690, folder: Poliomyelitis.

96 The Board of Health first urged fluoridation of the city's water supply in 1954, with Baumgartner as one of the proposal's leading proponents, but after years of often vociferous public protest, the effort remained stalled. Fluoride was not added to the city's water until 1965.

97 Leona Baumgartner to Harold R. Moskovit, April 6, 1959, NYCDOH, box 141690, folder: Poliomyelitis.

98 William A. Allen and Michael J. Burke, "Poliomyelitis Immunization House to House," *Public Health Reports* 75 (1960): 245-250.

아이에게 주사를 놓는 프로그램을 시작했다. 사진 촬영 기회를 포착한 뉴욕시 홍보 담당 변호사의 권유로, 바움가르트너는 프로그램이 시작할 때 참석하여, "일요일에 가장 잘 어울리는 옷을 입고" 교회를 가는 아이들에게 첫 주사를 놓았다.[99] (사진과 함께 이 행사 소식은 다음 날 아침《타임스》지에 실렸다.)[100] 뉴욕시는 민방위부에서 빌린 특수 장비를 갖춘 버스 두 대를 저소득층 지역에 배치했다.[101] 이와 같은 노력이 수년에 걸쳐 그 도시에 도움이 되었지만, 그들은 새로운 도전에 직면했다. 한 보건교육자는 때때로 발생하는 어려움에 대해 다음과 같이 설명했다

> 무더운 여름밤에 붐비고 혼잡한 브루클린 지역의 '출격선에' 있기 위해서는 극복해야 할 많은 문제가 있습니다. 때때로 소아마비 버스 주변에 통제하기 어려운 사람들이 모여듭니다. 한때는 10대들이 제멋대로 행동해서 경찰이 출동하기도 했습니다. 소아마비 버스 주변에 몰려드는 많은 주민은 단지 호기심으로 그곳에 있습니다. 비록 보건교육자들이 소아마비 예방주사를 맞도록 그들을 설득하기 위해 온갖 노력을 기울이지만, 거부당하는 일은 비일비재합니다. 백신을 맞으라는 호소에 대해 "우리는 소아마비 주사를 맞았다"라는 것이 정해진 대답입니다.[102]

---

99   Karl Presthold to Leona Baumgartner, June 1, 1960, NYCDOH, box 141703, folder: Poliomyelitis.

100   "City Health Head Gives Polio Shots in Sunday School," *New York Times*, June 6, 1960, 33.

101   Leona Baumgartner to Robert E. Condon, August 2r, r959, NYCDOH, box 141690, folder: Poliomyelitis.

102   Simon Podair to Abe A. Brown, July 5, 1961, NYCDOH, box 141907, folder:

1958년 말 공중보건국장 르로이 버니(Leroy Burney)가 소크 백신 사용을 늘릴 방법을 논의하기 위해 주요 의사단체 및 공중보건 단체와 특별회의를 소집했을 즈음에는, 보편적인 대중들보다는 특별한 대상을 목적으로 한 백신접종 장려운동의 변화가 상징적으로 드러났다. 버니는 "지금까지의 프로그램은 주로 일반 대중을 대상으로 했습니다."라고 말했다. "게다가 우리는 목표를 정확히 파악하고, 각 지역사회에서 어떤 인구 집단에 다다르지 못했는지 가능한 한 정확하게 찾아서, 그들의 특별한 요구를 충족시키기 위한 프로그램을 고안해야 합니다."라고 그는 주장했다.[103]

두 개의 전국적인 프로그램에는 새로운 관점이 반영되었다. 1959년 국립소아마비재단(NFIP)은 지역 지부들이 특정 도시의 저소득층 거주 지역에 진료소를 설치하고 백신을 구입할 수 있도록 기금을 설립했다. 지역 지부들을 위한 프로그램 발표 내용에 따르면, 백신을 접종하지 않은 사람들은 '교육을 제대로 받지 못했거나 가난한 사람들, 그리고 우리 사회에서 가장 건강에 신경을 쓰지 않는 사람들'이었고, "그들은 말 그대로 백신 진료소를 그들의 집 앞으로 가져다 놓아야만 다다를 수 있습니다. 그들은 백신접종이라는 거대한 그림 중 소아마비를 없애기 위해 제거되어야만 하는 '약점(soft-spot)'을 뜻합니다."[104] 인구가 40만 명에서 100만 명 사이인 35개 도시 104개 지역 지부들은 진료소 설치에 대해 지역 보건 당국의 승인을 받으면 기금을 받을 수 있었다. 하지만 그러한 지역 보건 당국의 협력을 구하는 데

Poliomyelitis.

103 Leroy E. Burney, "Poliomyelitis Vaccination," *Public Health Reports* 74 (1959): 95-96; 96.

104 Thomas M. Rivers to selected chapters, April 24, 1959, MOD, series 3, file: Vaccine Prevention and Education 1959.

겪었던 어려움처럼 진료소를 설립하는 데에는 수많은 난관이 있었다. 이를 반영하듯 자격조건이 충분했던 35개 도시 중 6개만이 기금을 신청하여 그 해 여름에 혜택을 받았고, NFIP는 배정받은 50만 달러의 5분의 1도 안 되는 비용만 지출했다.[105]

1956년에는 사회경제적 지위가 낮은 사람들에게 초점을 맞춘 '아기들과 생계유지자들'이라는 전국적 캠페인이 주를 이뤘다. 공중보건국장이 소집한 자문그룹 소아마비통제위원회의 후원을 받은 이 홍보 캠페인은 10년 이상 NFIP의 홍보 활동을 이끌었던 도로시 두카스가 고안했다. '아기들과 생계유지자들'은 이런 캠페인이 가장 필요한 집단으로 판단되었다. 소아마비 발병률은 이제 학령기의 청소년들보다 유아들에게서 가장 높았으며, 가족의 주수입원에게 이 질병이 발병하면 파괴적인 결과를 초래할 수 있고, 남성들은 여성들보다 백신접종 가능성이 훨씬 낮았다. 그러나 이러한 연령대를 넘어, 캠페인 지침서에 명시적으로 언급되어 있지만 캠페인 자체에서는 그런 명칭이 등장하지 않았던 또 다른 관심 대상이 있었는데, 바로 가난한 사람들이었다. 이 캠페인의 계획 책자에 따르면, 이 프로그램은 '가난한 사회경제적 집단들을 그런 이름으로 부르지 않는 방식으로 참여시키고자' 했다.[106] 이 집단에 속한 사람은 일반적으로 주치의가 없고 공무원들을 신뢰

---

105   The cities were Indianapolis, Indiana; Louisville, Kentucky; Minneapolis, Minnesota; St. Louis, Missouri; Kansas City, Missouri; and Oklahoma City, Oklahoma. Gabriel Stickle to Hubert E. White, July 27, 1959, MOD, series 3, file: Vaccine Promotion and Education 1959. On the progress of the "soft spots" program, see also memos dated June 15 and June 29 in the same folder.

106   Surgeon General's Committee on Poliomyelitis Control, Babies and Breadwinners, Proposal for a 1961 Neighborhood Polio Vaccination Campaign (Washington, D.C.: Government Printing Office, 1961), 4, 5.

하지 않았다. 그들은 가까운 병원에 갈 돈과 수단이 부족했고, "그들의 삶은 문제들로 가득 차 있어서… 소아마비의 위험은 그들에게 상대적으로 멀리 있는 것처럼 보이는 것 같았다."

광고와 마케팅이라는 친숙한 기법 외에도, 이 캠페인은 피해를 입은 지역사회 내 사람들의 도움을 끌어모으는 데 특별한 강조를 두었다. 이 캠페인은 친구들과 이웃들의 행동이 백신접종 여부를 결정하는 강력한 요인임을 시사하는 설문 조사 연구를 바탕으로, 전국의 지역사회에 '이웃 지도자들'을 모집하라고 촉구했다. 1924년 디프테리아 반대 운동 시기에, 뉴욕 북부의 작은 마을 이스트 킹스턴의 보건 공무원들은 디시코라는 이탈리아계 미국인 법관의 도움을 받았으며, 그는 이웃들에게 독소-항독소를 받아들이도록 설득했다. 하지만 설문 조사 결과를 바탕으로 사회과학은 이웃을 설득하기 위해 일반인을 끌어들이자는 아이디어를 승인했고, 이 아이디어는 미국공중보건국의 권장 사항에서 새로운 중요성을 띠게 되었다. '아기들과 생계유지자들' 책자는 "외견상 부적절한 사람들이라고 해서 미루지 마세요."라면서 소아마비 백신접종 캠페인을 준비하는 사람들을 독려했다. "중요한 것은 그들이 그들 지역에서 얼마나 영향력이 있느냐입니다. 구석에 있는 마약 판매자가 현자로 여겨질 수 있습니다. 노조 조직자는 그의 지역구에서 여론을 결정하는 사람일 수 있습니다. 바텐더는 '이웃 정신과 의사'일 수 있습니다. 이들은 모두 공인이 아니라는 이점이 있습니다."[107]

백신을 접종하지 않은 사람들의 '강경파'에 대한 관심이 증가하고 있음에도 불구하고, 소크 백신에 대한 열의 부족이 미국 사회를 광범위하게 망칠

---

107 *Ibid.*, 13; emphases in original.

수도 있다는 것은 분명했다. 1960년까지, 5세에서 14세 사이의 어린이 약 절반, 그리고 1세에서 4세 사이의 어린이 약 3분의 1만이 전체 백신을 접종 받았다. 성인들 사이의 비율은 훨씬 더 낮았다. 더욱 문제가 되는 것은 배 포된 대부분의 백신이 이미 한 번 이상 백신을 맞은 사람들에게 추가로 투 여되는 주사에 사용되었고, 상대적으로 완전히 보호되지 않은 상태로 남아 있는 사람들에게는 거의 도달하지 못했다는 점이었다.[108] 몇 년 동안 국립 소아마비재단의 적극적인 홍보, 미국공중보건국과 미국의사협회 및 기타 전문 단체 지도자의 권고, 미국 전역 보건 부서의 지원 노력, 민간 의사들의 조언을 거친 이후, 소크 백신의 수용 양상은 최고치에 다다른 것으로 보였 다. 이런 배경 아래에서, 소아마비를 더 잘 통제할 수 있으며 사람들이 잘 받아들일 것이라고 기대되는 새로운 백신으로 바꿀 것인지에 대해 새롭고 가끔 신랄했던 논쟁이 있었다.

소크에서 세이빈까지

불활성화 백신이 더 우수한지 약독화 생백신이 더 우수한지는 1940년 대 중반부터 과학계 내에서 치열한 논쟁의 대상이었다. NFIP가 소크 제제 를 가장 유망한 것으로 여겨 도입을 추진한 후, 몇몇 연구자들은 불활성화 백신보다 면역학적으로나 실용적으로 유익한 약독화 생백신에 대한 연구 를 계속 진행했다. 소크와 같은 사백신은 바이러스가 혈류에서 중추신경

---

108   Alexander, "Extent of the Poliomyelitis Problem."

계로 퍼지는 것을 막지만, 백신을 접종한 사람들은 여전히 바이러스를 몸에 지니고 있어 다른 사람에게 전염시킬 수 있다. 반면 생백신은 바이러스 증식의 공통적인 위치인 소화관 내에서 감염에 대한 면역을 유도하여, 백신을 접종한 사람들이 질병을 퍼뜨리는 것을 막을 수 있다. 추가적인 이점으로, 생백신을 접종한 사람들은 약독화된 바이러스를 대변으로 배출하여, 백신을 맞지 않은 밀접한 접촉자들에게 간접적으로 면역력을 전달할 수 있다.[109] 소크 백신은 항체 생성을 자극하는 속도가 느리고 완전한 면역력을 생산하기 위해 반복적인 접종이 필요한 반면, 생백신은 거의 즉시(보통 몇 달이 아닌 며칠) 강력한 면역력을 생산한다. 따라서 이 백신은 이제 막 시작되었거나 이미 진행 중인 질병의 발병을 통제하는 데 사용될 수 있다.

생백신의 가장 중요한 특징 중 하나는 약독화된 백신을 숟가락으로 또는 설탕 큐브에 적셔 경구 투여하므로 피하 주사기를 사용하지 않아도 된다는 것이다. 추가 접종을 위해 다시 방문하지 않으려고 한다는 점이 더 많은 사람들을 유인하기 어려운 장벽이었다.[110] 일부 보건 관계자들이 면역을 얻으려면 3회 접종이 아니라 4회 접종이 필요하다고 말할 때, 이 문제는 더욱 심각해졌다. 1958년 공중보건국이 소집한 국가자문위원회는 네 번째 주사를 권장하는 것을 반대하기로 했지만, 조너스 소크 자신은 만약 본인이 개업의라면 '추가 예방책'으로 네 번째 주사를 놓을 것이라고 공공연히 말했

---

109   John R. Paul, "Status of Vaccination against Poliomyelitis, with Particular Reference to Oral Vaccination," *New England Journal of Medicine* 264 (1961): 651-658.

110   Alexander Langmuir told the American Medical Association in 1960 that the "basic miscalculation" of those who hoped for complete control of polio in 1955 was overestimating popular acceptance of the killed vaccine. Langmuir, "Epidemiologic Considerations," 840.

다.[111] 일부 전문가 패널들도 4회 주사를 권장하는 것에 찬성했다.[112]

이런 논쟁은 소크 백신을 모두 맞았다고 해서 보호를 받을 수 없을지 모른다는 불안한 징후들 속에서 벌어졌다. 1959년 플로리다의 데이드 카운티에서 마비성 소아마비에 걸린 46명 중 7명이 이전에 세 번의 주사를 맞았다.[113] 더 나쁜 상황이 그해 매사추세츠에서 벌어졌는데, 137건의 소아마비 사례 중 거의 절반이 세 번 이상의 주사를 맞았다.[114] 어떤 경우는 제조 불량으로 인해 백신의 효능이 낮았던 반면, 세이빈과 같은 생백신 지지자들은 소크 제제가 3형 소아마비에 효과가 없고 질병을 완전히 통제할 수 없기 때문에 본질적으로 한계를 가진다고 주장했다.

생백신은 그 사용을 머뭇거리게 만드는 한 가지 중요한 단점이 있었다. 약독화된 균주가 신체 내부에서 '독성을 회복해' 예방하려는 질병을 일으킬 수도 있다는 문제점을 안고 있었다. 1956년 아일랜드 벨파스트에서 생백신으로 실험했을 때 많은 사람이 마비성 소아마비에 걸린 참사가 있었다.[115] 그럼에도 불구하고 1950년대 후반까지 여러 연구자가 소규모 현장 테스트에서 약독화된 균주의 안전성을 입증했으며 대규모 실험을 진행할 준비가

---

111 '넘 Polio Shots Ruled Enough by Experts," New York Times, March 21, 1958, 8; Damon Stetson, "Vaccination Held Major Polio Need," ibid., January 7, 1959, 66.

112 Harold Jacobziner to Leona Baumgartner, August 25, 1959, NYCDOH, box 141690, folder: Poliomyelitis.

113 Wilson, Margin of Safety, 217.

114 Sumner Berkovich, Jack E. Pickering, and Sidney Kibrick, "Paralytic Poliomyelitis in a Well Vaccinated Population," New England Journal of Medicine 264 (1961): 1323-1329.

115 Rowan, Margin of Safety; Paul, History of Poliomyelitis, 452.

되었다.[116] 소크 백신의 광범위한 사용으로 인해 미국에서는 그러한 테스트를 수행하는 것이 불가능했기 때문에, 이 연구는 해외에서 수행되었다. 가장 큰 규모의 연구는 앨버트 세이빈의 백신에 대한 대규모 실험이었는데, 1959년 소련에서 진행된 이 실험은 냉전 시기의 예외적인 협력 관계를 보여주는 것이었다. 소련의 11개 공화국에서 약 천만 명의 어린이들이 세이빈 백신을 맞았고, 이후 평가에서 백신으로 인한 마비가 보고되지 않아 매우 효과적이고 완전히 안전한 것으로 나타났다.[117]

해외 연구들의 유망한 결과들, 특히 소련에서 진행된 세이빈 실험은 미국에서 소크 사백신을 보완하기 위해 생백신이 도입되어야 하는지 아니면 대체하기 위해 도입되어야 하는지에 대한 논쟁을 부채질했다. 미국 전 지역에 여전히 감염의 위험이 남아 있고 소크 백신의 낮은 수용에 대한 우려에도 불구하고, 소아마비 발병률은 사상 최저 수준이었다.[118] 따라서 많은 전문가들은 생백신이 독성을 회복할 가능성을 여전히 걱정하면서도, 새로운 백신이 미국에서 필요한지에 대해 회의적이었다. 하지만 더 저렴하고,

---

116   In addition to Albert Sabin's preparation, the other leading contenders to develop a live attenuated virus were Herald Cox of Lederle Laboratories and Hilary Koprowski of the Wistar Institute. Wilson, *Margin of Safety*, 168-190.

117   Saul Benison, "International Medical Cooperation: Dr. Albert Sabin, Live Poliovirus Vaccine and the Soviets," *Bulletin of the History of Medicine* 56 (1982): 460-483; Dorothy M. Horstmann, "The Sabin Live Poliovirus Trials in the USSR, 1959," *Yale Journal of Biology and Medicine* 64 (1991): 499-512. Field trials of live attenuated vaccine developed by Sabin as well as other researchers were conducted in several other countries during the second half of the 1950s; Paul, *History of Poliomyelitis*, 454.

118   Cases of polio per 100,000 population had averaged 14.6 for the period 1950-1965, while the case rate for the years 1957-1961 averaged r.8, a decline of 88 percent. "Oral Poliomyelitis Vaccines," *Journal of the American Medical Association* 190 (1991): 491.

투여하기 쉬우며, 지역사회가 더 잘 수용할 수 있는 제품이 눈앞에 있었는데, 이 제품은 소아마비를 훨씬 더 오랫동안 통제할 수 있으리라고 기대할 수 있는 면역학적 특성을 가졌다. 이제 미국에서 이 제품의 사용을 막는 것은 상상하기 어려웠다.[119]

신제품으로 경제적 이익을 얻으려고 줄 서 있던 제약 회사들은 이러한 전환의 강력한 옹호자였다. 1961년 1월 말, 공중보건국이 약독화 생백신의 장단점을 논의할 때, 이 제품을 생산하는 세 회사 중 하나인 Chas. Pfizer & Co.,Inc의 대표가 바움가르트너에게 편지를 보내, 도시의 어린이 보건소에서 백신을 제공하는 것을 고려해 달라고 요청했다.[120] 조너스 소크 외에, 이러한 전환에서 가장 주목할 만한 반대자는 NFIP였다. 이 재단의 고위 관리자는 백신 경구 투여를 지지하는 것은 재단에서 최고의 영광으로 여긴 소크의 업적을 갉아먹을 것이라고 생각했다.[121] 소아마비의 급격한 감소와 함께 이 재단은 이미 다른 건강 위협에 관심을 돌리면서 재단의 명칭도 연방재단(National Foundation)으로 줄였고, 앞으로 관절염, 류머티즘 질환, 선천적 결함 치료에 전념하겠다고 밝혔다.

---

119 The vaccine itself was slighty more expensive than the Salk inactivated vaccine, but because no hypodermic needles were required, overall costs of administering it were less. Harold T. Fuerst to Leona Baumgartner, April 5, 1962, NYCDOH, box 141921, folder: Poliomyelitis.

120 Domenic G. Iezzoni to Leona Baumgartner, January 31, 1961, NYCDOH, box 141907, folder: Poliomyelitis.

121 A senior manager at the foundation noted in 1962 that "the decision was made to soft-peddle Sabin's name … for fear that to do otherwise would dilute Salk's name." George P. Voss to Jack Major, August 30, 1962, MOD, series 3, file: Vaccine Promotion and Education 1957-1962.

공중보건국이나 의회의 그 누구도 소크 백신에 대한 수요가 보건교육복지부의 눈을 멀게 했던 1959년 상반기의 경험을 되풀이하고 싶어하지 않았다. 1961년 3월, 미국 하원 소위원회는 이틀 동안 청문회를 열어 준비된 생백신의 현황 및 공중보건국이 그 백신의 안전성, 효능, 그리고 적절한 보급을 확실히 하기 위해 무엇을 하고 있는지 점검했다. 공중보건국장 루터 테리는 의원들에게 공중보건국이 소크 백신의 안전성 문제가 반복되지 않도록 가능한 모든 예방 조치를 취하고 있다고 자신했다.[122] 며칠 후 테리는 1형 소아마비 백신에 대한 허가를 받았다. (각 생백신은 단일 유형의 소아마비에 특이적이므로 세 가지 백신에 대한 허가를 받아야 했다.) 비슷한 시기에 오하이오와 코네티컷 전역에서 실시된 실험에서는 해당 생백신이 대량 캠페인에 사용될 수 있고, 투여가 쉽다는 점이 강력한 판매 전략이라는 증거를 추가적으로 제공했다.[123] 테리는 1961년 10월에 2형 백신을, 1962년 3월에는 3형 백신을 전국적으로 사용할 수 있도록 허가했다.

그러나 백신에 대한 열기는 일부 사람들, 특히 30세 이상의 사람들이 백신으로 인한 마비 질환에 걸릴 수 있다는 보도 때문에 곧 누그러졌다. 1962년 9월, 3형 세이빈 백신을 허가한 지 불과 9개월 만에, 테리 공중보건국장은 성인들에게 의심되는 위험성 때문에 유아와 학령기 어린이들에게만 제

---

122   Polio Vaccines, Hearings before a Subcommittee of the Committee on Interstate and Foreign Commerce, House of Representatives, Eighty-seventh Congress, First Session, March r6 and r7, (Washington, D.C.: Government Printing Office).

123   Albert B. Sabin, Richard H. Michaels, Ilya Spigland, et al., "Community Wide Use of Oral Poliovirus Vaccine," *American Journal of Diseases of Children* 101 (1961): 38-59; John R. Paul, "The 1961 Middletown Oral Poliovirus Vaccine Program," *Yale Journal of Biology and Medicine* 34 (1962): 439-446.

한적으로 사용할 것을 권고했다. 테리는 백신으로 인한 마비라고 생각되는 증상을 조사하기 위해 과학자들로 구성된 특별자문위원회를 소집했다. 위원들은 바이러스 유형에 대한 실험실 검사와 환자들의 신경 손상의 유형 및 질병 경과에 대한 생물학적 증거를 철저한 분석했고, 몇 달의 연구 끝에 18건의 보고 사례가 "백신에 의해 유발될 수도 있다."는 결론을 내렸다. 이 중 대다수가 30세 이상이었기 때문에, 경구백신은 "매우 작은 위험이라도 완전히 이해한 뒤 성인들에게만 사용되어야 한다."고 위원회는 결론을 내렸다.[124] 18건의 부작용 사례 중 11건이 3형 백신에서 나타났다. 그러나 동시에 위원회는 백신의 이점이 위험보다 크다고 판단하고 전국의 지역사회에 대량 백신접종 프로그램 계획을 진행할 것을 촉구했다.

그 발표는 전국적으로 계획된 캠페인에 혼란을 던졌다. 주 및 지역 보건 부서와 의사협회들은 위원회의 경고에 다르게 반응했다. 어떤 곳에서는 세이빈 프로그램을 완전히 중단한 반면, 어떤 지역에서는 3형 백신의 사용을 중단하면서도 타입 1형과 2형은 계속 사용했다. 또 다른 지역사회는 세이빈 프로그램의 위험 질병에 비하면 무시할 수 있다고 생각하여 계획을 변경하지 않고 계속 추진했다.[125]

세이빈 백신을 믿은 지역사회에서 이 캠페인들은 다른 지역보다 사백신에 대한 더 많은 참여를 이끌어 냈다. 홍보 캠페인들은 백신접종 관리의 편리함을 강조했다. 행복하게 웃고 있는 아이가 입에 설탕 큐브를 넣는 장면

---

124 "Recommendation on Oral Poliomyelitis Vaccine," *Public Health Reports* 78 (1963): 273-274.

125 "Many Polio Inoculation Drives to Continue Despite Advice to Bar Type III Oral Vaccine," *Wall Street Journal*, September 17, 1962, 4.

을 포스터나 신문 기사에 삽입한 것은 피하주사를 맞은 장면보다 훨씬 더 매력적인 이미지였다. 더 중요한 것은, 훨씬 더 많은 사람이 경구 제제로 더 많이, 더 빨리 면역을 얻을 수 있다는 것이었고, 사실상 모든 지역사회에서 냉동실에 백신을 보관할 수 있다는 사실이었다. 특히 지역사회 전반의 '세이빈 온 선데이' 행사가 인기 있었는데, 이들 행사는 많은 사람에게 백신 접종을 알리는 데 큰 성공을 거두었다.[126]

세이빈 백신의 위험성에 대한 전문적인 혼란과 의견 차이를 고려할 때, 제품에 대한 대중의 지속적인 열정은 혼란스러워 보일 수 있었다. 과학계가 소크 백신의 안전성을 둘러싼 순위 매기기를 중단하고 국가재단이 커터 사건 때 홍보 메시지를 집집마다 뿌렸던 것과 달리, 비록 멀리 떨어져 있지만 세이빈 백신의 잠재적인 위험성은 공개적으로 인정되었다. 또한, 이 시기는 기형 신생아를 대거 출생시킨 입덧 방지제 탈리도마이드에 대한 스캔들이 헤드라인을 장식하고 세간의 이목을 끄는 일련의 의회 청문회를 촉발한 때였다. 의약품의 잠재적 위험성을 널리 알린 사례들조차 바이오 의약품 연구의 결실에 대한 대중의 욕구를 거의 꺾지 못할 정도로 과학적 정신이 높이 평가받는 시기였다.

출시된 첫해, 세이빈 제제의 사용은 일반적으로 보건 당국이 운영하는 대규모 지역사회 캠페인에 국한된 반면 대부분의 민간 소아과 의사들은 계속해서 소크 제제를 제공했지만, 경구용 백신은 점차 민간 의사 진료 관행에서도 표준이 되었다. 경구용 백신의 우수성은 정부가 1963년 중반 세 가

---

126 See, e.g., Donald Day, "Enlisting Community Support of a Polio Vaccine Program," *Public Health Reports* 80 (1): 737-740.

지 유형의 소아마비에 모두 효과를 지니는 3가 백신을 허가하면서 더욱 커졌다. 그 후 몇 년 동안 세이빈의 백신은 소크의 백신을 거의 완전히 대체했다.[127] 세이빈의 백신은 또한 낮은 사회경제적 지위의 '접근하기 어려운' 인구 집단에 소크 백신보다 더 수용되기 쉬워 보였다. 한 조사에 따르면 세이빈 백신 경구 투여에 대한 사회적 선호가 지속된 반면, 고소득층과 저소득층 간의 면역 격차는 피하주사로 투여되는 소크 백신 또는 디프테리아-백일해-파상풍 백신의 경우보다 적었다.[128]

소아마비를 통제하는 효과 외에도, 세이빈 백신 도입은 미국에서 백신접종 프로그램이 운영되는 방식에 두 가지 큰 영향을 미쳤다. 백신 마비 부작용 피해자들은 1962년에 경구용 백신 제조업체를 상대로 첫 번째 소송을 제기했고, 이를 통해 전문가들과 대중이 백신의 위험성과 윤리를 생각하는 방식에 근본적인 변화를 가져올 수 있는 발판을 마련했다. 하지만 이 소송의 파급 효과는 몇 년 동안 드러나지 않았다. 또한 질병통제예방센터 관계자들은 백신접종에 대한 대중의 관심이 높아지고 다른 질병에 대한 보호 수준이 향상되는 이점을 활용할 수 있는 기회를 얻었다.

---

127 "Oral Poliomyelitis Vaccines," *Journal of the American Medical Association* 190 (19): 49-51.

128 U.S. Department of Health, Education and Welfare, Immunization Activities Statistical Report (Atlanta: Communicable Disease Center, 19), 9.

백신접종지원법

1961년 3월 세이빈 백신 계획에 대한 하원 청문회가 끝난 후, CDC 직원들은 백신접종의 높아진 가시적 효과와 연방 자금 예상 유입액을 어떻게 활용할 것인지를 계획하기 시작했다.[129] CDC의 책임자 제임스 고다드는 디프테리아, 백일해, 파상풍은 '이 나라에서 상대적으로 중요하지 않으며' 이 질병들로 인한 임박한 위험은 없었다면서, 이들에 대한 믿을 만한 예방책이 아주 광범위하게 사용될 수 있기 때문에 "하나의 '사례'조차도 너무 많다고 말할 수 있는 질병입니다."라고 설명했다.[130] CDC 관계자는 전국의 시 및 주 보건 부서가 심장병 및 암과 같은 만성질환의 발병률 증가를 해결하기 위한 프로그램을 확대함에 따라 연방 정부의 지원 없이는 대량 백신접종 캠페인이 불가능해질 것이라고 믿었다.[131] 백신접종 계획의 시작은 특히 일상적인 예방 의료가 드문 빈곤한 도심 및 농촌 지역의 미취학 아동에 초점을 맞출 것이었다.[132]

공중보건국은 케네디 행정부에서 자신들을 잘 이해해주는 사람들을 발

---

129   "Immunization Campaign, Communicable Disease Activities-FY 1962" (typescript, n.d. [1961]), NARA, RG 442, box 105229, folder: Associations, Committees etc., 1961.

130   James L. Goddard, "Smallpox, Diphtheria, Tetanus, Pertussis, and Poliomyelitis Immunization," *Journal of the American Medical Association* 187 (19): 1009-1012; 1012. Emphasis in original.

131   Theodore J. Bauer to Luther Terry, August 2, 1961, NARA, RG 442, box 105229, folder: Associations, Committees etc., 1961.

132   "Immunization against Polio and Other Diseases, Summary of Previous Report" (typescript [draft], April 24, 1961), NARA, RG 442, box 105229, folder: Associations, Committees etc., 1961.

견했는데, 이들은 아이젠하워가 그랬던 것보다 연방 정부의 의료 개입에 훨씬 더 융통성을 보였다.[133] 백신으로 예방할 수 있는 질병의 역학적 패턴은 빈곤층을 위한 프로그램들에 대한 새 행정부의 관심과도 맞아떨어졌다. 1962년 1월 연두교서에서 케네디는 의회에 보내는 메시지에서 '대규모 백신접종 프로그램'을 제안할 것이라고 말했다.[134] 그다음 달, 그는 디프테리아, 백일해, 파상풍, 그리고 소아마비에 대한 집중적인 프로그램들에 대해 각 주마다 3백만 달러의 보조금을 주는 계획을 포함한 12억 달러의 의료 관련 입법 패키지를 제안했다.[135] 법안에서 설명한 이 계획의 주요 대상은 '지역사회의 강력한 백신접종 프로그램'이었는데, "개업의, 공식 보건 기구, 자원봉사 단체 및 자원봉사자의 협력을 통해, 제한된 시간 안에 지역사회에서 질병에 취약한 거의 모든 사람들의 면역화를 달성하기 위한 프로그램"이라고 설명되어 있었다.[136]

새로운 연방 자금이 주에 들어오는 것은 감사했지만, 뉴욕시 보건국장 헤르만 힐레보는 이 법안의 목적과 방법에 대해 회의적이었다. 힐레보는 CDC에 보낸 서한에서, "충돌 방지 프로그램에 대한 생각을 버려야 한다."

---

133 Elizabeth W. Etheridge, *Sentinel for Health: A History of the Centers for Disease Contro* (Berkeley: University of California Press, 1992), 143. On the Kennedy administration's health care policy, see Starr, Social Transformation of American Medicine, 363-369.

134 "Kennedy Calls for 'Mass Immunization' against Diseases; No Details Supplied," *Wall Street Journal*, January 12, 1962, 2.

135 John D. Morris, "Kennedy Presses Congress to Pass Bill on Aged Care," *New York Times*, February 28, 1962, r.

136 U.S. Department of Health, Education and Welfare, *Fact Book Relating to the Vaccination Assistance Act of 19*, NYCDOH, box 141997.

고 제안했다. "우리는 전염병의 한가운데에 있지 않으며, 백신접종은 일시적인 일이 아니고, 현재 진행 중인 공중보건 프로그램의 일부여야 합니다. 만약 지금 연방 정부의 지원이 필요하다면, 그 필요성은 1965년에 끝나지 않을 것입니다."라고 그는 주장했다.[137] 또한, 이러한 질병들을 위해 돈을 투자하는 것에 대해 의문을 제기하면서, "전체 보건 프로그램 중에는 잘못된 지원을 요구하는 사례들도 있으며, 게다가 기존 프로그램 덕분에 디프테리아·파상풍·백일해로 인한 5세 미만 어린이들의 사망률은 제로입니다."라고 강조했다.

이러한 회의적인 시각에도 불구하고, 1962년 5월 이 법안에 대한 의회 청문회는 거의 논란을 일으키지 않았으며, 어린이들을 질병으로부터 보호하기 위한 프로그램의 혜택에 대해서는 아무도 이의를 제기하지 않았다. 반대 의견은 주로 강제적인 수단을 사용할 경우에 대해 우려했다. 한 크리스천 사이언티스트는, '지역사회의 모든 또는 사실상 모든 취약한 사람들'을 대상으로 해야 한다고 촉구하는 이 법안의 문구를 염려하면서, 이 계획으로 자금 지원을 받는 지역의 프로그램이 강제적이지 않을 것이라는 확답을 받고 싶어 했다.[138] CDC 관계자들은 이에 대해, 이 법안의 어떤 내용도 강제성을 언급하지 않았으며, 실제로 연방 정부는 백신접종을 할 권한이 없다고 지적했다.

비록 미국의사협회가 그 법안을 지지한다고 발표했지만, 미국 소아과 아카데미는 백신접종과 관련된 연방 관료주의를 확대하는 것에 대해 의심의

---

137 Herman Hilleboe to David Sencer, March 13, 1962, NYCDOH, box 141921, folder: Poliomyelitis.

138 Intensive Immunization Programs, 25.

눈초리를 보냈다. 미국소아과학회의 회장은 CDC의 고다드에게 "소아과 의사들과 그 밖의 민간 의료인들은, 이 법안의 의도가 환자들을 정기적인 치료 대신 지역 전체의 프로그램으로 넘어가게 하려는 것이 아니라는 확답을 원한다."고 썼다.[139] 이에 CDC 관계자들은 자신들의 업무가 민간 의료인들의 업무와 경쟁하는 것이 아니라 그것을 지지하는 것이라고 설명했다. "개인적으로 제공되는 백신접종과 공공기관을 통해 제공되는 것 사이의 균형은 지역사회가 백신접종 활동을 강화한다고 해서 바뀌지 않습니다."라고 CDC 관계자는 주장하면서 "보건 당국이나 의사협회가 백신접종을 적극적으로 추진하면, 두 집단 모두 이러한 서비스에 대한 요구가 늘어나는 것을 경험할 것입니다."라고 적었다.[140]

백신접종지원법은 각 주가 활용할 수 있는 재정적 지원뿐만 아니라, 이 법으로 인해 전국적 백신접종 프로그램을 이끌 수 있는 영구적인 존재감을 CDC 내에 확립했기 때문에 중요했다.[141] 과거에는, 특히 양차 세계대전 동안에는 활동적인 공중보건국장들이 불량한 깡패 설교단을 이용하여 전국적인 백신접종을 장려했고, 전국적으로 설치된 프로그램에 약간의 통일성을 줄만한 아이디어들이 각 주를 넘나들며 전달되었다. 하지만 대부분의 개별 주와 도시들은 워싱턴 D.C.의 물질적인 혹은 프로그램적인 지원 없이

139 Clarence H. Webb to James L. Goddard, February 1, 1963, NARA, RG 442, box ro8381, folder: Immunization Activities 1963.

140 F. Robert Freckleton, "Federal Government Programs in Immunization," *Archives of Environmental Health* 15 (1): 512-514; 513.

141 On this point, see Patrick M. Vivier, "National Policies for Childhood Immunization in the United States: A Historical Perspective" (Ph.D. diss., Johns Hopkins University, 1996), 66-105.

각 지역의 필요와 우선순위에 따라 캠페인을 진행했다. 1955년과 1956년에 소크 백신에 자금을 지원하기 위해 개입했을 때에도, 공중보건국은 그런 활동들이 주 및 지역 보건국의 소관이라고 믿으면서 교육이나 홍보에 관여 하는 것을 자제했다.[142]

새로운 연방 지도부는 다양한 형태를 취했다. 예를 들어 CDC는 1963 년 '대중의 마음 얻기'라는 매뉴얼을 발표했는데, 이는 지역 보건 공무원들 이 더 효과적인 교육과 홍보 프로그램을 갖추도록 돕기 위해 고안되었다. 1964년, CDC의 백신접종 프로그램은 이후 매년 열리게 될 회의를 처음 개 최했는데, 여기에 전국의 의료 전문가와 공중보건 전문가들이 모여 CDC 관계자들과 함께 아이디어를 공유하고 각자의 백신접종 노력을 지지하며 의견을 나누었다.

백신접종지원법의 직접적인 결과는 아니지만 공중보건국 내에서 백신접 종에 대한 관심이 증가하고 있음을 보여주는 또 다른 진전은 1964년에 백 신접종자문위원회(ACIP, Advisory Committee on Immunization Practices)가 구 성된 것이었다. 이 조직은 과학자와 임상의로 구성된 상설기구였는데, 이 들은 일정·용량·백신접종 경로 및 금기 사항에 대한 지침을 조정하고, 대 중의 호응을 높일 수 있는 실질적 문제에 대해서 어느 정도 조력했다. ACIP 의 권고는 주로 공공 부문 종사자를 대상으로 했으며, 이는 민간 의사를 대 상으로 하는 미국소아과학회의 권고를 보완하는 것이었다.[143]

---

142   Dorothy Ducas to Basil O'Connor, January 20, 1956, MOD, series 3, file: Vaccine Promotion and Education 1956.

143   "Draft Statement Pertaining to Responsibilities of the Advisory Committee on Immunization Practice" (typescript, n.d. Uulyl), NARA, RG 90, box 334062, folder:

소아마비의 소멸

1960년대 동안 소아마비 발병률은 전국적으로 급격히 감소하여 경구용 백신의 뛰어난 억제력에 기대를 가졌던 사람들조차 깜짝 놀랐다. 소크 백신 이전에는 전국적으로 연간 수만 건의 발병 사례가 있었지만, 1967년 이후에는 한 해에 100건을 초과하지 않았다. 전체 백신접종률이 급격히 감소한 발병 건수와 단순하게 연관된 것은 아니었다. 1964년에 소아마비 백신접종을 받은 인구의 비율이 약 4분의 3으로 정점을 찍었고, 1960년대의 나머지 시간 동안 약 3분의 2에서 맴돌았다.[144] 이런 현저한 감소가 백신을 맞지 않은 지역사회 구성원에게 약독화된 균주를 퍼뜨린 세이빈 백신 때문인지 아니면 다른 역학적 현상의 결과인지는 숙고해 볼 문제로 남았다.

1962년 말 공중보건국장 테리가 마비를 일으킬 수 있는 사소한 가능성에도 불구하고 경구백신을 전국에서 계속 사용하자고 권고했을 때, 그는 제품의 위험성이 궁극적인 이점보다 훨씬 작다고 주장했다. "우리는 이 나라에서 소아마비가 마침내 제거될 날을 고대할 수 있다고 믿습니다."라고 테리가 주장한 바와 같이, 그 후 몇 년간의 경험은 이러한 자신감을 정당화하는 것처럼 보였다.[145] 소아마비가 줄어드는 것을 보면서, 공중보건 전문가들은 단순히 질병의 통제뿐만 아니라 완전한 퇴치라는 새로운 야망을 꿈꿀

Advisory Committee on Immunization Practice.

144 Reports and Recommendations of the National Immunization Work Groups, March 15, 1977 (McLean, Va.: JRB Associates, 1977), table 2 (n.p.).

145 "Recommendation on Oral Poliomyelitis Vaccine," *Public Health reports* 78 (1963): 273-274.

수 있게 되었다. 이런 정신은 1962년 백신접종지원법에 함축되어 있었는데, 디프테리아·백일해·소아마비는 아주 적은 사례조차 더 이상 용납할 수 없다는 믿음을 전제로 했다. 박멸주의는 남은 10년 동안 면역 활동의 중요한 동력이 될 것이었다. 하지만 5장에서 살펴보겠지만, 전염병 퇴치의 길은 복잡하고 대부분 소득이 없었다.

박멸주의와 그에 대한 불만들

State of Immunity

미국에서 마지막 천연두 사례가 기록된 지 20년이 넘은 1971년 가을, 공중보건국은 천연두 백신접종을 중단할 것을 권고했다. 이런 결정은 질병으로부터 완전히 자유로워진 결과 최초로 일상적 백신을 중단한다는 의미였지만, 이 순간 보건 당국의 분위기는 축하와는 거리가 멀었다. 홍역의 발병 건수가 증가하고 면역률이 정체되는 가운데 전국적인 홍역 퇴치 캠페인이 시작되었던 것이다. 어떤 연구에서는 "우선순위를 바꾸는 것에 대한 많은 변명과 행정적 문제들이 우리의 발전을 가로막고 있습니다. 하지만 홍역 퇴치가 불가능하다고 믿게 만드는 과학적인 이유는 아직 발생하지 않았습니다."라고 언급했다.[1] 덜 낙관적인 또 다른 분석에서는 "홍역의 궁극적인 예방과 제거에 대한 전망은 어둡습니다."라고 주장했다.[2]

1960년대에는 한두 가지 이상의 전염병을 완전히 없애 버리려는 이루기 힘든 꿈이 그 어느 때보다 현실로 다가왔고, '박멸주의' 정신이 백신접종 정

---

1 J. L. Conrad, Robert Wallace, John J. Witte, "The Epidemiologic Rationale for the Failure to Eradicate Measels in the United States," *American Journal of Public Health* 61 (1971): 2304-2310.

2 James D. Cherry, Ralph D. Feigin, Louis A. Lobes Jr., et al., "Urban Measles in the Vaccine Era: A Clinical, Epidemiologic, and Serologic Study," *Journal of Pediatrics* 81 (1972): 217-230.

책의 중심에 섰다. 박멸주의는 질병을 낮은 수준에서 단순히 통제하는 것이 아니라 완전히 그리고 영구적으로 없애야 한다는 이념으로, '위대한 사회(Great Society)'라는 야심 찬 사회 프로그램 속에서 비옥한 땅을 발견했다. 전염병센터는 1966년 가을, 연방 차원에서 빈곤과의 전쟁을 활기차게 수행했던 것과 같은 자신감으로 홍역 퇴치를 위한 전국적인 캠페인을 시작했다. 이런 열정은 소아마비 발병률의 극적인 감소에 힘입은 것이기도 한데, 질병을 무찌를 수 있는 백신의 힘을 보여주는 사례이기도 했다. 하지만 박멸이 임박했다는 예측은 곧 힘을 잃었다. 곤란한 사회 환경과 의료 시스템의 근본적인 한계로 인해 가난한 사람들에게 홍역이 집중되어 재발했다.

홍역 예방 캠페인의 지속적인 유산이자 이 시기 가장 두드러진 새로운 정책 구상은 홍역과 기타 백신을 학교 입학 조건으로 요구하는 강제법의 제정이었다. 1968년부터 1981년 사이에 백신접종을 지원하는 법적 기반은 다양한 변화를 겪었다. 이러한 법은 혁신주의 시대에 법적 강제가 유발한 지속적인 정치적 반대를 촉발하지는 않았지만, 이 절차를 종교적 이유로 반대하는 사람들이 그런 요건들로부터 면제받을 수 있는지, 있다면 어느 정도까지 면제되는지를 둘러싼 법적 논쟁의 대상이 되었다. 게다가 새로운 법은 임신부를 보호하기 위해 아이들에게 보편적으로 권장되는 풍진 백신의 효능과 윤리에 대한 논쟁을 촉발시켰다.

이 장에서는 질병 통제의 방법으로서뿐만 아니라 사회 개선을 위한 방법으로 백신접종의 힘을 믿었던 시기에, 홍역, 풍진 그리고 여러 질병을 박멸하려 했던 정부의 노력을 다룬다. 새로운 백신과 연방 정부의 지원 확대로 전염병 발병 수준이 기록적으로 낮아졌지만, 퇴치까지는 여전히 요원했다. 동시에 천연두 발병률이 감소함에 따라 백신 자체에서 발생하는 작지만 측정 가능한 위험이 급격히 완화되면서, 백신접종 프로그램 성공 자체가 예기치 못한 원치 않은 결과를 낳았다.

홍역 백신과 사회적 기울기

홍역은 1963년 백신이 도입되기 전까지 미국 어린이들에게 사실상 보편적이었으며, 너무 심각했고 널리 퍼졌기 때문에 공중보건 조치의 매력적인 표적이 되었다. 전염성이 매우 강한 공기 중 바이러스 질병인 홍역은 고열과 얼굴 부위에 발진을 일으켰고 며칠 동안 전신으로 퍼졌다. 홍역의 역학은 해마다 번갈아 가며 발병률이 높아졌다 낮아지면서 상당히 규칙적인 패턴을 보였다. 청소년의 거의 100%가 어느 시점, 보통 학교에 입학할 즈음에 홍역에 걸렸는데, 이 질병에 걸린 어린이들은 의사의 보살핌을 받지 않았기 때문에 연간 발생하는 총건수는 추정할 뿐이었다. 홍역으로 인한 사망은 비교적 드물었지만 합병증은 심각할 수 있었다. 합병증에는 폐렴, 귀 감염, 때로는 난청, 그리고 약 천 건 중 한 건꼴로 정신지체를 초래할 수 있는 뇌염으로 인한 뇌부종 등이 있었다.[3] 그러나 소아마비와 극명한 대조를 이루는 홍역은 공포스러운 살인자라기보다는 가벼운 골칫거리로 여겨졌다.

1950년대에 홍역 백신의 개발은 바이러스 학자인 존 엔더스(John Enders)와 그의 동료들이 소아마비 바이러스를 배양하여 1954년 노벨 의학상을 수

3　Peter M. Strebel, Mark J. Papania, and Neal A. Halsey, "Measles Vaccine," in Stanley A. Plotkin and Walter A. Orenstein, eds., *Vaccines*, 4th ed. (Philadelphia: Elsevier, 2004).

상한 선구적인 연구에서 비롯되었다. 1963년 3월에 두 가지 백신이 승인되었다. 하나는 엔더스와 카츠(Samuel Katz)가 개발한 약독화 생백신인데, 이 백신은 단 한 번의 주사로 효과가 오래 지속되는 것으로 보였지만 부작용으로 종종 고열이 발생했기 때문에, 대개는 반응을 완화해주는 혈액제제인 감마글로불린(gamma globulin)을 동시에 주사했다. (똑같은 약독화 생백신이었던 세이빈의 경구용 소아마비 백신과 달리, 엔더스와 카츠의 약독화 생백신은 다시 독성을 띤다든가 질병을 유발한다고 알려지지는 않았다.) 동시에 두 번의 추가 접종을 필요로 하는 다소 효과가 떨어지는 사백신도 허가되었다. 1965년에는 엔더스-카츠 제제의 골치 아픈 부작용 없이 더 나은 효과를 제공하는 '더 약독화된' 생백신이 출시되어 곧바로 채택되었다.[4] 사백신이 짧은 기간만 면역을 제공하고 극소수이지만 이 백신을 맞은 사람이 나중에라도 홍역에 걸리게 되면 특히나 심각한 증상을 겪을 수 있다는 사실이 밝혀지면서, 사백신은 시장에서 철수되었다.[5]

의학계의 열렬한 기대를 받았지만, 새로운 홍역 백신은 소크 백신을 접했을 때처럼 대중의 흥분이나 수요를 일으키지 않았고, 허가된 후 첫 2년 동안 상대적으로 사용이 제한되었다. 위협적이지 않은 홍역의 이미지와 재정적인 장벽이 그 이유였다. 홍역 백신 하나의 가격은 경구용 소아마비 백신의 약 두 배인 3달러에 가까웠다. 부모가 아이에게 홍역 백신을 맞추려면

---

5 Vincent A. Fulginiti, Jerry J. Eller, Allan W. Downie, et al., "Altered Reactivity to Measles Virus," *Journal of the American Medical Association* 202 (1967): 101-106. Between 600,000 and 900,000 children were estimated to have received the killed measles vaccine before it was taken off the market. Strebel, Papania, and Halsey, "Measles Vaccine."

백신 비용과 의사의 진료비, 부작용을 줄여 주는 감마글로불린 주사 비용, 혹은 사백신 3회 접종을 위한 비용 등 평균 약 10달러 정도가 들었다.[6] 따라서 초기에는 주로 민간 의사의 서비스를 받을 여유가 있는 부모의 아이들만이 백신접종을 받을 수 있었다. (모든 백신접종의 50~70%를 공공 클리닉 또는 자발적인 자선기관에서 제공한 뉴욕시는 그렇게 한 몇 안 되는 도시 중 하나였다.)[7] 제약 회사의 홍보에도 불구하고 백신에 대한 대중의 반응은 여전히 미지근했다. 루베오백스(Rubeovax)라는 약독화된 생백신을 만드는 회사인 머크는, 특히 『굿 하우스키핑(Good Housekeeping)』과 『맥콜스(McCall's)』와 같은 인기 잡지에 전면 광고를 내 부모들에게 공격적으로 제품을 홍보했다.[8] 그러나 홍역 백신의 사용이 일상화되기 시작한 것은 1965년에 개정된 백신접종지원법에 의해 각 주에 연방 자금 지원이 가능해지고 나서부터였다.

4장에서 살펴보았듯이, 원래 백신접종지원법이 1962년에 제정되었을 때 소아마비, 디프테리아, 백일해 및 파상풍에 대한 특정 기금을 지정했다. 이 법에서는 또한 특정 질병들에 기금을 쓰는 초기 3년이 끝나면 다른 질병에 대해서도 기금을 사용할 수 있도록 규정했는데, 이 조항은 홍역 백신의 임

---

6   John J. Goldman, "New Measles Vaccines Fail to Curb Incidence of Disease This Year," *Wall Street Journal*, June 25, 1964.

7   William E. Mosher, "Statement for the New York State Senate Committee on Public Health," March 10, 1965, NYSDOH, series 13307-82, box 42, folder: Measles 1963-1970; "Twelve Million Children Immunized against Measles; Cases Drop Sharply," *Journal of the American Medical Association* 196 (1966): 29-30, 38-39; George James, "Testimony before the New York State Senate Committee on Public Health," March ro, 1965, NYSDOH, series 13307-82, box 42, folder: Measles 1963-1970.

8   Louis Galambos with Jane Eliot Sewell, *Networks of Innovation: Vaccine Development at Merck, Sharp & Dohme, and Mulford, 1895-1995* (Cambridge: Cambridge University Press, 1995), 115.

박한 허가를 염두에 두고 만들었다. 새로운 홍역 예방약이 지역사회에 효과적으로 배치될 것인지는 1965년 법 개정을 추진한 사람들의 관심사였다. 1965년 1월 백신접종지원법 개정에 대한 미 하원 소위원회 증언에서 뉴욕주 보건국장 홀리스 잉그레이엄(Holis Ingraham)은 법안에서 '제한된 기간' 동안 '지역사회에서 집중적인 백신접종 노력'과 같은 용어를 삭제하자고 권고하면서, 이런 변경이 '단기적이고' 산발적인 캠페인이 아니라 질서 있고 규칙적이며 지속적인 프로그램을 개발하는 데 도움이 될 것이라고 주장했다.[9] 이 문제에 대해 잉그레이엄은 전임자였던 허먼 힐레보가 1962년 백신접종지원법이 제안되었을 때 보였던 유보적 입장과 우려를 되풀이했다.

소아마비 캠페인 기간 동안 명백하게 드러난 것처럼 서로 다른 사회경제적 배경들 때문에 어린아이들 사이에서 백신접종률에 차이가 있다는 점을 고려하여, 보건 당국은 특히 주치의와 정기적으로 연락을 하지 않는 사람들의 건강보험 적용률을 높이고자 했다. 하지만 어떤 종류의 프로그램이 '접근하기 어려운' 사람들에게 가장 적합한지에 대해서는 계속 의견이 엇갈렸다. 지역의 쇼핑몰·레크리에이션 센터·학교와 같은 공간에서 진행되는 대규모 캠페인은 소아마비 백신을 접종하는 데 매우 성공적이었지만, 많은 관계자들은 이 캠페인이 끝나면 신생아를 계속 보호할 수 있는 프로그램을 지속할 수 없을지도 모른다고 우려했다. 1965년 질병통제예방센터(CDC)의 한 의사는 "응급적인 프로그램은 달성할 수 있는 영구적 이익에 비해 너무

---

9 Public Health Grants and Construction of Health Research Facilities, Hearing before the Subcommittee on Health of the Committee on Labor and Public Welfare, United States Senate, Eighty-ninth Congress, First Session, January 27, 1965 (Washington, D.C.: Government Printing Office, 1965), 114.

사치스럽다."면서 "계속 유지할 수 있는 프로그램이 계획되지 않으면, 백신 접종은 일련의 응급 프로그램으로 퇴화할 것이고, 결국 효율성이 떨어지고 무기력과 관성이라는 부작용이 뒤따른다"고 언급했다.[10]

연방조직인 백신접종자문위원회(ACIP, Advisory Committee on Immunization Practices)도 이에 동의했다. 1964년에 ACIP는 "미국에서 대규모 지역사회 백신접종 프로그램이 필요한 것처럼 보였던 적은 별로 없었다"고 선언했다. "백신접종은 민간 의료인들의 지시에 따라 그리고 기존 공중보건 프로그램의 어린이 클리닉을 통해 수행되어야 한다."[11] 위원회의 권고가 공공 부문 종사자들을 대상으로 한 것임에도 불구하고, 이 권고들은 전통적으로 백신접종을 위해 노력함에 있어 민간 의료인들의 우선성을 강조해 온 주요 의사협회들의 주장에 분명히 공감하는 것이었다. 그러나 위원회는 이듬해 자신들의 입장을 재고하면서, '일상적인 실천을 통해 달성된 면역 수준이 낮다고 알려진 지역사회에서는' 대규모 캠페인이 바람직할 수 있다고 언급했다.[12]

응급 프로그램의 장단점은 뉴욕주 공중보건국장 시모어 탈러(Seymour

---

10 Warren A. Rasmussen, "Maintenance Immunization Programs," in U.S. Department of Health, Education and Welfare, *1st Immunization Conference Proceedings* (Atlanta: Communicable Disease Center, 1965), 56.

11 "Statement on the Status of Measles Vaccine by the Ad Hoc Advisory Committee on Measles Control (March 21, 19 as Revised by the Advisory Committee on Immunization Practice May 25, 1964," NARA, RG 90, box 334062, folder: Advisory Committee on Immunization Practices.

12 Advisory Committee on Immunization Practices, minutes, Meeting No. 4, June 11, 1965, NARA, RG 90, box 334062, folder: Advisory Committee on Immunization Practices.

Thaler)가 주의 홍역 통제 캠페인을 검토하는 청문회에서 증언한 1965년 3월 두드러지게 드러났다. 뉴욕에 연방 자금 지원이 임박함에 따라 청문회는 어떤 유형의 프로그램이 적절할지, 자금이 어떻게 지원되어야 하는지, 어떤 인구 집단이 대상이 될 것인지, 그리고 어떤 수준의 백신접종이 바람직하며 실현 가능한지를 결정하고자 했다.[13] 새로운 백신을 사용하는 데 새로운 프로그램이 필요하다는 것에는 대체로 동의했지만, 최선의 방법이 무엇인지에 대해서는 의견이 엇갈렸다. 잉그레이엄은 응급조치와 같은 노력보다는 백신접종 프로그램을 '꾸준히 강화하는 것'을 더 바란다고 거듭 강조했다.[14] 증언을 듣기 위해 탈러가 올버니로 초청한 질병통제예방센터(CDC)의 책임자 제임스 고다드는 "건강 프로그램에 응답하지 않는 '강경파'의 핵심을 구성하는 이들에게 다가가는 것"이 중요하다고 강조했다. "이러한 사람들에게 동기를 부여하기 위해. 쉽게 이용할 수 있는 공공시설이나 민간시설에서 무료 혹은 아주 저렴하게 백신접종을 할 수 있도록 하는 등의 특별한 노력을 기울여야 합니다."라고 강조했다.[15] 또한 그는 특별한 대중 캠페인도 포함해야 한다고 결론지었다.

마침내, 뉴욕시 보건국장 조지 제임스는 백신접종자문위원회에서 "홍역을 통제하거나 심지어 퇴치한다는 것은, 현재 이용 가능한 생백신 중 하나

---

13 Milton D. Stewart to guest witnesses, March 1, 1965, NYSDOH, series 13307-82, box 42, folder: Measles 1963-1970.

14 "A Crash Program to Combat Measles Debated in Albany," *New York Times*, March 11, 1965, 38.

15 James L. Goddard, "Information on Measles Vaccination for Public Hearing of the New York State Senate Committee on Public Health" (March 10, 1965), NYSDOH, series 13307-82, box 42, folder: Measles 1963-1970.

로 아이들에게 널릴 백신접종을 할 수 있다고 가정하면 확실히 가능합니다."라고 말했다. "이런 질병 통제는 사람들 중 병에 걸리기 쉬운 다수에 대한 응급 프로그램으로 더 빨라질 수 있습니다."[16] 제임스의 낙관론은 이 시기 공중보건 전문가들 사이에서 우세했던 전염병 통제 이념을 반영한 것이었다. 제임스는 1964년 전미결핵협회(National Tuberculosis Association)에서 "박멸은 항상 우리의 장기적인 목표가 되어야 합니다. 그것은 우리의 종점이고, 우리가 생각할 수 있는 유일한 결승선입니다. 또한 우리의 성공을 위한 완벽한 기준을 제공하므로 사망률 제로, 이환율 제로를 향해 우리가 얼마나 나아갔는지를 계산할 수 있습니다."[17] 이런 철학은 향후 지역, 주 및 국가 수준에서 홍역 백신접종 프로그램에 지대한 영향을 미쳤다.

홍역 박멸

백신을 접종하면 무시할 정도로 질병을 줄이는 것이 아니라 완전히 없앨 수 있다는 생각은 오랜 역사를 가지고 있다. 19세기에 지역 보건 당국은 도시와 주에서 천연두를 박멸하려고 했고, 1920년대 뉴욕의 '더 이상의 디프테리아는 없다' 캠페인도 비슷한 목표를 가지고 있었다. '박멸'이라는 용어는 세균학 혁명의 진전으로 탄생한 문자 그대로의 믿음 즉 인류가 감염을

---

16 George James, "Testimony before the New York State Senate Committee on Public Health" (March 10, 1965), NYSDOH, series 13307-82, box 42, folder: Measles 1963-1970.

17 George James, "Health Challenges Today," *American Review of Respiratory Diseases* 90 (1964): 349-358; 351. Emphases in original.

막을 수 있다는 가능성을 표현했다. 또한 이 용어는 대중이 백신접종을 받아들이도록 동기를 부여하는 수사학적 기능도 했다. 그저 좁은 지역이 아니라 더 넓고 전국적인 규모로 박멸 프로그램을 진행할 수 있다는 믿음은 20세기 동안 점차로 사그라들었다. 록펠러재단은 1920년대 라틴아메리카에서 모기 방제를 통해 황열병을 퇴치하려는 야심 찬 캠페인을 시작했지만, 브라질에서 이 질병의 예상치 못한 진원지들이 발견되면서 이 캠페인은 좌절되었고 많은 국제 공중보건 전문가들은 박멸이라는 아이디어에 관심을 잃었다.[18]

그러나 제2차 세계대전 후, 단순한 통제보다는 박멸을 더 선호하게 만들고 지리적으로 더 넓은 지역에서 그런 노력을 할 수 있도록 몇 가지 요인이 작용했다. 가장 중요한 것은 전쟁 기간 동안 과학적 의학이 발전하면서 기본적으로 기술관료 중심적인 프로젝트를 위한 새로운 방편들이 마련되었다는 점이다. 비정부 국제보건기구인 전미위생국(PASB, Pan-Amercian Sanitary Bureau)은 살충제 DDT를 사용하여 말라리아를 옮기는 모기를 죽임으로써 세계 여러 지역에서 말라리아를 박멸하기 시작했다. 이러한 캠페인으로 인해 아메리카와 다른 지역에서 말라리아가 극적으로 감소하자 다른 질병에 대한 열정도 불타 올랐다. 1950년대 초, PASB의 지도부는 백신접종을 부지런히 진행해 아메리카 대륙의 천연두를 제거하겠다는 목표를 세웠다. 1959년 세계보건기구(WHO)는 일정 수준의 집단면역을 달성하는 이론적 모델을 전제로 전 세계 천연두 박멸 캠페인을 촉구하는 결의안을 통과

---

18 Fred L. Soper, "Rehabilitation of the Eradication Concept in Prevention of Communicable Diseases," *Public Health Reports* 80 (1965): 855-869.

시켰다.[19] 유럽과 소련의 보건 관계자들은 인구의 80%가 백신을 잘 접종했을 때 질병 전파가 영원히 멈출 수도 있음을 관찰했다.[20]

미국에서 박멸주의가 자리 잡기 시작한 것은 이러한 국제적인 배경에서였다. 1956년 연례회의에서 미국공중보건협회는 전염병 예방 방법으로서 박멸을 지지하는 첫 번째 결의안을 통과시켰다.[21] 알렉산더 랭뮤어와 같은 주요 인사들은 그것을 과거보다 실현 가능한 목표로 만든 몇 가지 요인들로, 정교한 역학 방법의 증가, 질병 발생과 유병률을 면밀하게 추적할 수 있는 더 나은 감시 시스템의 개발 및 다양한 질병의 발병 기전에 대한 향상된 이해 등을 지적했다.[22]

새로운 지식과 기술로 무장한 보건 당국은 오래된 재앙에 맞서 새로운 자신감을 느꼈다. 19세기의 대표적인 살인 전염병인 결핵은 발병률이 너무 낮은 수준에 이르러서 일부 전문가들은 결핵을 미국에서 완전히 제거할 수 있는 가능성을 고려하기 시작했다.[23] 1962년, 미국공중보건국은 환자들을 치료하기 위해 환자들의 성 접촉을 철저히 추적하고 감시하는 기술을 사용하여 10년 내에 미국에서 매독을 근절하기 위한 캠페인을 시작했다.[24] 지역

19 Donald A. Henderson, "The History of Smallpox Eradication," *Henry E. Sigerist Supplements to the Bulletin of the History of Medicine* 4 (1980): 99-108.

20 F. Fenner, A. J. Hall, and W. R. Dowdle, "What Is Eradication?" in W. R. Dowdle and D. R. Hopkins, eds., *The Eradication of Infectious Diseases* (New York: John Wiley & Sons, 1998), 9.

21 Fred L. Soper, "Problems to Be Solved if the Eradication of Tuberculosis Is to Be Realized," *American Journal of Public Health* 52 (1962): 734 39.

22 Justin M. Andrews and Alexander D. Langmuir, "The Philosophy of Disease Eradication," *American Journal of Public Health* 53 (1963): 1-6.

23 James, "Health Challenges Today."

24 Amy Fairchild, James Colgrove, and Ronald Bayer, "The Myth of Exceptionalism:

사회에 떠도는 소아마비 바이러스의 확산을 막기 위해 사용된 세이빈 경구용 소아마비 백신은 임박한 퇴치의 약속을 지켰다. 1961년『사이언스』지의 한 기사에서 "너무 멀지 않은 미래에 전염병으로부터 상당한 자유를 얻을 수 있을 것으로 자신감을 가지고 기대할 수 있다."고 선언할 정도로 박멸주의는 지배적인 분위기였다.[25]

이 낙관론은 전염병이 더 이상 질병과 죽음의 근원이 아니라는 생각을 반영한 것이었다. 만성적이고 비감염성인 질환, 특히 '3대 질병'인 암·심장병·뇌졸중은 발병률이 꾸준히 증가하여 전후 의학 연구의 최전선으로 올라섰다. 엔더스의 홍역 바이러스 약독화 연구 및 광범위한 항생제 처방으로 대표되는 백신 개발의 거대한 약진은 전염병을 더 빨리 통제하고 싶은 욕망을 키웠다. 1962년 뉴욕시 보건국의 연례 보고서는 새로운 낙관주의의 전형적인 표현으로, 이 나라가 "감염병과의 전쟁에서 위대한 시대의 끝에 있습니다. 우리는 생물학적 치료법이 없는 만성질환에 맞서는 냉전의 위대한 시대로 접어들고 있습니다."라고 선언했다.[26]

박멸주의에는 회의론자들이 있었는데, 특히 저명한 록펠러 대학교 세균학자 르네 뒤보(René Dubos)는 인간과 미생물 사이의 불안정한 공생이라는 주제에 대해 광범위하게 글을 썼다. 뒤보는 어떤 유기체도 완전히 제거할 수 있다거나 완전히 제거해야 한다는 생각에서 자만심을 보았고, 박멸 캠

The History of Venereal Disease Reporting in the Twentieth Century," *Journal of Law, Medicine and Ethics* 31 (2003): 624-637.

25 T. Aidan Cockburn, "Eradication of Infectious Diseases," *Science* 133 (1961): 1050-1058; 1058.

26 *Report of the Department of Health of the City of New York for the Years 1961-1962* (New York: Department of Health, 1963), 9.

페인의 웅장하고 값비싼 야망이 일상적이지만 궁극적으로 더 가치 있는 공중보건 활동을 방해하는 역할을 할 수도 있다고 보았다. 뒤보는 그의 1965년 저서 『인간의 적응』에서 "박멸이라는 단어가 대중에게 호소력을 가지고 열렬히 환영받는다고 해서, 사회의 가장 큰 이익을 위해 제한된 자원과 기술적 능력을 적용하는 탐색적 분석을 대체할 수는 없다."고 썼다.[27] 그는 완벽한 건강에 대한 유토피아적 상상은 긍정적 힘으로 작용할 수 있다면서, '다른 이상들처럼 그런 상상이 목표를 설정하고 그것을 향해 의학이 나아갈 수 있도록 돕기 때문'이라고 인정했다. 그러나 그는 "질병이 완전히 근절될 수 있다는 희망은, 실현될 수 없을 때 위험한 신기루가 됩니다. 이는 유언비어가 추종자들을 비현실의 늪으로 끌어들이는 것에 비유될 수 있습니다."라고 썼다.[28]

1960년대 국가적 행위가 사회 개선을 가져올 수 있다는 믿음이 번성했던 사회적, 정치적 분위기 속에서 박멸주의 사상이 자라났다. 빈곤, 기아, 질병과 같은 고착된 문제들을 목표로 하는 야심 찬 십자군 전쟁은 정부 당국자들이 지역을 지원하기 위해 사회과학 연구의 도움으로 기술적 노하우와 자금을 제공하는 일관된 이념의 산물이었다.[29] 이러한 이념은 1965년에 메디케이드와 메디케어를 제정하는 것을 포함한 광범위한 입법 활동과 노인,

---

27 Rene Dubos, *Man Adapting* (New Haven, Conn.: Yale University Press, 1965), 378.

28 *Ibid.*, 346.

29 On the influence of social science on government programs in the 1960s, see Daniel P. Moynihan, *Maximum Feasible Misunderstanding: Community Action in the War on Poverty* (New York: Free Press, 1969); Carl M. Brauer, "Kennedy, Johnson, and the War on Poverty," *Journal of American History* 69 (982): 98-119; and Byron G. Lander, "Group Theory and Individuals: The Origin of Poverty as a Political Issue in 1964," *Western Political Quarterly* 24 (1971): 514-526.

어린이, 소수 인종, 도시 및 사회의 취약 계층 구성원들이 처한 조건을 개선하고자 하는 다수의 사회 프로그램을 추진하는 원동력이 되었다.[30] 1967년 조기 정기검진 진단 및 치료(EPSDT, Early and Periodic Screening, Diagnostic and Treatment)의 실시 및 빈곤 아동들에게 예방적 돌봄을 보장하기 위해 고안된 메디케어는 아동복지에 대한 강력한 정치적 관심 그리고 국가가 개입할 필요성에 대한 믿음을 반영했다.[31]

전염병 문제가 사회경제적 불이익 문제와 점점 더 밀접해짐에 따라, 연방 차원의 빈곤과의 전쟁은 곧 홍역을 퇴치하기 위해 시작될 싸움의 이상적인 개념적 틀을 제공했다. 질병통제예방센터(CDC)의 백신접종 업무 책임자인 F. 로버트 재클턴(F. Robert Jackleton)은 전국적인 퇴치 캠페인이 시작되기 직전에 "홍역에 취약한 사람들은 도시의 중심부에 그리고 사회경제적으로 열악한 지역에 집중되어 있습니다."라고 주장했다.[32] 1950년대 백신접종 범위가 불평등하다는 '발견'이 새로운 빈부 개념과 맞아떨어진 것처럼, '위대한 사회(Great Society)'라는 이상은 백신접종 프로그램이 개념화되는 방식을 구체화했다. 역학적 패턴은 백신접종이 사회정의의 문제라는 명확한 징후를 보여주었다. 뉴욕주 북부 이리 카운티의 도시, 교외, 시골 거주 지역의 고소득층 자녀들은 모두 저소득층 가정의 아이들보다 홍역 백신

---

30 Ira Katznelson, "Was the Great Society a Lost Opportunity?" in Steve Fraser and Gary Gerstle, eds., *The Rise and Fall of the New Deal Order,* 1930-1980 (Princeton, N.J.: Princeton University Press, 1989).

31 Anne-Marie Foltz, *An Ounce of Prevention: Child Health Politics under Medicaid* (Cambridge, Mass.: MIT Press, 1982).

32 "Twelve Million Children Immunized against Measles; Cases Drop Sharply," *Journal of the American Medical Association* 196 (1966): 29-30, 38-39.

접종률이 더 높았다. 도시 지역에서 부유층의 아이들은 저소득층 아이들보다 백신접종률이 두 배나 더 높았다.[33] 뉴욕시의 경우, 가장 높은 소득층의 아이들 90%가 디프테리아·백일해·파상풍에 완전히 면역된 반면, 극빈층 아이들은 절반만이 그랬다. 소아마비의 경우 고소득층 아이들의 3분의 2가 면역력을 얻은 반면, 극빈층 아이들은 4분의 1만이 보호를 받았다.[34] 전국적인 연구에 따르면 가장 높은 소득층의 아이들이 가장 낮은 소득층의 아이들보다 소아과 전문의를 만날 가능성이 3배 이상 높았다.[35]

첫 번째 홍역 백신이 허가되기도 전에, 백신접종이 그저 무시할 정도로 질병을 줄이는 것이 아니라, 질병을 완전히 없앨 수 있다는 생각을 하게 되었다. 천연두처럼 홍역은 잠복기가 짧은 데다 일단 걸리면 너무 아파서 움직일 수가 없기 때문에 더 퍼져나갈 기회가 적고, 사람 외의 숙주가 없기 때문에 곤충이나 다른 동물 매개체를 공격할 필요가 없어 매력적인 퇴치 후보였다. 디프테리아와 소아마비가 그랬듯이, 이 질병의 경우 무증상 사례나 모호한 사례도 없었다. 알렉산더 랭뮤어는 1962년에 북미에서 발생한 홍역은 "곧 예측될 수 있다."면서 과감히 박멸을 선언했고, 1963년 첫 두 번의 홍역 백신이 허가되었을 때, 공중보건국장 루터 테리는 이 질병이 '이상

---

33   Richard G. Lennon, Craig D. Turnbull, and William R. Elsea, "Measles Immunization in a Northeastern Metropolitan County," *Journal of the American Medical Association* 200 (1967): 815-819.

34   Lawrence Bergner and Alonzo S. Yerby, "Low Income and Barriers to Use of Health Services," *New England Journal of Medicine* 278 (1968): 541-546. See also New York City Department of Health, "Health Services General Project Grant" (typescript, September 10, 1968), NYCDOH, box 142241, folder: Preventable Disease.

35   Charlotte Muller, "Income and the Receipt of Medical Care," *American Journal of Public Health* 55 (1965): 510-521.

적인 조건 하에서' 짧게는 2년 안에 미국에서 퇴치될 수 있다고 주장했다.[36] 제임스 고다드는 1965년 국가 백신접종 컨퍼런스에서 참석자들에게 '질병 통제예방센터(CDC)의 다음 즉각적인 목표는 홍역 퇴치'라고 말했다.[37] 백신의 약속과 CDC의 낙관적인 입장을 확신한 다른 공중보건 및 의사 단체들은 이 계획에 공공연한 지지를 보냈다.[38] 1966년 초, 로드아일랜드는 지역 내에서 질병을 퇴치하는 것을 목표로 삼아 하루 동안 주 전체에서 대규모 캠페인을 펼쳤다.[39]

1966년 11월 미국공중보건협회 연례회의에서는 전국적인 홍역 퇴치 촉구가 공식적으로 제기되었는데, 이 자리에서 CDC의 면역 프로그램 책임자인 브루스 덜(Bruce Dull)은 CDC의 책임자 데이비드 센서(David Sencer), 알렉산더 랭뮤어(Alexander Langmuir)와 함께 공동 집필한 논문을 발표했다. CDC의 비전에 따르면, 네 가지 요소가 이 캠페인에 필수적인데, 한 살의 모든 유아에 대한 일상적인 백신접종, 유아기에 주사를 맞지 않은 어린이의 학교 입학 당시 백신접종, 환자를 신속하게 감지하고 진행 상황을 모니

---

36   Alexander D. Langmuir, "Medical Importance of Measles," *American Journal of Diseases of Children* 103 (1962): 224-226, at 224; "2 Measles Vaccines Licensed; U.S. Sees End of Disease in 1965," *New York Times,* March 22, 1963, 1.

37   James L. Goddard, "Future Goals of Immunization Activities," in U.S. Department of Health, Education and Welfare, *2nd Immunization Conference Proceedings* (Atlanta: Communicable Disease Center, 1965), 9.

38   "Statement of Executive Committee of Conference of State and Territorial Epidemiologists on Measles-September 1966," ASTHO archives, box 3, *folder: Conference of State and Territorial Epidemiologists.*

39   Earl B. Byrne, Beryl J. Rosenstein, Alexander A. Jaworski, et al., "A Statewide Mass Measles Immunization Program," *Journal of the American* Medical Association 199 (1967): 619-623; and James E. Bowes, "Rhode Island's End Measles Campaign," Public Health Reports 82 (1967): 409-415.

터링하기 위한 지역·주·국가 차원의 지속적인 감시, 환자가 발견되는 곳마다 '응급' 프로그램을 통한 발병 통제가 그것이었다. 이들은 이 네 가지 요소 모두에 세심한 주의를 기울이면 1967년 말쯤에는 홍역이 국가에서 퇴치될 수 있다고 주장했다.

홍역 퇴치를 위한 전국적인 범위의 야심 찬 일정은 이전 시대의 박멸 사업과는 달랐다. 또한 역학 이론이 백신접종 범위의 목표를 구체적으로 어느 정도까지 제공하는지도 달랐다.[40] 연구자들은 세기 초에 어떻게 전염병이 퍼지는지에 대한 통계 이론을 공식화하기 시작했는데, 그중 가장 중요한 것은 특정 지역사회에서 전염병의 진행이 (예전 백신접종이나 감염 이력을 통해) 면역력을 얻은 사람들과 감염되기 쉬운 사람들 사이의 균형에 달려 있다는 개념이었다.[41] '집단면역'이라는 용어는 1923년 저널 기사에 등장했고,[42] 1935년 선도적인 역학 교과서에 이에 대해 자세히 설명됐다.[43] 그즈음 일부 보건 당국자들은 집단면역의 개념을 그들의 백신접종 프로그램에 비공식적으로 통합하기 시작했다. 예를 들어, 뉴욕주 보건 관리자인 에드워드 고드프리는 1932년 디프테리아를 통제하기 위해서는 다른 연령대에서

---

40 On this point, see Patrick M. Vivier, "National Policies for Childhood Immunization in the United States: A Historical Perspective" (Ph.D. diss., Johns Hopkins University, 1996).

41 Robert E. Serfling, "Historical Review of Epidemic Theory," *Human Biology* 24 (1952): 145-166.

42 W. C. Tapley and G. S. Wilson, "The Spread of Bacterial Infection: The Problem of Herd Immunity," *Journal of Hygiene* 21 (1923): 243-249. The "herd" in question were mice used in laboratory experiments on the spread of bacterial infections. See Paul E. M. Fine, "Community Immunity," in Plotkin and Orenstein, eds., Vaccines, 1443-1462.

43 Major Greenwood, *Epidemics and Crowd-Diseases: An Introduction to the Study of Epidemiology* (New York: Macmillan, 1935), 68-77.

특정 임계 수준의 면역을 얻어야 한다는 주장이 있다고 소개했지만, 이것이 '단순한 가설'이라고 경고했다.[44] 보건 부서는 도시의 인구 중 몇 퍼센트가 특정 질병에 대한 백신을 접종했는지에 대해 대략적인 지식만 가지고 있어 시 사용가능한 데이터가 제한적이었기 때문에, 집단면역 이론을 경험적으로 검증하기는 어려웠다.[45] 수년 동안, 인구의 4분의 3 정도가 백신접종 범위의 바람직한 기준이라고 널리 받아들여졌지만, 이 수치는 여전히 비공식적인 목표였다. 1960년에 카운티 보건위원회는 다음과 같이 주장했다.

> 디프테리아·백일해·파상풍·천연두에 대해 미취학 및 학령 인구의 70%를 백신접종하겠다는 목표는 마법의 숫자가 되었고, 소아마비에 대한 백신접종 목표 80%라는 수치 역시 잘 정착하였습니다. 이런 숫자가 해당 질병을 통제하는 데 필요한 적절한 비율인지 아닌지는 완전히 증명되지 않았습니다. 하지만, 이것들은 일반적으로 받아들여지는 수준이며, 다른 기준이 없기 때문에 향후 통제된 연구가 우리에게 확실한 답을 줄 때까지 그것들을 받아들이도록 강요해야 합니다.[46]

지역사회 전반에 걸친 체계적인 조사 중 하나가 세기 초 볼티모어에서 이루어졌는데, 시 보건국장은 몇 년 동안 홍역 발병률을 주의 깊게 추적하

44 Edward S. Godfrey, "Practical Uses of Diphtheria Immunization Records," *American Journal o fPublic Health* 23 (1933): 809-812; 811.

45 F. Robert Freckleton, "Preschool Diphtheria Immunization Status of a New York State Community," *American Journal of Public Health* 39 (1949): 1439-1440.

46 William J. Meyer, "Determination of Immunization Status of School Children in New York State," *New York State Journal of Medicine* 60 (1960): 2869-2873; 2869.

여 취약한 어린이와 이미 홍역을 앓아 면역력이 있는 어린이의 비율을 계산했다. 볼티모어 연구의 증거에 따르면 홍역에 대한 면역력이 55% 이상이었을 때 전염병이 발생하지 않았다.[47] 홍역 퇴치의 가능성에 대한 CDC의 가정은 볼티모어 연구 결과에 기초했다.

CDC에 의해 1950년대에 개발된 감시 기술은 데이터의 결정적인 한계를 극복했다. 몇몇 도시의 백신접종 범위에 대한 조사 덕분에 백신접종 프로그램은 최신의 정확한 정보에 따라 진행될 수 있었다. 그들은 도시마다 정확하게 필요한 접종 범위의 비율이 다를 수 있다는 점을 인정했지만, 덜과 그의 동료들은 필요한 면역 수준이 "100퍼센트보다는 상당히 낮다."고 확신했다.[48] 처음에는 정량화 가능한 목표가 전국적인 백신접종 캠페인의 지침이 되었고, CDC 전염병정보국의 세부적이고 지속적인 감시 활동을 통해 관료들은 백신접종 진행 상황을 파악하고 퇴치 목표가 임박했는지 여부와 시기를 결정할 수 있게 되었다.

CDC의 재정적 지원과 물질적 지원으로, 질병 퇴치 캠페인은 전국 도시에서 엄청난 팡파르와 함께 시작되어 7년 동안 지속되었다. 1967년 3월 초, 린든 존슨 대통령은 텍사스 목장에서 발표한 성명서를 통해 이 프로그램을 공식적으로 승인했다.[49] 뉴욕에서의 캠페인이 대표적이었는데, 그 활동의 대부분은 1920년대의 디프테리아 반대 캠페인에 참여한 사람들에게 친숙

---

47   A. W. Hedrich, "The Corrected Average Attack Rate from Measles among City Children," *American Journal of Hygiene* 11 (1930): 576-600.

48   David J. Sencer, H. Bruce Dull, and Alexander D. Langmuir, "Epidemiologic Basis for Eradication of Measles in 1967," *Public Health Reports* 82 (1967): 253-256.

49   "U.S. Plans Drive to End Measles," *New York Times*, March 7, 1967, 43.

했을 것이었다. 광고판과 포스터들이 도시를 뒤덮었다. 보건국장 에드워드 오루크는 부모들에게 아이들을 데리고 주치의나 도시의 인근 보건소에 갈 것을 촉구하는 TV 광고와 라디오 방송을 녹화했다.[50] 50개 도시의 모든 주요 신문들이 이 캠페인을 알리는 기사들을 실었다. 보건 박람회 혹은 담당 부서에서 '건강 해프닝'이라는 은어로 부른 행사는, 참석한 어린이들을 위해 장난감과 게임 같은 상품을 걸고 이스트 할렘과 로워 웨스트사이드와 같은 저소득층 지역에서 열렸다.[51] 담당 부서는 대중들로부터 백신이 왜 중요한지와 어디에서 백신을 얻을 수 있는지에 대한 문의를 받고 응대하기 위해 전화 담당 직원을 배치했다.[52] 만화가 찰스 슐츠는 자신의 인기 있는 만화 『피너츠』 일주일치를 라이너스와 루시가 홍역 예방주사를 맞으러 소아과를 방문한 내용으로 채웠다. CDC는 포스터, 브로슈어, 어린이 컬러링 북을 포함한 홍보 자료를 전국의 도시들에 제공하여 홍보를 도왔다.

디프테리아 반대 운동 때도 그랬듯이, 뉴욕시는 또한 부모들에게 좀 더 직접적으로 다가가려고 시도했다. 이러한 시도 중 가장 중요한 것은 1월 7일에 시작된 '백신접종 알림 시스템'이었다. 이 시스템은 시가 1930년대에 개발한 수동 출생증명서 추적 프로그램을 기술적으로 더 정교하게 만든 버전이었다. 컴퓨터 데이터베이스는 시에서 매달 태어나는 아기 약 11,000명의 부모들에게 발송되는 알림 카드를 생성했다. 스페인어와 영어로 인쇄

50　New York City Health Services Administration, Public Service Announcement, May 1, 1967, NYCDOH, box 142024, folder: Measles.

51　Helen S. Stone to Edward O'Rourke, May 8, 1967; Helen S. Stone to Edward O'Rourke, May 22, 1967, NYCDOH, box 142024, folder: Measles.

52　"Measles Trends in New York City 1968" (typescript), NYCDOH, box 2241, folder: Preventable Disease.

된 이 카드는 아이 출생 90일 후에 우편으로 보내졌는데, 아이들에게 권장되는 백신 일정을 따르도록 권고하고, 그 카드를 보건국에 반납하도록 했다.[53] 한 달 후에 카드를 반납하지 않은 사람들에게는 두 번째 알림 카드를, 필요한 경우 세 번째 알림 카드를 발송하기도 했다. 아이가 태어난 지 1년이 지난 부모들에게도 홍역 백신접종을 상기시키기 위해 알림 카드가 발송되었다.

연방 정부의 빈곤과의 전쟁 노력은 미국 전역의 백신접종 프로그램에 물질적, 개념적 지원을 동시에 제공했다. VISTA(미국 빈민 지구 파견 자원봉사 활동), 직업군인 및 헤드 스타트(Head Start, 취학 전 빈곤 아동을 위한 프로그램)를 포함한 정부 프로그램의 근로자들은 많은 도시에서 홍역 백신접종 프로그램에 기여했다.[54] 4장에서 살펴보았듯이, 1961년 '아기들과 생계유지자들' 반소아마비 캠페인은 전국의 공중보건 부서들에게 동료의 결정에 영향을 미칠 수 있는 '동네 백신접종 지도자들' 명단을 작성하라고 촉구했다. 그 후 몇 년 동안 사회학적 연구는 '토종 비전문가'라는 개념에 대한 신뢰도를 높여 주었는데, 이들은 경제기회국(OEO, Office of Economic Opportunity)의 지역사회 행동 프로그램의 중요한 구성 요소가 되었다.[55] OEO에서 자금 지

---

53 "Immunization Activities Project: First City-Wide Mailing of Birth Certificates Follow-up Program," *Bulletin to Professors of Preventive Medicine*, February 1967, 2; "City Plans Drive for Immunization," *New York Times*, March 2, 1967, 37; Department of Health, "Health Services General Project Grant" (typescript), September 10, 1968, NYCDOH, box 142241, folder: Preventable Disease.

54 U.S. Department of Health, Education and Welfare, *3rd Immunization Conference Proceedings* (Atlanta: Communicable Disease Center, 1966), passim.

55 The sociologist Frank Riessman popularized the term "indigenous nonprofessional" in studies conducted under the aegis of the National Institute of Labor Education on

원을 받는 동네 보건센터와 함께 전국적으로 진행된 몇몇 백신접종 프로그램들은 이웃들에게 백신접종을 촉구하는 교육자 겸 운동원을 모집했다.[56]

홍역 퇴치 운동이 한창이던 때에, 모든 박멸 캠페인 중 가장 광범위한 규모를 자랑했던 미국의 천연두 퇴치 캠페인이 전 세계에서 공식적으로 시작되었다. 이 프로그램은 몇 년 전에 발표되었지만 예산이 충분하지 않아 별다른 성과를 거두지 못했다. 이에 세계보건기구는 특별 기금을 투입하여 박차를 가했고, 이 캠페인은 1967년 초에 공식적으로 시작되었다.[57] 해외에서 이 캠페인이 시작될 때 국내에서는 천연두 백신접종이 일상적으로 계속되어야 하는지에 대해 논쟁이 벌어졌다.

---

community mental health services. See Frank Riessman, *Mental Health for the Poor* (New York: Free Press of Glencoe, 1964), and Arthur Pearl and Frank Riessman, *New Careers for the Poor: The Nonprofessional in Human Service* (New York: Free Press, 1965). On the influence of Riessman's work on immunization programs, see Russell H. Richardson, "Getting Community Response," in U.S. Department of Health, Education and Welfare, *3rd Immunization Conference Proceedings*.

56　See, e.g., Herbert Domke, Gladys Coffey, "The Neighborhood-Based Public Health Worker: Additional Manpower for Community Heath Services," *American Journal of Public Health* 56 (1966): 603-608; Jane Luckham and David W. Swift, "Community Health Aides in the Ghetto: The Contra Costa Project," *Medical Care* 7 (1969): 332-339; James C. Stewart and William R. Hood, "Using Workers from 'Hard-Core' Areas to Increase Immunization Levels," *Public Health Reports* 85 (1970): 177-185; Theodore J. Colombo, Donald K. Freeborn, John P. Mullooly, and Vicky R. Burnham, "The Effect of Outreach Workers' Educational Efforts on Disadvantaged Preschool Children's Use of Preventive Services," American Journal of Public Health 69 (1979): 465-468.

57　Joel G. Bremen and Isao Arita, "The Confirmation and Maintenance of Smallpox Eradication," *New England Journal of Medicine* 303 (1980): 1263-1273.

위험과 이익: 미국에서 천연두 소멸이 가져온 결과

1960년대 중반까지 미국은 거의 20년 동안 천연두로부터 해방되었지만 (마지막 사례는 1949년 텍사스에서 발생했다), 보건 당국은 해외여행을 통해 미국으로 '유입'되는 경우를 여전히 우려했다. 세 명의 의사 검사관들이 아이들와일드 공항(이후 케네디 공항)에 국제항공편으로 도착하는 모든 승객을 검사했고, 다른 국가에서 미국을 방문하는 방문객들은 백신접종 증명서를 제시해야 했는데, 이 문서 중 많은 것들은 구식이거나 사기성이 짙었다.[58] 당시 위협은 1962년 여름, 14세 소년이 브라질에서 비행기를 타고 아이들와일드 공항으로 날아와 택시를 타고 뉴욕시로 이동하여 그랜드 센트럴 터미널에서 몇 시간을 보낸 후 몬트리올로 가는 기차를 탔을 때 생생하게 묘사되었다. 그가 캐나다에서 입원하여 천연두 진단을 받은 후, 뉴욕시 보건 당국은 청소년과 접촉했을 수 있는 사람들을 집중적으로 찾아내서 1만 명 이상에게 백신을 접종했다.[59]

미국의사협회가 1963년 대대적으로 천연두에 대한 보호를 추가하라고 캠페인을 벌인 것은, 이런 사건에 대한 반응이었으며, 최근 성인들의 천연두 백신접종률이 낮다는 설문 조사에 대한 대응이었다.[60] 그러나 매우 짧은

---

58 George Horne, "Idlewild Inspectors Keep Close Watch for Smallpox," *New York Times*, October 20, 1963, 86.

59 James L. Goddard, "Smallpox, Diphtheria, Tetanus, Pertussis, and Poliomyelitis Immunization," *Journal of the American Medical Association* 187 (1964): 1009-1012; John C. Devlin, "Smallpox Alert Is Sounded Here," *New York Times,* August 20, 1962, 17; Lawrence O'Kane, "Broad Search on in Smallpox Case," *ibid.*, August 21, 1962, 21; "Smallpox Danger Is Over, City Health Chief Says," *ibid.*, August 29, 1962, 20.

60 Richard R. Leger, "Doctors See Danger in Low Level of U.S. Immumty to Disease," *Wall*

시간 안에 의료 및 공중보건 전문가들의 의견은 변했는데, 국가가 천연두에 대해 비효율적으로 백신접종을 한다는 생각에서 사람들이 더 이상 시술을 받지 않아야 한다는 믿음으로 바뀐 것이다. 이러한 변화는 일부 의사들과 공중보건 전문가들이 유아나 어린아이에 대한 일상적인 백신접종에서 생긴 피해가 그 이익보다 큰지 질문하면서부터였다.

물론 의학적 합병증은 19세기부터 천연두 백신에 대한 중심적인 논쟁거리였으며, 1902년 미국공중보건국이 백신 생산에 대한 규제 감독 권한을 부여받은 이후에도 마찬가지였다. 1920년대 영국과 네덜란드의 보고서에 따르면 이 백신은 때때로 치명적인 뇌부종을 초래하는 뇌염을 유발할 수 있으며, 그 위험은 유아보다 학령기 어린이에서 더 높다고 했다.[61] 중추신경계 합병증 사례에 대한 보고에 따라, 미국국립보건원은 상황을 알아보기 위한 설문 조사를 실시했고, 연구소 소장은 셜리 윈 뉴욕시 보건국장에게 주목할 만한 사례가 있는지 확인해 달라고 요청했다.[62] 공중보건국의 의료 책임자인 스팀슨(A. M. Stimson)은, 1930년 그의 상관에게 보낸 편지에서 '뇌염을 비롯한 합병증은 유아기 동안 매우 드물거나 없는 반면, 학령기에는 이런 합병증이 너무 빈번해서 그때 의무적인 백신접종을 지원해야 하는지 의문'이라는 이유를 들어, 백신접종은 유아로 제한되어야 한다고 주장했

Street Journal, December 18, 1963, 1.

61 Morris Greenberg, "Complications of Vaccination against Smallpox," *American Journal of Diseases of Children* (1948): 492-502.

62   G.W. McCoyto S.W. Wynne, October 13, 1930, NYCDOH, box 141375, folder: Vaccination. Four months later Wynne reported to McCoy that after consultation with all of his bureau chiefs, "not a single case has come to the attention of this Department since your communication was received." S. W. Wynne to G. W. McCoy, February 10, 1931, NYCDOH, box 141375, folder: Vaccination.

다.[63]

그러나 임상적 사례 외에, 보건 당국에 합병증을 보고하는 것이 법적 의무도 아니고 관행도 아니었기 때문에 얼마나 심각한지에 대한 증거는 거의 없었다. 1960년, 콜로라도의 한 소아과 의사는 소아과 저널에 어린아이에게서 관찰한 다양한 백신접종 합병증을 기록한 연구를 발표했다.[64] 이 기사는 심각한 부작용의 빈도를 알아내기 위해 더 광범위한 조사가 필요하다고 촉구했다. 1966년, 공중보건국의 연구자들은 이 문제가 얼마나 심각한지 기록하기 위한 최초의 체계적인 시도를 통해, 한 해 기록된 약 1,400만 건의 천연두 백신접종 사례 중 400건 이상에서 심각한 부작용이 있었고 7명의 사망자가 발생했다는 것을 확인했다.[65] 이 새로운 수치는 문제를 극명한 용어로 표현했다. 미국 내에 사실상 사라진 질병으로부터 자유롭게 하기 위해, 국가는 매년 상당한 희생자를 기꺼이 용인해 왔는가?

연구의 핵심 결론은, 예전 유럽의 연구 결과와 달리, 전반적으로 한 살 미만 유아의 합병증 빈도가 다른 어떤 연령대보다 2~3배 높다는 것이었다. 이에 맞추어 1966년 백신접종자문위원회(ACIP)는 어린이의 첫 번째 백신

---

63 Stimson cautioned, however, that this information "could hardly be made public and should only be given out to health officials in confidence," a stance that underscores the paternalism that underlay medical ethics in that era. A. M. Stimson to Dr. Williams (n.d. [December 1930]), NARA, box 425, folder: New York Cities & *Counties-Niagara Falls-Seneca Lake*.

64 C. Henry Kempe, "Studies on Smallpox and Complications of Smallpox Vaccination," *Pediatrics* 26 (1960): 176-189.

65 John M. Neff, Michael Lane, James H. Pert, et al., "Complications of Smallpox Vaccination. I. National Survey in the United States, 1963," *New England Journal of Medicine* 276 (1967): 125-132.

접종을 생후 2년으로 연기하라는 권고를 발표했다. 하지만 위원회는 그동안의 관행을 완전히 버릴 준비가 되어 있지 않았다. 위원회의 위원들은 최근 몇 년 동안 국제항공 여행이 크게 증가했으며, 선진국에서는 이 질병이 매우 드물었기 때문에, 의사들은 발병을 억제할 만큼 충분히 일찍 인지하지 못할 수도 있다고 주장했다. 따라서 지속적이고 보편적인 백신접종은 '미국에서 지역사회를 보호하기 위해 현재 실행 가능한 유일한 접근법'이었다.[66] 다른 전문가들은 아직 중단 시기가 도래하지 않았다는 데 동의했다.[67]

그러나 연간 600건의 합병증과 9명의 사망자가 더 발생했다는 통계를 담은 다음 해 추가 조사에서, 최소한 국가의 정책은 수정되어야 한다는 더 강력한 사례들이 드러났다.[68] 합병증의 위험은 특정한 생물학적 조건을 가진 사람들, 특히 습진 또는 다른 피부염과 암 또는 화학요법으로 인한 면역억제를 가진 사람들에게서 더 높은 것으로 알려져 있었기 때문에, 많은 전문가들은 백신접종 대상자를 더 신중하게 선별해야 사망자 수를 줄일 수 있다고 주장했다. 다른 분석가들은 부작용이 적은 개선된 백신을 개발하는

---

66   "Recommendation of the Public Health Service Advisory Committee on Immunization Practices," *Morbidity and Mortality Weekly Report* 15 (1966): 404-407; 405.

67   Lewis L. Coriell, "Smallpox Vaccination: When and Whom to Vaccinate," *Pediatrics* 37 (1966): 493-496; C. Henry Kempe, Abram S. Benenson, "Smallpox Immunization in the United States," *Journal of the American Medical Association* 194 (1965): 141-146.

68   J. Michael Lane, Frederick L. Ruben, John M. Neff, et al., "Complications of Smallpox Vaccination, 1968," *New England Journal of Medicine* 281 (1969): 1201-1207; J. Michael Lane, Frederick L. Ruben, John M. Neff, et al., "Complications of Smallpox Vaccination, 1968: Results of Ten Statewide Surveys," *Journal of Infectious Diseases* 122 (1970): 303-309; J. Michael Lane, Frederick L. Ruben, Elias Abrutyn, et al., "Deaths Attributable to Smallpox *Vaccination, 1959 to 1966, and 1968," Journal of the American Medical Association* 212 (1970): 441-444.

데 투자를 늘릴 것을 제안했다.[69] 일부 분석가들은 더 안전하고 효과적인 정책은 병원과 의료 종사자, 응급 요원, 항구와 항공사 직원처럼 질병 사례와 접촉할 가능성이 매우 높은 사람들, 그리고 천연두가 여전히 남아 있는 세계 지역으로 여행하는 사람들에게만 백신접종을 제한하는 것이라고 제안했다.[70] 한 평론가는 지난 20년 동안 유럽으로 천연두가 유입된 사례를 분석하면서, 그 경우에도 초기 환자를 돌본 의료 종사자들에게만 극히 제한적으로 질병이 퍼졌다고 진단했다. 그는 이러한 데이터를 고려할 때 천연두가 일반 인구에게는 위협으로 간주될 수 없다면서, "최근 병원 밖에서 걸린 천연두보다 우주여행으로 사망한 사람이 더 많다."고 씁쓸하게 언급했다.[71]

백신접종 대상자를 더 신중하게 선별해야 한다는 주장에 깔린 생각은 천연두로부터 나라를 보호하기 위해서 일상적인 소아 백신접종을 시행한다는 가정에 도전하는 것이었다. 백신접종으로 부여된 면역력이 7년~10년 후에 약화되고, 미국의 성인 재접종률이 낮다는 점을 고려할 때, 미국에서 이 질병이 발생하지 않는 것은 지지자들이 주장한 것처럼 기존의 백신접종 관행 때문이 아니라 전 세계적으로 이 질병이 극적으로 감소했기 때문이라

---

69 Saul Krugman and Samuel L. Katz, "Smallpox Vaccination," *New England Journal of Medicine* 281 (1969): 1241-1242; George J. Galasso, "Projected Studies on Immunization against Smallpox," *Journal of Infectious Diseases* 121 (1970): 575-577.

70 George Dick, "Smallpox: A Reconsideration of Public Health Policies," *Progress in Medical Virology* 8 (1966): 1-29.

71 Thomas M. Mack, "Smallpox in Europe, 1950-1971," *Journal of Infectious Diseases* 125 (1972): 161-169; 168.

는 것이었다.[72]

신중한 행동 방침이 무엇인지에 대한 이견은 10여 년 동안 심지어 미국 공중보건국 내에서도 쉽게 조율되지 못했다. 1969년 말, 백신접종자문위원회는 어린이에 대한 보편적인 백신접종을 계속해야 한다는 권고를 재확인했다.[73] 그러나 불과 한 달 후, 질병통제예방센터의 두 직원은 이러한 관행을 포기해야 한다는 장황한 분석을 『뉴잉글랜드 의학 저널』에 발표했다. 그들은 천연두가, 비행기로 여행할 것 같지 않은 사람들 사이에서, 점점 더 지리적으로 그리고 사회적으로 고립된 지역에 국한되어 발병하고 있다고 주장했다. 미국으로 유입되는 모든 사례는 '링백신접종(ring vaccination)'으로 억제될 수 있었는데, 이 방식은 질병이 확인된 지역 사람들만 백신을 접종하여 질병 확산을 막을 수 있는 인간 보호장벽을 만드는 것이었다. 백신접종을 종료하는 결정이 불확실한 위험을 수반한다는 것 그리고 바이러스가 미래에 생물학적 전쟁의 무기로 사용될 수 있다는 가능성을 인정하면서, 저자들은 "우리는 현재의 필요보다는 과거의 극적인 성공 때문에 천연두 백신을 더 많이 접종합니다."라고 결론 내렸다.[74]

이러한 논쟁의 중심에는 과학적 불확실성에 직면한 정책을 어떻게 공식화할 것인가라는 문제가 있었다. 이 경우에는 상황이 더욱 복잡했는데, 잠재적인 위협과 제안된 치료법 모두가 지금까지 알려지지도 않았고 알기도

72 John M. Neff, "The Case for Abolishing Routine Childhood Smallpox Vaccination in the United States," *American Journal of Epidemiology* 93 (1971): 245-247.

73 "Recommendations of the Public Health Service Advisory Committee on Immunization Practices," *Morbidity and Mortality Weekly Report*, suppl. 18 (1969): 23-25.

74 J. Michael Lane and J. D. Millar, "Routine Childhood Vaccination against Smallpox Reconsidered," *New England Journal of Medicine* 281 (1969): 1220-1224.

힘든 위험을 가져왔기 때문이다. 링백신접종이 향후 천연두 발생을 막기에 적절한가? 만일 정기적인 백신접종이 중단되었다가 미래 어느 시점에 질병이 다시 퍼져 백신접종을 재개한다면, 그때까지 백신을 한 번도 맞지 않은 엄청난 사람들에게는 어떤 일이 발생할까? 성인이 되어서 첫 번째 백신접종을 받는 사람들의 경우, 종종 사망으로 이어진 합병증인 백신접종 후 뇌염의 위험이 더 클까? 백신접종의 중단 때문에 사람들은 또 다른 전염병으로부터 보호받아야 할 필요성을 의심할까?

백신접종의 위험성을 점점 더 인지하게 되면서 이를 거부하는 정서가 커진 반면, 궁극적으로 미국에서 정기적인 천연두 백신접종을 중단하는 데 결정적인 영향을 준 것은 전 세계적인 천연두 박멸 캠페인의 급속한 진전이었다. 이 캠페인이 공식적으로 시작된 1967년 당시, 33개국이 천연두 발병을 보고했다. 1970년까지 14개국으로 줄었고, 1971년 중반까지 이 질병은 서아프리카나 중앙아프리카, 인도 대륙의 9개 나라에만 국한되었다. 이 질병의 위험성이 급격히 줄어들자, 그 질병에 대한 백신의 위험을 더 이상 감수할 필요가 없었다. 1971년 9월, 백신접종자문위원회는 새로운 입장을 발표했다. 위원회는 '오늘날 천연두 백신을 비선택적으로 접종하는 방식은 미국 대중의 상당수를 백신접종 합병증의 위험에 불필요하게 노출시키고 있는데, 이는 천연두에 걸릴 확률보다 더 큰 위험'이라고 선언했다. 따라서 보건 당국은 백신접종을 시행하는 "강제 조치의 중단을 고려해야 했다."[75] 그다음 달, 백신접종에 관한 또 다른 영향력 있는 자문기관인 미국소아과

---

75 Center for Disease Control, "Public Health Service Recommendation on Smallpox Vaccination," *Morbidity and Mortality Weekly Report* 20 (1971): 339-345; 339.

학회 전염병위원회는 백신접종자문위원회의 권고안을 지지하는 결의안을 만장일치로 통과시켰다.[76] 미국에서 일상적인 천연두 백신접종 시대는 막을 내렸다.

일반 의료 기관들은 대체로 새로운 권고를 환영했고, 뉴욕주 보건국 부국장은 "많은 의사들이 현재 미국 어린이들에게 천연두 백신을 투여하는 것은 배임과 마찬가지라고 생각한다."고 말했지만[77] 일부 다른 목소리도 있다고 했다. 예를 들어, 일부 시 보건국장들은 천연두 환자가 국제공항 중한 곳을 통해 미국으로 들어올 경우 발병을 억제할 수 있는 능력에 대해 우려를 표했고, 일부 민간 의료인들은 이 권고가 근시안적이라고 생각했다.[78] 하지만 이는 소수 의견이었다. 미국 전역의 도시와 주들은, 이전 세기부터 시행되어 왔던 천연두 백신접종법을 바꾸기 위해 빠르게 움직였다.[79]

천연두 백신접종을 중단한 것은 전염병을 정복할 수 있다는 믿음을 확인하고, 백신접종을 영원한 행복을 위한 힘으로 재확인하는 승리의 순간이었을 수도 있었다. 하지만 이 결정은 전국적으로 백신접종 프로그램이 위기에 처했을 때 나왔다. 수많은 비난과 손가락질을 받으며 홍역 퇴치 노력은 실패로 돌아갔고, 연방 정부의 재정 지원은 더 이상 보장되지 않았으며, 어

---

76 "Revised Recommendations of the Committee on Infectious Disease of the American Academy of Pediatrics, October 17, 1971, for Infants and Children in the United States," *Clinical Pediatrics* 11 (1972): 3.

77 Alan R. Hinman to William H. Wisely, January 7, 1972, NYSDOH, series 13855, roll 4.

78 "Smallpox-Vaccination Laws May Be Revoked by States, Cities in Line with Federal Advice," *Wall Street Journal*, October 8, 1971, 24.

79 Lawrence K. Altman, "All States Drop Smallpox Vaccinations," *New York Times*, January 29, 1976, 30; "Smallpox Vaccination No Longer Required for Entrance to School" (memorandum, State Education Department, April 1972), NYSDOH, series 13855, reel 4.

린아이, 특히 가난한 아이들에게 다가가기 위한 노력도 정체되었다. 천연두를 상대로 꾸준히 진전되었던 것과 대조적으로, 홍역 퇴치라는 목표는 그 어느 때보다 멀어지는 듯했다.

끈질진 홍역

1968년 미국의 홍역 발병은 22,000건으로 사상 최저를 기록했는데, 이는 백신이 허가되기 전 5년 동안 평균 45만 명이었던 것과 비교할 때 놀라운 수치였다. 그해 질병통제예방센터의 조사에 따르면 5세에서 9세 사이 어린이의 절반, 그리고 1세에서 4세 사이 어린이의 약 60%가 백신을 접종했다.[80] 그러나 홍역이 지속적으로 감소하고, 바라고 기대했던 대로 백신을 접종한 어린이의 비율이 꾸준히 증가하는 한편, 그 반대의 현상이 나타났다. 1969년에는 홍역 발병 사례가 약간 증가한 것이다. 1970년에는 47,000건으로 1968년의 두 배가 넘었고, 1971년에는 약 75,000건으로 1968년의 세 배가 넘었다. 동시에 질병통제예방센터의 조사에 따르면 전국적으로 홍역 백신 접종 수준은 정체되어 있었다.[81]

10년 전 소아마비의 경우처럼, 시카고에서 가난한 이웃들의 경험은 새로

---

80   Alan R. Hinman, A. David Brandling-Bennett, and P. I. Nieburg, "The Opportunity and Obligation to Eliminate Measles from the United States," *Journal of the American Medical Association* 242 (1979): 1157-1162.

81   Report and Recommendations of the National Immunization Work Groups March 15, 1977 (McLean, Va.: JRB Associates, 1977), n.p.

운 역학적 패턴의 전조 증상이었다. 1967년에서 1968년 겨울, 이 도시의 남쪽과 서쪽의 미취학 아동들에게 집중적으로 홍역이 유행했다. 당시를 기록한 보고서에 따르면 "미취학 아동들 사이의 홍역 확산은 특히 고층 건물이 있는 도심 재생 거주지에서 두드러졌는데, 감염된 아이들은 개조된 건물이나 사람이 밀집한 곳에서 평범한 부모들과 함께 살고 있는 것으로 확인됐다."[82] 1969년 2월, 사우스 브롱크스에서 홍역이 유행하기 시작한 후, 뉴욕시 보건국은 진료소의 활동을 강화하고, 라디오와 텔레비전을 통해 스페인어로 안내 방송을 제공했으며, 지역 자선단체의 도움을 요청했다.[83] 그러나 봄이 되자, 홍역은 브루클린의 극빈층 거주 지역으로 확산되었다. 연말까지 뉴욕은 전년보다 두 배 이상의 발병 건수를 기록했다.[84] "우리 중 누구도 올해의 홍역 발병을 반복하고 싶어 하지 않습니다. 미국에서 보고된 모든 사례의 25%에 달하는 발병율을 뉴욕이 기록한 이 의아한 명예를 말입니다."라고 보건국 부국장은 좌절하듯이 기록했다.[85]

이 패턴은 곧 익숙해졌다. 1969년과 1970년 미국의 거의 모든 주에서 홍역이 발생했으며, 도심과 시골 지역의 가난한 사람들에게 크게 집중되었

---

82   George E. Hardy, Ira Kassanoff, Hyman G. Orbach, et al., "The Failure of a School Immunization Campaign to Terminate an Urban Epidemic of Measles," *American Journal of Epidemiology* 91 (1970): 286-293; 290-291.

83   "South Bronx Children to Get Measles-Immunization Shots," *New York Times*, February 10, 1969, 35.

84   "Outbreak of Measles in City Is Now Termed an Epidemic," *New York Times*, April 8, 1969, 93; Jane E. Brody, "Measles Outbreak Prompts City to Press Vaccination Campaign," *ibid.*, April rr, 1969, 30.

85   D. Harris to Vincent Guinee, October 8, 1969, NYCDOH, box 142261, folder: Bureau of Infectious Disease.

다.[86] 클리블랜드, 시카고, 볼티모어는 모두 도시 중심 지역의 아프리카계 미국인과 라틴계 어린이들 사이에서 발병했다.[87] 1969년 여름 전국적인 발병 사례를 보고하면서 미국의사협회는 "동부의 '하드코어' 게토 지역의 발병으로 인해 박멸이 '정지 상태'"라고 선언하는 비관적인 보고서를 발행했다.[88]

박멸 운동의 지도자들은, 그들이 미국의 사회구조에 깊이 뿌리박힌 문제를 즉각 해결하려고 참여한 초창기부터 이 위험을 알고 있었다. 1966년 미국공중보건협회 연례회의에서 퇴치 논문을 발표한 적이 있는 브루스 덜(Bruce Dull)은 이후 지속적인 백신접종이 필요한 상황에서 '박멸'이라는 단어가 최종적인 어떤 것을 시사하기 때문에 오해의 소지가 있다고 경고했다.[89] 그럼에도 불구하고, 돌이켜 보면 퇴치 프로그램을 설계한 사람들이 연방 정부의 빈곤과의 전쟁 지도자들처럼 당혹스러운 실패를 각오하고 있었던 것은 분명해 보였다. 질병이 다시 살아난 가장 명백한 이유는 네 가지 계획 중 특히 한 살짜리 아이들의 일상적인 백신접종이 이행되지 않았기 때문이었다. 홍역 발병 건수가 계속해서 증가함에 따라, 실패의 근본적인 이유에 대해 다양한 설명이 제시되었다.

---

86   Conrad, Wallace, and Witte, "Epidemiologic Rationale."

87   Jonathan Spivak, "Measles Resurgence Sparks New Campaign to Immunize Children," *Wall Street Journal,* February 20, 1970, 1.

88   "Measles Eradication at a Stand-Still," *Journal of the American Medical Association* 209 (1969): 191-192.

89   "Report of Proceedings, Conference on 'Measles Eradication 1967' and School Health Programs" (typescript, August 18, 1967), NARA, RG 90, box 334062, folder: Measles Eradication 1967.

실패에 대한 일부 분석들은 백신접종 노력을 뒷받침하는 역학 이론에 의문을 제기했다. 어떤 비판에 따르면 집단면역이라는 개념이 폐쇄적이고 아무렇게나 뒤섞인 인구집단에만 적용되었으며 전국적인 캠페인의 실제 상황을 반영할 수 있는 좀 더 복잡한 모델이 필요했다. 전염병을 예방하기 위해 개체군의 몇 퍼센트가 백신을 맞아야 하는지에 대한 질문에는 "절대적인 숫자로 대답할 수 없다."고 비판이 제기되었다. 개체군의 연령, 인구학적 및 지리적 분포와 그룹 구성원의 혼합에 영향을 미치는 사회적 습관과 같은 요소를 모두 고려해야 하기 때문이었다.[90] 또 다른 분석에서는 박멸에 필요한 백신접종은 "만약 존재한다면, 90% 이상 어디쯤에서 존재할 것"이라고 주장했다.[91] 서아프리카의 홍역 통제 프로그램에서 나온 데이터에 따르면 연간 백신접종률이 90%에 도달하거나 최소한 75%를 계속 유지하는 대대적인 캠페인이 필요했는데, 이는 미국에서 단 한 번도 달성된 적이 없는 수치였다.[92]

박멸 노력의 실패를 이해하기 위한 두 번째 요점은 소아마비 캠페인 기간 동안 등장한 '강경파', 그리고 '접근하기 어려운 사람들'이라는 개념이었다. 이를 언급한 어떤 분석에는 인종과 민족성과 관련된 문화적 차이를 극복하는 것이 얼마나 어려운지 강조했다. 다른 분석에서는 마이클 해링턴의 영향력 있는 책『또 다른 미국』(1962)과 같은 학문적이고 대중적인 작품

90 John P. Fox, Lila Elveback, William Scott, et al., "Herd Immunity: Basic Concept and Relevance to Public Health Immunization Practices," *American Journal of Epidemiology* 94 (1971): 179-189.

91 Conrad, Wallace, and Witte, "Epidemiologic Rationale," 2309-2310.

92 Hinman, Brandling-Bennett, and Nieburg, "Opportunity and *Obligation to Eliminate Measles*."

으로 유명해진 '빈곤의 문화'라는 개념을 사용했다.[93] 이 개념에 따르면, 소수민족과 가난한 사람들은 근본적으로 '주류' 미국 사회와는 다른 행동 패턴과 신념을 가지고 있고, 따라서 백신접종을 덜 받아들였다. 어떤 비평은 가난한 사람들이 질병에 대해 "다소 냉담한 태도를 취한다."고 주장했는데, 이는 그들이 제한적으로 의료를 활용하는 이유를 설명해주었다. '만약 중하위 계층이 상류층과 마찬가지로 큰 경각심을 가지고 질병을 바라본다면 의사와 만나는 일은 분명히 증가할 것'이라고 저자는 주장했다.[94] 뉴욕시의 워싱턴하이츠 지역을 대상으로 한 연구에 따르면 푸에르토리코인들은 '현대 의학과 공중보건의 목표, 방식과 가장 동떨어져 있는 것으로 확인되었는데, 저자에 따르면 "푸에르토리코인, 그리고 상대적으로 덜하지만 흑인들이 왜 공중보건과 의료 분야에서 '접근하기 어려운' 집단의 핵심인지" 설명하는 것이다.[95]

이런저런 평가들은 은연중에 '접근하기 어려운 사람들'을 기능장애로 규정하는 반면, 다른 분석에서는 공중보건 호소에 대응하지 못하는 것을 복잡한 삶에 대한 합리적인 반응으로 설명한다. 가난한 사람들의 예방적 건강관리를 조사한 한 기사의 저자는 "게토 구성원들은 위기에 처한 삶을 영위합니다."라고 주장했다. "이런 위기에 대처하는 방식은 당장 필요한 것을 가장 중요시하는 가치 체계를 만들게 됩니다. 이 체계 안에서 질병은 비상

---

93   Michael Harrington, *The Other America* (New York: Macmillan, 1962); see pp. 15 and 169 for discussions of the relationship between poverty and health.

94   John A. Ross, "Social Class and Medical Care," *Journal of Health and Human Behavior* 3 (1962): 35-40.

95   Edward A. Suchman, "Sociomedical Variations among Ethnic Groups," *American Journal of Sociology* 70 (1964): 319-331; 323.

상황일 때에만 관심의 대상이 됩니다."라고 주장했다.[96] 뉴욕시의 예방가능한 질병 관리국 책임자인 빈센트 기니는 "집세를 내기 위해 아등바등하거나 지붕이 내려앉으려 할 때, 발생할지 않을지 알 수 없는 홍역은 진짜 현실처럼 보이지 않는다."라고 주장하면서 이런 견해를 반복했다.[97] 이런 측면에서 홍역이 심각한 합병증을 가져오지 않는다는 사실은 질병을 없애고자 하는 노력을 방해했다. 천연두나 소아마비같이 사람들의 행동을 자극하는 어떤 불안감을 유발하지 않았기 때문이다. 1971년 어느 주의 보건 담당자는 "여전히 홍역은 불편하지만 그리 위협적이지는 않은 어린 시절의 촌극 정도로 치부된다. 백신접종은 '좋은 일'이지만 중요하지는 않다."고 주장했다. "홍역 백신접종 프로그램은 사람들을 위한 것이지만, 그것은 그들을 대상으로 하는 것이지 그들과 함께 하는 것은 아닙니다. 그 사람들이 필요하다고 느끼는 것에 대한 대응은 더더군다나 아닙니다.""[98] 몇 년 후 홍역 캠페인에 녹아 있던 가정을 떠올리면서 이 캠페인 책임자 중 한 사람인 랭뮤어(Alexander Langmuir)는 다음과 같이 언급했다.

나의 개인적인 생각 속에는 잘못된 믿음이 있었습니다. 일단 홍역이 지역사

---

96 James A. Kent, C. Harvey Smith, "Involving the Urban Poor in Health Services through Accommodation-*The Employment of Neighborhood Representatives," American Journal of Public Health* 57 (1967): 997-1003; 997.

97 John Sibley, "Measles Up 300% Here, but Peak Is Believed Passed," *New York Times*, July 31, 1971, 25.

98 William Schaffner, "Measles Eradication: The Impossible Dream? Or the New Heresy of an 'Old Boy'," in U.S. Department of Health, Education and Welfare, *8th Immunization Conference Proceedings* (Atlanta: Communicable Disease Center, 1971), 16; emphases in original.

회에서 박멸되면, 다시 재유행하고 퍼져나가더라도 지역사회 자발적으로 그 지역 모든 취약계층에 면역력을 부여하려고 노력할 것이고, 곧 질병이 진압될 것이라는 믿음이요. 저는 지역사회의 이런 대응을 '전형적인 천연두 반응'이라고 부릅니다. 그러나 실제로 그런 반응은 일어나지 않았습니다. 제가 본 것은, '불을 끄려는' 경계심이 아니라 시민과 보건 당국 모두의 어처구니없는 무관심이었습니다.[99]

홍역 퇴치 캠페인의 실패에 대한 세 번째 설명은 부적절한 미국 의료 시스템에 주목했다. 이런 분석에 따르면, 일부 사람들의 백신접종률이 계속 낮은 것은 '접근하기 어려운 사람'이라는 특징보다는 완고한 행정 절차와 비인간적인 서비스 때문이었다. 공중보건 저널의 전형적인 비평 기사는 "전통적으로 아동보건소의 진료 시간은 오전 9시부터 11시, 오후 2시부터 4시인데, 하루 종일 일하는 어머니의 요구를 충족시키지 못할 수 있습니다."고 적었다. "도심에 있는 보건 당국의 백신접종 클리닉은 시골 가족들이 여러 번 버스를 환승해야만 갈 수 있기에 방문하는 것이 어렵습니다."[100] 그러한 분석들은 비단 홍역 사례에만 국한된 것이 아니라, 전체 백신접종 프로그램에 대한 고발이었다. 텍사스 오스틴에서 유행한 디프테리아를 통제하는 과정에서 사람들이 줄 서서 대기한 시간은 1~2시간이었고, 심지어

---

99   Alexander D. Langmuir, "Changing Concepts of Airborne Infection of Acute Contagious Diseases: A Reconsideration of Classic Epidemiologic Theories," *Annals of the New York Academy of Sciences* 3 53 (1980): 35-44; 38.

100   Wilbur Hoff, "Why Health Programs Are Not Reaching the Unresponsive in Our Communities," *Public Health Reports* 81 (1966): 654-658; 656.

많은 사람이 빗속에 서 있어야 했다. 진료소는 대기자가 몇 명이 남았든 상관없이 정해진 시간에 문을 닫았다.[101] 테네시의 어떤 조사에 따르면 경직되고 비우호적인 행정 절차로 인해 자녀에게 정말로 백신을 맞추고 싶었던 부모조차 그렇게 하지 못했다. "만약 진료소가 열리지 않는 날에 아이들이 방문한다면, 멀리서 왔든 아주 위험한 경우든 상관없이, 게다가 정해진 시간에 다시 방문할 수 없을지 몰라도 아이들은 백신을 맞지 못했다."[102]

경직된 관료적 구조 때문에 저소득층 환자들뿐 아니라 의료 기관 종사자들도 여러 어려움을 겪었다. 한 의사는 다음과 같이 주장했다.

> 카운티 보건소에서 전체 백신접종을 마치려면 일곱 번을 방문해야 합니다. 대기 시간은 아주 길고 서비스는 비인간적입니다. 1970~1971년 뉴욕시에서 홍역이 유행했을 때, 의사는 홍역 백신을 1달러 69센트에 구매한 반면, 주의 메디케이드에서 지불한 백신접종 비용은 백신 하나당 1달러였습니다. 의사가 직접 보건 당국을 찾아 가거나, 접종하려는 환자의 이름을 적은 처방전을 시종에게 들려 보내야, 그나마 적은 양의 백신을 무료로 받을 수 있었습니다. 이것은 분명히 집단면역 운동을 촉진하기 위해 고안된 절차가 아니었습니다.[103]

---

101 James C. Stewart, "Analysis of the Diphtheria Outbreak in Austin, Texas, 1967-69," *Public Health Reports* 85 (1970): 949-954.

102 Bernard Guyer, Steven J. Baird, Robert H. Hutcheson, et al., "Failure to Vaccinate Children against Measles during the Second Year of Life," *Public Health Reports* 91 (1976): 133-137; 136.

103 Herbert A. Schreier, "On the Failure to Eradicate Measles," *New England Journal of Medicine* 290 (1974): 803-804; 804.

의료 시스템 내부의 이러한 가혹한 평가는 외부인들의 급진적인 정치적 비판과 맞물렸다. 1970년 널리 인용된 화제작 『The American Health Empire』를 출판한 보건정책자문센터(Health Policy Advisory Center, HealthPAC)와 같은 좌파 활동가 단체들은 의료 기관들에 대해, 기존 사회적 불평등을 반영하고 강화하는 자본주의 권력과 이윤 창출의 도구라고 공격했다.[104] 같은 맥락에서 자주 제기된 비판은, 의사들이 전국적인 백신접종 캠페인에는 오랫동안 협력하지 않는 대신 자기 손에 닿는 아이들에게만 백신접종을 했다는 것이다.[105] 홍역 퇴치 캠페인이 시작될 때 발생한 한 가지 사건이 대표적이었다. 샌프란시스코 소아과학회는 지역에서 백신접종하는 것을 지지하지 않는 대신 민간 의사 진료소를 방문해서 예방주사를 맞아야 한다고 주장했는데, 이로 인해 계획되었던 대량 백신접종 프로그램이 무산되었다. 이 조치로 인해 매사추세츠주 상원의원 에드워드 케네디는 홍역 통제에 특별한 관심을 갖게 되었는데, 나중에 보겠지만, 공중보건국장 윌리엄 스튜어트(William Stewart)에게 편지를 보내 미국공중보건국이 질병을 퇴치하는 데 의료계의 협력을 끌어내기 위해 가능한 모든 조치를 취하라고 촉구했다. 물론 공중보건국은 자신의 프로그램에 대한 실질적 혹은 수사학적인 지지를 지역 의료계에 강요할 권한이 없었다. 케네디의 편지는 "샌프란시스코의 사례처럼 어떤 경우에는, 의료계가 지원을 꺼릴 경우 대

---

104 Health Policy Advisory Center, *The American Health Empire: Power, Profits, and Politics* (New York: Random House, 1970).

105 Schreier, "On the Failure to Eradicate Measles"; William J. Dougherty, "Community Organization for Immunization Programs," *Medical Clinics of North America* 51 (1967): 837-842.

대적인 홍역 백신접종 캠페인은 충분히 연기되거나 중단될 수 있습니다"라고 적혀 있었다. 그러나 공중보건국은 질병통제예방센터가 홍역 퇴치 캠페인을 진행하면서 미국의사협회, 미국소아과학회를 포함한 전국적인 의료 단체의 지지를 확보했다면서 케네디를 안심시켰다.[106]

홍역 퇴치 캠페인이 실패한 마지막 이유 그리고 많은 분석가들이 중요하다고 생각한 이유는 연방 정부의 지속적인 재정적 지원이 부족했다는 것이었다. 1967년까지 연방 자금은 미국 전역의 백신접종 프로그램 예산의 상당 부분을 차지했다. 질병통제예방센터는 주, 카운티 및 시 단위에서 진행되는, 미국 인구의 80%에게 도움이 될 100개 이상의 프로젝트를 지원했다.[107] 이 시기에 연방 정부가 주 비용을 지원하는 적절한 방법에 대해 정치적 논쟁이 등장했다. 백신접종지원법은 주에서 사용할 수 있는 자금을 특정 필요에 따라 할당하는 '조건부 지원' 방식을 채택하고 있었다. 차기 닉슨 행정부는 각 주가 일괄로 정액을 교부받는 방식을 선호했는데, 각 주는 지출 방법을 결정하는 폭넓은 재량권을 지녔다. 1966년과 1967년에 통과된 법률은 공중보건국이 각 주에 자금을 할당하는 방식을 바꾸었고, 많은 조건부 지원 프로그램이 포괄 보조 프로그램과 통합되었다.[108] 백신접종지원법은 1968년 만료된 이후 갱신되지 않았으며, 1969년 말 자금 지원은 종

---

106 Edward M. Kennedy to William H. Stewart, July 7, 1967; and John Bagby to Edward M. Kennedy, July 27, 1967, NARA, RG 442, box 43434, folder: Information 1967-1968.

107 F. Robert Freckleton, "Status Report by CDC," in U.S. Department of Health, Education and Welfare, *4th Immunization Conference Proceedings* (Atlanta: Communicable Disease Center, 1967).

108 Kay A. Johnson, Alice Sardell, Barbara Richards, "Federal Immunization Policy and Funding: A History of Responding to Crisis," *American Journal of Preventive Medicine* 19 (2000): 99-112.

료되었다. 1960년대 보장되었던 백신접종 프로그램들은 '보건 파트너십' (Partnership for Health) 프로그램이라고 불린, 공중보건국의 새로운 포괄 보조 방식에 통합되었다. 훨씬 더 시급하다고 생각할만한 보건 관련 문제를 맞닥뜨린 많은 주들은 백신접종보다는 다른 프로그램을 위해 자신들의 교부받은 자금을 쓰기로 했다.[109]

홍역 프로그램은 변화를 가장 많이 겪었고, 아이러니하게도 1969년 6월에 허가된 새로운 풍진(독일 홍역) 백신의 등장으로 상황이 악화되었다. 풍진은 비교적 가벼운 질병이지만, 임신부와 신생아에게 심각한 영향을 미치기 때문에 특별한 주의를 기울이는 질병이었다. 1964년 미국에서 풍진이 발생하여 심각한 장애를 가진 2만여 명의 어린이가 태어났다. 이 질병은 5년에서 7년을 주기로 발생하는 것으로 알려져 있으며, 따라서 일반적으로 새로운 백신을 도입하여 잠재적인 전염병을 미연에 방지해야 한다는 절박감이 있었다. 보건교육복지부는 새롭고 혁신적인 프로그램을 조건부로 자금을 지원하도록 허용한 포괄 보조 프로그램의 조항에 따라 1969~1970년 회계연도에 풍진 백신접종 프로그램에 거의 백만 달러를 특별 지출했다. 결과적으로, 백신접종을 위한 연방 자금은 풍진 퇴치에만 사용될 수밖에 없었다. 두 가지 정치적 발전의 시기가 밀접하게 연결되었지만, 연방 백신 자금의 포괄 보조방식은 풍진 지원 정책 결정과는 무관한 것이었다. 그럼에도 불구하고 많은 분석가들은 이런 사건의 흐름을, 연방 관료들이 풍진에 대처하기 위해 홍역으로부터 자금을 옮겨 온 것이라고 설명했다.[110]

---

109 Vivier, "National Policies for Childhood Immunization in the United States," 110-131.

110 Ibid., 160; Elizabeth W. Etheridge, Sentinel for Health: A History of the Centers for Disease Control (Berkeley: University of California Press, 1992), 174-177.

일상적인 백신접종을 위한 자금이 줄어들면서, 홍역 외에 다른 질병에도 영향을 미쳤다. 미취학 아동의 90% 가까이가 백신을 접종하게 된 1960년대 초 세이빈 백신에 대한 대대적인 지역사회 캠페인 이후, 소아마비 백신접종은 매년 감소하여 1971년에는 약 63%의 어린이만 보호를 받았다.[111] 1960년대 말, 전국적으로 디프테리아 발병률이 몇 년 만에 최고 수준으로 상승했다. 물론 그 수치는 모든 주의 연간 전염병 사망자 수가 수백 또는 수천 명에 달했던 20세기 초의 수준까지 근접하지는 않았다. 그러나 이러한 아주 적은 사례조차도 백신이 그렇게 오랫동안 사용되어 왔던 시대에는 허용될 수 없어 보였다. 쉽게 예방할 수 있는 질병을 박멸은커녕 통제도 하지 못했다는 것이, 부적절한 국가 보건 인프라를 향한 당혹스러운 논평이었다.

백신접종 프로그램에 대한 자금 지원은 그 후 몇 년 동안 계속 들쭉날쭉했다. 소아질환 발병률이 증가하고 있다고 걱정한 질병통제예방센터 국장 데이비드 센서(David Sencer)의 압박에 대응하여, 의회는 주 정부와 지방정부가 백신접종 프로그램을 지원하는 새로운 재량적 보조금 프로그램(관련 법안의 이름을 따서 '317' 보조금이라고 명명함)을 만들었다.[112] 홍역이 전국적으로 다시 유행하면서 1971년과 1972년에 연방 정부의 특별 할당금이 지원되었다. 하지만 1973년에는 1962년 백신접종지원법 통과 이후 가장 적은 금액으로 기금이 삭감되었다.[113]

홍역 퇴치에 실패한 이유들, 다시 말해, 불확실한 역학 이론, '빈곤의 문

111   John J. Witte, "Recent Advances in Public Health. Immunization," *American Journal of Public Health* 64 (1974): 939-944.

112   Johnson, Sardell, and Richards, "Federal Immunization Policy and Funding."

113   Vivier, "National Policies for Childhood Immunization in the United States."

화' 속에서 전염병에 대한 무관심, 부적절한 국가 보건의료 시스템, 지속 가
능한 연방 자금 지원 부족 등의 이유와 상관없이, 1970년대 초 질병통제예
방센터 관계자들은 불과 몇 년 전의 낙관론으로부터 극명한 반전을 경험했
다. 전국 곳곳에서 활동하던 그들은 홍역 퇴치를 성공적으로 이끌기보다
는, 잘 통제되고 있다고 오랫동안 생각했던 여러 질병에 대한 기본적인 보
호를 유지하려는 지연 작전을 펼치고 있을 뿐이었다. 하지만, 홍역 퇴치 노
력은 공중보건 분야의 중요한 진전이라고 널리 평가받는 한 가지 중요한
정책 분야에 큰 영향을 미쳤는데, 전국적으로 학교 입학 전에 홍역과 다른
백신의 접종을 요구하는 주법을 제정한 것이었다.

'No Vaccine, No School': 강제의 귀환

20세기 중반 내내 백신접종과 관련하여 자발적인 분위기가 퍼졌다. 소크
백신이 허가되었을 때, 의무적 접종은 잘 봐줘도 불필요한 것 정도로, 최악
의 경우에는 철학적으로 반대할만한 것으로 여겨졌다. 국립소아마비재단
의 고위 직원들은 "자선적인 기부와 마찬가지로 백신접종도 자발적이어야
한다."고 믿었다.[114] 1950년대 후반 백신의 대중적 인기가 떨어지면서 보건

---

114 Tom Rivers, the foundation's medical director, who had served on the New York
    City Board of Health for many years, was skeptical about the constitutionality of
    compulsory laws; he claimed that "health boards keep the laws on the books by
    keeping them out of court where they would be declared invalid." Wilber Crawford
    to Elaine Whitelaw, February 27, 1959, MOD, series 3, file: Vaccine Promotion and
    Education 1959.

당국이 실망하고 있을 때, 몇몇 주는 백신접종 범위를 넓히는 법을 활용해 볼까 고민했다. 인디애나주 의회는 주 보건위원의 추천으로, 자녀를 학교에 등록시키는 부모들에게 백신접종 여부에 대한 진술서를 제출하도록 요구하는 자발적인 시스템을 채택했다.[115] 사우스캐롤라이나에서 소아마비 백신접종을 의무화하는 법안이 발의되었을 때, 지역 의료계는 강제 접종 문제를 둘러싸고 분열되었다. 주 의학 저널은 "개인의 권리를 열렬히 옹호하는 사람들은 구제를 원하지 않는 사람에게 보호받을 것을 강요할 수 없다고 주장하지만, 이 법안을 지지하는 사람들은 자발적인 백신접종이 오히려 실패했다고 지적했다."라고 언급했다.[116] 이 법안은 주 의회를 통과하지 못했다. 뉴저지에서는 주 의사협회가 법적 요건을 지지하는 결의안을 통과시켰지만, 입법부를 통과한 법안은 없었다.[117]

강제적 규정을 가진 주들의 경우 그 원동력은, 질병의 확산을 막을 수 있는 가장 효과적인 방법을 찾는 의료 전문가들보다는 재정 부담을 제한하는 것을 우려한 입법자들로부터 나왔다. 1965년 뉴욕주 의회에 상정된 법안의 문구는 이러한 우려를 분명히 드러냈다.

---

115   The commissioner and members of his staff testified against a proposal to make polio immunization mandatory on the grounds that it would detract from efforts to get parents to immunize their children in infancy. A. L. Marshall Jr. and Andrew C. Offutt, "A Noncompulsory Immunization Law for Indiana School Children," *Public Health Reports* 75 (1960): 967-969.

116   "Compulsory Inoculation," *Journal of the South Carolina Medical Association* 57 (1961): 171.

117   William J. Dougherty, Adele C. Shepard, and Curtis F. Culp, "New Jersey's Action Program to Prevent Poliomyelitis," *Public Health Reports* 75 (1960): 659-664.

백신접종 후 가장 대표적인 소아마비 장애인은 소외된 가정의 5살이 채 안 된 어린이이다. 그 가족이 아이의 의료비와 재활비를 부담하지도, 아이가 커서 자립하지도 못할 것 같다. 따라서 소아마비 희생자에게는 앞으로 수천 달러의 세금과 구호비가 들 것이다. (중략) 마비성 소아마비로부터 보호받지 못한 수많은 미취학 아동들은 그들 자신의 이익뿐만 아니라 지역사회 전체의 건강과 경제적인 안녕을 위해서 백신접종을 받고 보호되어야 한다.[118]

이 법안에 대해 뉴욕시 보건국장 조지 제임스(George James)는 법적 강제에 대해 자기 부서의 오래된 우려를 표명했다. "우리는 입법 없이도 얻을 수 있는 것들을 입법화하는 것을 좋아하지 않습니다."라고 그는 설명했다. 게다가 제임스는 뉴욕시 취학연령 어린이의 95% 이상이 소크 또는 세이빈 백신을 맞았기 때문에 이미 잘 보호받고 있다면서, 그런 법은 심각한 위험에 처한 미취학 아동에 대한 관심을 다른 곳으로 돌린 것일 뿐이라고 주장했다.[119] 뉴욕 주지사 넬슨 록펠러는 제임스의 주장을 언급하며 이 법안에 거부권을 행사했다. 이에 대해 의원들은 법안의 범위를 탁아시설, 유치원, 미취학아동 센터에 들어가는 아이들까지 포함할 수 있도록 확대했다. 록펠러는 1966년 8월에 개정된 법안에 서명했고, 이 법안은 이듬해 1월부터 시행되었다. 하지만 뉴욕은 이례적인 경우였다. 1960년대 중반, 극소수의 주

---

118 "An Act to amend the public health law, in relation to requiring the vaccination of school children against poliomyelitis" (February 10, 1965), NYCDOH, box 141983, folder: Poliomyelitis.

119 George James to Alexander Chananau, June 8, 1965, NYCDOH, box 141983, folder: Poliomyelitis.

들만이 학교 입학 전에 소아마비 백신접종을 요구하는 법을 제정했다.[120]

홍역 퇴치 운동은 이 법을 근본적으로 바꾸어 놓았다. 학령기 아동에게 면역력을 부여하는 것은 질병통제예방센터가 1966년에 제시한 캠페인(신생아 백신접종, 지속적인 감시, 발병 통제와 함께) 네 가지 프로그램의 중심축 중 하나였다. 따라서 그 목표를 달성하기 위한 도구로 학생들의 백신접종을 의무화하는 법을 이용한 것은 놀라운 일이 아니었다. 이 질병이 가장 자주 발생하는 대상은 유치원생과 1, 2학년 학생들이었고, 질병통제예방센터 관계자는 인구 집단 내에서 '나이가 더 많은 취약계층'이 늘어나는 것을 허용하는 것이라고 경고했다.[121] 이러한 맥락에서 많은 보건 당국자들은 백신접종 법안에 대한 오래된 반대를 재고하기 시작했다.

새로운 법 제정을 이끈 또 다른 세력은 워싱턴 D.C.에 기반을 둔, 정신지체를 우려하는 자선단체 조셉 P. 케네디 재단이었다.[122] 홍역 감염 환자 약

---

120   By 1963, only eight states had enacted laws requiring polio vaccination for students: California, Kansas, Kentucky, Michigan, Nlissouri, New Hampshire, North Carolina, and Ohio. Adelaide M. Hunter, Robert Ortiz, Joe Martinez, "Compulsory and Voluntary School Immunization Programs in the United States," *Journal of School Health* 33 (1963): 98-102. See also Intensive Immunization Programs, 14. Requirements for vaccination before school entry were also adopted at the local level as well; many states had laws that allowed localities to enact such regulations, although the number of cities that did so is unknown.

121   "Status Report by CDC," 4.

122   The foundation was established in 1946 and named in honor of one of Joseph Kennedy Sr.'s sons who had been killed in World War II. It funded scientific research into the causes and treatment of mental retardation and sponsored the annual "Special Olympics." John Clinton, ed., *National Guide to Foundation Funding in Health* (New York: Foundation Center, 1988). On the research funded by the foundation, see George A. Jervis, ed., *Mental Retardation: A Symposium from the Joseph P. Kennedy, Jr. Foundation* (Springfield, Ill.: C. C. Thomas, 1967).

1,000명 중 1명한테서 나타나는 뇌염이 정신지체의 주요 원인이었고, 이 재단은 홍역 백신의 허가에 큰 관심을 가졌다. 이 단체는 상당한 정치적 연줄을 가지고 있었는데, 회장이 에드워드 케네디 매사추세츠 상원의원이었고, 부회장 유니스 케네디 슈라이버는 상원의원 겸 전직 회장의 여동생이었으며 동시에 경제기회국장인 사전트 슈라이버의 부인이었다. 이 단체는 박멸 프로그램이 공식적으로 발표되기도 전에 국회의원들과 전국의 보건 당국자들에게 공격적인 백신접종 프로그램을 실시하도록 촉구했다.[123] 1968년 1월, 케네디 재단은 유니스 케네디 슈라이버가 서명한 편지를 여러 주의 주지사와 의회 대표단에게 보내, 공립학교에 입학하기 전에 홍역 백신접종을 의무화하는 법을 제정할 것을 촉구했다. 재정 문제에 대한 정치인들의 우려에 호소하면서, 편지의 내용은 각 주의 상황에 맞추어 작성되었다. 현재 각 주의 홍역 유병률, 다음 해 지적 장애 및 사망 사례 예상치, 의료 및 재활 치료에 필요한 국가 예상 지원액을 포함했다.[124]

편지에 적힌 각 주의 홍역 유병률 데이터는, 홍역 백신을 제조하는 다우 케미컬 회사의 부서인 핏맨-무어(Pitman-Moore)에서 근무한 케네디 재단 자문 제임스 보우스가 제공했다. 백신 제조업체의 대표로서 제임스가 홍역 문제의 심각성을 과장하는 것은 그의 고용주에게 유리한 일이었는데, 이런 잠재적인 이해충돌을 인지한 어떤 주의 보건 당국자는 편지에 묘사된 질병 유병률이 과장되었다고 분노했다. 그 주의 전염병 통제 수장은 보우스의

123 Harold T. Fuerst to Arthur Bushel, May 26, 1966, NYCDOH, box 2007, folder: Preventable Diseases.

124 See, e.g., Eunice Kennedy Shriver to John A. Volpe, January 22, 1968, NARA, RG 442, box 43435, folder: Programs & Projects 1967-1968.

상관에게 보낸 편지에서, "저는 매사추세츠주가 어떤 식으로든 홍역 백신 접종 프로그램을 일부러 꾸물거리고 있다는 추측에 분개하고 있습니다." 라고 썼다. "보우스 박사가 슈라이버 부인의 편지를 작성한 건 아니지만, 그 편지의 근거로 쓰인 잘못된 데이터를 제공했습니다. 저는 모든 주 보건 당국이 자신들의 성과를 부당하게 오해받는 것에 대한 책임을 핏맨-무어에 게 물을 것이라고 확신합니다."[125]

제이콥 자비츠 상원의원은 재단에서 받은 편지를 뉴욕주 보건국장인 홀리스 잉그레이엄에게 전하며 의견을 구했다. 잉그레이엄은 전임자들처럼 실용적인 이유로 어린이들에 대한 법적 의무화를 반대한다고 조심스럽게 대답했다. "의도는 칭찬할 만하지만, 이런 접근은 고의적인 위험의 일종으로 간주되어야 합니다." 잉그레이엄 보기에, 이 법 때문에 부모들은 자녀들이 학교에 들어갈 때까지 백신접종을 연기할 수도 있기 때문에, 보건 담당자들은 한 살 때 어린이들에게 홍역 백신접종을 하도록 부모들을 설득하는데 상당한 애를 먹고 있었다.[126] 그럼에도 불구하고 이 문제를 다루는 다양한 법안들이 보건 당국의 지원이나 노력 없이도, 천천히 주 의회를 통과하고 있었다. 홍역 백신접종 조건을 추가해야 한다는 근거는 소아마비에 대해 표출되었던 우려와 일맥상통 했는데, 전염병에 걸린 어린이에게 주 예

---

125   Nicholas Fiumara to Fred Bledsoe, February 2, 1968, NARA, RG 442, box 43435, folder: Programs & Projects 1967-1968. On James Bowes's involvement in the work of the Kennedy Foundation, see "Status Report on Measles Programs" (memo, June 7, 1967), Joseph P. Kennedy Jr. Foundation, NARA, RG 442, box 43434, folder: Information 1967-1968.

126   Hollis Ingraham to Jacob Javits, February 16, 1968, NYSDOH, senes 13307-82, box 42, folder: Measles 1963-1970.

산이 소요된다는 것이었다.[127] 1968년 홍역을 박멸하려는 노력이 본격화되고 케네디 재단이 이를 밀어붙이면서, 록펠러는 1969년 1월 1일부터 효력을 가지는 홍역 요구 법안에 서명했다.[128]

1970~1971년의 '자연 실험(natural experiment)'은 학교 입학 요건의 효과에 대한 경험적 증거를 제공했고 전국적인 법 제정 움직임을 자극했는데, 이때 일부 공중보건 관료들은 '백신을 맞지 않으면 입학 불가'(no shots, no school)라는 슬로건을 외쳤다. 텍사스주와 아칸소주 경계에 걸쳐 있는 텍사캐나시에서 홍역이 유행했을 때, 텍사스에서는 학교 입학 전에 홍역 백신 접종을 요구하지 않았고, 아칸소주는 그런 조항을 가지고 있었다. 아칸소주와 인접한 텍사스주의 보위 카운티에서 어린이 발병률은 아칸소주 밀러 카운티보다 12배나 높았다.[129]

입학 전 백신접종 요건을 입법화한 주의 숫자는 빠르게 증가했다. 1968년에는 학교 입학 전에 1회 이상의 백신접종을 요구하는 법률을 가진 주가 절반에 불과했는데, 1974년에는 40개 주로 늘었다.[130] 홍역 백신을 접종한 5~9세 어린이의 비율은 1968년 약 절반에서 1974년에는 거의 4분의 3까지

---

127 *Journal of the Senate of the State of New York, 189th Session*, vol. 1 (Albany, N.Y.: Williams Press, 1966), 454; *Journal of the Senate of the State of New York, 191st Session*, vol. 1 (Albany, N.Y.: Williams Press, 1966), 794-795.

128 New York State Department of Health, news release, April 11, 1970, NYSDOH, series 13 307-82, box 42, folder: Measles 1963-70. It is unclear whether or not Rockefeller ever saw the Kennedy Foundation's letter or was persuaded by the foundation's efforts.

129 Philip J. Landrigan, "Epidemic Measles in a Divided City," *Journal of the American Medical Association* 221 (1972): 567-570.

130 "Measles-United States," *Morbidity and Mortality Weekly Report* 26 (1977): 109-111.

증가했다. 같은 기간 동안 1~4세 어린이의 백신접종 비율은 일정하게 유지되었다(약 60%).[131] 홍역 백신접종 요건이 관련 법률을 바꾸는 원동력이 되었지만, 많은 주에서 이 기회를 이용해서 예방 가능한 거의 모든 질병에 대해 백신접종 요건을 추가하는 대범한 쇄신을 단행했다. 또한 상당수의 법이 대학생과 어린이집까지 그 영향력을 확장했다. 일반적인 벌칙은 학교를 못 나오게 하는 것이었지만, 어떤 법은 부모가 법을 위반하거나 학교 관계자가 이를 강제하지 못할 경우 경범죄로 처리했다.[132] 1981년까지 아이다호, 아이오와, 와이오밍주는 나중에 뒷걸음쳤지만, 1981년이 되면 50개 모든 주에서 예방 가능한 질병에 대한 백신을 입학 전에 맞도록 의무화했다.[133]

지역사회를 동원하고 권한을 부여하는 '위대한 사회'의 시대정신 속에서 진행된 홍역 퇴치 운동이 전국적인 강제 규정과 법의 네트워크를 영원한 유산으로 남겼다는 것은 역설적일 수도 있다. 하지만 학교 입학 조건을 지지하는 사람들 특히 질병통제예방센터 관계자들은 다른 이들을 설득하는 데 유효하다는 식으로 이 법을 설명했고, 강제적 수단보다는 행동을 촉구하는 유용한 촉진자로 규정지었다. 법안 제정을 가장 강하게 주장한 앨런 힌먼은 "기본적으로 이 문제에 관심을 갖지만 다른 사안들도 우려했던 사람들에게 어떤 행동을 유발하기 위해서는 종종 몇 가지 추가적인 자극이 필

---

131 Hinman, Brandling-Bennett, and Nieburg," Opportunity and Obligation to Eliminate Measles."

132 Charles A. Jackson, "State Laws on Compulsory Immunization in the United States," *Public Health Reports* 84 (1969): 787-795.

133 Jeanette L. Hale, "School Laws Update," *in 16th Immunization Conference Proceedings* (Atlanta: Centers for Disease Control, 1981).

요하다."고 주장했다. 이렇게 보면, 이 법들은 '백신접종이 지속적이고 공공연하게 필요하다는 것에 사람들의 관심을 모으는 수단'으로 작용했기에, 본질적으로 제한적일 수밖에 없었다.[134] 따라서 이 법의 사용은 사회복지를 향상시키기 위해 국가가 개입해야 한다는 자유주의적 사상과 일치했다.

백신접종률을 높이기 위해 법적 제재를 사용하는 것이 적절하다는 일반적인 합의에 대해 반대하는 목소리도 있었다. 유명한 소아과 의사이자 최초의 홍역 백신 개발자 중 한 명인 사무엘 카츠(Samuel Katz)는 "적절한 의료전달체계 및 의료교육 시스템이 예방의학을 위한 최고의 접근법입니다."라고 밝혔다. "법은, 어느 한 극단에서는 잘못된 성취감을 낳기 쉽고, 다른 극단에서는 변화를 위한 지적, 감정적 자극을 억누르는 순응적 분위기를 만들 수도 있습니다."[135]

19세기와 20세기 초, 백신접종 의무화와 관련된 여러 논란들을 고려할 때, 1960년대와 1970년대에 입법자들이 전국적으로 새로운 법을 신속하게 제정하고 대중들이 이런 조치에 광범위하거나 지속적인 항의를 하지 못했다는 것은 놀라운 일이었다. 논란이 없었던 큰 이유 중 하나는 이즈음에 백신접종은 모두가 동의할만한 의학적 정통의 지위에 올랐으며, 10년 후 사람들이 갑자기 관심을 갖게 될 위험에 대한 걱정이 당시에는 없었기 때문이었다. 비록 천연두 백신접종을 중단하기로 한 결정이 백신접종의 잠재적인 위험성을 전례 없이 보여주었지만, 이러한 우려는 과학계에 국한되었고 일반 대중의 관심을 거의 끌지 못했다. 게다가, 1970년대 후반 질병통제예

---

134 Alan Hinman, "Position Paper," *Pediatric Research* 13 (1979): 689-696; 695.

135 Samuel L. Katz, "The Case for Continuing 'Routine' Childhood Smallpox Vaccination in the United States," *American Journal of Epidemiology* 93 (1971): 241-244; 243.

방센터의 조사에 따르면 많은 사람이 자신이 사는 주의 법을 잘 알지 못한 다고 했다. 응답자의 약 4분의 1은, 이 시기에 거의 모든 미국인이 이런 법률의 적용을 받으며 살고 있었지만, 응답자의 약 4분의 1은 자신의 주에서 는 학교 입학 전에 아이들의 백신접종이 의무사항이 아니라고 답했다. 응답자 10명 중 9명 이상은 자신들의 주에 그러한 법이 없더라도 자녀들에게 백신을 접종하겠다고 답했는데, 이는 법을 백신접종 촉진자로 규정한 힌먼의 생각을 명백하게 지지하는 것이기도 했다.[136]

백신접종 의무화 사례 중 한 가지에 대해 논란이 있었는데, 바로 풍진에 대한 백신접종을 명령한 것이었다. 앞서 살펴보았듯이, 1969년 풍진 백신이 허가를 받을 때는 열렬한 지지를 받았으며, 5년에서 7년 주기로 발생하는 이 질병의 역사적인 흐름을 근거로 다른 전염병이 시급하다고 여겨졌기 때문이다. 전국의 시 및 주 보건 부서는 백신을 장려하기 위해 대대적인 홍보 캠페인을 벌였고, 홍역 퇴치 캠페인으로 촉발된 입법화 열풍 속에서 여러 주의 법률에 풍진 백신접종 의무화도 추가되었다. 하지만 백신의 안전성과 효능에 대한 우려가 제기되었다. 백신접종을 받은 사람의 최대 10% 가 가끔 심각한 관절 통증을 겪은 것으로 알려지자, 질병통제예방센터는 1970년 8월 모든 주의 역학 전문가와 백신접종 프로젝트 책임자에게 공고문을 보내 백신의 잠재적인 문제에 대해 경각심을 가지고 가능한 부작용을 부모들에게 미리 알려줄 것을 당부했다.[137]

---

136 Opinion Research Corporation, *Public Attitudes toward Immunization: August 1977 and February 1978* (Princeton, N.J.: Opinion Research Corporation, 1978), 84-85.

137 Department of Health, Education and Welfare, memo, June 22, 1970, NYSDOH, series 13307-82, box 41, folder: LegislationState-1970.

두 편의 연구서에서 백신이 제공하는 보호 기간에 대해 의문을 제기하면서 상황은 더욱 악화되었다. 게다가 일부 보건 전문가들은, 자연적으로 감염되면서 얻은 영구적이면서도 확실한 면역력을 덜 완전하고 오래 지속될지 확실하지도 않은 백신접종으로 일부러 대체하는 것이 장기적으로 효과가 있을지 걱정했다. 영국에서 가장 존경받는 바이러스 학자 중 한 명인 노벨상 수상자 존 엔더스는 『뉴잉글랜드 의학 저널』 논평에서, 이 질병에 취약할 수 있는 가임기 여성들이 나타날 가능성, 그리고 그녀들이 어렸을 때 자연스럽게 감염되었을 때보다 더 심한 고통을 겪을 가능성을 우려했다.[138] 엔더스는 모든 것을 고려해 볼 때 현재 정책은 분명 유익하고 앞으로도 지속되어야 한다고 조심스레 강조했지만, 대중매체에 그의 우려가 보도되면서 부모, 의사 및 의원들 사이에서 의구심이 제기되었다. 다른 의학 전문가들은, 추가 연구를 통해 백신의 효과와 안전에 대한 우려가 해소되기전까지는 어떤 법도 백신접종을 명령할 수 없다면서 훨씬 회의적인 반응을보였다.[139]

그러나 대대적인 풍진 백신접종과 관련해서 가장 논란이 된 것은, 주사를 맞은 아이들이 상당한 이익을 얻지 못했다는 사실이었다. 풍진은 심각하거나 오래 가는 합병증을 거의 일으키지 않고, 청소년기에 아주 가볍게 겪는 질병이었다. 이 병은 임신부에게만 아주 위협이 될 수 있는데, 선천적 결함이 있는 아기를 출산할 수도 있기 때문이었다. 따라서 지역사회뿐 아니

---

138 John Enders, "Rubella Vaccination," *New England Journal of Medicine* 283 (1970): 261-263.

139 Matthew L. Wald, "Rubella Debate Divides Doctors and Lawmakers," *New York Times*, March 26, 1978, xxiii-1.

라 백신을 맞은 개개인이 혜택을 얻는 다른 백신접종 프로그램과 달리, 풍진의 경우 인구집단의 다른 구성원(임신부)을 보호하기 위해 그 인구의 일부(청소년)가 개입 대상이 되었다. 선도적인 백신접종 전문가인 빈스 풀지니티는 이런 관행의 윤리성에 의문을 제기하면서, "가임기 여성은 그녀들의 태아 중 선천적 풍진을 가질 위험을 안고 있습니다. 따라서 그녀들도 백신과 관련된 위험을 감수해야 합니다."라고 무뚝뚝하게 선언했다.[140] 그러나 이것은 소수 의견이었다. 발달 중인 태아에게 미칠 수도 있는 백신의 알려지지 않은 영향 때문에, 임신 중이거나 임신 여부를 알지 못하는 가임기 여성에게 백신을 제공하는 위험은 윤리적으로 허용될 수 없다고 여겨졌다.

풍진 유행을 다룬 유명한 보고서에서 와이오밍주 캐스퍼 지역 아이들 대다수가 백신을 맞았음에도 불구하고 여성 몇몇이 풍진에 감염된 사례를 발표한 직후, 백신 사용에 대한 의구심은 더욱 증폭되었다. 1973년 이 사례를 다룬 언론 기사에서는, "이 지역의 경우, 사춘기 이전이면서 면역을 가진 '집단'이 존재했지만 풍진 확산을 막는 데 효과적이지 않았다는 것은 분명하다."라고 결론 내렸다.[141] 따라서 캐스퍼의 경험은 학생들에게 대대적으로 풍진 백신접종을 하는 데 핵심적이었던 역학적 전제의 토대를 흔들었다. 의학 저널 보고서에 첨부된 사설은 이러한 연구 결과에 비추어 볼 때 강제적인 풍진 백신접종법을 폐지해야 한다고 선언했다.[142]

---

140 Vincent A. Fulginiti, "Controversies in Current Immunization Policy and Practices: One Physician's Viewpoint," *Current Problems in Pediatrics* 6 (1976): 3-35; 17.

141 Lawrence E. Klock and Gary S. Rachelefsky, "Failure of Rubella Herd Immunity during an Epidemic," *New England Journal of Medicine* 288 (1973): 69-72; 71.

142 Louis Weinstein and Te-Wen Chang, "Rubella Immunization," *New England Journal of Medicine* 288 (1973): 100-101.

캐스퍼 사례 연구 그리고 이로 인해 제기된 위험과 이익의 균형에 대한 의구심에도 불구하고, 풍진의 역학적 추세는 백신의 지속적인 사용을 정당화해주는 것처럼 보였다. 1964년에 경험했던 규모만큼 전국적으로 풍진이 유행할 것이라는 예측이 1970년대 초 제기되었지만, 실제로 그렇게 일어나지는 않았으며, 이후 10년 동안 풍진 사례는 줄어들었다. 1977년 미국소아과학회는 현재의 풍진 정책이 분명한 효과를 보이고 있기 때문에 이를 지지한다고 공식적으로 밝혔다.[143] 풍진 백신접종을 의무화한 법률은 여전히 유효했고, 논란이 완전히 가라앉지는 않았지만 풍진 백신접종은 1971년에 허가된 홍역-유행성 이하선염-풍진 복합 제제의 일부로서 점점 일상화되었다.

백신접종, 종교 그리고 법정

1960년대와 1970년대에 미국을 휩쓴 새로운 법들이 천연두 시대를 강타했던 그런 종류의 주목할만한 정치적 싸움을 유발하지는 않았지만, 수많은 법적 다툼을 낳았다. 이런 소송의 초점은, 만일 가능하다면 어떤 어린이들을 학교 입학 요건에서 제외해 주어야 하는가였다. 19세기의 의무적 명령과는 달리, 새로운 법들에는 대부분, 종교적 양심의 가책 때문에 백신접종을 반대하는 부모의 자녀들을 면제해 주는 조항이 있었다. 이런 예외 조항

---

143 "Measles and Rubella Immunization: Statement of the Committee on Infectious Diseases, American Academy of Pediatrics," *Postgraduate Medicine* 61 (1977): 269-272.

들은 상당 부분 크리스천 사이언티스트들의 로비 활동으로 해당 법률에 포함되었다.[144] 어떤 주의 의원들은, 지나치게 자유로운 정책이 부모들의 백신접종 거부를 조장한다고 우려하면서, 면제 조항의 범위를 축소했다. 어떤 법들은 교리상 백신접종을 특별히 금지하는 '공인된' 또는 '이미 만들어진' 종교 교과의 신자들에게만 면제를 허용했고(모든 의도나 목적상 크리스천 사이언스가 대표적이었다), 다른 법들은 지역 교육 공무원들에게 그들이 적합하다고 생각하는 대로 백신접종 요건을 면제해 줄 수 있는 재량권을 허용했다. 하지만 이런 방식으로 면제를 제한함으로써, 이 법들은 불안정한 헌법적 근거를 가지게 되었다. 법적 다툼이 생긴 구체적인 근거는 다양했고, 소송의 결과 역시 마찬가지였다.

1967년 뉴욕주가 소아마비 백신접종을 학교 입학 조건으로 채택한 직후 요란스러운 갈채가 터져 나왔다. 그 법은, 의학적 이유로 인한 면제와 함께, '한쪽 혹은 양쪽 부모 또는 그 보호자가 백신접종을 반대하는 교리를 가진 어떤 공인된 종교 단체의 성실한 신자일 경우, 그 자녀들을 면제해 주는 조항을 포함했다. 의원들은 크리스천 사이언티스트의 요청에 따라 이 조항을 추가했다.[145] 1967년 학기가 시작될 때 이 새 법에 대한 네 가지 소송이 제기

---

144 Rita Swan, "On Statutes Depriving a Class of Children of Rights to Medical Care: Can This Discrimination be Litigated?" *Quinnipiac Health Law Journal* 2 (1988-1999): 73-95; William J. Curran, "Smallpox Vaccination and Organized Religion," *American Journal of Public Health* 61 (1971): 2127-2128; and Rennie B. Schoepflin, *Christian Science on Trial: Religious Healing in America* (Baltimore: Johns Hopkins University Press, 2003), 196-199.

145 C. Ross Cunningham to Charles Rubano, January 20, 1967, NYCDOH, box 142023, folder: Legislation. The only two votes in the legislature against the bill had come from members who opposed the exemption. Sydney H. Schanberg, "Assembly Votes Polio

되었는데, 각각의 배경들이 비슷했다. 각 소송에서 문제가 된 부모들은 모두 척추지압사(chiropracto)였는데, 이들은 '지압요법의 윤리'에 따라 인체에 이물질을 주입하는 것을 해롭게 여겼고, 모두 크리스천 사이언스와는 다른 종교를 가지고 있었다. 또한 이들의 소송은, 자녀들을 소아마비로부터 보호받지 못하도록 방치한 부모들을 교육 당국이 제소하면서 불거졌다. 그러나 새로운 법에 대한 그들의 소송 중 어떤 것도 성공하지는 못했다.

로마 가톨릭 신자 토마스 매카트니는 원고 중 한 명이었는데, 그의 주장은 이들 소송을 상징적으로 보여주었다. 그는 백신접종이 틀렸다는 '강한 도덕적 확신'을 가지고 있으며, 새로운 법의 종교적 면제를 적용받아야 한다고 주장했다. 로마 가톨릭은 "백신접종에 반대하는 어떤 금지규정도 가지고 있지 않다."고 인정하면서도 그는 "[로마 가톨릭은] 누구에게나 스스로의 도덕적 신념을 따르라고 요구한다."고 강조했다.[146] 매카트니는 자신이 크리스천 사이언티스트였다면 면제를 허용받았을 것이라면서, 따라서 새로운 법이 양심에 따라 신을 모실 자신의 권리를 침해하면서 다른 종교적 믿음을 더 선호했다고 주장했다. 그에 따르면 이는 국교를 금지한 수정헌법 제1조와 제14조에 위배되는 것이었다. 다른 원고들은 가톨릭 신자 두 명과 감리교도 한 명이었는데, 이들도 비슷한 주장을 했다. 그러나 법원은 어떤 가정법원 판사의 말을 빌려, "종교의 자유가 헌법적으로 금지되었다거나 이 법률에 의해 제한될 것"이라는 데에 동의하지 않았다. 나아가 "어떤 사람의 종교적 행위는 보편적인 공공복리의 관점에서 이루어져야 하며,

---

Shots Bill," *New York Times*, June 21, 1966, 26.
146   McCartney v. Austin, 293 N.Y.S. 2d 188 (1968).

이와 충돌할 수는 없는 것"이라고 언급했다.[147] 야콥슨 대 매사추세츠 판결 및 다른 사건들을 인용하면서, 네 사건의 판사들은 부모들의 주장을 모두 기각했다.[148]

이러한 소송들 때문에 주의 교육 관료들은 불만을 토로했는데, 백신접종 법을 집행하는 업무 때문에 그들이 법정에 서곤 했기 때문이다. 한 지역 교육감은 뉴욕주 보건국장 잉그레이엄에게 "신문 보도와 법정에서의 모습들은 학군이 공격자인 것처럼 보이게 합니다. 사실상 학군과 그 직원들은 주의 법을 강요하려고 애쓰는 '나쁜 녀석들'처럼 보이게 해요."라고 불평했다.[149] 소아마비 백신접종 요건 때문에 "학교 당국은 경찰이나 신학자의 역할을 맡게 되는 셈인데, 우리는 그 어느 쪽에도 특별히 적합하지 않습니다. 제8조 [면제 조항]을 완전히 없애거나 종교적 면제 사례를 명확하게 서술하기 위해서, 이 법은 필시 바뀌어야 합니다."[150] 1968년 초, 주 의사협회의 회장은 잉그레이엄에게 "언론에 떠도는 돌팔이들의 진술을 무력화하기 위해" 그리고 이 의무요건을 관리하는 데 어려움을 겪는 교장과 학교 이사들을 돕기 위해, 이 법의 필요성을 공개적으로 분명하게 말해 달라고 촉구했다.[151]

---

147   In re Elwell, 284 N.Y.S. 2d 924 (1967), 930.

148   Stephen R. Redmond, "Immunization and School Records," *Journal of the New York State School Nurse Teachers Association* 6 (1974): 11-16.

149   Richard J. McDonald to Hollis Ingraham, October 31, 1967, NYSDOH, series 13307-82, box 41, folder: Legislation-*New York State-1967-1970*.

150   *Ibid.*

151   Norman S. Moore to Hollis Ingraham, January 17, 1968, NYSDOH, series 13307-82, box 41, folder: Legislation-New York State 1967-1970.

초창기 이런 도전에 대해 잘 방어했음에도 불구하고, 3년 후 뉴욕에서 진행된 다른 소송은 새로운 법적 전략으로 원고에게 성공을 가져다주었다. 1970년 12월, 뉴욕 중심에 있는 파비우스의 작은 마을에서, 한 학교 교장은 규정된 백신접종을 받지 않았다는 이유로 윌리엄 마이어의 세 자녀에게 학교를 오지 말라고 명령했다. 마이어는 자신이 '크리스천 사이언스 교회'의 정식 신자는 아니었지만 "주사로 인해 인체의 신성함을 더럽힐 수 없다"는 크리스천 사이언스의 교리를 따랐다고 주장했다.[152] 미국 지방법원에 제기한 소송에서 마이어는 면제 조항이 국교를 정하거나 자유로운 신앙 행위를 금지하는 법률의 제정을 금지하는 수정헌법 제1조 및 14조의 평등한 보호 보장을 위반했다고 강조했다. 마이어 역시 본인의 성실한 종교적 믿음 때문에 면제를 받을 자격이 있다고 주장했기에 예전 네 명의 척추지압사들의 항의와 비슷했지만, 그의 법적 목적은 달랐다. 이전의 사건들은 새로운 법 전체를 위헌으로 만들려고 했지만, 마이어는 종교적 면제 조항이 포괄적이지 않다는 이유로 그 조항에 대해서만 이의를 제기했다.

이 사건에서 법원은 마이어의 법률적 주장을 인정했다. 판사들은 학교가 마이어의 아이들을 막지 못하도록 했지만, 그들은 절차적인 이유를 들어 판결을 하지 않기로 했고 마이어에게 주 법원에 배상을 청구하라고 안내했다. 다음 해 마이어는 이 사건을 뉴욕 대법원에 가져갔고, 지방법원의 의견과 동일한 결과가 나왔다. 판사는 "자신의 종교적 교리에 따라 진심으로 행동하고 살아가고 있음을 증명할 수 있는 사람과 달리, 이런 종교적 면제 자격을 얻으려고 종교 조직의 등록 회원이 되려고 하는 데에는 어떠한 이성

---

152   Maier v. Good, 325 F. Supp. 1268 (1971), 1270.

적 근거나 정당한 의도도 없는 것 같다"고 언급했다.[153] 그렇지만 판사는 이 조항이 위헌이라고 판결하지는 않았다. 대신 그는 재판 중에 마이어에게 자신의 종교적 믿음의 진정성을 증명할 기회, 즉 공식적이지는 않지만 교회의 '진실한(bona fide)' 신자라는 것을 증명할 기회를 허락했다.

윌리엄 마이어의 첫 번째 소송이 미국 지방법원에서 심리된 지 한 달 후인 1971년 3월, 매사추세츠 대법원은 뉴욕처럼 주의 종교 면제 조항이 백신 접종과 충돌하는 교리를 지닌 '공인된 교회 혹은 종교 교단'의 구성원에게만 적용되는 것을 강력히 반대한다고 발표했다. 해당 사건은 로웰 거주하는 베울라 달리가 제기한 것이었는데, 그녀는 조직화된 종교 생활을 하지는 않았지만 "몸을 깨끗이 하고 하나님이 받아들일 수 있도록 하라."는 성경적 명령 때문에 5살 된 딸에게 백신을 접종하지 않으려 했다. 법원은, '종교적 믿음에 따라 똑같이 백신접종을 거부하는 다른 사람들에게는 적용되지 않는 면제 조항의 이익을 누리는' 특정 종교 집단 구성원들에게 이 법 조항이 '특별한 대우를 하는 것'이기 때문에, 수정헌법 제1조와 제14조를 위반했다고 판결했다.[154] 법원은 이 조항을 위헌으로 선언하면서, 또 다른 성실한 종교적 믿음에까지 면제를 확대하는 것과 아예 폐기하는 것 중 무엇이 더 적절한 다음 단계인지에 대해서는 입법부에게 판단을 맡겼다.

1970년대의 또 다른 사건들은 이와 충돌하는 법적 결과를 낳았다. 뉴햄프셔주 의원들은 1971년에 명문화된 법안에서 "지역 학교 위원회의 재량에 따라 어린이는 종교적인 이유로 백신접종을 면제받을 수 있다."고 정했

---

153 Maier v. Besser, 73 Misc. 2d. 241 (1972).
154 Dalli v. Board of Education, 358 Mass. 753 (1971).

다. 이 법이 제정된 지 3년 후, 미국 지방법원 판사 한 명은 '헌법적으로 모호'하고 수정헌법 제1조의 적법 절차 조항을 위반했다면서 이 조항을 거부했다.[155] 판사들은 면제 조항을 나머지 조항들과 분리해서 볼 수 있다면서 백신접종 명령은 손대지 않고 그대로 두기로 했는데, 이에 따르면 역설적이게도 원고에게는 의무조항을 피할 방법이 없게 되었다. 따라서 판사들은 "원고는 전투에서 이겼을지 몰라도 전쟁에서는 졌다."고 결론지었다.[156]

1976년 켄터키주 지방법원의 판사 3명은 뉴욕주와 매사추세츠주에서 내린 결정에 동의하지 않았다. 켄터키주의 면제 대상은, 질병에 대한 의료적 면역을 반대하는 교리를 지닌 '전국적으로 공인되고 확립된 교회 혹은 종교 교단'의 신자들로 제한되었다. 켄터키주 풀턴에 사는 척추지압사 루이스 클리드는 주법이 수정헌법 제1조의 국교 설립 금지 조항을 위반했다고 주장했다. 법원은 백신접종에 반대하는 종교 단체에 부여된 혜택은 '기껏해야 간접적이고 부수적이며 근소한' 것이기 때문에 그 조항을 위반하지 않는다고 판결했다. 이 법 조항이 교회와 주 사이의 경계를 깨뜨렸다는 원고의 주장에 대해, 판사들은 "이 법을 제정한 켄터키주의 의원들은 그런 헌법의 벽에서 단 하나의 돌도 제거하지 않았고 심지어 모르타르도 풀어 헤치지 않았다."고 신랄하게 대답했다.[157]

이러한 법적 다툼들 속에서, 종교적 이유로 백신접종을 거부할 때 생길 수 있는 역학적 효과들이 극적으로 드러났다. 1972년 가을, 코네티컷주 그

---

155 Avard v. Dupuis, 376 F. Supp. 479 (1974).
156 *Ibid.*, 483.
157 Kleid v. Board of Education, 406 F. Supp. 902, 1976.

리니치의 한 크리스천 사이언티스트 고등학교에서 소아마비가 퍼졌는데, 7세에서 18세 사이의 백신을 접종하지 않은 학생들 사이에서 11건의 마비 질환이 발생했다.[158] 연간 소아마비 발병율이 거의 제로에 가깝게 떨어지던 지난 몇 년 중, 이 사건은 미국에서 가장 심각한 소아마비 집단 발병이었다. 이 사건은 종교의 자유를 보장하는 것이 아이들의 건강을 보호하는 것보다 더 중요한 사회적 목표인지 의문을 제기했다. 어떤 주의 보건국의 책임자는 『뉴잉글랜드 의학 저널』에 "이미 그 이익이 증명된 질병 예방 조치를, 종교적 자유라는 이름으로 부모들이 아이들에게 취하지 않는다는 사실에 무척 걱정이 됩니다. 이런 부모들의 행동은 그런 조치를 거부당한 아이들의 건강과 생명뿐 아니라 공동체 전체도 위태롭게 할 것입니다. 이 땅의 법원들은 오래전부터 부모의 무책임한 행동으로부터 아이들을 보호하는 선례를 만들었습니다."라는 편지를 보냈다.[159]

이 논평은 1944년 유명한 사건 프린스 대 매세추세츠 사건(Prince vs. Massachusetts)을 언급한 것이었다. 이 사건에서 연방대법원은 아홉 살 난 조카에게 유인물을 배포하게 한 여호와의 증인 신도의 종교적 믿음은 아동 노동을 금지하는 주의 권한을 따라야 한다고 판결했다. 법원은 "부모들은 그들 스스로 자유롭게 순교자가 될 수 있다. 하지만 그렇다고 해서 동일한 상황에서 마음대로 자신의 자녀들을 순교자로 만들 수 있다는 것은 아니

---

158 "Follow-Up on Poliomyelitis," *Morbidity and Mortality Weekly Report* 21 (1972): 365-366.

159 Stanley W. Ferguson, "Mandatory Immunization," *New England Journal of Medicine* 288 (1973): 800.

다."라고 선언했다.[160] 백신접종법의 면제 조항과 관련해서, 여러 보건 당국은 백신접종을 보류하는 것이 코네티컷 사례처럼 아이들을 치명적 질병의 순교자로 만드는 것이라고 비난했다.

프린스 사건 판결문에는 의무적인 백신접종 프로그램이 종교적 면제를 포함할 필요가 없다는 헌법 재판 사건을 옹호하는 문구가 있었다.

> 청소년의 안녕과 관련된 보편적 이익을 보호하기 위해 행동하는 주 당국은, 부모와 같은 국가의 지위에서 학교 입학을 의무화하고 여러 방법으로 아동노동을 규제하거나 금지함으로써, 부모의 통제를 제한할 수 있다. 종교나 양심에 관한 아이의 행동을 통제하기 위해 부모가 자신의 신념을 근거로 삼는다고 해서, 그런 권한이 무효가 되는 것은 아니다. 따라서 부모는 종교적인 이유로 자기 자신이 아닌 아동을 위한 강제적 백신접종을 면제받겠다고 주장할수는 없다. 종교를 자유롭게 실천할 권리가, 지역사회나 아이를 전염병에 노출시킬 자유 혹은 아이를 감염이나 죽음에 이르게 할 자유를 포함하지 않는다.[161]

그러므로 각 주가 종교적 면제를 인정할 필요가 없다는 것은 분명했다. 그렇지만 그 주들이 그렇게 할 수 있을지 그리고 어느 정도의 제한이 적절한지는 그리 확실하지 않았다.[162]

---

160 Prince v. Massachusetts, 321 U.S. 158 (1944), 170.

161 Ibid., 166-167.

162 On this point, see James G. Hodge and Lawrence O. Gostin, "School Vaccination Requirements: Historical, Social, and Legal Perspectives," Kentucky Law Journal 190

1970년대 중반까지 학생들에 대한 백신접종 의무화법의 여러 측면들은 의견 일치를 보지 못했다. 이들 법은 강압적인 것인가 아니면 단순히 동기를 부여하는 것인가? 모든 백신접종을 포함해야 할까, 아니면 위험-이익 측면에서 확실하게 유리한 사람들만 포함해야 할까? 백신접종에 대해 종교적으로 양심의 가책을 받는 사람들을 어느 정도까지 용서해야 하는가? 그렇지만 한 가지 중요한 사항에 대해서는 의견이 일치하고 있었다. 양립할 수 없을 정도는 아니더라도, 학교에서의 백신접종 의무화가 사전 동의 원칙과 긴장 관계에 있다는 사실이었는데, 이 시기에 이는 아주 중요한 의미를 지녔다. 6장에서 살펴보겠지만, 의무명령과 동의 사이의 갈등 그리고 백신 관련 부작용에 대한 소송의 확산, 불행한 사건들에 대한 과도한 관심 등으로 인해 미국 전역에서 백신접종 프로그램에 전례 없는 위기가 닥쳤다.

(2001-2002): 831-890; 860.

동의, 설득, 그리고 배상

−위기 속 백신접종 프로그램

State of Immunity

1977년 중반, 한 저명한 의사는 "백신접종 정책은 공공의 관심사가 되었고, 우리 사회는 알 권리 및 의사 결정에 참여할 수 있는 권리를 선언했다."고 『뉴잉글랜드 의학 저널』에 썼다. "백신접종의 본질은 그 문제와 위험이 모든 사람들의 일상에 침투하여 다른 의료 행위들과 비교될 정도로 두드러지게 눈에 띈다는 점입니다."[1] 이 순간 '문제와 위험'은 백신접종 정책을 화려하게 비추었다. 1977년 첫 3개월 동안, 70여 명의 보건 공무원들, 학계와 업계의 연구원들 그리고 시민 대표들은 연방 정부가 후원하는 일련의 자문 위원회에서 만나 그 정책의 가장 근본적인 몇 가지 측면에 대해 철저한 재평가를 실시했다. 전국의 일반 백신접종 공급자들과 마찬가지로 이 위원회 멤버들은 더 많은 사람에게 백신을 접종하고, 대중에게 백신의 위험과 혜택에 관한 정확하고 유용한 정보를 제공하며, 부모의 자율성을 존중하는 방식으로 학교와 관련된 방침을 시행하고, 적절하고 안정적으로 백신을 공급하는 데 있어, 법적, 윤리적, 정치적 문제들에 직면했다.

이런 집중적인 조사는 당시 몇 가지 관련된 위기들 그리고 사건들 때문에 더 활발하게 진행되었다. 치명적인 독감 유행을 우려하여 미국 역사상

---

1   David T. Karzon, "Immunization on Public Trial," *New England Journal of Medicine* 297 (1977): 275-276; 275.

최대 규모의 백신접종 캠페인은 법적 소송과 나쁜 평판과 연루되며 무너졌다. 백신으로 인해 마비가 생길 수 있는 작은 위험을 접종자에게 알리지 않아 책임을 지게 된 경구용 소아마비 백신 제조업체들 때문에, 백신 생산자들은 시장에서 쫓겨날 위기에 처했고 백신 공급도 줄어들고 있었다. 학교와 관련된 의무조항과 함께 이러한 소송들은, 다른 임상 치료를 받는 아이들의 부모들처럼 백신 수혜자의 부모들이 사전에 통지된 동의를 할 권리가 있는지, 그리고 백신을 투여하는 사람들이 잠재적인 해악에 대해 경고할 의무가 있는지 등에 대한 논쟁을 불러 일으켰다. 이러한 모든 사태는 환자의 권리를 옹호하고 의학적 온정주의를 거부하는 사회운동의 성장, 정부와 과학 엘리트들의 판단이 심각한 냉소와 불신에 점점 직면하게 된 정치적 환경 위에 자리 잡고 있었다.

이 장에서는 1970년대와 1980년대 기간 동안, 백신접종 프로그램에 있어 큰 성공과 전례 없는 어려움을 동시에 겪었던 사건을 조사한다. 백신접종 자문위원회의 의견에 따라, 조셉 캘리포니아노 보건교육복지부 장관은 1977년 봄 전염병으로부터 완전히 보호받는 어린이들의 비율을 높이기 위한 새로운 연방 계획을 발표했다. 지원기금이 엄청나게 증가하여 새로운 홍보를 시작했고, 이는 전국적으로 학교 입학 요건을 시행하려는 움직임과 맞물려 학령기 청소년들의 건강 수준을 높이는 데 성공했다. 이 계획은 여러 가지 면에서 성공적인 것으로 여겨졌지만, 법적 책임 문제는 백일해 백신에 대한 논란이 불거진 1980년대 초기까지 계속해서 불길하게 맴돌았다. 보건 당국은 자녀들이 백신으로 인해 심각한 신경학적 손상을 입었다고 믿는 부모 활동가들과 충돌했다. 그 부모들의 주장은 전염병으로부터 사회를 보호하기 위해 불가피하게 피해 입은 소수에게 연방 정부가 배상 책임을 저야 한다는 요구에 강력한 힘을 실어 주었다.

정보에 입각한 자발적 동의, 경고할 의무 그리고 책임 위기

1960년대 미국에서는 공중보건 전문가들이 일상적인 천연두 백신접종을 끝낼 것인지를 두고 싸우는 가운데, 백신의 위험과 이익에 대한 또 다른 광범위한 논쟁이 벌어졌다. 천연두에 대한 의사 결정이 과학자문기구와 정부 관료들의 심의를 거쳤던 것과는 달리, 새로운 논쟁은 훨씬 더 적대적인 환경, 즉 법정에서 진행되었다.

소아마비 통제 노력의 성공은 논란을 일으켰다. 1969년과 1976년 사이에, 미국 전역에서 마비성 소아마비는 단지 132건이 보고되었다. 그러나 이 중 3분의 1은 백신의 독성이 회귀하는 그 자체 문제 때문에 발생한다고 생각되었다. 백신으로 유발되는 소아마비의 위험은 백신을 접종한 백만 명당 대략 1명에게 나타나는 것으로 추정되었다.[2] 소아마비 퇴치가 임박해지면서 천연두에서 발생했던 것과 같은 윤리적인 질문을 던졌다. 질병이 소멸 단계까지 사그라들면 백신 위험은 어느 정도까지 허용될 수 있는가? 이 질문에 새롭지만 관련된 또 다른 질문이 추가되었다. 백신접종 프로그램에서 일하는 사람들은 백신접종을 받는 이들에게 그러한 위험을 경고해야 하는 어떤 의무가 있는가?

---

2 Elena O. Nightingale, *"Recommendation for a National Policy on Poliomyelitis Vaccination,"* New England Journal of Medicine 297 (1977): 249-253.

소아마백 백신 제조사들에 대한 일련의 판결들은 이런 질문을 특별히 긴급하게 만들었다. 앞서 제1장에서 살펴보았듯이, 백신과 관련된 피해에 대한 법적 책임 문제는 19세기 후반에 의사를 상대로 제기된 의료상의 과실이나 부당한 사망 사건들에서 처음 제기되었다. 제조사를 상대로 한 최초의 성공적 소송은 1955년 봄에 수백 명의 환자를 죽이거나 마비시킨 커터 연구소의 소크 백신 사건 소송이었다. 1960년, 캘리포니아의 한 항소법원은 백신을 맞은 이들이 커터 연구소를 상대로 제기한 소송에서 원고 승소 판결을 내렸다.[3] Gottsdanker v. Cutter 사건 판결문은 제약 회사가 제조에 소홀하지 않았지만 그 제조물이 야기한 위해에 대해 책임이 있다고 판단하였다. 이 사건은 제조물의 무과실 책임이라는 법적 개념을 확립했다는 점에서 중요했다.[4]

1960년대에 세이빈 경구용 백신의 제조사들도 소송에 직면했지만, 이 소송들은 커터 사건과는 결정적인 면에서 달랐다. 세이빈 백신은 결함이 있는 제품이 아니었다. 질병을 유발할 수 있는 잠재력은 백신의 고유한 특성이었기 때문이다. (세이빈은 자신의 백신이 유발하는 것으로 생각된 보기 드문 마비 사례에 정말로 책임이 있는지 계속 의문을 제기했다.)[5] 법적으로 백신은 "어쩔 수 없이 안전하지 않다."고 여겨졌기 때문에, 누가 소비자들에게 사소한 위험을 경고할 의무가 있는지에 대한 질문이 제기되었다. 대량 백신접종 캠

---

3 *Gottsdanker v. Cutter*, 182 Cal. App. 2d 602 (1960).

4 Paul A. Offit, *The Cutter Incident: How America's First Polio Vaccine Led to the Growing Vaccine Crisis* (New Haven: Yale University Press, 2005).

5 See, e.g., Albert B. Sabin, "Vaccine-Associated Poliomyelitis Cases," *Bulletin of the World Health Organization* 40 (1969): 947-949.

페인과 관련된 사건과 일상적인 임상 실습과 관련된 사건에 대한 두 가지 소송이 이 질문에 답해줄 판결을 제시했다.

첫 번째는 1968년 데이비스 대 와이어스 사건이었다. 사건의 발단은 1963년 3월, 39세의 글린 리처드 데이비스가 몬태나주 웨스트 옐로스톤의 집단 백신접종 클리닉에 참석했을 때였다. 공중보건국장이 1년 전 이 연령층에서 세이빈의 생백신으로 인한 마비 위험이 높아졌기 때문에 30세 이상의 성인에게는 적절하지 않다는 성명을 발표했음에도 불구하고, 이 캠페인을 운영하고 있던 아이다호 폴스 의사협회는 데이비스에게 백신을 투여했다. 한 달 후, 그는 마비성 소아마비 진단을 받았는데, 백신으로 인한 것으로 판명되었다. 제9 순회항소법원 세 명의 판사는 제조업체인 와이어스 연구소가 사소하더라도 백신의 위험을 백신 접종자에게 경고할 의무 혹은 백신 구매자(의사회, 공중보건국 또는 민간 의사)가 그런 경고를 했다는 것을 보증할 의무가 있다고 판결했다.[6] 한 판사는 이 의견에 반대하며, 와이어스가 100회 투여분을 담은 약병에 공중보건국장의 조언을 발췌한 포장지를 넣은 것만으로도 충분한 경고의 효과가 있다고 주장했다.

데이비스 사건에서 확립된 선례는 대량 백신접종 캠페인의 맥락에서 레예스 대 와이어스(Reyes v. Wyeth) 사건의 임상 사고로 확장되었다. 생후 8개월 된 아니타 레예스(Anita Reyes)의 부모는 1970년 그녀를 텍사스 미션(Mission)에 있는 공중보건 진료소로 데리고 갔다. 세이빈 백신을 접종한 지 2주 후, 그녀는 마비성 소아마비 진단을 받았다. 레예스에게 백신을 접종한 클리닉의 간호사는 와이어스가 약병에 넣은 경고문을 소녀의 부모님에

---

6 *Davis v. Wyeth*, 399 F.2d 121 (1968).

게 읽어 주지 않았으며, 백신을 접종받는 부모들에게 그런 경고문을 읽어 주는 것이 규정상 클리닉 직원의 일이 아니라고 증언했다. 법원은 아무도 이 백신에 내재된 위험성을 알려주지 않았기 때문에 레예스의 어머니가 자녀의 위험을 추측할 수 없었다고 판결했다. 텍사스주의 연방지방법원은 20만 달러의 손해배상금을 레예스에게 지급하라고 결정했고, 이 판결은 1974년 연방순회항소법원에서 확정되었다.[7] 판사들은 6년 전 데이비스 사건에서 내려진 판결을 인용하면서, 만약 제조업체가 이 백신을 접종받는 사람에게 직접 경고할 수 없다면, 이 제품을 접종하는 사람이 누구든 그렇게 하도록 책임져야 한다고 판결했다. 와이어스는 연방대법원에 상고했지만, 판사들은 이 사건에 대해 심리를 거부했다.[8]

와이어스를 위해 제출된 아미쿠스 큐리아(법정의견서)에서, 미국소아과학회와 주 및 지역 역학자 회의는 백신의 미세한 위험을 모든 백신 접종자에게 경고하는 것은 대중에게 과도한 경각심을 불러일으켜 면역 프로그램의 효과를 떨어뜨릴 것이며, 이는 이미 법원이 온정주의라면서 각하한 입장이라고 항의했다. "백신 때문에 소아마비에 걸릴 아주 사소한 위험에 비해 '자연' 상태에서 소아마비에 걸릴 상대적 위험을 공중보건 진료소 후원자에게 경고하는 것이 공포를 조장하거나 혼란스럽게 할 것이라고 믿지는 않습니다."[9] 법원의 관점에서 보면, '어떤 위험을 감수할지 여부를 선택하고 통제할 권리는 개인에게 있다'는 것이 판결의 핵심이었다.

---

7 *Reyes v. Wyeth*, 498 F.2d. 1264 (1974).

8 William J. Curran, "Public Warnings of the Risk in Oral Polio Vaccine," *American Journal of Public Health* 65 (1975): 501-502.

9 *Reyes v. Wyeth*, 1294.

많은 공중보건 전문가들이 보기에는, 아니타 레예스가 당시 과학적 판단에 따르자면 백신 때문에 그 질병에 걸리지 않았다는 것이 거의 확실하다는 점, 이것이 이 사건의 쓰라린 역설이었다. 아이가 병원으로 이송되었을 때 남부 텍사스의 해당 지역에서는 소아마비가 유행하고 있었다. 커터 사건의 수석 조사관 중 한 명이었던 존스 홉킨스 역학자 닐 내탄슨을 포함한 몇몇 전문가 증인들은 재판에서 그녀가 아플 당시 그 지역 누군가로부터 소아마비에 옮아올 위험이 약 3,000분의 1이었고, 백신으로 소아마비에 걸릴 위험은 약 588만분의 1이었다고 증언했다.[10] 레예스 평결에 대한 후속 분석에서는, 와이어스의 제품이 해당 피해에 대한 책임이 없다는 강력한 증거를 법원이 무시했다고 혹독하게 비판했다. 다른 보고서는 이 사건의 판결이 "인과관계와 책임을 떼어놓는 것을 의미하며, 백신 제조업체를 평가함에 있어 이전의 경험을 무의미하게 만들었다."고 선언했다.[11] 또 다른 법률 전문가는 "제약회사는 이런 소송에서 자신을 방어하기 어렵다. 왜냐하면 그들은 어떤 이유로 인해 원고가 입는 끔찍한 부상이나 장애를 자신들의 약물이 유발하지 않았다는 것 다시 말해 자신들의 소극적 행위를 증명하려 애쓰기 때문이다."라고 언급했다.[12]

데이비스, 레예스 사건의 판결 및 1960년대와 1970년대 기타 판례들은

---

10 "Discussion on the Implications of Litigation Regarding Vaccine-Associated Injury" (typescript, February 25, 1975), ASTHO archives, box 23, folder: Immunization Programs 1975-1976.

11 "Report and Recommendations, National Immunization Work Group on Liability," in *Reports and Recommendations of the National Immunization Work Groups, March 15,* 1977 (McLean, Va.: JRB Associates, 1977), 20.

12 William J. Curran, "Drug-Company Liability in Immunization Programs," *New England Journal of Medicine* 281 (1969): 1057-1058; 1057, emphasis in original.

공중보건 당국에 경각심을 주었고, 이들 사건 때문에 앞으로 턱없이 비싼 법적 비용을 부담해야 할 문이 열렸다고 생각한 제약 회사들에게는 더욱 그러했다. 제약 회사들은 백신이 다른 생물학적 제품에 비해 상대적으로 수익성이 좋지 않다고 주장했는데, 이는 이윤율이 낮고 특허 보호 범위가 좁았기 때문이었다.[13] 1962년과 1977년 사이 소송의 물결에 대한 반응 중 하나로서 백신 생산업체 12개 중 절반이 시장에서 철수했다. 소아마비와 홍역 생백신을 포함한 여러 백신의 경우 1970년대 후반까지 단 하나의 생산자만 남았다.[14]

미국 보건교육복지부는 소아마비 생백신의 위험성에 대한 법적 및 윤리적 의미에 대해 충분히 우려하고 있었다. 그래서 보건 문제에 대해 정부를 자문하는 미국국립과학아카데미의 한 분과인 의학연구소에 국가의 소아마비 백신접종 정책에 대한 전면적인 재검토 및 생백신과 사백신의 상대적인 장단점에 대한 재평가를 요청했다. 소크의 사백신은 사용량이 계속 줄어들어 1960년대 후반에는 거의 사용되지 않게 되었으며 더 이상 국가 차원에서 생산되지 않았다. 그러나 일부 전문가들은 소아마비가 감소하여 위험과 편익 사이의 균형이 근본적으로 바뀌었기 때문에, 아무리 사소하더라도 정부가 마비를 일으킬 수 있는 위험을 안은 백신에만 의존하는 것은 적절하지 않다고 주장했다. 하지만 사백신이 지역사회에서 소아마비 바이러스의 확산을 통제하는 데 덜 효과적이었기 때문에, 현재 인구집단에 대한

---

13 Louis Galambos with Jane Eliot Sewell, *Networks of Innovation: Vaccine Development at Merck, Sharp & Dohme, and Mulford, 1895-1995* (Cambridge: Cambridge University Press, 1995), 213-214.

14 *Reports and Recommendations of the National Immunization Work Groups*, 2.

백신접종 적용 범위를 고려하면 다시 소크 백신만을 사용할 경우 소아마비
가 대대적으로 발병할 수도 있었다. 따라서 위원회는 주요 백신으로 생백
신을 계속 사용하되 면역 억제를 가진 사람들과 처음 소아마비 백신접종을
받는 성인을 포함하여 백신 유발 질병의 위험이 높은 사람들에게는 사백신
을 제공하는 정책을 권고했다.[15]

세이빈 백신에 대한 법원의 판결은, 결함 있는 제품으로 피해를 입은 소
비자가 제조업체로부터 그 손해를 쉽게 만회할 수 있도록 하는 법적 개념,
즉 불법행위 책임이라는 점차 진화하기 시작한 개념으로부터 나왔다.[16] 이
판결은 또한 전통적으로 의료 시스템에서 구성원 사이 관계의 특징이었던
온정주의의 퇴조를 반영했다. 오래된 권력 위계에 도전해 온 민권운동, 페

---

15 Nightingale, "Recommendation for a National Policy on Poliomyelitis Vaccination."
    See also the committee's full report: Institute of Medicine, *Evaluation of Poliomyelitis
    Vaccines: Report of the Committee for the Study of Poliomyelitis Vaccines* (Washington,
    D.C.: National Academy of Sciences, 1977).

16 §402 A of the Restatement (Second) of Torts, 1965, increased the ability of consumers
    who were injured by defective products to recover damages from manufacturers. The
    Restatement considered vaccines to belong to a class of products that were "unavoidably
    unsafe"; therefore their manufacturers were not to be held to the same standards of
    strict liability that applied to other products, provided that proper warnings were given
    to recipients. The courts in both the Davis and Wyeth cases held that the warnings
    that had been given did not fulfill the duty imposed under §402 A. Bonnie L. Siber,
    "Apportioning Liability in Mass Inoculations: A Comparison of Two Views and a Look
    at the Future," *Review of Law and Social Change* 6 (1977): 239-262; Andrea Peterson
    Woolley, "Informed Consent to Immunization: The Risks and Benefits of Individual
    Autonomy," *California Law Review* 65 (1977): 1286-1314; Thomas E. Baynes Jr., "Liability
    for Vaccine-Related Injuries: Public Health Considerations and Some Reflections on
    the Swine Flu Experience," *Legal Medicine Annual* (1978): 195-224; Fay F. Spence,
    "Alternatives to Manufacturer Liability for Injuries Caused by the Sabin-Type Oral Polio
    Vaccines," *William and Mary Law Review* 28 (1987): 711-742.

미니즘, 소비자 행동주의, 기타 사회운동의 담론을 기반으로, 1960년대와 1970년대에 의약품 및 신체 완전성에 관한 결정에 온전히 참여할 수 있도록 요구하는 환자 권리 운동이 일어났다.[17] 동시에 의료계의 위상은 다른 많은 사회 기구들과 마찬가지로 급격히 쇠퇴하기 시작했다.[18] 1972년 악명 높은 터스키기 매독 생체 실험에 대한 미국공중보건국의 조사, 그리고 일부 사람들이 윤리적으로 의심스럽다고 여겼던 뉴욕 월로우브룩 주립 학교의 지적장애 아동들을 대상으로 한 간염 백신 실험 폭로, 이 두 가지 사건은 과학 전문가들이 대중의 신뢰를 배신한 것으로 간주된 가장 유명한 사례였다. 이러한 환경에서 백신 제조업체와 백신접종 프로그램을 관리하는 보건 관계자들이 자신들의 업무에 대한 책임이라는 측면에서 동일한 요구를 받은 것은 불가피했을 것이었다. 따라서 1979년에 이르러 전국소비자연맹의 대표는 백신접종 포럼에서 참가자들에게 "전문가들이 공공의 문제와 관련해서 수용할만한 위험과 이익에 대해 판단을 내릴 수 있는 최고의 능력을 갖추고 있지는 않습니다. 그러한 판단은 소비자들도 깊이 참여해야 하는 더 광범위한 그룹에 의해 이루어져야 합니다."라고 말했다.[19]

---

17   David J. Rothman, *Strangers at the Bedside* (New York: Basic Books, 1991), 101-147.

18   See, e.g., Allan Mazur, "Public Confidence in Science," *Social Studies of Science* 7 (1977): 123-125, which concluded that the percentage of the public expressing great confidence in medicine declined from almost three-quarters to about one-half between 1966 and 1975. Confidence in other institutions such as the military, the education system, and religion underwent similar declines. On this phenomenon, see Paul Starr, *The Social Transformation of American Medicine* (New York: Basic Books, 1982), 379-393.

19   Sarah H. Newman, "Consumer Perspective: Position Paper," *Pediatric Research* (1979): 705-706; 706.

이러한 사회적 변화를 이끌어 낼 수 있었던 것은 정보에 입각한 자발적 동의가 대중화된 덕분이었다. 이 윤리 원칙은, 모든 사람이 잠재적 위험과 이익에 대한 충분한 지식을 바탕으로 의료 절차를 받을지 말지 자유롭게 선택할 기본적 권리를 가진다고 표명했다.[20] (일반적으로 미성년자는 정보에 입각한 동의를 할 수 없다고 여겨졌다. 따라서 나이나 의료 절차의 유형에 따라 차이가 있었지만, 그들을 대신해서 부모 또는 법적 보호자의 동의가 필요했다.)[21] 정보에 입각한 자발적 동의는 이 당시 보건의료 분야에서 매우 두드러지게 등장했고, 임상의학과 생의학 연구를 관장하는 윤리적 지침으로 성문화되었다. 하지만 이 원칙이 백신접종에 어떻게 적용되어야 하는지는 명확하지 않았는데, 특히 1970년대에 관련 법이 급속히 변하면서 대부분 아이들이 입학 전에 여러 백신을 의무적으로 접종해야 했기 때문에 더욱 그러했다. 저명한 생명윤리학자인 르로이 월터스는 공중보건 정책이 의학의 발전과 놀랄 만치 동떨어지는 것에 대해 다음과 같이 논평했다.

환자와 의사의 관계에 대해 우리는 환자의 자율성을 점점 더 강조하는 것을 목도해 왔습니다. 정보에 입각한 자발적 동의란, 의료적 맥락에서 여러 사실들이 공정하게 제시된다는 것을 전제로, 어떤 치료법을 사용해야 할지 궁극적으로 결정하는 사람은 환자라는 것을 의미합니다. 1970년대 공중보건 분

20   Ruth R. Faden and Tom Beauchamp, *A History and Theory of Informed Consent* (New York: Oxford University Press, 1986).

21   On informed consent for children, see American Academy of Pediatrics Committee on Bioethics, "Informed Consent, Parental Permission, and Assent in Pediatric Practice," *Pediatrics* 95 (1995): 314-317.

야의 추진력은 정반대 방향이었습니다. 몇몇 주 의회는 새로운 백신접종법을 통과시켰고, 오래된 법들은 예사롭지 않는 활력을 띠면서 시행되고 있습니다. 이러한 공중보건 상황에서 개인의 자율성 혹은 정보에 입각한 자발적 동의의 여지는 거의 없습니다.[22]

학교 입학 요건을 강력히 지지했던 질병통제예방센터의 앨런 힌먼(Alan Hinman)은 법적 명령의 사용이 동의의 의미를 바꾸는 것이라고 인정했다. "동의의 개념은 … 자유로운 선택을 의미합니다."라고 1978년 연례 백신접종 회의에서 참가자들에게 말했다. "그러나 때때로, 사회는 개인의 의지를 반드시 포함할 수 없는 일을 하기로 결정합니다. 그런 일 중에는 징집, 소득세, 학교백신접종법 등도 있습니다. 이러한 상황에서, '동의'라는 용어는 잘못된 이름일 수 있습니다. 그럼에도 불구하고, 저는 우리가 정보에 입각해 자발적으로 동의한 참가자를 보호할 의무가 있다는 사실에 동의할 수 있다고 믿습니다."[23]

백신의 내재적 위험에 대한 새로운 관심 그리고 입학 전 백신접종 의무의 확산은 연방 정부가 백신 관련 피해에 대해 책임을 져야 한다는 목소리를 더욱 크게 만들었다. 일찍이 1965년 경구용 소아마비 백신 때문에 제기된 첫 번째 소송을 계기로, 연방백신접종실천자문위원회는 백신 제조업체들이 자사의 제품으로 인한 과실 없는 피해에 대해 법적 책임을 면할 수 있

---

22 LeRoy B. Walters, "Response," *Pediatric Research* 1979): 700.

23 Alan R. Hinman, "Information Forms," in U.S. Department of Health, Education and Welfare, 13th *Immunization Conference Proceedings* (Atlanta: Center for Disease Control, 1978), 17.

고 나아가 피해자가 공적으로 지원되는 배상금을 받을 수 있는 그런 시스템이 바람직한지 여부를 검토했다. 이 위원회는, "경구용 소아마비 백신 관련 피해로 인한 소송 및 합의에 든 순비용은 늘어나는 백신 비용에 분명히 반영되고 있다."고 정확하게 예측했다. 게다가, '즉시 보증' 원칙에 따른 소송이 다른 면역제제들에 대해서, 그리고 여러 주에서 제기되는 것은 시간 문제로 보였다.[24] 하지만 그런 시스템에 대한 요구가 널리 퍼진 것은, 데이비스와 레예스 판결 이후 10년이 지난 뒤였다.

1975년 소아과 저널에 실린 논평은 당시 상황을 잘 보여주었는데, 이 논평에서는 학교 입학법에 의한 백신접종 의무화는 백신 관련 피해에 대처하는 일관된 계획을 채택하지 못한 문제와 얽혀, 이 나라를 '충돌 코스' 위에 올려놓았다고 주장했다.[25] 또한 "제조업자, 의사, 환자가 아닌 우리 사회가 법률의 부작용을 겪는 사람들을 지원해야 합니다."라고 저자는 주장했다. 소아마비 생백신과 소아마비 사백신에 대한 정책을 평가한 의학연구소 위원회도 결론에서 "백신과 관련된 사람들이 입은 무시하지 못할 손실에 대한 책임을 연방 정부가 부담하는 것은 필수적입니다."[26]라고 밝혔다. 지지자들은 몇몇 다른 나라가 특정 형태의 정부 배상 계획을 채택했다고 지적했다. 서독은 1961년에 그러한 프로그램을 최초로 도입했고, 1964년 프랑스가 그 뒤를 이었으며, 1970년대에 일본·스위스·덴마크·뉴질랜드·스웨

---

24 Advisory Committee on Immunization Practices, minutes, Meeting No. 4, June 11, 1965, NARA, RG 90, box 334062, folder: Advisory Committee on Immunization Practices.

25 Richard D. Krugman, "Immunization 'Dyspractice': The Need for 'No Fault' Insurance," *Pediatrics* 56 (1975): 159-160; 160.

26 Nightingale, "Recommendation for a National Policy on Poliomyelitis Vaccination."

덴·영국이 모두 비슷한 프로그램을 채택했다.[27]

위험과 이익의 균형은 어떻게 맞추어야 하는가? 백신접종 프로그램을 담당하는 사람들은 참가자들에게 위험을 경고할 의무가 있는가? 백신으로 인해 불가피하게 피해를 입은 소수의 사람에 대한 책임은 누가 질 것인가? 이처럼 복잡하고 상호 연관된 윤리적·법률적 문제들이 1976년 동안 결정되었는데, 이때는 질병통제예방센터의 관료들이 역사상 가장 어려운 위기 중 하나인 신종플루의 유행을 예측해야 하는 시기였다.

신종플루 그리고 전국적 백신접종 그룹

1976년 1월, 뉴저지주 포트 딕스의 육군 사관후보생이 독감으로 사망했다. 바이러스 배양 결과 이 균주가 1918년 최소 2천만 명의 목숨을 앗아 간 전 세계적인 인플루엔자 대유행을 일으킨 균주와 밀접한 관련이 있다고 밝혀졌다. 질병통제예방센터의 경각심을 가진 관계자들은 혹시 모를 치명적인 변종의 재등장으로부터 모든 미국인을 보호하기 위해 대규모 캠페인을 전개할지 고민하면서, 윤리적 딜레마에 빠졌다. 만약 그들이 계획을 추진했는데 우려했던 전염병이 유행하지 않으면, 불필요한 백신 사용으로 부상자와 심지어 사망자가 발생할 수 있었다. 반대로 만약 그들이 선제적인 백신접종에 실패하고 전염병이 발생하면, 수천 명이 독감으로 사망할 수 있

---

27 Geoffrey Evans, "Vaccine Injury Compensation Programs Worldwide," *Vaccine* 17 (1999): S25-S35.

고, 질병통제예방센터는 의무를 다하지 못했다는 비난을 받을 수 있었다. 지난 4월, 10년 전 홍역 퇴치 캠페인을 주도한 질병통제예방센터의 책임자 데이비드 센서(David Sencer)는 프로그램이 진행되어야 한다고 권고했고, 제럴드 포드(Gerald Ford) 대통령은 이를 전국에 발표했다.[28]

그러나 처음부터 여러 문제들이 있었다. 여름 내내 백신을 만드는 제약 회사들은, 최근 레예스 판결에서 등장한 책임 문제를 우려하여 보험사들이 제약회사에 대한 보증을 거부하고 있다고 발표했다. 연방 정부가 책임을 보장할 수 있도록 허가한 법안을 의회가 통과시킨 다음에야, 이 프로그램은 진행될 수 있었다. 저명한 과학자와 연구원들은 이 프로그램이 불필요하며 위험하다고 공격했고, 대신 우려되는 전염병이 실제로 발생하기 시작하면 즉시 배포할 수 있도록 백신을 비축할 것을 권고했다. 의회는 이 프로그램과 관련된 책임을 정부가 보장하는 조건으로 질병통제예방센터에게 잠재적 부작용을 접종자에게 알리기 위해 정보에 입각한 자발적 동의 양식을 개발하도록 했는데, 이는 심지어 인간 피험자 보호를 위한 국가 위원회의 구성원들을 포함하여 일부 전문가들로부터 비난받았다.[29] 10월에 이 프로그램이 시작되고 며칠 만에 심장 질환을 앓고 있는 3명이 백신을 맞은 직후 사망했고, 9개 주에서 프로그램이 중단되었다. 이 사망 사건은 최종적으로는 우연한 것으로 결론 났지만, 언론의 부정적 보도가 지속적으로 나오면서 안전에 대한 의구심에 불을 지폈다. 11월 중순 뉴욕에서 실시된 설

---

28   Richard E. Neustadt and Harvey V. Fineberg, *The Epidemic That Never Was: Policy-Making and the Swine Flu Affair* (New York: Vintage Books, 1982).

29   Diana B. Dutton, "Medical Risks, Disclosure, and Liability: Slouching Toward Informed Consent," *Science, Technology & Human Values* 12 (1987): 48-59.

문 조사에서 응답자의 절반 이상이 백신을 맞지 않았거나 맞을 생각이 없다고 응답했는데, 그 이유로는 백신은 불필요하다고 생각하거나 백신을 두려워하고 있으며, 혹은 의사가 백신을 맞지 말라고 권했기 때문이라고 했다.[30]

그리고 11월 말에 질병통제예방센터에는, 최근에 백신을 접종했다가 길랭-바레 증후군(GBS, Gillain-Barre Syndrome)을 앓게 된 사람에 대한 보고가 들어왔는데, 이 질병은 마비까지 일으킬 수 있는 희귀하면서도 때로는 생명을 위협하는 신경 질환이었다. 그다음 달 중순까지 10개 주에서 50건 이상의 GBS 사례가 보고되었으며, 대부분 사례는 한 달 이내에 백신을 접종한 사람들이었다. 이 프로그램은 1976년 12월 6일 중단되어 다시는 재개되지 않았다. 약 4천만 명의 사람들이 백신을 접종했다. 이는 하나의 대중 캠페인에서 가장 많은 사람들이 백신을 맞은 것이었지만, 전국적으로 목표한 인구의 5분의 1에도 미치지 못했다.

신종플루 프로그램에 대한 대응은 이를 걱정하던 모든 이들에게 재앙으로 여겨졌다.[31] 1977년 2월 조셉 캘리포니아노 신임 보건교육복지부 장관은 센서를 해고했다. 표면적인 이유는 신임 장관이 직원을 직접 선발하기를 원했기 때문이라고 했지만, 실제로는 센서의 신종플루 프로그램 대응

---

30 Pascal James Imperato, "The United States Swine Flu Influenza Immunization Program: A New York City Perspective," *Bulletin of the New York Academy of Medicine* 55 (1979): 285-302.

31 Neustadt and Fineberg, *Epidemic That Never Was*; Cyril Wecht, "The Swine Flu Immunization Program: Scientific Venture or Political Folly?" *American Journal of Law & Medicine* 3 (1978): 425-445.

방식이 해고의 이유라고 널리 알려졌다.[32] 많은 비평가들은 신종플루 프로그램에 대한 질병통제예방센터의 대응이 공중보건 시스템과 백신접종에 대한 가뜩이나 흔들리는 신뢰를 더욱 악화하는 역할을 했고, 이 프로그램의 부족한 자원을 더 큰 가치가 있는 일상적인 백신접종 프로그램에서 전용했다고 주장했다.[33] 1977년 초 논평에서 캘리포니아노는 "신종플루 프로그램이 인플루엔자 백신접종 및 전체 백신접종에 대한 대중의 인식에 영향을 미쳤다는 것은 부인할 수 없다. 사람들은 전문가들 사이의 의견 차이, 그리고 프로그램이 시작되자마자 직면한 어려움을 보면서 혼란스러워 했다."고 말했다.[34]

신종플루 때문에 생긴 부정적 홍보 효과가 다른 질병의 백신접종률에 얼마나 피해를 주었는지는 확실하지 않았다. 1년 후 질병통제예방센터가 국민들의 태도를 측정하고, 특히 사람들이 백신을 맞거나 자녀에게 백신을 접종하려는 생각에 변화가 있었는지 조사하기 위해 의뢰한 설문 조사에 따르면, 사람들은 대부분 신종플루 백신과 다른 질병의 백신을 구분한다고 했다. 응답자의 약 90%가 일반적으로 백신접종이 '매우 안전하다'거나 '적당히 안전하다'고 느꼈으며, 안전하지 않은 백신이 무엇이냐는 질문에 사람들은 신종플루 백신을 꼽았다. 조사 결과, 일반적으로 "인플루엔자 백신에 대한 행동과 신념은 다른 질병의 백신에 대한 것과는 다르다."였다. 그

---

32   Elizabeth W. Etheridge, *Sentinel for Health: A History of the Centers for Disease Control* (Berkeley: University of California Press, 1992), 274-275.

33   New York State Department of Health, "Annual Report, Immunization Program, April 1976-March 1977," NYSDOH, series 13307-82, box 8, folder: Immunizations (1977-1978).

34   Harold M. Schmeck, "Califano to Outline a Major Drive to Immunize More U.S. Children," *New York Times*, April 6, 1977, 1.

렇지만 설문조사에 따르면, "일반적인 무기력과 함께 '여기서는 일어날 수 없는 일' 혹은 '나와 내 아이들에게는 일어날 수 없는 일'과 같은 생각들"도 확인되었다. "백신접종 전체에 대한 사람들의 이론적 믿음과 실제 개인적 행동은 완전히 다른 것이었다."[35]

신종플루 사건의 가장 중요한 유산은, 대중들이 백신접종을 수용하려는 태도에 미친 영향이 아니었다. 오히려 이 사건으로 인해 지난 10년 동안 스며나오기 시작한 백신 관련 피해에 대한 책임 문제 그리고 정보에 입각한 자발적 동의 문제가 백신 정책의 최우선 순위로 떠올랐다. 1976년 말과 1977년 초, 수포로 돌아간 신종플루 프로그램 이후, 보건교육복지부는 학자들, 보건 관계자들, 백신 제조업체와 소비자 단체의 대표들로 구성된 그룹들을 소집하여 재정 및 공급, 공교육, 책임 및 사전 동의를 포함한 주요 정책 분야에 대한 권고안을 준비했다.[36]

가장 획기적이었던 것은 생명윤리학자 르로이 월터스가 의장을 맡은, 정보에 입각한 자발적 동의에 관한 위원회의 심의였다. 의학적 맥락의 신체적 완전성에 관한 권리와 관련된 국제적 합의에 비추어 볼 때, 의무적인 백신접종법은 윤리적으로 지지받을 수 있는가? 학교에서 아이를 제외시키는 조치에 직면한 부모가 이에 자유롭게 동의했다고 볼 수 있는가? 이 위원회는 백신접종과 여타 의학적 절차 사이에는 몇 가지 본질적 차이가 있으며, 이는 생의학 연구와 임상실험에서 널리 퍼져 있는 정보에 입각한 자발적 동의가 적용 가능한지 불확실하게 만든다고 결론지었다. 대규모 백신접

---

35   Opinion Research Corporation, *Public Attitudes toward Immunization: August 1977 and February 1978* (Princeton, N.J.: Opinion Research Corporation, 1978), v.

36   Neustadt and Fineberg, *Epidemic That Never Was*, 105-108.

종 프로그램에 관련된 사람들이 너무 많았기 때문에, 의료 제공자와 접종 대상자 사이에 상호작용할 수 있는 기회는 제한적이었다. 백신접종은 사회 전체를 위해 정부가 후원하기 때문에, 개인은 이에 참여할 특별한 의무를 지녔다. 백신접종을 받을 때 위험은 정보에 입각한 자발적 동의가 관례적 인 대부분 의료 절차의 위험보다 훨씬 낮았다.[37]

위원들은 자발적인 프로그램이 의무적인 것보다 선호되어야 하며, 성인 에 대한 강제는 긴급한 보건상의 위협이 있는 경우에만 발동되어야 한다는 데 동의했다. 하지만 세부 사항에서는 마찰이 있었고, 위원들은 강제력이 발동될 수 있는 다양한 상황을 포괄하는 정책의 정확한 표현에 대해서는 동의할 수 없었다. 위원회는 의사 결정에 있어 자율성과 국민 참여라는 문 제에 대해, 아주 유사하지만 강조점이 미묘하게 다른 두 가지 입장 한가운 데 서 있었다.[38] 위원회는 최종 보고서에서 특정 질병에 대한 백신접종 프 로그램을 의무화해야 하는지 자발적으로 하도록 할지 결정하는 데 필요한 '명확하고 공개적으로 발표될 기준'을 만드는 국가 위원회의 설립을 권고했 다.[39]

위원회 위원들이 공식 보고서의 부록으로 제출한 수많은 반대 의견과 보 완 의견은, 이 문제에 대해 합의를 이루기가 얼마나 어려웠는지를 더욱 잘 보여주었다. 위원 4명은 최종 권고안이, 백신 미접종자가 다른 사람에게 질병을 전파할 위험이 임박한 경우에만 강제 접종이 허용된다는 점을 강조

---

37 "Report and Recommendations, National Immunization Work Group on Consent," in Reports and Recommendations, 17.

38 Ibid., 5-6.

39 Ibid., 4.

하면서 더 나아가지 못했다고 말했다. 공리주의 철학자 존 스튜어트 밀의 '해악의 원리'를 암묵적으로 상기하면서, 그 네 명은 사람들이 단순히 자기의 이익을 위해 백신을 맞도록 강요받아서는 안 된다고 주장했다.[40] 이들은 또한 백신 정책에 대한 국가자문위원회의 최종 제안서에서 위원회 구성원의 과반수가 일반 시민의 대표가 된다고 규정하지 않은 점에 대해서도 반대했다.[41] 위원회에 참석한 주 보건 당국자의 관점은 상당히 달랐는데, 이들은 전국적인 위원회라는 아이디어 자체를 반대했다. 보건 문제에 관해서는 헌법상 주가 권한을 가지고 있고 이미 존재하는 광범위한 법률 네트워크를 감안하면, 그런 위원회를 만드는 것은 주의 권리에 대한 '주제넘은' 침범을 의미하기 때문이라는 것이었다.[42]

신종플루 사건 및 백신접종 관련 위원회의 회의 이후, 누가 백신 위험에 대해 소비자에게 경고할 책임을 져야 하는지, 이러한 경고를 어떻게 전달해야 하는지, 그리고 어떤 정보를 포함해야 하는지에 대한 의견 차이가 두드러졌다. 제약 회사를 법적으로 보호하기에 충분히 상세한 자료들은 소비자에게 전혀 유용하지 않았다. 경구용 소아마비 백신 제조업체들은 자신들에게 내려진 책임 문제에 관한 판결에 대응하여 새로운 문서 양식을 개발했는데, 의학연구소는 이에 대해 '백신 접종자에게 유용한 정보를 제공하기 보다는 제조업체를 보호하기 위해 길고 복잡하며 방어적으로 작성된 문

---

40 The dissenting group comprised Robert Veatch, Ruth Faden, Barbara Katz, and Lois Schiffer. *Ibid.*, C-2.

41 *Ibid.*, C-8.

42 The dissent was by Joanne E. Finley, health commissioner of New Jersey. *Ibid.*, C-3.

서'라고 묘사했다.[43] 그럼에도 불구하고, 보건교육복지부의 법무 책임자는 백신 접종자의 서명이 적힌 정보 문서 양식이 백신 문제에 대처하는 연방 정부의 가장 적절한 방식이라고 결정했고, 1977년 질병통제예방센터는 연방 정부가 공급하여 공공장소에서 투여되는 모든 백신에 포함되는 일련의 문서 양식을 개발했다. 각 양식에는 문제가 된 질병, 백신의 예상 효과, 필요한 투여 횟수, 백신의 부작용 및 금기 사항이 적혀 있었다.

그러나 법적 보호를 제공하는 것과 대중을 교육하는 것 사이의 균형을 맞추는 것은 어려운 일이었다. 파일럿 테스트에서 백신을 접종한 사람 중 5분의 1에서 3분의 1이 전체 양식을 읽지 않았고, 약 10분의 1은 읽은 내용을 이해하지 못했다고 말했다. 4명 중 1명은 문서를 읽은 후 그 정보에 대한 기본적 질문에 대답할 수 없었다.[44] 조언을 얻기 위해 질병통제예방센터가 이 양식을 제출했을 때, 보건 관계자와 입법자로부터 엇갈린 평가를 받았다. 뉴욕주 질병 통제 책임자인 도널드 라이먼(Donald Lyman)은 법률 고문과 함께 양식 중 하나를 검토한 후, 이 양식은 "의무적인 백신접종법이 있는 뉴욕과 같은 관할 지역에서는 불필요하고 부담스러우며 법적 효력이 없다."고 의견을 전달했다.[45] 레예스 사건의 아미쿠스 큐리아 브리핑 내용과 비슷하게, 다른 보건 관계자들은 제안된 정보 양식이 가능한 위험에 대한 '경고'로 고안되었다는 사실에 항의했다. 매사추세츠 전염병 통제 책임

43 Institute of Medicine, *Evaluation of Poliomyelitis Vaccines*.

44 Hinman, "Information Forms," in U.S. Department of Health, Education and Welfare, *13th Immunization Conference Proceedings*, 17.

45 Donald O. Lyman to Alan R. Hinman, February 3, 1978, NYSDOH, series 13855, ro114.

자는 "만약 '경고'라는 단어가 사용되면서 위험을 암시한다면, 자녀의 백신 접종에 대해 동의를 제공해야 하는 부모들은 백신의 안전성을 심각하게 의심할 것이다."라고 했다. "민간 의사와 주 및 지역 역학자들의 입장에서 보면, 우리가 이미 검토한 바 있는 위험-이익 양식에 대해 보편적인 반감과 적대감이 있다."고도 논평했다.[46] 어떤 이들은, 적합한 판단을 내리는 데 부모들에게 의존할 수 없다는 본질적으로 온정주의적인 입장을 취했다. 뉴헤이븐의 보건국 의료 책임자는 "이익과 위험에 대한 묘사를 근거로 삼아, 백신접종에 대한 찬반 결정의 책임을 온전히 부모에게 지우는 것은 비합리적이며 불공평합니다."라고 말했다. "독감 백신접종 이전에 10,000명의 사람이 동의서 양식에 서명하는 것을 봤지만, 그들 중 3% 미만이 그 양식을 제대로 읽었고, 이해하는 사람은 더 적었습니다. 이것은 번거롭게 시간을 낭비하는 쓸모없는 의식입니다."[47]

정보에 입각한 자발적 동의의 법적·윤리적 의무 및 경고의 의무를 임상 현장의 실제 상황과 맞추기 위한 시도였지만, 질병통제예방센터의 양식은 그 누구도 만족시키지 못한 타협책이었다. 그럼에도 불구하고, 그 양식들은 1978년 초에 시작된 모든 공공 백신접종에 사용되도록 정해졌다. 백신으로 피해를 입은 소수의 사람들에 대한 배상이라는 더 큰 문제는, 그러한 시스템이 어떻게 작동하는지에 대한 골치 아픈 정치적 논쟁 한가운데 멈춰 있었다. 이 논쟁에 참여한 다양한 사람들이 해법을 찾는 데에는 백신 안전

---

46 Nicholas J. Fiumara to Joseph A. Califano, November 8, 1977, ASTHO Archives, box 23, folder: Immunization Programs 1977-1978.

47 Hans H. Neumann, "For a Federal Immunization Insurance Corporation," *Connecticut Medicine* 41 (1977): 118-119; 119. Punctuation in original.

에 대한 새로운 위기가 필요했다. 한편 미국 공중보건국은 신종플루 프로그램의 홍보 실패를 극복하고, 잘 작동하고 있는 것처럼 널리 알려진 시스템에 활력을 불어넣고 싶었다. 그러한 시도를 위해 필요한 정치적 의욕과 자금은 곧 새 대통령 행정부에서 나왔다.

아칸소주 상원의원이자 전 주지사 데일 범퍼스(Dale Bumpers)의 부인인 베티 범퍼스(Betty Bumpers)는 주지사 영부인이었을 때 아동기 백신접종의 필요성을 지지했다. 로슬린 카터(Roslyn Carter)의 친구였던 베티 범퍼스는, 1977년 초 지미 카터(Jimmy Carter) 대통령이 취임했을 때 로슬린에게 이 문제를 국가의 건강 우선순위로 높여야 한다고 설득했다. 카터 부부는 조셉 캘리포니아노 보건교육복지부 장관에게 국가적 프로그램을 진행할 것을 요청했다.[48] 카터가 취임한 지 불과 몇 달 후인 1977년 4월, 캘리포니아노는 아동 백신접종 계획(Childhood Immunication Initiative)을 발표했다.

10여 년 전 홍역 퇴치 실패를 겪은 질병통제예방센터 지도자들은 더 이상 질병 감소라는 관점으로 자신들의 목표를 설정하지 않았다. 대신 완전히 면역된 어린이 수를 목표 수준 이상으로 달성하는 것을 사상 처음 센터의 목표로 삼았다. 이 계획에서는 권장 백신으로 완전히 면역력을 얻는 어린이의 비율을 1978년 10월까지 90%로 늘리기 위해 18개월 일정을 세웠다. 연방 자금은 극적으로 증가하여 포드 행정부 마지막 해 약 500만 달러에서 아동 백신접종 계획 첫해인 1977년 1,700만 달러, 1978년 2,300만 달러로 증가했다.[49]

---

48   Patrick M. Vivier, "National Policies for Childhood Immunization in the United States: A Historical Perspective" (Ph.D. diss., Johns Hopkins University, 1996), 166-169.

49   Ibid., 169-170.

이 계획의 핵심은 지난 10년 동안 통과된 학교 백신접종 의무의 시행을 전국적으로 추진하는 것이었다.[50] 보건 당국이 보기에 신속하게 법을 명문화하는 것이 하나의 일이었다. 그러나 백신접종을 하지 않아 학교에 입학하지 못한 학생들에 대해서는 거의 신경을 쓰지 않기 때문에, 학교에서 모든 어린이가 백신접종을 맞았는지 단언하는 것은 완전히 다른 문제였다. 이 법을 시행하려면 전염병 통제와 보편적인 공교육 제공이라는 두 가지 바람직한 사회적 목표의 균형을 맞춰야 하는 현실적 문제에 직면해야 했다.

'No Shots, No School': 강제와 반발

학교 입학을 위한 백신접종을 둘러싼 갈등은 법 자체만큼이나 오래된 것이었다. 모든 학생이 의무적인 보호를 받도록 보장하는 데에는 주 및 지역 차원에서 서로 다른 임무와 우선순위, 정치적 선거구를 가진 보건 행정가와 교육 행정가들 사이에 협력을 필요로 했다. 2장에서 살펴보았듯이 1920년대 뉴욕주의 학생들을 위한 천연두법은 대부분 주에서 사문화된 것이었는데, 학교 위원회가 이를 이행할 의도나 능력이 없었기 때문이었다. 백신접종에 불만을 가졌거나 무관심했던 부모들은 공공연하게 이 법을 조롱한 반면, 지역 보건 당국은 학교 당국이 천연두에 대해 수업 중단까지는 유발하지 않는 미미한 위협으로 간주하면서 이 법을 지키려 하지 않는다고 비

---

50 Alan R. Hinman, "Opening Statement," in U.S. Department of Health, Education and Welfare, *13th Immunization Conference Proceedings* (Atlanta: Center for Disease Control, 1978).

난했다. 1970년대가 되자 미국에서 학교법은 보편화되었고, 법 시행은 더욱 복잡해졌다. 이제는 하나가 아닌 일곱 가지 질병에 대한 백신이 필요했고, 따라서 학교들은 백신접종을 위한 충분한 자원도 없이 그 어느 때보다 많은 학생 기록을 놓치지 않고 따라가야 했다. 신종플루 이후 질병통제예방센터의 조사에서 알 수 있듯이, 부모들은 대체로 백신접종을 지지했지만, 종종 아이가 어떤 백신을 접종했는지 증명하지 못했다. 만약 문서가 분실되었거나 잘못 보관되었다면, 많은 학교들은 그 아이의 백신접종을 대강 인정했다. 그 결과 1920년대의 천연두처럼 쉽게 예방할 수 있었던 질병이 지속되었다. 특히 문제가 된 것은 소아기에 가장 전염성이 강한 홍역이었다.

각 주는 학교법 시행을 확실히 하기 위해서 적극적인 조치를 취해야 한다는 것을 깨달았다. 테네시주는 1967년에 권장되는 모든 백신접종을 포함하는 법을 제정했지만, 1973년이 되어서야 이 주의 모든 카운티가 이 법을 완전히 준수하게 되었다. 주 보건 당국이 학교에 과도하게 의존하면서, 보호받지 못하는 어린이들을 쫓아내다가 법을 따르지 않는 교장 선생님들에게 민사소송을 제기하겠다고 위협한 이후에야 협력이 이루어졌다.[51] 미주리주의 경우, 백신을 맞지 않은 어린이가 다닌다고 알려진 학교를 상대로 법적 조치를 취할 수 있도록 주 법무장관의 도움을 받을 수 있는 소위 '더 이상 착한 소년은 없다(No More Mr. Nice Guy)' 법이 채택될 때까지, 주법은 대체로 무시되어 왔다.[52] 뉴욕은 특히 중학교에서 법 집행이 느슨했는

---

51 George S. Lovejoy, James W. Giandelia, and Mildred Hicks, "Successful Enforcement of an Immunization Law," *Public Health Reports* 89 (1974): 456-458.

52 James E. Donoho, "Missouri Vaccine Delivery Program—'The Force that Achieved Our Means,'" in *U.S. Department of Health, Education and Welfare, 13th Immunization*

데, 이런 가운데 1970년대 중반 10대들 사이에서 홍역이 반복적으로 유행했다.[53] 1976년 가을, 효과적인 백신이 보급된 지 10년이 넘도록 홍역 통제가 쉽지 않은 것에 분노하고 있던 주 보건 당국은 처음으로 강경한 입장을 취하면서, 홍역 환자가 발생한 모든 학교에서 백신을 접종하지 않은 학생들을 배제할 것을 주장했다. 보건 당국의 어떤 의사는 지역의 학교 보건 담당자에게 보낸 퉁명스러운 편지에서 '변명, 변명, 변명'이라고 썼다.

> 작년에 의사들과 공중보건 요원들은 전염병 유행에 대해 취약한 백신접종 상황을 제외한 모든 이유 때문이라고 비난했습니다. "백신은 효과가 없었습니다." "부모들은 1971년에 아이가 홍역 백신을 접종했다고 생각했지만, 사실은 풍진 백신이었습니다." "어떤 부모도 제대로 된 기록을 갖고 있지 않습니다." "그들은 영어를 하지 못합니다." "민간 의사들은 환자를 보호해야 합니다." "카운티는 전염병 유행에 개입할 권한이 없습니다." [중략] 우리의 입장은 간단합니다. 학교 보건 공무원으로서 당신은 아이가 보호받고 있을 때 만족해하거나 아니면 아이에게 백신을 접종해야 합니다.[54]

특히 롱아일랜드의 낫소 카운티의 접종기록이 아주 열악했는데, 주 보건국에 따르면, '통제하는 방법에 대해 시종일관 소심했기 때문'이었다.[55]

Conference Proceedings (Atlanta: Center for Disease Control, 1978).

53 Donald O. Lyman to Richard J. Jackson, undated memo (Fall 1976), NYSDOH, series 13855, reel 10.

54 Donald O. Lyman to Saul Smoller, December 30, 1976, NYSDOH, series 13855, reel 10.

55 Donald Lyman to Robert Whalen, March 13, 1978, NYSDOH, series 13307-82, box 8, folder: Immunizations (1977-1978).

1978년 봄, 보드만 중학교에 다니는 15세 소년이 홍역 진단을 받았을 때, 오션사이드 마을에서 보건 공무원들과 교육 공무원들 사이의 대치가 최고조에 이르렀다. 보건 당국자들은 지역 교육감을 만났는데, 그는 백신접종을 둘러싼 소송이 빈번했던 사태를 반영하듯 학군의 보험대리인 및 변호사들을 데리고 나왔다. 보험사와 변호사들은 백신접종을 받지 않은 학생들을 배제할 어떤 조치도 취하지 말라고 교육감에게 조언했고, 이 프로그램의 비용이나 책임 문제를 포함하는 (학교에) '해가 되지 않는' 합의가 마련되지 않는 한 학교 현장에서 백신을 접종해야 한다는 보건 당국의 제안을 거절했다. 주 보건국장 로버트 웨일런은 절차상의 이유로 저항하는 것처럼 보이는 이런 모습에 진절머리를 내며, 백신을 맞지 않은 학생 90명의 등교를 금지하는 법원 명령을 받아 냈다.[56]

2주도 채 지나지 않아, 롱아일랜드의 다른 지역에서 비슷한 대치 상황이 발생했다. 그곳의 학교 관계자들은 카운티 정부가 백신 관련 피해로 인해 제기될 수 있는 모든 소송으로부터 보호해 주겠다고 동의할 때까지 주의 백신접종 프로그램을 따르는 것을 거부했다. 5월, 웨일런은 지역의 교육위원회, 교육감 및 교장을 상대로 백신 미접종 학생을 배제하거나 민형사상 처벌을 받아야 한다고 요구하는 법원 명령을 다시 받아냈다.[57]

이러한 작은 충돌, 그리고 학생들에 대한 백신접종 의무화 명령이 잘 이

---

56 Donald Lyman to Robert Whalen, March 13, 1978, NYSDOH, series 13307-82, box 8, folder: Immunizations (1977-1978); Michael Alexander, "Measles Order Bars 90 Pupils in Oceanside," *Newsday*, March 11, 1978.

57 In the Matter of Robert D. Whalen, May 5, 1978, NYSDOH, series 13307-82, box 8, folder: Immunizations (1977-1978).

해되지 않고 있다는 믿음 때문에, 1977년의 계획에서는 학교에 초점을 맞추게 되었다. 질병통제예방센터는 주 정부가 수백만 건의 학생 백신접종 기록을 검사하는 것을 돕기 위해 대규모 운동을 계획했다. 이러한 일을 시작할 때 주요 장벽 중 하나는 학교가 보유한 백신접종 기록이 학생부 공개를 금지한 연방법의 적용 대상인지 불확실하다는 것이었다. 이 잠재적 장벽은 1978년 연방교육청이 백신접종 문서에 기밀문서 자격을 부여할 필요가 없다는 판결을 발표하면서 제거되었다. 이 결정 이후, 질병통제예방센터의 격려와 도움을 받아 전국의 주 보건 당국들은 약 2,800만 학생들의 학교 백신접종 기록을 검토했다. 동시에, 보건교육복지부의 캘리포니아노 장관은 의무적인 학교백신접종법을 시행하고 있는 45개 모든 주의 주지사들에게 이 법을 최대한도까지 시행해 달라고 요청하는 편지를 보냈다. 캘리포니아노 장관은 또한 법 규정이 '충분히 포괄적'이지 않은 주들에게, 관련 법을 강화하고 아이들이 백신을 맞지 않은 채로 있게끔 하는 모든 허점을 없애라고 촉구했다.[58]

학교의 의무를 둘러싼 법적, 정치적, 윤리적 문제들은 미국에서 가장 큰 뉴욕시의 학교 시스템에서 가장 두드러졌다. 1977년의 백신접종 계획에서는, 어떤 학생이 백신을 맞았는지 그리고 백신을 맞지 않은 학생들에게는 어떤 조치를 취해야 하는지 결정할 책임을 둘러싸고 대립이 시작되었다.

보건 당국은 수십 년 동안 학교 기반 임상 서비스 프로그램의 일환으로 백신접종을 시행해 왔다. 하지만 아이가 주사를 맞을 때마다 부모나 법적

---

58 Alan Hinman, "Immunization, Equity, and Human Rights," in U.S. Department of Health and Human Services, *36th National Immunization Conference Proceedings* (Atlanta: Centers for Disease Control, 2002).

보호자가 동의를 해야 하는 의무적 정보기록 양식을 질병통제예방센터가 도입함에 따라, 아이가 주사를 맞을 때마다 부모나 법적 보호자가 동의를 해야 했기 때문에, 오랜 관행들은 포기될 수밖에 없었다. 보건 당국자들은 "정보에 입각한 자발적 동의를 여러 번 구하는 것은 가능하지 않기 때문에, 학교 기반 백신접종 프로그램을 지속하려는 시도는 실용적이지 못하다." 고 판단했다.[59] 대신, 보건 당국은 수업 시작 전에 부모들이 예약없이 아이들을 데리고 가서 주사를 맞을 수 있는 특별 진료소를 도시 전역에서 운영했다. 동시에 광고판, 전단지, 우편물을 포함한 공격적인 광고 캠페인을 벌여, 학부모들에게 'No shots, no school' 정책을 홍보하기 시작했다. 그 도시의 학교들에 대한 감사가 진행되면서 학생들의 백신접종 기록을 허술하게 보관했다는 사실이 밝혀졌고, 이로써 도시가 직면한 문제가 어느 정도인지 드러났다. 어떤 학교에서는, 절반도 안 되는 학생들에 대해서만 필요한 문서들을 파일로 가지고 있었는데, 그 기록을 책임지고 있던 교육 공무원은 결국 해고되었다.[60]

그 후 2년 동안, 시의 보건 및 교육 관료들은 "No shots, No school" 정책을 시행함에 있어 교착상태에 빠져 있었다. 1978년 가을에는 극소수의 학생들만 수업에서 제외되었다.[61] 다음 해 가을 보건 당국이 몇몇 학교의 기

---

59 Olive E. Pitkin to Margaret Grossi, April 7, 1978; and Lloyd Novick to Reinaldo Ferrer, April ro, 1978, NYCDOH, box 142299, folder: School Health.

60 Barry Ensminger, "Political Commitment to Immunization Programs at the Local Level," in U.S. Department of Health, Education and Welfare, *15th Immunization Conference Proceedings* (Atlanta: Centers for Disease Control, 1980); Joseph B. Treaster, "School Inoculation Data Missing; Director of City Program Ousted," *New York Times*, November 19, 1978, 47.

61 Bernard Bihari to Edward I. Koch, December 27, 1979, NYCDOH, box 2361, folder:

록을 감사했을 때, 법을 준수하지 않았음에도 불구하고 수천 명의 아이들이 수업에 참석하도록 허용되었다는 것을 발견했다.[62] 학생들이 수업에 계속 참여하도록 하는 것이 중요한 업무인 학교장들은 학생들을 배제하기를 꺼려했다. 게다가 보건국장에게 보낸 편지에서 교육감은, 학생들의 백신 접종 기록을 계속 따라가는 것은 '이미 수많은 업무로 부담이 큰 학교들에 또 다른 요구사항을 주문하는 것'이라고 설명했다.[63] 보건 공무원들은 학교의 협력이 부족하다고 보았는데, 엄격히 말하자면 이는 합리적이면서도 간단한 법을 준수하지 않는 것이었다. 홍역이 계속 유행하는 것은 백신접종을 받지 않은 학생들이 여전히 수업을 받고 있다는 증거였는데, 이에 보건국장은 비협조적인 교장들에게 법을 준수하고 보호받지 못한 학생들을 배제하도록 강제하기 위해서 어떤 선택을 할 수 있는지 법률위원회의 조언을 구했다. (주법은 고분고분하지 않은 교장들에게 최대 500달러의 과태료가 부과될 수 있도록 했다.)[64]

시의회 의장과 보건 당국으로부터 압박을 받은 지 2년이 지난 1980년 가을, 마침내 학교 관계자들은 필요한 백신접종 기록이 없는 학생들에 대해 강경한 입장을 취하기로 했는데, 당시 유치원부터 12학년까지 학생들(K-

School Health.

62   Reinaldo Ferrer to Robert F. Wagner Jr., January 29, 1981, NYCDOH, box 142304, folder: Ferrer's Personal File.

63   Frank Macchiarola to Reinaldo Ferrer, December 21, 1979, NYCDOH, box 142361, folder: School Health.

64   Wilfredo Lopez to Irwin Davison, March 5, 1980, NYCDOH, box 142361, folder: School Health.

12) 중 4분의 1이 여기에 해당되었다.[65] 여러 언어로 쓰인 공지 사항은 학부
모들에게 보내졌고, 학교 확성기를 통해서도 공지가 이루어졌다. 보건 당
국자들은 긴급 조치로서 백신접종률이 특히나 낮은 일부 학교에서 현장 진
료소를 운영하기로 했다.(이 일을 빨리 처리하기 위해 일부 교장들은 학생들의
동의서에 자기가 직접 서명하거나, 학생들이 바로 서명하도록 했다. 보건 당국자들
은 이런 일을 나중에 발견하고 당황스러워했다.)[66] 추가적인 노력에도 불구하고,
전체 학생의 3% 정도인 28,000여 명의 학생들만이, 1980년 11월 수업에서
제외되었다. 교육위원회는 학생 총조사에 근거하여, 주 정부로부터 '일일
평균 출석' 보상금을 받았고, 학생들의 결석으로 인해 시 정부는 하루 수천
달러의 비용을 지불했다.[67] 1980~1981학년도 말까지 보건 당국은 11개 학
교(공립 1개, 교구 3개, 사립 3개)의 교장들을 행정재판소에 출두하게 했고, 이
들은 보건 당국의 노력에 협조하지 않은 것에 대해 벌금형을 받았다.[68]

1981년 가을, 대대적인 수업 배제 방침이 한 번 더 시행되었을 때, 대중들
은 이런 전략을 비판하기 시작했다. "왜 우리는 아이들을 처벌하고 있습니
까?"《뉴욕 타임스》의 한 칼럼니스트는 이렇게 물었다. "아이들이 수업에
몇 번 빠지게 되면, 며칠씩 또는 영구 결석으로 가는 미끄럼틀을 되돌릴 수

---

65 Josh Barbanel, "Students Given a Month's Reprieve on Inoculations," *New York Times,*
September 28, 1980, 32.

66 Dr. Grossi to Dr. Ferrer, October 31, 1980; and Reinaldo Ferrer to Jack Kirby,
November 21, 1980, NYCDOH, box 142304, folder: Ferrer's personal file.

67 Mona Solomon to Reinaldo Ferrer, September 25, 1980, NYCDOH, box 142304, folder:
Ferrer's personal file; Ari L. Goldman, "Pupils Lacking Inoculations Face High School
Ban Today," *New York Times*, November 3, 1980, B1.

68 William G. Blair, "11 School Principals Accused of Violating Immunization Statute,"
New York Times, June 2, 1981, B2.

374 | 면역국가의 탄생

없게 됩니다."[69] 심지어 일부 보건 전문가들도 아이들의 교육을 희생시키면서 전염병을 통제하는 방식에 의문을 제기했다. 전 뉴욕시 보건국장은 이러한 배제 조치를 '구시대적인 공중보건 경찰 조치의 최신 버전'이라고 불렀다.[70] 그러나 미국소아과학회 관계자들은 뉴욕시의 조치를 옹호하고 나섰다. 그들은 1981년 11월 기준 평균 16%의 학생들이 수업에 빠졌는데 백신접종 상태 때문에 제외된 학생들은 겨우 1%였다고 지적하면서, 학생의 강제 결석 상황에 대한 걱정이 부풀려졌다고 주장했다.[71]

백신접종과 관련된 문제의 규모 그리고 보건 공무원과 교육 공무원 사이의 마찰 정도로 보면 뉴욕시가 가장 눈에 띄었지만, 그 상황이 독특한 것은 아니었다. 로스앤젤레스, 디트로이트 및 신시내티를 포함한 여러 도시에서 1970년대 후반 동안 수천 명의 학생들이 학교에서 배제되었다.[72] 이러한 대규모 조치는 전국적으로 학교를 백신 홍보 장소로 강조함으로써 나타난 가장 두드러진 부작용이었다. 덜 주목받았지만 중요한 또 다른 결과는, 학교법에서 면제되는 문제에 대한 끊임없는 소송이었다. 5장에서 보았듯이, 그 법들이 제정되면서 1960년대 중반부터 1970년대 중반까지 면제를 거부당

---

69   Sydney H. Schanberg, "Why Punish the Kids?" *New York Times*, October 17, 1981, 23.

70   Pascal James Imperato, "The High Cost of Attempting to Rid America of Measles," *New York Times*, October 28, 1981, 26.

71   Louis Z. Cooper, Anne E. Gershon, and James G. Lione, "The Worth of New York City's Child Immunization Program," *New York Times*, December 15, 1981, 30.

72   Dennis G. Olsen to Burton Lincoln, April 25, 1978, NYCDOH, box 2299, folder: School Health; Nicholas Anthony, Mary Reed, Arnold M. Leff, et al., "Immunization: Public Health Programming through Law Enforcement," *American Journal of Public Health* 67 (1977): 763-764; "Detroit Turns Away Unvaccinated Pupils," *New York Times,* October 25, 1977, 18.

한 원고들이 수많은 소송을 제기했다. 1977년 백신접종 계획이 시작되면서 다양한 헌법적 근거를 빌미로 법적 소송이 계속되었다.

미시시피와 메릴랜드에서 면제 조항은 법원의 위헌 판결 이후 학교백신접종법에서 분리되었다. 미시시피는 '종교적 가르침이 기도 또는 영적 치유 수단에 의존해야 한다고 요구하는' 부모의 자녀에 한해 면제를 승인했다. 1979년 사건에서 주 대법원은 척추지압사 찰스 브라운의 주장을 인정했는데, 그는 면제 조항이 종교적 신념을 가지지 않은 수많은 부모를 차별하기 때문에 수정헌법 제14조의 동등한 보호 조항을 위반했다고 주장했다.[73] 메릴랜드에서는 부모가 신봉하거나 소속된 '공인된 교회 혹은 교파'의 교의나 관행과 충돌하면 백신접종에서 제외될 수 있었다. 1972년 면제 조항이 추가된 이후 10년 동안, 단 두 그룹 즉 크리스천 사이언스 교회와 세계 하나님의 교회(Worldwide Church of God) 신도들에게만 면제가 허용되었다. '개인적인 종교적 견해'를 이유로 백신접종에 반대했던 어빙 데이비스는 학교 당국에 의해 주의 의무교육법 위반 혐의로 기소되었는데, 백신접종에 대한 동의 문제라기보다는 여덟 살 난 아들을 학교에 나가지 않게 한 이유 때문이었다. 데이비스는 법정에서 이 법이 수정헌법 제1조의 국교 설립 금지 조항을 위반했다고 주장했다. 법원은 면제 조항이 "서로 다른 종교적 신념에 관한 정부의 중립 원칙과 모순된다."는 점에 동의했고, 이 조항을 학교백신접종법의 나머지 조항과 분리시켰다.[74]

그러나 오하이오주에서는 조금 더 포괄적인 법이 사법적 도전을 견뎌 냈

---

73 *Brown v. Stone*, 378 So. 2d 218 (1979).
74 *Davis v. Maryland*, 294 Md. 370 (1982).

다. 그 주에서 면제는 '종교적 신념을 포함하여 선량한 목적을 위해 백신접종을 반대하는' 모든 부모 또는 보호자에게 적용 가능했다. 척추지압사 스탠리 한젤(Stanley Hanzel)은 그 조항에 반대하는 세 가지 헌법적 주장을 폈다. 그는 그 조항이 자신의 사생활에 대한 권리를 침해했다고 주장했다.(물론 이런 권리는 헌법에 존재하지 않았다. 하지만 최근에 미국 대법원은 피임처럼 어떤 개인적 결정을 내리는 맥락에서 사생활에 대한 제한된 권리를 인정했다.) 그의 주장에 따르면, 면제 조항은 '그 권한을 행사할 지침도 없이, 지역의 학교 공무원들에게 기본적인 권리를 침해하도록' 허가한 것이기 때문에 적법 절차를 위반한 것이었다. 또한 그는 이 조항이 평등 보호 조항을 어겼다고 강조했는데, 그 이유는 학교 관계자들이 종교적인 이유로 백신접종을 반대하는 '비슷한 상황의 개인들'에게는 면제를 허용한 반면 '척추지압사의 윤리'에 근거한 반대는 인정하지 않았기 때문이었다. 오하이오주의 지방법원은 이 세 가지 주장을 모두 기각하고 법을 그대로 두었다.[75]

아주 흥미로운 사건 중 하나가 뉴욕주에서 일어났는데, 종교적 면제에 반대하는 최초의 법적 소송 중 몇 건이 시작되었다. 1972년, 뉴욕주 대법원은 이 법이 종교의 인정과 관련된 문제를 제기한다는 것을 확인했지만, 판사들은 면제 조항이 위헌이라고 선언하는 것에서 더 나아가지 않았다. 1987년 가을, 롱아일랜드의 노스포트 마을에 사는 두 가족이 면제를 거부당하자 학군을 상대로 소송을 제기했다. 두 부부, 알란과 클라우디아 셰어 부부와 루이와 발레리 레비 부부는 1972년 마이어 대 베서(Maier v. Besser) 사건의 기저에 깔려 있던 똑같은 이유로 이 법에 이의를 제기했다. 이 법

---

75 *Hanzel v. Arter*, 625 F. Supp. 1259 (1985).

의 종교적 면제 조항은, 백신접종을 명확하게 금지하고 있지는 않은 종교적 신념을 가진 사람들을 차별한다는 것이었다. 지방법원 판사는 지난 20년 동안 여러 주에서 내려진 판결을 인용해 뉴욕주 법이 수정헌법 제1조의 종교의 설립과 자유 행사 조항을 위반했다고 판결했다. 그리고 면제 대상을 '공인된 종교 단체의 성실한 구성원'으로 제한하는 대신 주 정부는 신실한 종교적 신념을 가진 모든 사람으로 확대해야 할 헌법상 의무를 가진다고 강조했다. "면제 조항의 일차적 효과는, 주 정부가 인정한 종교 단체의 실제 회원은 아니지만 종교적 이유로 자녀의 백신접종을 반대하는 개인의 종교적 실천을 방해하는 것이다."라고 판사는 판결했다. 따라서 그 법은 '엄청난 차별'이라는 것이었다.[76]

법원의 이 판결로 뉴욕의 입법자들은 어쩔 수 없이 이 법을 개정했다. 더 이상 특정 종교 단체에 소속된 청원인에게만 면제가 허용되지 않았고, 대신 신실한 종교적 믿음이면 충분하게 되었다. 개정된 이 법에 따라 교육 공무원들은 각 부모의 믿음이 세속적인 윤리 원칙과는 대조적으로 성실한 종교적 신념에 기초한 것인지 아닌지를 판단하기 위해 면제를 요구하는 부모들을 일일이 심사해야 했다.[77] 노스포트 마을의 세어 부부와 레비 부부의 사례는 앞으로 필요하게 될 판결의 종류에 대해 미리보기를 제공했다. 두 부부의 법적 소송은 동일한 헌법적 문제를 제기했기 때문에 법원에서 병합

---

76 *Sherr v. Northport-East Northport Union Free School District*, 672 F. Supp. 81 (1987); 89.

77 Ross D. Silverman, "No More Kidding Around: Restructuring Childhood Immunization Exemptions to Ensure Public Health Protection," *Annals of Health Law* 12 (2003): 277-294.

되었지만, 이 원고들은 상당히 다른 배경과 신념 체계를 가지고 있었다. 반대신문에서, 척추지압사인 알란 폴 셰어는 면제 자격을 얻기 위해 플로리다주 새러소타에 기반을 둔 '미국 모든 주의 포교사원, 보편적 종교 형제회 주식회사' 즉 판사가 '통신판매 교회'라고 부르는 곳에 가입했다고 주장했다. 셰어는 자신의 몸을 방해받는 것을 종교적인 이유로 반대한다고 주장했지만, 증인석에서 그는 아들을 치과에 데려가 충치를 메웠고, 아들의 다리가 부러진 것 같았을 때에는 엑스레이를 찍었으며, 아들이 포경수술을 받았다고 인정했다. 판사는 셰어 부부의 반대 의사가 척추지압사 윤리에서 비롯된 것이지 종교적인 신념에서 비롯된 것이 아니라고 판단했고, 따라서 이 부부의 면제 요청을 기각했다.[78] 반면, 루이 레비는 자신의 생활을 지배하는 신체의 완전성이라는 신조에 대해 진지하게 설명했고, "그가 자신의 종교적 신념의 토대 그리고 이것이 가족의 일상생활에 미치는 의미를 심사숙고하고 있다는 깊은 인상을 판사에게 심어 주었다."[79] 이에 법원은 레비에게 면제를 허용했다.

1980년대 중반까지 학령기 청소년들의 백신접종률은 상당히 증가했다. 포괄적이고 엄격하게 시행되는 학교입학법을 가진 주들의 홍역 발병률이 그렇지 않은 주들보다 현저히 낮다는 1981년 연구 결과는, 질병통제예방센터가 학교 입학 전 백신접종을 확실히 하기 위해 밀어부쳤던 노력을 뒷받침해 주었다.[80] 점점 더 법을 준수하는 상황은 대가를 치루기도 했다. 일부

---

78 *Sherr v. Northport-East Northport Union Free School District*, 95-96.

79 *Ibid.*, 97.

80 Kenneth B. Robbins, A. David Brandling-Bennett, and Alan R. Hinman, "Low Measles Incidence: Association with Enforcement of School Immunization Laws," *American*

청소년들은 백신접종을 증명할 수 없으면 일시적으로 교육을 받을 수 없었다. 백신접종을 반대하는 일부 부모들은 자녀의 건강관리에 대한 결정을 내릴 권리를 거부당했다. 대부분의 보건 관계자, 정치인 및 법학자들은 전염병을 통제하기 위해 허용 가능한 절충안을 고려했다. 그러나 이 시기 법 시행을 둘러싼 교실과 법정의 대립은 백신접종의 위험, 이익, 비용에 대해 훨씬 더 어려운 질문을 던진 일련의 사건들로 인해 가려졌다.

백일해, 학부모 그리고 연방보험 체계로 가는 길

1978년 초, 아동 백신접종 계획이 본격화되면서 뉴저지주 보건국장 스윙은 주 및 지역 보건 공무원 협회장에게 보낸 편지에서 백신접종 프로그램에 '먹구름처럼 드리워진 책임 문제의 파괴적인 영향'을 경고했다. 그녀의 발언은 일선의 백신접종 관계자들 사이에 커지고 있던 불만, 즉 백신 제조업체의 불법행위에 대한 소송으로 발생한 긴급한 사안들을 미국공중보건국이 느릿느릿 처리하고 있다는 불만을 반영한 것이었다. 질병통제예방센터가 만든 정보 기록 양식은 기껏해야 임시 방편으로 여겨졌다. 그녀는 "현재 사용하고 있는 불법행위 절차와 다른 메커니즘을 통해 책임 문제가 해결될 때까지 생산, 공급, 공공 정보 및 교육, 동의 및 효과적인 백신접종은 모두 지연될 것입니다."라고 그녀는 적었다.[81]

Journal of Public Health 71 (1981): 270-274.

81 Joanne E. Finley, commissioner of health for New Jersey, to Lyman J. Olsen, president of the Association of State and Territorial Health Officials, February 24, 1978, ASTHO

미국소아과학회는 다른 여러 나라에 존재하는 것과 비슷한 보상 및 배상 제도를 만드는 법안 제정을 주도적으로 이끌었다. 미국소아과학회는 1977년 정책 성명을 통해 공익을 위해서 학교 입학 요건으로 백신접종이 필요하기 때문에 법을 준수하는 과정에서 피해를 입은 소수의 사람들에게 사회가 배상해야 할 의무가 있다고 선언했다. 1981년 미국소아과학회는 그러한 제도에 포함되어야 할 구체적 요소에 대한 상세한 개요를 발표했다.[82] 한편 일부 주에서는 문제를 해결하기 위한 몇 가지 조치를 취하기 시작했다. 1977년 캘리포니아주는 주법에 의해 의무화된 백신 중 하나 때문에 심각한 부작용을 겪은 사람에게 의료 및 재활 비용을 지급하기 위해 주 정부가 운영하는 배상 제도를 만들었다.(그러나 1980년 말까지 단 한 건의 청구만 접수되었다.)[83]

연방 정부가 배상 책임을 보증하는 것을 우려한 사람들은, 의회가 1976년 여름에 신종플루 캠페인을 추진할 수 있도록 법으로 제정한 배상 프로그램을 지적했다. 이 캠페인이 와해된 후, 35억 달러 가량의 손해배상을 요구하는 4천여 건에 달하는 손해배상 청구가 정부 상대로 제기되었다. 이 중 3분의 2 가까이는 최종적으로 거부되거나 철회되었다. 의회가 의뢰한 보고서에 따르면, 대부분의 청구는 "잘해야 사소한 것이었고, 나쁘게는 골칫거리였으며, … 잠정적으로 정당한 주장과 경박한 것을 구별하는 데 많

Archives, box 23, folder: Immunization Programs 1977-1978.

82   Martin H. Smith, "American Academy of Pediatrics' Proposal for a Vaccine Compensation System," in U.S. Department of Health and Human Services, *18th Immunization Conference Proceedings* (Atlanta: Centers for Disease Control, 1983), 69-70.

83   Office of Technology Assessment, *Compensation for Vaccine-Related Injuries: A Technical Memorandum* (Washington, D.C.: OTA, 1980).

은 시간과 돈이 낭비되었다."[84] 청구의 상당수가 기각되었는데도 연방 정부는 이 배상 프로그램 개시 이후 5년 동안 약 2천만 달러를 지급했다.[85] 이러한 결과는 일상적으로 권장되는 백신의 일부 또는 전부를 포괄하는 훨씬 더 광범위한 시스템에 좋은 징조가 아니었다.

1980년, 미국 하원은 의회기술평가국에 백신과 관련된 피해에 대한 연방 정부의 배상 프로그램의 설계를 검토하는 보고서를 준비해 달라고 요청했다. 보고서에서는 응답해야 할 복잡한 질문들이 많이 제시되었다. 이 프로그램은 모든 백신을 대상으로 해야 하는가, 아니면 법적으로 의무화된 백신만을 대상으로 해야 하는가? 어떤 종류의 피해를 배상해야 하는가? 중증도에 따라 배상이 달라져야 하는가? 배상 상한액을 규정해야 하는가? 그러한 제도는 어떻게 자금 지원을 받아야 하는가? 이 제도는 배타적인 구제책을 제공해야 하는가 아니면 전통적인 법적 경로를 통해 불법행위에 대한 청구를 여전히 허용해야 하는가? 그리고 가장 논쟁적인 질문은 이것이었다. 백신접종과 부작용 사이의 인과관계를 어떻게 확실하게 정립할 수 있을까?[86] 수많은 문제가 복잡하게 얽혀 있었고 레이건 행정부가 연방 정부를 새로운 규제 임무에 연루시키길 꺼리는 바람에, 1980년대 초에는 전국적인 제도를 만들려는 시도가 교착상태에 빠졌다. 하지만 소아마비와 신종 플루 백신의 위험에 대한 우려가 초창기 배상 프로그램에 요구를 촉발했던 것처럼, 이 시기에는 백일해 백신의 안전을 둘러싼 새로운 논쟁이 배상 프

84 Ibid.
85 Neustadt and Fineberg, *Epidemic That Never Was*.
86 Office of Technology Assessment, Compensation for Vaccine-Related Injuries.

로그램 문제를 고민하도록 만들었다.

3장에서 보았듯이, 백일해 백신은 다소 난해한 역사를 가지고 있었다. 1947년, 뉴욕시의 의사 두 명이 백신으로 인해 치명적인 신경학적 합병증이 드물게 발생할 수 있다는 사례 보고서를 발표했다. "이런 사례에도 불구하고, 백일해에 대해 면역을 갖지 못하는 위험은 백신의 위험보다 훨씬 더 크다."라고 두 저자는 결론지었다. 또한 이들은 "우리의 자녀들이 접종을 받았다는 것을 언급함으로써 백일해 백신의 안전성에 대한 우리의 믿음을 가장 잘 증명할 수 있다."[87]라고 밝혔다. 그 후 몇 년 동안 심각한 부작용에 대한 산발적인 보고가 의학 문헌에 나타났지만, 천연두 백신으로 인한 피해의 경우처럼 체계적인 감시의 부족으로 인해 이러한 발병의 빈도를 검증하는 것이 불가능했다. 백일해 항원은 디프테리아, 백일해, 파상풍 및 소아마비 백신을 결합한 파크 데이비스사(Parke, Davis & Co.)의 불운한 제품인 쿼드리겐과 관련된 소송에 연루되어 있었다. 쿼드리겐은 1959년 출시되어 3년 후 심각한 반응이 보고되어 시장에서 철수되었으며, 1969년 연방 판사는 백일해 백신의 성분이 유아의 뇌 손상에 책임이 있다고 판결했다.[88]

그럼에도 불구하고, 일반적으로 디프테리아-백일해-파상풍(DPT) 복합 제제 성분 중 하나로 제공된 백일해 백신은 널리 퍼졌고 논란의 여지가 없었다. 이 백신은 오랜 불안과 오열, 주사 부위의 쓰라림과 발적을 포함하여

---

87   Matthew Brody and Ralph G. Sorley, "Neurologic Complications following the Administration of Pertussis Vaccine," New York State Journal of Medicine 47 (1947): 1016-1017.

88   Curran, "Drug-Company Liability in Immunization Programs"; Baynes, "Liability for Vaccine-Related Injuries."

경미하고 일시적인 반응을 일으키는 것으로 알려졌다. 더 심각한 또는 장기간 지속되는 부작용 사례는 알려지지 않았다.

그러나 1974년 영국 의학 저널인 『소아질환기록(Archives of Disease in Children)』의 한 기사에서 백신을 접종한 지 2주 이내에 경련, 장기간의 의식불명 및 부분 마비를 포함한 심각한 신경학적 합병증을 경험한 36명의 아이들 및 두 명이 사망한 사건이 보고되었다.[89] 이 사건을 언론에서 대대적으로 다룬 영국에서는 대중의 불안감이 폭발했다. 글래스고 대학의 저명한 의사인 고든 스튜어트는 백일해 백신접종에 반대하는 대표적인 대변인이 되어 영국과 미국의 과학 저널 편집자들에게 여러 기사와 편지를 썼으며, 영국 텔레비전에 출연하고, 활동가 조직인 '백신 피해 아동 부모 협회'에 모습을 드러내기도 했다.[90] 스튜어트는 백신으로 인해 아이가 심각한 그리고 아마도 영구적인 뇌 손상을 입을 위험은 백일해에 걸리거나 심지어 그로 인해 사망할 위험을 훨씬 넘어섰다고 주장했다.[91] 부정적인 언론 보도의 홍수 속에서, 영국의 백신접종률은 1974년 약 80%에서 1978년 약 30%로 급락했다.[92] 1977년 말 무렵, 그리고 1979년 내내 백일해가 영국 전역을

---

89   M. Kulenkampff, J. S. Schwartzman, and J. Wilson, "Neurologic Complications of Pertussis Inoculation," *Archives of Disease in Childhood* 49 (1974): 46-49.

90   James D. Cherry, "The Epidemiology of Pertussis and Pertussis Immunization in the United Kingdom and the United States: A Comparative Study," *Current Problems in Pediatrics* 14 (1978): 1-78.

91   Gordon T. Stewart, "Vaccination against Whooping Cough: Efficacy versus Risks," *Lancet* no. 8005 (1977): 243-237.

92   E.J. Gangarosa, A.M. Galazka, C. R. Wolfe, et al., "Impact of Anti-Vaccine Movements on Pertussis Control: The Untold Story," *Lancet* 351 (1998): 356-361.

휩쓸었고, 약 10만 건의 확진자 및 30명 이상의 사망자가 보고되었다.[93] 영국에서의 논란 이후 스웨덴과 일본에서도 (극적이지는 않지만) 비슷한 여러 사건들이 뒤따랐는데, DPT 백신의 악명이 퍼지면서 이를 맞으려는 사람이 확 줄었다.

미국 의사들과 공중보건 전문가들은 영국의 연구 결과에 곤혹스러워했지만, 백일해 백신의 이점이 그 위험성보다 크다고 결론지었다. 그러나 부작용을 더 잘 추적하는 것만큼이나 더 안전한 백신을 개발하는 연구가 필요하다는 데에는 광범위한 공감대가 있었다.[94] 영국에서의 논란 이후, 질병통제예방센터는 1978년 백신 부작용 사례를 더 잘 감시할 필요가 있다는 주장을 받아들여, 공적 자금으로 지원된 백신을 접종한 어린이의 부모에게 백신접종 4주 이내에 발생할 수 있는 어떤 부작용을 보고할 수 있도록 핫라인 전화번호를 제공하는 시스템을 구축했다.[95] 이 시스템은 의학적 검증 없이 부모의 제보에 의존했기 때문에 일부 제보는 모호하고 불완전했다.[96] 부모가 보고 양식을 지키지 않거나 부작용을 백신접종과 연관시키지 않아서

---

93 D.L. Miller, R. Alderslade, and E.M. Ross, "Whooping Cough and Whooping Cough Vaccine: The Risks and Benefits Debate," *Epidemiologic Reviews* 4 (1982): 1-24.

94 Jeffrey P. Koplan, Stephen C. Schoenbaum, Milton C. Weinstein, et al., "Pertussis Vaccine-*An Analysis of Risks, Benefits, and Costs,*" New England Journal of Medicine 301 (1979): 906-911.

95 Harrison C. Stetler, "Adverse Events-*Current Trends in Surveillance,*" in *U.S. Department of Health and Human Services, 18th Immunization Conference Proceedings* (Atlanta: Centers for Disease Control, 1983).

96 John R. Mullen and Harrison C. Stetler, "Implementation of Revisions in the Monitoring System for Adverse Events following Immunization," in U.S. Department of Health and Human Services, *19th Immunization Conference Proceedings* (Atlanta: Centers for Disease Control, 1984).

너무 적게 보고되기도 했고, 반대로 백신접종과 관련이 없다고 나중에 판명된 일부 상황들 때문에 너무 많이 보고되기도 했다. (이때 상황을 잘 대변하는 사례로, 질병통제예방센터는 1997년 후반에 백신 부작용과 관련된 소송 건수를 추적하는 시스템도 구축했다.)[97]

보건 전문가들 사이에서는 백일해 백신에 대한 새로운 우려가 제기되었지만, 1982년까지 해외에서의 논란은 미국 일반 대중들의 관심을 거의 끌지 못했다. 그해 4월, 워싱턴 D.C.의 TV 방송국 중 한 곳에서 'DPT: 백신 룰렛(Vaccine Roulette)'이라는 제목의 한 시간짜리 다큐멘터리를 방영했는데, 이 다큐멘터리는 DPT 주사의 백일해 성분이 자녀들에게 심각하고 많은 경우 영구적인 신경학적 손상을 입혔다고 믿는 수많은 부모들의 인상적인 개인적 증언을 담았다. 이 중 일부는 이후 NBC 아침 프로그램 '투데이'를 통해 전국에 방송되었다. 이후 몇 주 동안, 전국의 소아과 의사들은 겁에 질린 부모들로부터 전화가 쇄도했다고 보고했다.[98] 이 프로그램은 질병 자체의 더 흔하고 심각한 증상에 대해서는 거의 언급하지 않으면서 부작용의 위험을 과대 평가하여 선정적이고 공평하지 못한 인상을 주었다면서 의료계와 공중보건 전문가들로부터 엄청난 비난을 받았다. 질병통제예방센터의 책임자인 윌리엄 페기(William Foege)는 이 프로그램을 '저널리즘 배임'이라고 이름붙인 반면, UCLA의 어떤 의사는 이 프로그램에서 언급된 DPT 백

---

97 Richard H. Bruce, "Update on Vaccine Litigation: The Vaccine Litigation Monitoring System (VLMS)," in *18th Immunization Conference Proceedings* (Atlanta: Centers for Disease Control, 1983).

98 Elizabeth Rasche Gonzalez, "TV Report on DTP Galvanizes U.S. Pediatricians," *Journal of the American Medical Association* 248 (1982): 12-22.

신 부작용의 빈도에 대한 연구가 '완전히 왜곡된 것'이라고 말했다.[99]

'투데이'가 방영된 후, DPT 주사로 자기 아이들이 피해를 입었다고 믿던 워싱턴 지역의 몇몇 부모들은 방송국에 전화를 걸어, 지역 단체들이 프로그램에 묘사된 사건들에 대해 뭔가를 하고 있는지 알아봐 달라고 요청했다. 방송국은 이들 부모의 이름과 전화번호를 가지고 있었고, 그 부모들은 서로서로 연락을 취했다. 결국 그들은 자신들의 행동이 목표로 하는 백신 이름의 머리글자를 따서 '불만 있는 부모 모임(DPT, Dissatisfied Parents Together)'이라는 조직을 만들었다.[100] '불만 있는 부모 모임'이 만들어지면서, 책임과 배상 문제에 대해 행동을 촉구하던 기존 그룹들에게 더 목소리를 내는 새로운 지지자들이 추가되었다. 이 모임은 대체로 고등교육을 받은 중산층 부모들로 구성되었고, 한때 연방 정부에서 일했던 변호사가 이끌었으며, 그들의 행동은 정치 분야에서 그 문제를 진전시키려다가 점점 맥빠지고 있던 노력에 활력을 불어 넣었다.[101]

'백신 룰렛'이 방송된 지 한 달 후, 상원의원 파울라 호킨스(Paula Hawkins)는 당초 백신접종 프로그램에 대한 자금 지원을 논의하기로 했던 청문회

---

99 Ibid.

100 Immunization and Preventive Medicine, 1982, Hearing before the Subcommittee on Investigations and General Oversight of the Committee on Labor and Human Resources, United States Senate, Ninety-seventh Congress, Second Session (Washington, D.C.: Government Printing Office, 1982), 79.

101 A good summary of the formation of DPT and its early political battles over a federal compensation program is Robert D. Johnston, "Contemporary Anti-Vaccination Movements in Historical Perspective," in id., ed., The Politics of Healing: Histories of Alternative Medicine in Twentieth-Century North America (New York: Routledge, 2004).

를 백신접종의 위험성이라는 새롭게 부상된 이슈를 검토하는 데 할애했다.

호킨스는 청문회를 시작하면서 '백신을 반대하거나 거부할 정도로 대중의 신뢰가 너무 떨어져서 전염병을 제거하거나 통제하려는 노력이 방해를 받게 된다면 이는 엄청난 비극이 될 것'이라고 선언했다.[102] 청문회 대부분은 DPT의 백일해 성분이 그 백신을 접종한 어린이에게 신경학적 손상을 일으켰는지 여부, 그리고 그 손상 정도에 관한 증거를 다루었다. 보건 당국의 증언 외에도 위원회는 자신의 아이들이 백신접종 때문에 피해를 입었다고 믿는 부모들로부터 의견을 들었다. 청문회 이후 호킨스는 '불만 있는 부모 모임'과 미국소아과학회가 공동으로 계획을 수립하면 국가 배상 프로그램을 만드는 법안을 발의할 수도 있다고 언급했다.[103]

DPT 주사의 안전에 대한 걱정은, 법적 혹은 경제적 차원에서 당시까지 백신 관련 법적 활동의 근원이었던 경구용 소아마비 백신 사례 때의 어려움을 훨씬 능가하는 전면적인 위기로 이어졌다. 변호사들은 DPT 접종으로 자녀들이 신경학적 피해를 입었다고 믿는 부모들의 주장을 대변하기 위해 텔레비전과 인쇄 매체에 광고를 내기 시작했다. 전국적으로 백신과 관련된 법적 소송이 급증하면서 1978년 단 두 건에 불과했던 소송이 1986년까지 매년 250건 이상으로 증가했다.[104] 백신 가격 상승은 법정 소송의 추

---

102 *Immunization and Preventive Medicine,* 1982, 3.

103 Alan R. Hinman, "The National Vaccine Program and the National Childhood Vaccine Injury Compensation Act," in U.S. Department of Health and Human Services, *23rd Immunization Conference Proceedings* (Atlanta: Centers for Disease Control, 1989).

104 Gary L. Freed, Samuel L. Katz, and Sarah J. Clark, "Safety of Vaccinations: Miss America, the Media, and Public Health," *Journal of the American Medical Association* 276 (1996): 1869-1872.

세와 비슷했다. 1986년과 1988년 사이에 DPT 1회 접종 가격은 약 3달러에서 약 10달러로 상승했다. DPT가 가장 심했지만, 소아에게 권장하는 다른 모든 백신들 또한 가격이 올랐다.[105] 제약 회사들은 이러한 가격 상승이 새로운 소송 환경에 적응하기 위해 필수적이라고 옹호했다. 레덜레 연구소(Leaderle Laboratories)는 DPT 피해 소송에 대한 잠재적 책임 부담이 그 제품 연간 매출의 200배를 초과한다고 주장했지만, 이에 회의적인 부모 단체들은 이익 추구가 진정한 동기인지 의문을 제기하며 제약 회사들이 '책임 위기'를 외치며 은행으로 달려간다고 비난했다.[106]

상황은 1984년 하반기에 결정적인 고비에 이르렀는데, DPT 제조사 5개 중 2개가 시장에서 철수하겠다고 발표했고 세 번째 회사는 품질 관리 문제 때문에 계획된 선적을 철회했다. 질병통제예방센터는 12월에 전국적으로 백신이 부족할 수 있다고 전국 의사들에게 알려야 했고, 공급이 안정될 때까지 4차 접종과 5차 접종을 연기할 것을 권고했다. 연방 정부와의 팽팽한 협상 끝에, 제약 회사들은 DPT를 계속 생산하기로 약속했다.[107] 이러한 일들이 널리 알려지면서, 미국의 백신접종 시스템의 불확실성 및 그것이 직면한 문제에 대해 사람들의 관심이 집중되었고, 연방 정부의 대응을 촉구하는 목소리가 커졌다. 《뉴욕 타임스》의 사설은 백신접종이 '잔인한 불공

---

105 *Childhood Immunizations: A Report Prepared by the Subcommittee on Health and the Environment of the Committee on Energy and Commerce, U.S. House of Representatives* (Washington, D.C.: Government Printing Office, 1986), 6r.

106 *Vaccine Injury Compensation, Hearing before the Subcommittee on Health and the Environment of the Committee on Energy and Commerce, House of Representatives, Ninety-ninth Congress, Second Session, July 25, 1986* (Washington, D.C.: Government Printing Office, 1987), 189.

107 *Childhood Immunizations: A Report*, 68-70.

평함으로 얼룩진 예방의학의 승리' 즉, 지역사회를 보호하기 위해 개인의 피해를 강요하는 사회의 승리라고 주장하며, 의회가 '불만 있는 부모 모임'과 미국소아과학회의 초안을 근거로 법안을 통과시키라고 촉구했다.[108]

『DPT: 어둠 속의 한 방』이 출판된 것은 그 책임을 둘러싼 법적, 정치적 공방이 한창이던 때였다. 이 책은 19세기의 반체제 의료인들에 대해 쓴 역사가 해리스 콜터(Harris Coulter)와 '불만 있는 부모 모임'의 공동 창립자 중 한 명인 바바라 로 피셔(Barbara Loe Fisher)가 함께 집필했다.[109] 피셔의 아들 크리스는 학습 장애와 주의력 결핍 장애를 앓았는데, 피셔는 크리스가 생후 2년 6개월 때 받은 DPT 접종으로 인해 이런 장애가 생겼다고 생각했다. 이 책은 '불만 있는 부모 모임'의 공동 창립자인 제프리 슈워츠(Jeffrey Schwartz)의 딸에게 헌정되었다. 줄리 슈워츠(Julie Schwartz)는 생후 6개월 때 첫 번째 DPT를 맞고 몇 시간 만에 심한 발작을 일으켰고, 2년 뒤 사망할 때까지 정기적으로 심한 경련을 일으켰다. 이 책에는 백일해 백신의 위험한 역사, 백신접종 때문에 자녀들이 심각하거나 종종 영구적인 손상을 입은 뒤 냉담한 의료 기관에 맞서 싸웠던 사랑하는 부모의 극적인 이야기가 실려 있었다. 일부 평론가들은 이 책의 주장에 오해의 소지가 있거나 저의가 있다고 생각했지만, 이 책은 백신접종의 정통성에 의문을 제기하는 사람들에게 현대판 매니페스토 역할을 했다.[110]

---

108 "The Cost of Ignoring Vaccine Victims," *New York Times*, A18.

109 Harris L. Coulter and Barbara Loe Fisher, *DPT: A Shot in the Dark* (New York: Harcourt Brace Jovanovich, 1985).

110 For skeptical reviews of the book, see, e.g., Harry Schwartz, "Shots or Not?" *New York Times*, February 3, 1985, BR 19; and Ezekiel J. Emanuel, "Politicizing Whooping Cough," *Wall Street Journal*, March 7, 1985, 30.

피해를 입은 아이들의 수많은 개인사를 담은 『어둠 속의 한 방』은, 제임스 로이스터가 천연두 백신접종으로 사망한 사람들의 사진과 일화를 수집하여 1914년에 자체 출판한 팸플릿의 직접적인 후속판이었다. 그러나 혁신주의 시대의 의학적 정통성에 도전했던 사람들과 달리, '불만 있는 부모 모임'은 '백신접종 반대'라는 이름표를 강하게 거부했다. 그 모임의 구성원들은 백신접종의 기본 원칙에 대해서는 의문을 제기하지 않았다. 대신 그들은 백신의 잠재적인 위험을 더 많이 연구할 것, 의학적인 의사결정을 더욱 투명하게 할 것, 그리고 정부와 기업이 백신의 안전을 보장하는 데 더 책임질 것 등을 주장했다. 이전의 활동가들이 과학 관련 기관의 구성원들에게 취했던 적대적인 태도와는 대조적으로, '불만 있는 부모 모임'은 미국소아과학회와 협력하여 새로 도입될 법안 조항의 초안을 작성했다. 의회 청문회에서 제프리 슈워츠는 자신의 단체가 백신접종을 반대하지 않는다고 강조했다. 또한 그는 사회가 신경학적 손상을 유발하는 것으로 의심되는 백신의 지속적인 사용을 받아들이거나 아니면 백일해의 새로운 유행을 직면해야 한다는 생각 자체가 '잘못된 선택'이라고 주장했다.[111]

입법의 결과에 이해관계가 걸려 있는 수많은 사람들 때문에, 그 초안은 입법으로 이어지기까지는 힘들고 반복된 난관을 겪었다. 1983년 말, 미국 의사협회는 주요 의사 단체와 제약 회사의 대표들로 구성된 임시 위원회를 소집했고, 그 위원회는 다음 해에 전국가적인 제도를 위한 권고 사항을 발

---

111 *Vaccine Injury Compensation, Hearing before the Subcommittee on Health and the Environment of the Committee on Energy and Commerce, House of Representatives, Ninety-eighth Congress, Second Session, September 10 and December 19, 1984* (Washington, D.C.: Government Printing Office, 1985), 92.

표했다.[112] 그리고 거의 동일한 법안이 1984년 상하원에서 각각 발의되었다. 로널드 레이건 대통령은 그 법안에서 요청한 전국가적인 제도를 반대했는데, 이 제도는 백신에 대한 새로운 소비세로 운영되고 행정부가 아닌 사법부의 관리를 받을 것이기 때문이었다. 일부 행정부 인사들은 또한 이 제도가 에이전트 오렌지(베트남 전쟁 중 미군이 가장 많이 사용했던 고엽제)나 원자력발전소의 방사선과 같은 위험요소 때문에 피해를 입었다고 주장하는 사람들에게 정부 구호를 제공하는 또다른 프로그램들의 모델이 될 것이라고 우려했다.[113] 행정부는 연방 정부가 지원하는 방식의 프로그램을 거부하고 대신 불법행위 관련 법의 개정을 요구하는 제안을 내놓았다.[114]

여러 성가신 문제들 중에서, 가장 논쟁적이었던 것은 새로운 시스템이 백신 관련 피해를 주장하는 사람들에게 배타적인 구제책을 제공할 것인지 아니면 불법행위 소송이 여전히 허용될 것인지 여부였다. 상하원에 발의된 각 법안은 모두 제조업체를 상대로 한 소송을 허용했다. 배상금은 백신 소비세를 통해 조달될 것이기 때문에, 제약 회사들은 불법행위 청구를 계속 허용하는 것은 자신들을 '이중 위험'에 빠뜨리는 것이라고 주장했다.[115] 그러나 '불만 있는 부모 모임'은 백일해 논란에 대응하여 만들어진 부모 단체들과 함께, 법적 시스템에 원고들의 접근을 제한하려는 움직임을 단호히

---

112 Marsha F. Goldsmith, "AMA Offers Recommendations for Vaccine Injury Compensation," *Journal of the American Medical Association* 252 (1984): 2937-2943.

113 Leah R. Young, "Reagan Inks Vaccine Bill," *Journal of Commerce*, November 17, 1986, 12A.

114 Robert Pear, "U.S. Plan to Curb Damage Claims Aims to Avert Vaccine Shortages," *New York Times*, April 7, 1985.

115 *Vaccine Injury Compensation*, September 10 and December 261.

반대하면서, 징벌적 손해배상을 금지하면 제약 회사가 제품 안전성을 향상시키는 데 필요한 인센티브를 없애는 것이라고 주장했다.[116]

1986년 중반이 되어서야 모든 당사자들이 받아들일 수 있는 절충안이 도출되었다. 법안의 용어를 최종적으로 협상하는 동안 하원 법안을 지지한 캘리포니아 민주당 의원 헨리 왁스먼은 "제가 발의한 법안은 아마도 이 논란과 관련된 당사자 대부분이 가장 선호하는 선택지가 아니라는 것을 알고 있습니다."라고 말했다. "제조업자들은 분명 책임 문제에서 가능하면 멀리 떨어져 있고 싶어 할 것입니다. 피해를 입은 아이의 부모들은 배상금이 더 크고 소송 제한은 더 적은 것을 좋아할 것입니다. 내가 생각하기에, 레이건 행정부는 돈을 쓰지 않는 법안을 분명 선호할 것입니다."[117] 이러한 불일치에도 불구하고, 배상 제도 아이디어는 초당적이고 광범위한 의회의 지지를 받았고, 결국 1986년 10월 제99차 회기의 마지막 날에 법안이 통과되었다. 그것은 백신 제조업체와 레이건의 지지를 얻기 위한 절충안으로 다목적적인 예산 조치의 하나였는데, 행정부는 제약 회사들이 미국에서 승인되지 않은 약들을 승인한 나라에 수출하는 것을 허용했다. 그다음 달, '심각한 유보'에도 불구하고, 레이건은 1986년 국가어린이백신피해법(NCVIA, National Childhood Vaccine Injury Act)의 입법을 승인했다.[118]

국가어린이백신피해법의 핵심은 국가백신피해배상 프로그램이었는데,

---

116 *Vaccine Injury Compensation*, July 25, 189-190.

117 *Ibid.*, 2.

118 Spencer Rich, "Vaccine Injury Measure Signed by President," *Washington Post*, November 15, 1986, A8; Robert Pear, "Reagan Signs Bill on Drug Exports and Payment for Vaccine Injuries," *New York Times*, November 15, 1986, 1.

이 프로그램은 '어린이들에게 정기적으로 투여하기' 위해 질병통제예방센터가 지정한 백신 때문에 피해를 입은 이들에게 대대적인 의료 및 재활 치료 배상금을 제공하는 것이었다. 수입 손실분, 변호사 비용, 백신과 관련된 고통과 통증을 치료하기 위한 최대 25만 달러 등이 지급가능한 비용이었다. 백신과 관련된 사망으로 판단되는 경우에는 25만 달러 일시금이 자동 지급되었다. 이 시스템은 중대한 과실의 증거가 없는 한 제조업체 또는 백신 투여와 관련된 모든 사람에 대해 징벌적 손해배상을 허용하지 않았다. 모든 소송은 연방청구법원의 '특별 마스터(special master, 판사가 임명하는 법원 공무원)'에 의해 검토되었다. 원고의 소송 절차를 간소화하기 위해 증거에 관한 통상적 규칙이나 여타 법적 절차들이 완화되었다. 비록 이 제도가 제약 회사들이 추구한 배타적 구제책을 제공하지는 않았지만, 청원인들은 특별 마스터를 먼저 결정을 거부하거나 자신들의 청구가 거부된 경우에만 민사 법원에 청구할 수 있었다.[119]

배상 프로그램의 핵심은 '백신 피해표'였는데, 여기에는 다양한 부작용과 그 조건들이 적혀 있었다. 표에는 각 백신에 대해 여러 조건이 나열되어 있었는데, 가장 뛰어난 과학적 증거에 따라 백신과 관련된 것으로 인정받기 위해 해당 부작용이 일어나야 할 시간제한이나 그런 부작용과 확실히 관련되었다고 납득할만한 조건들이 적혀 있었다. 표준 목록을 만드는 이유는 청구 과정에서 인과관계의 입증 필요성을 제거하려는 것이었는데, 이 인과관계는 법률과 역학의 관점에서 가장 논란이 된 문제였다. 대신에 어떤 부

---

119 Geoffrey Evans, Deborah Harris, and Emily Marcus Levine, "Legal Issues," in Stanley A. Plotkin and Walter A. Orenstein, eds., *Vaccines*, 4th ed. (Philadelphia: Elsevier, 2004).

작용이 백신 피해표에 적힌 경우, 지정된 시간 내에 발생했다면 추정에 의거하여 배상을 받을 수도 있었다. 부모는 표에 나열되지 않은 부작용에 대해서도 배상을 신청할 수 있지만, 그 경우 해당 부작용이 백신 때문에 발생했다는 것을 입증할 부담을 져야 했다.[120]

국가어린이백신피해법은 배상 프로그램 외에도 백신의 안전성 향상과 관련된 몇 가지 조치들을 강구했다. 즉 아무도 DPT와 다른 백신들이 얼마나 자주 아이들을 아프게 하거나 죽였는지 모른다고 불평했던 활동가 부모들의 큰 목표 중 하나를 만족시키면서, 이 법은 처음으로 모든 의사들에게 백신 제조사 및 백신 번호, 접종 후 부작용을 의무적으로 보고하도록 했다. 질병통제예방센터와 식품의약국이 공동으로 관리하는 백신 유해 사례 보고 시스템(Vaccine Adverse Event Reporting System, VAERS)은 1990년부터 운영되기 시작했다.[121]

이 법은 또한 과거 소아마비 백신접종 정책을 평가했던 의학연구소에게 배상 프로그램에서 다루는 모든 백신의 안전성을 의무적으로 조사하게 했다. 1991년, 의학연구소는 가장 많이 논란이 되었던 두 가지 백신, 즉 백일해 백신과 풍진 백신에 대한 보고서를 발표했다. 이 보고서에서는 인간과 동물에 대한 생물학적 연구, 역학조사, 사례 보고서 및 생물학적 타당성을 포함한 광범위한 증거를 검토했다. 두 백신과 그들이 일으킨 것으로 의심되는 20가지 이상의 부작용들에 대해 위원회는 위원들 간에 지식 차이가 많았고 결론을 내리기에는 증거가 부족했다고 인정했다. 하지만 위원회는

---

120   Wendy K. Mariner, "Legislative Report: The National Vaccine Injury Compensation Program," *Health Affairs* 11 (1992): 255-265; *Evans, Harris and Levine, "Legal Issues."*

121   Evans, Harris and Levine, "Legal Issues."

드문 경우이지만 백일해 백신과 아나필락시스 및 길고 가눌 수 없는 오열, 풍진 백신과 급성 관절염 사이에 인과관계를 선언할 충분한 증거가 있다고 판단했다.[122] 3년 후 의학연구소는 어린이들에게 정기적으로 권장되는 7가지 백신들(디프테리아, 파상풍, 소아마비, 홍역, 유행성 이하선염, B형 헤모필루스 인플루엔자, B형 간염)을 분석한 결과, 약 3분의 2에서 인과관계를 확정적으로 인정하거나 거부하기에는 근거가 부족한 것으로 나타났다.[123]

1980년대에 질질 끌면서 때로는 냉혹했던 백신 피해 및 책임에 대한 논쟁 중 가장 놀랄만한 일은, 이런 논쟁이 전국적인 백신접종률에 미친 영향이 거의 없었다는 점이었다. 백신 사용이 급감한 뒤 백일해 발병이 증가했던 영국에서 일어난 일련의 사건들과 비교할 만한 그 어떤 일도 미국에서는 일어나지 않았다. 7장에서 살펴볼 것처럼 미국 유아들의 백신접종률은 유럽 국가 대부분에 비해 낮았는데, 그 원인은 백신에 대한 적극적인 반대보다는 경제적·구조적 장벽에 뿌리를 두고 있었다. 그렇지만 백일해 관련 논쟁을 하는 동안 의학 및 공중보건 전문가들의 판단 및 진실성에 대한 대대적인 도전이 등장했고, 이는 1990년대 백신접종 프로그램에 대한 훨씬 광범위한 비판의 무대를 마련했다.

---

122 Institute of Medicine, *Adverse Effects of Pertussis and Rubella Vaccines* (Washington, D.C.: National Academies Press, 1991).

123 Institute of Medicine, *Adverse Events Associated with Childhood Vaccines: Evidence Bearing on Causality* (Washington, D.C.: National Academies Press, 994), 6-7.

7장

확대와 반발

− 21세기 전환기 백신접종

State of Immunity

1999년 여름, '개인의 선택과 공공 안전의 균형'이라는 주제로 진행된 의회 청문회에서 증언한 과학자 및 활동가 부모들은, 백신접종의 위험성과 이점에 대해 확연히 다른 견해를 내놓았다. 보건 전문가들은 예방 가능한 전염병의 잠재적인 위험성을 강조한 반면, 하원 위원회는 하나 이상의 백신 때문에 자녀가 피해를 입었거나 사망했다고 믿는 부모들로부터 감정적이고 고통스러운 개인 이야기를 들었다. 청문회를 소집한 인디애나주 공화당 의원 댄 버튼은 자기의 손자가 백신 때문에 자폐증에 걸렸다고 믿었는데, 그는 아이들에게 권장되는 백신의 수가 늘어나는 것은 '너무 막 나간 선량한 의도'라고 언급했다.[1] 이번 청문회는 백신으로 예방 가능한 질병이 무시될 정도로 줄어들고 백신접종의 위험이 오히려 더 위협적으로 보이는 시대에, 국민의 신뢰를 유지하는 것이 얼마나 어려운지 잘 보여주었다.

21세기로 접어들면서 미국 전역의 백신접종 프로그램은, 그 자체의 성공 때문에 오히려 한계에 부딪혔다. 처음으로 2세 미만 유아의 접종률이 학령기 청소년의 접종률과 비슷한 수준으로 높아졌다. 1993년에 제정된 연방

---

1   *Vaccines-Finding the Balance between Public Safety and Personal Choice, Hearing before the Committee on Government Reform, House of Representatives, One Hundred Sixth Congress, First Session, August 3, 1999* (Washington, D.C.: Government Printing Office, 2000), 4.

자금 지원 프로그램은 저소득층 아동에게 백신을 접종하는 의료 관계자에게 새로운 자금을 제공했고, 민간 및 공공 부문에도 광범위하게 자금을 지원했다. 또한 아동의 접종기록을 포함하는 전국적인 컴퓨터 데이터베이스 네트워크를 구축하여 임상적 효율성을 높이고자 했다.

그러나 동시에 더 많은 사람들과 단체들이 공개적으로 백신의 안전에 이의를 제기했고, 보건 당국과 제약 회사의 진실성에 대해 더 날카로운 의문을 제기했다. 다양한 정치적·철학적 견해를 가진 활동가들은 혁신주의 시대 백신접종 반대론자들처럼 다양했지만, 강제에 대한 반대라는 하나의 구심점으로 뭉쳐 있었다. 가장 목소리가 큰 사람들은 일상적인 백신접종을 정당화하기 위해 오랫동안 사용되어 온 위험-편익 계산을 거부한 부모 모임이었다. 이들은 보건 전문가들이 기꺼이 인정하는 것보다 백신이 더 큰 위험을 지니고 있다고 주장했다. 부정적인 내용이 널리 퍼지고 인터넷에 기반을 둔 행동주의가 넘쳐나는 가운데 대중적 신뢰의 위기는 너무 심각해져서, 2001년 소아과 저널에서는 "지난 50년 동안 미국의 보편적인 소아 백신접종 프로그램을 가능하게 했던 폭넓은 문화적 합의가 잠식되고 있는 징후가 나타나고 있다."고 선언할 정도였다.[2]

거의 한 세기 중에서 목소리가 가장 큰 백신접종 반대 운동의 등장은 2001년 9월 테러 공격 이후 강렬해진 역사적 기시감을 만들었다. 천연두가 생물학적 무기로 사용될 수 있다는 가능성에 직면하면서 과학자, 정치인 및 대중들은 격리, 검역 및 경찰 권력의 제한 등이 백신접종 정책의 두드러

---

2 Chris Feudtner and Edgar K. Marcuse, "Ethics and Immunization Policy: Promoting Dialogue to Sustain Consensus," *Pediatrics* 107 (2001): 1158-1164.

진 모습이었던 19세기 이래 단 한 번도 볼 수 없었던 문제들과 싸우게 되었다. 이러한 논쟁은 과학적 증거뿐만 아니라 시민문화 및 정치문화의 근본적인 특징들이 백신접종을 둘러싼 의사 결정에 얼마나 영향을 미치는지 잘 보여주었다.

아동을 위한 백신

1980년대 후반 즈음이면 아이들이 학교에 입학하기 전 백신접종을 의무화한 법률의 효과는 뚜렷했다. 5세에서 9세 사이의 아이 중 적어도 90%가 권장되는 백신접종을 받았다. 그러나 대부분이 주사를 맞았을 것으로 예상한 2세 미만 유아의 백신접종률은 훨씬 낮았다. 전국적으로 절반 미만이 권장되는 백신 전체를 접종받았고, 많은 대도시에서 미취학 아동의 3분의 1이 권장되는 모든 백신의 가장 최신 버전으로 접종을 했다.[3] 1989년부터 1991년까지 전염병의 극적인 부활로, 접종률의 차이가 정치 의제의 우선순위로 부각되었다. 10여 년 사이 최악의 홍역이 전국을 휩쓸었다. 시카고, 휴스턴 및 로스앤젤레스의 저소득 도심 지역에 크게 유행한 홍역은 주로 5세 미만의 어린이에게 발병했으며, 아프리카계 미국인과 라틴계에게 특히 집중되었다. 이번 유행은 가장 어린 아이들에게 [백신접종이] 도달하기 위해서는 더 많은 노력이 필요하다는 것을 강조했고, 사회경제적 기울기의

---

3   Elizabeth Zell, Vance Dietz, John Stevenson, et al., "Low Vaccination Levels of US Preschool and School-Children," *Journal of the American Medical Association* 271 (1994): 833-839.

또 다른 사례를 제공했다.

아주 어린 아이들 사이에 만연한 전염병 때문에, 일부 공중보건 전문가들은 미취학 아동들에게 강제 접종을 확대하는 방법을 고려했다. 학생들에게 백신접종을 하는 데 성공적인 기여를 했던 학교 입학 요건에 버금갈 만한 법적 또는 실질적인 메커니즘이 더 어린 연령층을 위해서는 존재하지 않았다. 빈곤층이 밀집해 거주하는 것을 고려하여, 보건교육복지부의 일부 공무원들은 문제를 효과적으로 공략하려면 그들의 부모가 메디케이드 또는 '자녀가 있는 가족에 대한 원조(Aid to Families with Development Children, AFDC)'와 같은 공공 혜택을 받는 조건으로 아이들에게 백신을 접종하도록 해야 한다고 제안했다.[4] 이런 유형의 강제는 다른 방법으로도 받을 자격이 있었던 혜택을 위협하고 부정하는 방식이었는데, 학교 입학 요건의 경우에는 모든 사회경제적 배경을 지닌 아이들에게 공평하게 영향을 줄 수 있었기 때문에 윤리적으로 수용할만한 것으로 간주되었다. 그러나 복지 혜택을 부정하는 것은 그 혜택을 받지 못하는 사람에게는 강요를 의미했고, 비판자들이 보기에는, 희생자를 비난하는 듯한 꼴사나운 인상을 주었다. 그런 정책의 근본원리 자체가 공정과 정의라고 하는, 윤리적으로 난감한 질문을 던졌다.

공공 혜택을 받는 문제와 완전한 백신접종을 연결하는 것은 새로운 아이디어가 아니었다. 1971년 복지 개혁에 대한 전국적인 논쟁이 있던 시기, 뉴

4　Kay A. Johnson, Alice Sardell, and Barbara Richards, "Federal Immunization Policy and Funding: A History of Responding to Crisis," *American Journal of Preventive Medicine* 19 (2000): 99-112; Robert Pear, "Proposal Would Tie Welfare to Vaccinations of Children," *New York Times*, November 29, 1990, A1.

욕주는 주의 사회복지국에서 보수를 받는 부모들의 수당을 줄이고 대신 권장 백신을 모두 자녀에게 접종하는 것을 포함하여 사회적으로 바람직한 행동에 동참할 경우 수당을 '되돌려주는' 그런 기획안을 제안했다.[5] 이 아이디어는 퇴행적이고 징벌적이라는 이유로 즉각 공격을 받았다. 존 린제이 뉴욕 시장은 이 프로그램을 '19세기 빈민법의 어두운 시대로 한 걸음 후퇴'라고 불렀고, 컬럼비아 대학교 사회복지학 교수는 이 아이디어를 '도덕적으로 혐오스러운' 것이라고 부르며 '마치 그 부모들은 강제적인 방법이 아니면 자신의 아이들을 제대로 돌볼 수 없는 사람들인 것처럼 모욕하는 것'이라고 주장했다.[6] 1990년대까지 복지 혜택의 여러 조건을 통제하려는 시도는 정치적으로 더 수용 가능해졌고, 적어도 조지아와 메릴랜드 두 개의 주가 자녀들의 백신접종이 불충분한 부모들에게 AFDC 혜택을 제공하지 않는 프로그램을 도입했다. 그러한 강제가 '명백히 불공평하다'고 인정하면서도, 조지아의 프로그램을 평가한 한 연구자는 그것을 옹호했다. "저소득 부모의 자녀가 이러한 질병들에 대해 백신접종을 받도록 장려하는 것과 이러한 가족들 및 대중 전체에 혜택을 주는 것 모두 공중보건의 의무입니다."[7]

이 프로그램들에 대한 논쟁은 왜 일부 어린이들, 특히 저소득 가정의 어

---

5   Deirdre Carmody, "State Agency Acts to Put Welfare Mothers to Work," *New York Times*, September 23, 1971, 57.

6   "Points Lost," *New York Times*, November 7, 1971, E5; Eveline M. Burns, "Incentive Plan for Welfare Clients," *ibid.*, October 29, 1971, 40.

7   Larry C. Kerpelman, David B. Connell, and Walter J. Gunn, "Effect of a Monetary Sanction on Immunization Rates of Aid to Families with Dependent Children," *Journal of the American Medical Association* 284 (2000): 53-59; 59.

린이들은 계속 백신을 맞지 않을까라는 성가시고 오래된 질문에 집중되었다. 그 책임은 부모 개인에게 있는가, 아니면 의료 전달 체계 더 나아가 사회 전체에 있는가? 이들 의견에 대한 시계추는 20세기 내내 두 가지 입장 사이에서 흔들렸고, 1990년대 초가 되면 사회적 요인이라는 설명이 더 주목받았다. 개인의 행동을 조종하기 위한 유인책이나 제재는, 국가가 아이들의 건강을 위해 제공하는 여러 방식을 다시 생각해 보려는 야심 찬 노력에 가려졌다.

홍역 전염병에 대응하여 1986년 피해보상법의 규정에 따라 설립된 정책 결정 기관인 국가백신자문위원회(NVAC, National Vaccine Advisory Committee)는 백신접종률을 개선하기 위한 일련의 권고 사항을 발표했다. 더 나은 교육 및 학부모를 대상으로 한 홍보의 필요성에 주목하면서 위원회의 보고서는 주로 비용, 접근 및 가용성의 장벽을 줄이는 데 중점을 두었다.[8] 「홍역 백서」로 알려진 이 보고서는 백신접종률이 향상되려면 부모의 태도와 행동이 아닌 건강관리 시스템이 바뀔 필요가 있다는 데에 공감대가 커지고 있는 현실을 반영했다. 어떤 공중보건 관련 저널에 실린 전형적인 분석에 따르면, "건강관리 제공자들에게는 낮은 백신접종률을 소비자의 무관심으로 돌리는 것이 유혹적이지만, 건강관리 시스템이 지닌 수정 가능한 결함을 지적하는 많은 증거들이 있습니다."[9]

---

8 National Vaccine Advisory Committee, "The Measles Epidemic: The Problems, Barriers, and Recommendations," *Journal of the American Medical Association* 266 (1991): 1547-1552.

9 Felicity T. Cutts, Walter A. Orenstein, and Roger H. Bernier, "Causes of Low Preschool Immunization Coverage in the United States," *Annual Review of Public Health* (1992): 385-398; 395.

이 시기 아동 백신접종을 위한 '시스템'은 사실 현장 상황과 지불 체계가 분리된 잡동사니였다. 전체 아동의 절반 정도는 민간 부문에서, 절반은 시 또는 카운티 보건 부서, 지역병원이나 공공 병원을 포함한 공공시설에서 접종을 받았다. 질병통제예방센터를 포함한 여러 기관에서 관리하는 연방 기금이 공공 부문 백신 비용의 절반가량을 감당했고, 나머지는 주와 지방 정부가 담당했다.[10] 주의 메디케이드 프로그램은 상환 비율이 천차만별이 었지만, 많은 주에서는 의사의 백신 비용조차 감당하지 못했다. 대부분의 민간건강보험 설계에는 일상적인 백신접종이 포함되지 않았다. 그 결과 소아 주치의를 둔 부모들은 백신접종 시기가 되면 자녀들을 공공 병원에 데 려가야 했다. 1990년까지 민간 영역에서 18세까지의 아이들이 백신접종을 완전히 마치려면 부모가 300달러까지 지불해야 했다.[11] 권장 백신의 종류 가 많아지면서 비용이 점점 늘어났다. 총 7회 주사가 필요한 두 가지 새로 운 백신이 1990년대 초에 추가되었고, 홍역 추가접종이 더해졌다. 이렇게 주사가 확대되고 10년이 지나면서 백신 안전에 대한 대중의 인식에 중요한 영향을 미쳤다. 그러나 맞아야 할 주사가 많아진 가장 즉각적인 효과는, 수 많은 부모가 감당할 수 없을 정도로 전체 백신접종 비용이 올라갔다는 점 이었다.

시기적절하고 완전한 백신접종을 돕기는커녕 이를 방해하도록 설계된

---

10   Gary L. Freed, W. Clayton Bordley, Gordon H. DeFriese, "Childhood Immunization Programs: An Analysis of Policy Issues," *Milbank Memorial Fund Quarterly* 71 (1993): 65-96.

11   Edgar K. Marcuse, "Obstacles to Immunization in the Private Sector," in U.S. Department of Health and Human Services, *25th National Immunization Conference Proceedings* (Atlanta: Centers for Disease Control, 1991).

것처럼 보이는 파편화된 시스템에 대한 불만은, 미국의 의료 서비스가 어떻게 전달되고 비용이 어떻게 지불되는지에 대한 훨씬 더 큰 위기의식의 일부분에 불과했다. 건강보험이 없는 사람들이 점점 많아지는 상황에 대한 걱정이 커지면서, 1992년 빌 클린턴이 대통령으로 선출되는 데 유리하게 작용했다. 클린턴이 당선될 당시 여론조사에 따르면, 미국인의 압도적인 다수는 미국의 건강 문제가 위기에 빠져 있다고 믿었다.[12] 클린턴이 국내 주요 정책 중 첫 번째로 착수한 것이 전국적인 의료 개혁이었다. (결국 당파적인 갈등과 이익집단의 로비 속에서 좌절되고 말았지만)[13] 새 대통령 취임 첫 주부터 시작된 개혁운동의 일환으로, 민주당 행정부는 백신을 구매하여 공급자들에게 무료로 배포하는 데 10억 달러를 할당하는 계획을 의회에 보냈다. 힐러리 로댐 클린턴과 후임 보건복지부 장관 도나 샬랄라는 어린이 보호 기금(Children's Defense Fund)이라는 단체의 이사회에서 일했는데, 이 단체는 1980년대부터 백신접종 문제에 관심을 가져왔다. 의회에 보낸 계획은 민간시설의 아이들이 공공시설로 쇄도하는 것을 막기 위해 기획되었다.[14]

그 제안을 다룬 의회 청문회에서 핵심적인 논점은 왜 아이들이 백신을 맞지 않은 채로 남아 있냐는 것이었다. 회의적이었던 일부 의원들은 비용을 지불할 능력이 없다는 것이 미취학 아동의 백신접종률이 낮은 진짜 이

---

12 Daniel Yankelovich, "The Debate That Wasn't: The Public and the Clinton Plan," *Health Affairs* 14 (1995): 7-22.

13 Theda Skocpol, *Boomerang: Clinton's Health Security Effort and the Turn against Government in U.S. Politics* (New York: Norton, 1996).

14 Walter A. Orenstein, "Building the Immunization Superhighway: Childhood Immunization Initiative as the Framework," in U.S. Department of Health 306 Notes to Pages 222-225 and Human Services, *28th National Immunization Conference Proceedings* (Atlanta: Centers for Disease Control, 1994).

유인지 의문을 제기했다. 온건파 공화당원인 낸시 카세바움 상원의원은 대통령의 계획이 "문제의 원인을 오진하고 효과가 없거나 심지어 낭비적일 수 있는 치료법을 처방한다."고 주장했다.[15] 카세바움은 대신 낮은 접종률에 대한 책임을 부모 교육의 부족, 과도한 부담을 주는 공중보건 진료소, 그리고 낮은 보상 때문에 메디케이드를 받아들이지 못하는 민간 의사들에게 돌렸다. 카세바움과 다른 의원들이 특히 문제 삼은 것은, 이 계획에 의거하면 모든 어린이들 심지어 부유한 어린이도 무료로 백신을 접종하게 된다는 점이었다. 반면 샬랄라 장관은 이 계획을 실행하기 위해서는 검사가 필요하며, 완전한 백신접종은 모든 어린이들에게 '기본적인 권리'라고 주장하면서 이 제안을 옹호했다.[16]

어린이 보호 기금, 미국소아과학회, 주 및 지역 공중보건 협회를 포함한 광범위한 보건 및 아동복지 그룹은 이 제안을 찬성했다. 이 계획은 백신 대량 구매와 유통을 위해 정부가 '합리적인 가격' 협상을 한다는 의미였기 때문에, 백신 제조업체들은 한결같이 반대했다. 특히 1986년에 국가어린이백신피해법이 제정되는 데 중요한 역할을 한 부모 활동가들이 토론에 불참했다는 것이 흥미로웠다. '불만 있는 부모 모임'은 자금력과 사기가 떨어진 상태였으며, 한없이 밀린 사건을 배상 체계가 처리하는 동안 부모들을 지원

15 *Comprehensive Child Immunization Act of 1993, Joint Hearing before the Committee on Labor and Human Resources, United States Senate and the Subcommittee on Health and the Environment of the Committee on Energy and Commerce, House of Representatives, One Hundred Third Congress, First Session, April 21, 1993* (Washington, D.C.: Government Printing Office, 1993), 4.

16 *Ibid.*, 46.

하는 데 한정된 자원을 사용하고 있었다.[17] 백신접종에 반대하는 단체 중 어느 곳도 의회에서 이 계획에 반대하는 증언을 하지 않았다(위스콘신주를 중심으로 구성된 어떤 부모 모임에서 보낸 편지가 이 법안을 반대한다는 기록에 포함되어 있었지만 말이다.).[18] 하지만 여러 의원들은 백신을 광범위하게 배포하는 계획은 곧 보편적 의무로 이어질 것이라고 걱정하는 유권자들의 의견을 전했다. 예를 들어, 오리건주 민주당 상원의원 론 와이든은, 이 법안이 모든 어린이에 대한 의무적 백신접종을 뜻하지 않는다는 점을 확실히 해 달라는 부모들의 전화 때문에 의원 사무실 전화기 고리가 끊어질 지경이라고 말했다.[19]

1993년 8월, 전국적인 건강보험을 실시하려고 했던 클린턴 부부의 야심찬 계획과 함께, 의회는 규모를 축소한 백신접종 계획을 통과시켰다. 이 프로그램은 더 이상 보편적인 구매 프로그램이 아니었다. 대신 법안은 '어린이를 위한 백신' 프로그램을 신설했다. 이 프로그램은 연방 자금을 지원하여 제조업체로부터 백신을 구입한 뒤, 메디케이드 자격이 있는 어린이, 보험이 부족한 어린이 및 북미 원주민 어린이를 위해 봉사하는 공공 및 민간 부문의 의료 제공자에게 무료로 배포할 수 있도록 했다.[20] 법안의 가장 중

---

17 National Vaccine Information Center web site, www.909shot.com/Issues/ICA.htm (accessed September 13, 2003).

18 The group that opposed the Clinton purchase plan was DPT SHOT (Determined Parents to Stop Hurting Our Tots). *Comprehensive Child Immunization Act of 1993*, 192.

19 *Ibid.*, 30.

20 "Reported Vaccine-Preventable Diseases United States, 1993, and the Childhood Immunization Initiative," *Morbidity and Mortality Weekly Report* 43 (1994): 57-60.

요한 특징은 사상 처음으로 연방 자금을 사용하여 의사, 간호사 및 기타 진료소 직원의 급여처럼, 백신접종을 관리하는 데 직접 관련된 비용을 충당할 수 있게 한 것이었다. 백신접종지원법에 따른 예전의 연방 자금 할당은 백신접종을 감시하고 장려하는 부수적인 활동에 제한되었다.[21] 아동 건강을 옹호했던 대부분의 사람들은 재정적 장애물을 제거하는 새로운 조치에 박수를 보냈지만, 일부에서는 새로운 범주형 자금 지원 프로그램이 광범위한 예방적 조치를 받지 못하는 취약한 어린이들에게는 장기적으로는 최선이 아닐 수도 있다고 우려했다. "백신접종을 위한 별도의 자금 조달과 전달 시스템은, 무보험이거나 일부 보험에만 가입된 어린이들에게 이러한 서비스를 제공하는 것을 약하게 하고 파편화시킬 수 있습니다."라고 『뉴잉글랜드 의학 저널』 22호의 사설은 경고했다.[22]

모든 아동의 수를 세기

1989년부터 1991년 사이에 발생한 홍역은 백신 비용 문제에 대해 관심을 끌었을 뿐 아니라, 의료전달 체계의 파편화를 줄이고자 하는 노력에도 영향을 주었다. 여러 진료소에서 많은 아이들이 이미 어떤 백신을 접종했고

---

21   Walter A. Orenstein, Lance Rodewald, and Alan R. Hinman, "Immunization in the United States," in Stanley A. Plotkin and Walter A. Orenstein, eds., *Vaccines*, 4th ed. (Philadelphia: Elsevier, 2004).

22   Gary L. Freed and Samuel L. Katz, "The Comprehensive Childhood Immunization Act of 1993: Toward a More Rational Approach," *New England Journal of Medicine* 329 (1993): 1957-1960; 1959.

어떤 백신이 더 필요한지 알지도 못하는 전문가들로부터 백신을 맞았다. 접종 계획이 복잡해지면서 부모들은 자녀들이 권장 백신을 모두 맞았는지 확신하지 못하면서도 충분히 백신을 맞았다고 과대평가하는 경향을 보였다.[23] 클린턴이 추진했던 계획의 한 가지 구성 요소는(최종 버전에서는 삭제되었지만) 의료 서비스 제공자들이 모든 어린이의 백신접종 이력에 대해 접근할 수 있도록 도와주는 국가 컴퓨터 추적 시스템이었다.

백신접종률을 높이기 위해 컴퓨터를 사용하는 계획은 1960년까지 거슬러 올라간다. 질병통제예방센터의 제임스 고다드 국장은 1965년 "정보를 저장하고 검색하는 컴퓨터의 능력은 우리의 백신접종 프로그램을 크게 촉진할 수 있습니다. 컴퓨터는 각 개인이 받은 백신접종에 관한 정보를 저장하고, 반복 또는 추가 접종이 필요한 사람들의 목록을 자동으로 출력하고, 데이터를 처리하여 백신접종의 효과를 계산하는 데 사용될 수 있습니다." 라고 예언했다.[24] 1962년 백신접종지원법에는 도시와 주에서 어린이들의 백신접종 예정일 즈음에 부모에게 보내는 편지나 전화를 자동으로 생성할 수 있는 '리마인드 앤 리콜' 시스템을 설치하도록 자금을 지원하는 내용이 포함되었다. 1980년대 질병통제예방센터는 여러 주 및 지역 보건 부서에 데스크톱 컴퓨터에서 실행되는 사무실 기반 시스템을 시범 운영하여, 아이들에게 필요한 백신 목록을 지역 임상의에게 제공할 수 있도록 했다.[25] 그

23 Orenstein, "Building the Immunization Superhighway."
24 James L. Goddard, "Future Goals of Immunization Programs," in U.S. Department of Health, Education and Welfare, *2nd Immunization Conference Proceedings* (Atlanta: Communicable Disease Center, 1965).
25 Gordon H. DeFriese, Kathleen M. Faherty, Victoria A. Freeman, et al., "Developing Child Immunization Registries," in Stephen L. Isaacs and James R. Knickman, eds.,

러나 수년에 걸친 백신접종 활동에 대한 재정적 지원은 너무 변화가 많아서, 이런 프로그램 중 유지되는 것은 거의 없었다.

홍역이 확산된 여파로 컴퓨터 등록부라는 아이디어는 새로운 평판을 얻었다. 1991년 국가 백신접종 회의에서 어린이 보호 기금 및 다임스 행진과 함께 작업하고 「홍역 백서」 초안 작성을 도운 청소년 건강 옹호자 케이 존슨(Kay Johnson)은 출생 시부터 모든 어린이의 백신접종 상태를 추적할 수 있는 국가 데이터베이스의 구축을 요구했다.[26] 그러나 대부분의 백신접종 지지자들은 단일 국가 시스템보다는 주 또는 지역 등록부의 개발을 선호했는데, 이는 기술적으로 더 실현 가능하고 정치적으로 입맛에 맞을 것이라는 이유에서였다. 특히 전국의 전체 출생 코호트 기록이 담긴 데이터베이스를 연방 정부에서 관리, 통제하는 것은 용납할 수 없는 간섭이라는 우려가 있었다.

심지어 소규모 등록부를 만드는 작업에도 상당한 어려움이 있었다. 특히 재정난에 허덕이는 공공 부문 의료 시설의 경우, 컴퓨터 하드웨어와 소프트웨어의 초기 비용이 만만치 않았다. 미국에서 가장 큰 건강 관련 자선 단체 중 하나인 '로버트 우드 존슨 재단'의 고위 관리자들은, 이런 등록부를 만드는 연방정부에 재정 지원을 늘리는 방법을 모색하기 위해 질병통제예방센터 관계자들과 논의를 시작했고, 1991년 전국적 등록부 개발을 촉진하

To Improve Health and Health Care, 1997 (Princeton, N.J.: Robert Wood Johnson Foundation, 1997).

26 Kay Johnson, "Proposal for a National Vaccination Registry," in U.S. Department of Health and Human Services, *25th National Immunization Conference Proceedings* (Atlanta: Centers for Disease Control, 1991).

는 것을 목표로 '모든 어린이는 소중하다(All Kids Count)' 프로그램을 설립했다. 다음 해 재단은 23개의 계획에 보조금을 지급했고, 1993년 특정 지역(시, 군, 지역 또는 주) 내에 있는 모든 어린이의 기록을 포함하여 언제라도 활용할 수 있는 등록부를 개발하기 위해 12개 시/카운티 보건 당국에 4년 동안 보조금을 지원했다. 그 재단은 초기 자금조달을 통해 각 프로그램에 약 9백만 달러를 지원했고, 의료에 관심이 있는 다섯 개의 다른 재단들과 연합하여 추가적으로 9개의 프로젝트에 자금을 지원했다.[27]

클린턴 행정부가 1993년 초 야심 차게 추진한 백신접종 계획을 의회에 제출할 무렵, 많은 주와 지역들은 이미 자체적으로 등록부를 개발하고 있었고, 이것이 법안의 최종 버전에서 국가 데이터베이스의 작성이 폐기된 한 가지 이유였다. 자체 등록부를 보유하고 있던 주의 일부 보건 공무원들은, 기술적으로 비현실적일 뿐만 아니라, 단일 국가 시스템으로는 다양한 지역 및 지역적 요구를 충족시킬 수 있는 유연성이 부족할 것이라고 의회에 말했다.[28] 비록 국가 데이터베이스에 대한 계획은 따로 세워졌지만, 클린턴 행정부는 질병통제예방센터를 통해 관리되는 등록부 개발을 위해 상당한 자금을 제공했다.[29]

---

27 William C. Watson, Kristin Nicholson Sarlaas, Ruby Hearn, et al., "The All Kids Count National Program: A Robert Wood Johnson Foundation Initiative to Develop Immunization Registries," *American Journal of Preventive Medicine* 13 (1997): 3-6.

28 See, e.g., the testimony of Ed Thompson, interim health officer of Mississippi, and Michael Moen, director of disease prevention for the Minnesota Health Department, in congressional hearings on the bill. Comprehensive Child Immunization Act of 1993, 80, 86 and passim.

29 Victoria A. Freeman and Gordon H. DeFriese, "The Challenge and Potential of Childhood Immunization Registries," *Annual Review of Public Health* 24 (2003): 227-246.

기술적 장애를 넘어 등록부 작성의 핵심적인 어려움은 민간 의료 기관들의 협조를 얻어 내는 문제였다. 이 프로그램이 어떤 혜택을 약속하든지 간에, 행정절차를 한 단계 더 늘리는 것은 이미 의료보장과 관련된 서류 작업으로 업무가 과중한 소아과 의사들을 힘들게 하는 일이었다. 등록소 직원들이 병원을 직접 방문하여 시간-노동 집약적으로 지원하는 것이 의료기관들을 설득하는 가장 일반적인 방법이었지만, 법적인 수단들도 사용되었다. 1994년, 의료 기관에 처음으로 지원한 곳은 미시시피주였다. 법에 따르면 모든 의사는 주 전역의 등록부에 백신접종을 보고해야 했고, 곧 다른 많은 주들이 이를 따르게 되었다.[30]

1998년, 로버트 우드 존슨 재단은 두 번째 기금을 지원했는데, 16개의 보조금을 받은 지역 중 8개는 '모든 어린이는 소중하다(All Kids Count)' 프로그램의 첫 번째 그룹에 속했다. 보조금을 받은 지역은 9개의 주, 2개의 카운티, 2개의 복합 카운티 지역, 그리고 3개의 큰 도시 지역(뉴욕시, 필라델피아, 볼티모어)을 포함했다. 이들은 미국 연간 출생 코호트의 약 5분의 1을 담당했다.[31] 1999년에는 250개 이상의 지역 보건당국이 각기 백신접종 등록부를 개발하고 있었다.(비록 이들 중 대부분은 부분적으로 작동할 수밖에 없었지만.)[32]

---

30 Lawrence O. Gostin and Zita Lazzarini, "Childhood Immunization Registries: A National Review of Public Health Information Systems and the Protection of Privacy," *Journal of the American Medical Association* 274 (1995): 1793-1799.

31 Philip R. Horne, Kristin N. Sarlaas, and Alan R. Hinman, "Costs of Immunization Registries: Experiences from the All Kids Count II Projects," *American Journal of Preventive Medicine* 19 (2000): 94-98.

32 David Wood, Kristin N. Sarlaas, Moira Inkelas, et al., "Immunization Registries in the United States: Implications for the Practice of Public Health in a Changing Health Care

백신접종 등록부의 개발은 전자 정보, 특히 건강 데이터의 기밀성을 우려하는 가운데 진행되었다.[33] 등록부에는 일반적으로 주소, 부모의 결혼 및 고용 상태, 때로는 가족 소득과 같은 정보가 포함되어 있어 시민 자유 단체와 개인 정보 보호 권리 단체의 합의가 등록부를 만드는 데 중요했다.[34] 개인 정보 보호 문제에 대한 대중의 반대를 막기 위해 질병통제예방센터는 1998년 가을 전국에서 일련의 포커스 그룹을 조직, 개최하여 부모가 시스템에 대해 가질 수 있는 우려를 확인했다. 그 그룹에 속한 대부분의 부모들은 일반적으로 등록부를 사생활 침해라기보다는 도움이 되는 공공 서비스로 여기는 생각을 지지했고, 참여하고 싶지 않다고 표시한 응답자는 거의 없었다. 그러나 건강보험 회사가 특별히 불신을 받고 있던 상황에서, 많은 사람들은 누가 그 정보에 접근할 수 있는지에 대해 우려를 표명했다. 인터뷰에 응한 대부분의 사람들은 모든 아이들이 자동적으로 등록부에 포함되는 것은 부적절하고, 법은 그들의 정보를 수집하기 위해 부모의 명시적인 서면 동의를 요구해야 한다고 생각했다.[35] 그럼에도 불구하고, 당시 운영된 등록부의 약 절반이 자동적으로 출생증명서 등록부로 연결되었다.[36]

백신접종 상태는 보통 시와 주 보건국이 수집한 일부 데이터와 달리 민

System," *Annual Review of Public Health* 20 (1999): 231-255.

33 Lawrence O. Gostin, James G. Hodge, and Ronald O. Valdiserri, "Informational Privacy and the Public's Health: The Model State Public Health Privacy Act," *American Journal of Public Health* 91 (2001): 1388-1392.

34 Wood, Sarlaas, Inkelas, et al., "Immunization Registries in the United States."

35 Centers for Disease Control and Prevention, "Findings of Focus Group Research on Immunization Registries," National Immunization Program web site, www.cdc.gov/nip/registrylfg/fgor.pdf (accessed January 12, 2004).

36 Wood, Sarlaas, Inkelas, et al., "Immunization Registries in the United States."

감하거나 잠재적으로 오명을 주는 정보로 간주되지 않았으며, 등록부의 설립은 다른 유형의 역학 감시, 특히 HIV(에이즈 바이러스) 감염자 명단 작성을 의무화하려 했던 시도에 대한 광범위한 반대를 유발하지 않았다. 하지만 어린이들의 백신접종 상태를 전자적으로 모니터링하려는 노력은 백신의 가치와 안전성에 의문을 제기하는 사람들의 분노를 샀다. 질병통제예방센터가 개최한 1998년 백신접종 등록부 공개회의에서, '불만 있는 부모 모임'의 공동 창립자 중 한 명인 바바라 로 피셔는 데이터베이스를 '사생활과 시민의 자유를 침해하는 것'이라고 비난하면서 빅 브라더의 망령을 언급했다. "정부가 권장하는 모든 의료 정책을 따르지 않을 경우, 사랑스럽고 양심적인 부모와 그 자녀들을 차별하고 사회경제적으로 처벌하는 데 사용될 수 있습니다."[37] 피셔는 자녀를 포함하기 전에 부모의 서면 동의를 요구하는 등록부를 작성해야 한다고 촉구했다. 그녀의 강력한 입장은 의료 사생활에 대한 일반적인 우려 이상을 반영하는 것이었다. 그것은 1990년대 말까지 백신접종률을 높이기 위한 노력에 대한 고도의 신중함 혹은 적대심을 증폭시켰다.

'포위당한' 백신

1980년대의 DPT 백신에 대한 논란이 백신의 잠재적인 해악에 대중의 관

---

37 Barbara Loe Fisher, "Statement, Immunization Registries Workgroup on Privacy and Confidentiality," National Vaccine Information Center web site, www.909shot.com/Loe_Fisher/blf5149 8tracking.html (accessed September 17, 2003).

심을 집중시켰지만, 그것이 금세기 초에 백신접종을 둘러싼 싸움의 특징이 된 광범위하고 지속적인 유형의 저항을 즉시 부르지는 않았다. 그러나 1990년대에 세간의 이목을 끈 몇 가지 사건들과 여러 백신의 운나쁜 효과들에 대한 이론들이 퍼지면서, 점점 더 많은 활동가들이 과학자, 공중보건 공무원 및 제약 회사들의 판단에 새로운 도전을 하기 시작했다. 논쟁은 대중매체, 의회 청문회, 학술지 및 인터넷 등으로 계속 퍼져나갔다.

이러한 반발은 부분적으로는 시장에 새로운 제품을 선보인 백신 연구개발의 성공이 가져온 부산물이었다. 1990년에는 세균성 뇌수막염의 주요 원인이자 가장 흔한 소아 감염 중 하나인 B형 헤모필루스 인플루엔자 백신이 출시되었는데, 이 백신은 서너 번 연속으로 접종하는 방식이었다. 1991년에 B형 간염 백신 3회분이 추가되었는데, 첫 번째 백신은 출생 후 단 몇 시간 만에 접종되었다. 또한 이즈음에 면역력을 더 높이기 위해 홍역-유행성이하선염-풍진균 제제 2차 접종이 권장되었다. 2000년까지 수두와 폐렴구균 질환에 대한 두 가지 백신이 보편적으로 더 권장되었다. 어떤 조합의 백신을 사용했는지에 따라, 어린이는 일반적으로 2세까지 보통 11가지의 백신을 20회 접종받았다. .

일찍이 1993년에 B형 헤모필루스 인플루엔자 백신과 B형 간염 백신접종이 추가로 권장되면서, 일부 임상의들은 유아들이 점점 더 많은 백신을 맞을 때 고통과 불편함을 느끼는 것, 소위 '소아용 핀큐션 현상'이라는 것을 우려하기 시작했다.[38] (한 설문 조사에서 따르면 놀랍게도, 의사들은 진료실을 한

---

38 Caroline Breese Hall, Harold Margolis, "Hepatitis B Immunization: Premonitions and Perceptions of Pediatricians," *Pediatrics* 91 (1993): 841-843.

번 방문해서 여러 주사를 맞는 아이들에 대해 부모들보다 더 걱정하는 것으로 나타 났다.)[39] 일부 의사들은 혼합 백신의 사용이 증가함에 따라 부작용이 발생하면 더 어려워질 것이라고 걱정했다.[40] 더 심각한 우려는 어떻게든 그렇게 많은 주사를 맞는 것이 영아의 면역 체계에 '너무 과한' 것으로 판명될 수 있다는 것이었다. 면역학 전문가들은 그러한 두려움에 과학적 근거가 없다고 주장했다. 인간의 면역 체계는 이론적으로 천만 개 이상의 항원에 반응할 수 있기 때문에, 엄청나게 늘어난 백신접종이 아이들의 면역 능력을 '압도하거나' 또는 '소모시킬' 위험의 가능성은 극히 적다는 것이었다.[41] 게다가, 천연두 백신접종을 중단하고 백일해 백신을 무세포 방식으로 재조합하면서 아이들이 백신접종을 통해 노출된 항원의 수는 지난 40여 년과 비교하면 3,000개 이상에서 약 130개로 감소했다.[42] 그러나 1990년대 아이들에게 권장되는 백신의 수가 증가하면서, 너무 많은 백신접종이 직간접적으로 알레르기, 천식, 영아 돌연사 증후군 및 청소년 당뇨병을 포함한 다양한 건강 문제의 원인일 수도 있다는 이론들이 제기되었다.[43]

---

39 K. A. Woodin, L. E. Rodewald, S. G. Humiston, et al., "Physicians and Parent Opinions: Are Children Becoming Pincushions from Immunizations?" *Archives of Pediatric and Adolescent Medicine* 149 (1995): 845-849.

40 Jon S. Abramson, "The Immunization Schedule: Friend or Foe," in U.S. Department of Health and Human Services, 34th National Immunization Conference Proceedings (Atlanta: Centers for Disease Control, 2000).

41 Neal A. Halsey, "Safety of Combination Vaccines: Perception versus Reality," *Pediatric Infectious Disease Journal* 20 (2001): S40-S44.

42 Paul A. Offit, Jessica Quarles, Michael A. Gerber, et al., "Addressing Parents' Concerns: Do Multiple Vaccines Overwhelm or Weaken the Infant's Immune System?" *Pediatrics* 109 (2002): 124-128.

43 Robert T. Chen, Robert L. Davis, and Kristine M. Sheedy, "Safety of Immunizations," in

또한 백신 안전에 대한 선입견은 현대 산업사회에서 널리 퍼진 위험 문제가 미국의 정치, 법률 및 대중문화의 핵심적인 관심사로 부상하던 배경에서 커졌다.[44] 20세기의 마지막 수십 년 동안 위험의 평가, 정량화, 규제 및 의사소통은 원자력 발전소나 에이즈와 같은 다양한 영역에서 시민 담론을 지배했으며, 어떤 유형의 위험이 허용되거나 허용되지 않는다고 간주되는지, 그리고 사람들이 어떻게 가장 잘 안심할 수 있는지에 대한 대규모 분석들이 등장했다. 심리학자들은 위험에 대한 사람들의 판단에 영향을 미치는 여러 경험적 지식과 편견을 확인했다. 어떤 위험을 우려하는 정도는 가능성과 심각성 같은 경험적 특징을 합리적으로 계산하는 데 유일하게 혹은 주로 의존하는 것이 아니며, 오히려 광범위한 심리적, 문화적 요인에 의해 영향을 받았다. 백신접종 지지자들이 보기에 이런 분석들은, 부모의 의무나 시민의 의무에 대한 호소 혹은 전염병의 위협에 대한 경고처럼 과거 백신 홍보를 했던 고전적인 접근법이 오늘날 새로운 공포와 걱정이 지배하는 시대에는 적절하지 않다고 지적하는 것이었다. 임상의들과 보건 당국자들은 백신의 위험에 대한 인식에 직접적으로 관여하기 위해 환경적 위험에 대한 규제와 같이 다른 영역에서 나타난 분석틀을 노골적으로 끌고 왔다.[45]

Plotkin and Orenstein, eds., *Vaccines*, 4th ed.

44 This phenomenon has inspired a voluminous literature. For a good summary, see Cass Sunstein, *Risk and Reason: Safety, Law and the Environment* (Cambridge: Cambridge University Press, 2002). See also Michael Fitzpatrick, "MMR: Risk, Choice, Chance," *British Medical Bulletin* 69 (2004): 143-153; and J.A. Muir Gray, "Postmodern Medicine," *Lancet* 354 (1999): 1550-1553.

45 Leslie Ball, John Glasser, Sharon Humiston, et al., "How Do You Know, and How Do You Let Your Patients Know, that Vaccines are Safe?" in U.S. Department of Health and Human Services, *30th National Immunization Conference Proceedings* (Atlanta: Centers

이 모델에 따르면, 백신으로 인한 피해의 몇 가지 특징들이 그에 대한 우려를 증폭시키는 데 기여했다. 백신 피해는 주로 어린이들에게 영향을 미쳤고, 자연적으로 발생하기보다는 인간에 의해 만들어졌으며, 학교 입학 요건 때문에 비자발적이었다. 백신 위험을 다루는 이론들이 대중들의 신뢰를 심각하게 위협할 수 있다고 백신접종 지지자들이 심각하게 고민하고 있을 때, 과거 백신 부작용에 대한 보고서를 발표했던 미국국립아카데미의 분과인 의학연구소는 1996년에 위험 커뮤니케이션 및 백신에 대한 워크숍을 개최했다. 이 워크숍에서 공중보건 관계자, 제약 회사 대표, 아동 건강 옹호자 및 안전에 대해 우려하는 부모 활동가들은 위험에 대한 인식이 커지는 상황, 공공 부문과 민간 부문이 실질적이고 담론적으로 대응해야 하는 방식 등을 논의했다.[46]

다른 건강상의 우려보다, 백신 안전에 대해 대중의 관심을 촉발한 것은 바로 자폐증이었다. 자폐증은 사회적 상호작용과 의사소통의 어려움을 특징으로 하는 다양한 발달장애를 포괄하는 용어인데, 이런 자폐증 유병률이 증가한다는 일회성 기사로 인해 언론에서 주목을 받기 시작했다. 1998년 초, 영국 의학 저널 『란셋(The Lancet)』은 영국 의사 팀이 심각한 장 이상과 자폐증을 앓고 있는 12명의 아이들에 대한 기사를 실었는데, 의사 팀은 이

---

for Disease Control, 1996); Ann Bostrom, "Vaccine Risk Communication: Lessons from Risk Perception, Decision Making and Environmental Risk Communication Research," *Risk: Health, Safety, and the Environment* 8 (1997): 183-200; Leslie K. Ball, Geoffrey Evans, and Ann Bostrom, "Risky Business: Challenges in Vaccine Risk Communication," *Pediatrics* 101 (1998): 453-458; C.J. Clements, G. Evans, S. Dittman, and A.V. Reeler, "Vaccine Safety Concerns Everyone," *Vaccine* 17 (1999): S90-S94.

46   Institute of Medicine, *Risk Communication and Vaccination: Workshop Summary* (Washington, D.C.: National Academies Press, 1997).

아이들이 수년 전 맞은 MMR(홍역, 유행성이하선염, 풍진) 주사와 관련이 있을 수 있다고 가정했다.[47] 연구 결과를 공개하기 위해 병원이 소집한 언론 컨퍼런스에서 책임연구원 앤드류 웨이크필드(Andrew Wakefield)는 MMR 백신을 철회해야 한다고 주장했다.[48] 상대적으로 부족한 데이터에서 포괄적인 결론을 도출하려는 웨이크필드의 의지와 외견상 대단해 보이지 않은 공개 성명은 영국의 공중보건 공무원들로부터 따가운 비판을 받았다.[49] 팀의 연구 결과를 보도하는 기사 옆에는 연구 방법의 수많은 한계를 지적하는 회의적인 사설이 첨부되었다. 연구의 결론은 통제된 데이터가 전혀 없는 사례 하나를 갖고 쓴 것이었고, 백신접종과 자폐증이 시작된 시기의 관련성은 오직 부모의 기억에만 근거한 것이었다.[50] 그러나 이 가설은 빠르게 생명력을 가졌다. 영국에서 MMR 주사(영국에서는 '잡'이라고 이름 붙은)는 부정적인 언론 보도의 대상이 되었고 접종률이 감소하기 시작했다.[51]

그다음 해 미국에서는, 1987년과 1999년 사이에, 캘리포니아주 개발청에서 자폐증이 거의 300퍼센트 증가했다는 것을 보여주는 보고서를 발표하면서 자폐증에 대한 우려가 급증했다. 이 보고서들은 학부모 단체들과 정

---

47   A. J. Wakefield, S. H. Murch, A. Anthony, et al., "Ileal-Lymphoid-Nodular Hyperplasia, Non-Specific Colitis, and Pervasive Developmental Disorder in Children," *Lancet* 351 (1998): 637-641.

48   Jeremy Laurance, "Doctors Warn of a New Child Vaccine Danger," *Independent* (London), February 27, 1998, 5.

49   Sarah Boseley, "Fear of Needles," *Guardian* (London), June 3, 1999, 4.

50   Robert T. Chen and Frank DeStefano, "Vaccine Adverse Events: Causal or Coincidental?" *Lancet* 351 (1998): 611-612.

51   James Colgrove and Ronald Bayer, "Could It Happen Here? Vaccine Risk Controversies and the Specter of Derailment," *Health Affairs* 24 (2005): 729-739.

치인들 사이에 경종을 울렸으며, 급기야《로스앤젤레스 타임스》는 캘리포니아주에 '자폐증이라는 유행병'이 퍼지고 있다고 선언할 정도였다.[52] 이 보고서와 2002년에 발표된 후속 연구에 대해, 비판론자들은 여기에 등장한 수많은 방법론적 약점들과 잠재적 편견의 원인을 언급했고, 자폐증 발병률이 높아진다는 것이 진짜인지, 아니면 진단 기준이 확대되고 인식이 개선되었기 때문인지 등에 대해 이견이 존재했다.[53] 하지만 부모 운동가들은 『란셋』지에서 웨이크필드와 그의 동료들이 밝혀낸 의심스러운 연결고리와 데이터를 입수했고, MMR과 자폐증의 연관성에 대해 조사를 요구하는 목소리가 더 커졌다.

이러한 우려가 언론의 관심을 끌면서, 미 육군에서 또 다른 백신 분쟁이 발생했다. 1997년 12월, 국방부 장관 윌리엄 코언은 240만 명의 모든 군인들에게 매우 치명적인 탄저균에 대한 백신을 접종할 계획을 발표했다. 이는 군이 모든 현역 및 예비역 군인들에게 잠재적인 생물학적 무기에 대한 백신접종을 시도한 최초의 사례이며, 미국에 적대적인 국가들이 화학전에 사용할 수 있는 다양한 제제를 개발하고 있다는 우려가 커지고 있음을 반영한 것이다.[54] 18개월 동안 6회 투여된 이 백신은 주사 부위의 통증과 부기, 두통, 발열과 같은 경미한 부작용을 유발하는 것으로 알려졌지만, 곧 군

---

52 Thomas H. Maugh, "State Study Finds Sharp Rise in Autism Rate," *Los Angeles Times,* April 16, 1999, 1.

53 See, e.g., Eric Fombonne, "Is There an Epidemic of Autism?" *Pediatrics* 107 (2001): 411-413; and Marie McCormick, "The Autism 'Epidemic': Impressions from the Perspective of Immunization Safety," *Ambulatory Pediatrics* 3 (2003): 119-120.

54 Steven Lee Myers, "U.S. Armed Forces to Be Vaccinated against Anthrax," *New York Times,* December 16, 1997, 1.

인들 사이에는 그것이 불임과 마비를 일으킬 수 있다는 소문이 돌기 시작했다. 많은 군인들이 주사를 거부했고, 그 이유로 인해 군사재판을 포함한 다양한 징계에 직면했다. 고엽제인 에이전트 오렌지나 걸프전 증후군 등에 대해 진상을 밝히지 않았던 것처럼, 과거 군인의 건강 문제에 대한 군대의 대응을 불신해 왔기 때문에 이런 저항은 더욱 커졌다.[55] 2000년 초까지, 약 350명의 군인들이 백신접종을 거부했고, 그 수가 알려지지는 않았으나 주사를 거부하고 군대를 떠난 군인들도 있었다. 일부 의원들이 이런 군대의 사기 및 백신접종 거부 문제에 관심을 가졌고, 그들은 미 국방부 백신의 안전성과 효능에 대한 우려를 고려하여 프로그램을 중단할 것을 촉구했다.[56]

백신의 안전성에 대한 우려가 더해지면서 하원 정부개혁위원회의 주목할 만한 청문회들이 1999년 5월부터 시작되었다. 이 위원회의 위원장이자 백신 문제를 앞서서 비판해왔던 인물은 인디애나주 공화당 의원 댄 버튼이었다. 버튼의 손녀는 B형 간염 백신을 맞고 병원에 입원해 있었고 손자는 자폐증을 앓고 있었는데, 그는 손자의 병을 MMR 백신의 부작용이라고 믿었다.

의회의 촘촘한 조사를 받은 첫 번째 사안은 B형 간염 백신이 다발성경화증과 영아 돌연사 증후군과 인과관계가 있다는 가설이었다. 이 이론은 프랑스에서 장기간 지속된 법적 분쟁의 핵심 사안이었고, 법원이 그 백신이 다발성경화증을 유발했다고 주장하는 원고들의 손을 들어주면서 B형 간염

---

55 Ruth K. Miller, "Informed Consent in the Military: Fighting a Losing Battle against the Anthrax Vaccine," *American Journal of Law and Medicine* 28 (2002): 325-343.

56 Otto Kreisher, "Despite Furor, Anthrax Shots Continue; House Panel's Sharp Criticism Fails to Sway the Pentagon," *San Diego Union-Tribune,* February 18, 2000, A1.

에 대한 일상적인 소아 백신접종 프로그램이 혼란에 빠졌다. 프랑스 정부는 이 결정들에 항소했고, 1999년 고등법원은 판결을 뒤집고 의학 전문가 패널을 임명하여 그 연관성을 조사했다.[57] 미국의 비판론자들 사이에서 불거진 이 백신에 반대하는 의견은 안전에 대한 우려만이 아니었다. 또 다른 걱정은, 이 백신이 주로 성 접촉과 주사 약물 사용으로 전염되는 혈액 매개 질병에 대해 면역력을 제공한다는 사실이었다. (비록 분만 전후나 탁아시설 아이들 사이에서 감염이 가능하지만) 의회 증언 중 일부는 이 질병에 걸릴 위험이 가장 높은 사람들에 대한 혐오감을 거의 숨기지 않았다. 백신이 어린 딸을 죽였다고 믿는 어떤 활동가 부모는, "거의 모든 신생아들이 성매개 질병에 대한 백신을 맞으면서 이 세상에 온 걸 환영받습니다. 왜냐하면 그 아이들은 정크 푸드, 매춘부, 동성애자나 난잡한 이성애자들에게 백신을 접종하도록 할 수 없기 때문입니다."라고 비난했다.[58] 버튼 청문회 내내 비판론자들은 1990년대에 권장되는 백신 계획의 확대는 제약 회사, 과학자 및 정부 관료들 사이의 이익을 창출하는 음모라고 주장했다. 한 부모는 "신생아에게 B형 간염 백신접종을 하는 프로그램은 백신을 판매하는 사람을 제외하고는 누구에게도 가치가 없습니다."라고 말했다.[59]

1999년 여름, 이 문제를 둘러싼 정치적 긴장이 고조된 가운데, 또 다른 논

---

57   Philippe Monteyne, Francis E. Andre, "Is There a Causal Link Between Hepatitis B Vaccination and Multiple Sclerosis?" *Vaccine* 18 (2000): 1994-2001.

58   Cited in Charles Marwick and Mike Mitka, "Debate Revived on Hepatitis B Vaccine Value," *Journal of the American Medical Association* 281 (1999): 15-17; 16.

59   *Hepatitis B Vaccine: Helping or Hurting Public Health, Hearing before the Subcommittee on Criminal Justice, Drug Policy and Human Resources ofthe Committee on Government Reform, House of Representatives, One Hundred Sixth Congress, First Session, May 18, 1999* (Washington, D.C.: Government Printing Office, 2000), 87.

란이 수면 위로 떠올랐다. 어떤 다회용 백신의 경우, 바이알(주사용 유리 용기)을 열었을 때 오염을 막기 위해 미량의 에틸수은을 함유한 방부제인 티메로살이 사용되었다. 미국 식품의약국이 백신 제조업체에게 백신 제품에 함유된 수은의 양에 대한 정보를 달라고 요청하면서, 이 티메로살에 대한 조사가 시작되었다. 백신은 여러 가지 제형과 다회용 및 일회용 용량으로, 그리고 유아기 동안 여러 나이대에 제공될 수 있기 때문에, 어떤 아이가 백신접종으로 받을 수 있는 티메로살의 수은 용량은 조금씩 다를 수 있었다. 티메로살이 함유된 모든 백신을 일정에 따라 접종받은 아이는, 이론적으로는 환경보호국이 정한 생후 6개월 이내 수은 노출 기준을 초과하는 양에 노출될 수 있었다. 이 한계를 초과하는 것이 임상적으로 어떤 의미인지는 알려지지 않았다.[60]

미국 식품의약국이 제조업체에 티메로살 자료를 곧 공개할 것을 요청한 사실이 대중의 신뢰를 더 떨어뜨릴 수 있다는 우려가 제기되자, 국내 최고의 백신 연구자 그룹과 의료 및 공중보건 단체의 대표들은 1999년 6월 서둘러 회의를 소집하여 최선의 방침을 결정했다. 참석자들 사이에 연구 결과의 중요성과 가장 신중한 방침에 대해 의견이 극명하게 엇갈렸다. 방부제가 들어 있는 모든 백신의 공급을 즉각 중단하라고 권고하는 것부터 현

---

60 The EPA maximum was the most conservative of threshold levels that were set by three different U.S. government agencies, which differed because of variations in the types of data each agency used to formulate them, their methods of calculation, and the safety factors they adopted. While the amount of mercury in childhood vaccines exceeded the EPA threshold, the most conservative of the three, it was under the limit set by the Food and Drug Administration and Agency for Toxic Substances and Disease Registry. Leslie K. Ball, Robert Ball, and R. Douglas Pratt, "Assessment of Thimerosal Use in Childhood Vaccines," *Pediatrics* 107 (2001): 1147-1154.

재 백신접종 스케줄에 변경이 필요하지 않지만 제조업체들에게 가능한 한 빨리 백신에서 화학물질을 제거하라고 촉구하는 것까지 의견이 다양했다. 이러한 논쟁들 저편에는 최근 백신접종 체계에 대한 광범위한 비판이 있었고, 추후 분석에 따르면 '포위된 상태로 진행된' 심사숙고가 이루어졌다.[61]

이것이 바로 1999년 7월 7일 미국공중보건국과 미국소아과학회가 소아용 백신에서 티메로살을 제거할 것을 요구하는 공동성명을 발표한 배경이었다. 이 성명은 권고문에 포함된 위험과 편익 사이의 상충 관계에 주목했다. "어린이들에게 백신을 접종하지 않을 경우 발생할 수 있는 큰 위험은 생후 첫 6개월 동안 티메로살이 함유된 백신에 누적 노출될 수 있는 미지의 위험보다 훨씬 더 작을 수 있습니다." 그럼에도 불구하고, 이 성명은 "어떤 잠재적인 위험이라도 우려의 대상이기 때문에, 그러한 백신은 가능한 한 빨리 제거되어야 합니다."[62] 이 성명은 또한 산모가 바이러스 보균자로 밝혀지지 않는 한, 흔히 하던 대로 방부제를 함유한 백신 중 하나인 B형 간염 백신을 아이가 태어났을 때 접종하는 것을 연기해야 한다고 권고했다.

많은 과학자들과 의료 제공자들은 이 성명서가 현실보다 이론적 위험을 높였다고 날카롭게 비판했다. 그들은 이용 가능한 데이터가 정책의 변화를 보장하지 않는다고 주장했고, 제한적인 연구를 바탕으로 하여 권고안을 갑

---

61 Gary L. Freed, Margie C. Andreae, Anne E. Cowan, et al., "The Process of Public Policy Formulation: The Case of Thimerosal in Vaccines," *Pediatrics* 109 (2002): 1153-1159; 1159.

62 "Thimerosal in Vaccines: A Joint Statement of the American Academy of Pediatrics and the Public Health Service," *Morbidity and Mortality Weekly Report* 48, no. 26 (1999): 563-565.

작스레 발표했기에 소아과 의사들과 다른 임상의들은 혼란을 겪었다.[63] 백신 제공자들이 지침을 잘못 이해하여, B형 간염에 걸린 어머니에게서 태어난 유아들이 출생 시 백신접종을 받지 못했다거나, 하나의 백신접종에 변동이 생겨 전체 스케줄에 차질을 빚으면서 유아들이 다른 백신도 접종하지 못하게 되었다는 광범위한 보고가 이어졌다.[64] 이에 미국소아과학회는 성명서를 발표해 자신들의 입장을 명확히 밝혔는데, 백신으로 예방할 수 있는 질병에 아이들이 불필요하게 걸릴 위험을 없애기 위해서, 티메로살 함유 백신이 단계적으로 폐지되는 기간에도 이 백신을 계속 사용해야 한다고 그 중요성을 강조했다.[65]

티메로살에 대한 발표가 있은 지 단 일주일 만에, 질병통제예방센터가 불과 1년 전 도입된 로타바이러스 백신을 접종한 어린이들에게 치명적인 장폐색일 수 있는 장중첩증 15건 사례를 발표하자, 미국의 백신접종 체계는 또다시 논란에 빠졌다. 로타바이러스는 어린이들이 가장 흔하게 감염되는 바이러스 중 하나이자 심각한 탈수성 설사의 주요 원인이며, 이로 인해 미국에서 매년 약 5만 명이 입원하고 40명이 사망했다.[66] 이 보고가 있은

63　Paul A. Offitt, "Preventing Harm from Thimerosal in Vaccines," *Journal of the American Medical Association* 283 (2000): 2104; Stanley A. Plotkin, "Preventing Harm from Thimerosal in Vaccines," *Journal of the American Medical Association* 283 (2000): 2104-2105; and John B. Seal and Robert S. Daum, "What Happened to Primum Non Nocere?" *Pediatrics* 107 (2001): 1177-1178.

64　"Impact of the 1999 AAP/USPHS Joint Statement on Thimerosal in Vaccines on Infant Hepatitis B Vaccination Practices," *Morbidity and Mortality Weekly Report* 50 (2001): 94-97.

65　American Academy of Pediatrics, "Thimerosal in Vaccines-An Interim Report to Clinicians," *Pediatrics* 104 (1999): 570-574.

66　H. Fred Clark, Paul A. Offit, Roger I. Glass, et al., "Rotavirus Vaccines," in Plotkin and Orenstein, eds., *Vaccines*, 4th ed.

후, 백신 제조사는 배포를 중단하고 3개월 후 제품을 시장에서 완전히 철수했다. 부정적인 언론 보도가 이어졌고, 질병통제예방센터의 백신접종 핫라인에 우려스러운 전화가 빗발쳤다.[67] 회의론자들은 백신의 위험성에 대한 추가 증거로 이 사건을 주목했지만, 백신접종 지지자들은 일련의 사건들이 실제로 정부의 안전 모니터링 시스템의 효과를 입증했다고 주장했다.[68] 임상 시험 중 백신접종자의 장중첩증 사례가 소수 보고되었지만, 위약을 받은 사람과의 비율 차이는 통계적으로 유의하지 않았으며, 제품이 허가되는 것을 막지도 못했다. 두 실험 모두에서 얻은 데이터를 검토한 후, 식품의약국과 면역관행자문위원회는 백신 허가 후 의심되는 부작용에 대해 지속적인 모니터링을 권고했다. 임상의들은 패키지 삽입물의 부작용 가능성에 대해 경고를 받았고, 발생 사례가 백신 부작용 보고 시스템에 보고될 수 있도록 추가적인 노력을 기울였다.[69]

1999년과 2000년 하원 정부개혁위원회가 7회의 청문회를 개최할 정도로 백신 프로그램에 대한 지속적인 조사가 진행되었고, 이에 미국공중보건국은 백신 안전성을 검토할 특별상임위원회를 소집해 달라고 의학연구소에 요청했다. 백신접종과 관련된 다양한 과학 전문 분야를 대표하는 위원 24명은, 안전과 관련되어 의심되는 모든 사안에 대해 모든 증거들을 폭넓게

---

67 M. Carolina Danovaro-Holliday, Allison L. Wood, and Charles W. LeBaron, "Rotavirus Vaccine and the News Media, 1987-2001," *Journal of the American Medical Association* 287 (2002): 1455-1462.

68 Margaret B. Rennels, "The Rotavirus Vaccine Story: A Clinical Investigator's View," *Pediatrics* 106 (2000): 123-125.

69 Heather McPhillips and Edgar K. Marcuse, "Vaccine Safety," *Current Problems in Pediatrics* 31 (2001): 95-121.

검토할 것, 의심되는 위험을 지지하거나 반증하는 증거의 설득력을 평가할 것, 정책 권고안을 만들 것 등을 요청받았다. 위원회의 위원들은 이해충돌에 대한 비난이 생기지 않도록 신중하게 선발되었다.[70] 이후 3년 동안 위원회는 백신접종과 영아 돌연사 증후군, 다발성경화증, 면역 기능 장애 및 자폐증 사이의 가정된 연관성에 대해 조사하고 보고서를 발표했다. 일부 경우 위원회는 주어진 유해성 이론을 지지하거나 반박하기에 충분한 과학적 증거를 발견하지 못했지만 대부분의 경우 증거 전체가 의심된다고 판단했다.[71]

2001~2003년 이 위원회의 보고서들이 발표되었을 때, 부정적인 결과를 증명 혹은 반증할 수 없는 과학적 조사의 근본적인 무능함 그리고 결정적으로 의심할 만한 인과관계를 설명하지 못하는 무능함은 백신 비판자들을 여전히 혼란스럽게 했다. 1991년 백일해와 풍진 백신에 대한 의학연구소의 첫 번째 보고서는 과학의 한계를 경고하는 것이었다. 보고서는 "상식적인 의미의 '증명'이라는 개념은 과학적 관찰에 엄격하게 적용되지 않습니다.

70 Jon S. Abramson and Larry K. Pickering, "US Immunization Policy," *Journal of the American Medical Association* 287 (2002): 505-509.

71 Institute of Medicine, *Immunization Safety Review: Measles-MumpsRubella Vaccine and Autism* (Washington, D.C.: National Academies Press, 2001); id., *Immunization Safety Review: Thimerosal-Containing Vaccines and Neurodevelopmental Disorders* (Washington, D.C.: National Academies Press, 2001); id., *Immunization Safety Review: Multiple Immunizations and Immune Dysfunction* (Washington, D.C.: National Academies Press, 2002); id., *Immunization Safety Review: Hepatitis B Vaccine and Demyelinating Neurological Complications* (Washington, D.C.: National Academies Press, 2002); id., *Immunization Safety Review: Vaccinations and Sudden Unexpected Death in Infancy* (Washington, D.C.: National Academies Press, 2003); id., *Immunization 310 Notes to Pages 234-238 Safety Review: SV40 Contamination of Polio Vaccine and Cancer* (Washington, D.C.: National Academies Press, 2003).

과학자들은 어떤 실험이 인과관계를 증명한다고 결론내릴 때에도, 결론이 틀렸다는 아주 사소하고 통계적으로 정의 가능한 확률이 있다는 것을 알고 있습니다."라고 적었다.

2001년 4월, 의학연구소 위원회가 MMR 백신과 자폐증과의 관련성에 대한 보고서를 발표한 직후에 열린 의회 청문회에서, 과학이 무엇을 달성할 수 있는지 그리고 무엇을 증거로 구성하는지에 대해 서로 다른 견해들이 극명하게 드러났다. 신중한 과학적 언어로 적힌 이 보고서는 대부분의 증거들이 이들 연관성에 대한 가설을 지지하지 않는다고 발표했다.

> 위원회는, 여러 증거들이 인구집단 수준에서 MMR 백신과 자폐스펙트럼장애 (ASD) 사이에 인과적 관계를 보여주지 않는다고 결론내렸습니다. 그러나 위원회는 이런 결론의 의미가 MMR 백신이 아주 드문 경우 ASD를 유발할 가능성을 완전히 배제하는 것은 아니라고 지적하고 싶습니다. 왜냐하면 ASD로 이어질 수 있는 MMR 백신에 대한 희귀반응을 정확하게 평가할 역학적 증거가 부족하며, 아직 확립되지는 않았지만 그럼에도 불구하고 MMR과 ASD를 연결할 수 있다고 제안된 생물학적 모델이 반증되지는 않았기 때문입니다.[72]

댄 버튼 하원의원은 위원회의 위원장을 맡은 마리 매코믹 하버드대 연구원에게 결론 문구의 의미를 물었는데, 그들의 대화는 일반인과 과학자 사이의 사고방식 차이뿐 아니라 과학자 집단과 백신의 안전을 의심하는 사람들 사이의 적대적 관계를 압축적으로 보여주는 것이었다.

---

72 Institute of Medicine, *Measles-Mumps-Rubella Vaccine and Autism*, 6.

버튼 의원: 제가 다시 한번 여길 읽어 드릴게요, '아직 확립되지는 않았지만 그럼에도 불구하고 반증되지는 않았다.' 그러니까 박사께서 말씀하시는 것은 인과관계가 반증된 것이 아니라는 것, 맞나요?

매코믹 박사: 아니요, 우리는 그것이 확립되지 않았다고 말한 것입니다.

버튼 의원: 하지만 당신은 그것이 반증된 것이 아니라고 말하고 있습니다.

매코믹 박사: 확립되어 있지 않다는 의미이기도 합니다.

버튼 의원: 그럼 모르고 있는 건가요? MMR 백신이 자폐증을 유발하는 요인이 아니라고 100% 분명하게 말할 수 있습니까? 그렇게 말할 수 있어요?

매코믹 박사: 아뇨, 저희가 너무 드문 사례를 얘기하고 있기 때문에..

버튼 의원: 그게 핵심입니다. 당신은, 'MMR 백신이 자폐증을 유발하지 않는다', '인과적 연결고리도 없다'는 보고서를 국민들에게 제출했습니다. 그리고는 변명을 하고 있어요. 위원장님, 그저 당신이 모르기 때문에 인과 관계가 없다고 저에게 맹세코 말할 수 없죠?

매코믹 박사: 한편으로는 저희가 증거를 제공받지 못했기 때문에….

버튼 의원: 당신은 알고 있습니까?

매코믹 박사: 잘 모릅니다.

버튼 의원: 그럼 보고서에서 왜 그렇게 말씀하셨습니까?

매코믹 박사: 증거의 대부분이….

버튼 의원: 증거의 대부분 때문이라고요? 하지만 당신은 모른다고 방금 얘기했잖아요.

매코믹 박사: 사실 제가 본 대부분의 보고서에는 그렇게 지적하고 있었습니다.

버튼 의원: 자폐증 아이를 갖는 것이 어떤 것인지 아시나요?

매코믹 박사: 네, 알고 있습니다.

버튼 의원: 자폐아가 있나요?

매코믹 박사: 아니요. 제 동생에게 두 명이 있습니다.

버튼 의원: 동생에게 두 명의 아이가 있다고요?

매코믹 박사: 네.

버튼 의원: 그럼 그 동생이 어떤 일을 겪는지 알고 있나요?

매코믹 박사: 네.

버튼 의원: 자폐증에 걸린 아이들이 몇 명인지 아시나요? 캘리포니아에서는 3시간마다 자폐증을 가진 아이가 새로 태어납니다. 예전에는 6시간이었어요. 자폐증에 걸린 아이들은 만 명당 한 명꼴로 나타났잖아요. 우리는 모든 답을 다 알 수는 없어요. 백신에 들어 있는 티메로살의 수은 성분이 자폐증을 일으키는 건지 우리는 알지 못합니다. MMR 백신이 자폐증을 일으키는 건지 당신은 확실히 알지 못해요.

매코믹 박사: MMR 백신이 대부분의 자폐증을 일으키지 않는다는 사실은 알고 있습니다.

버튼 의원: 하지만 중요한 것은 이겁니다. 만약 MMR 백신이 자폐증을 야기한 하나의 사례가 당신이라면? 당신의 아이가 백신을 맞은 한 명이고 우리가 인과관계를 찾아낸다면, 그건 끔찍하지 않나요? 정말 끔찍하지 않나요?[73]

위험에 대해 대중과 소통하는 데 세심함을 더하기 위해, 2002년 의학연

---

73 *Autism-Why the Increased Rates? A One-Year Update. Hearings before the Committee on Government Reform, House of Representatives, One Hundred Seventh Congress, First Session, April 25 and 26, 2001* (Washington, D.C.: Government Printing Office, 2001), 214-215.

구소는 백신 안전에 대한 보고서에 '생물학적으로 그럴듯한'이라는 용어를 피하기로 했는데, 왜냐하면 대부분 사람들이 그 용어의 의미를 완전히 이해할 수 없고 '가능한' 심지어 '틀림없을 것 같은'과 같은 의미로 오해할까 염려했기 때문이다.[74]

민주주의 속 과학, 돌아오다

백신 안전성에 대한 논쟁에 부모 활동가들이 참여한 것은 1960년대 환경 운동 및 페미니스트 운동과 같은 광범위한 사회 변화를 반영한 것이었다. 다. 6장에서 살펴보았듯이, 과학의 해석 및 공공 정책에서 과학을 사용하는 것과 관련하여 좀 더 개방적이고 민주적이며 가끔 이를 반대하는 분위기가 퍼지기 시작했다. 의료 전문 지식과 기타 엘리트 지식에 대한 존중이 회의론으로 심지어 적대감으로 대체되었다. 일반인 활동가들이 과거 폐쇄적이었던 의사 결정 과정을 열어젖히고 연구와 정책의제를 만들게 되면서, 1980년대 동안 과학 및 의료 기관의 부계적 권위에 대한 도전이 두드러지기 시작했다. 암 발병률이 높은 지역사회들은 자신들 주변에 있는 유독성 오염 물질들이 그 원인이라는 것을 입증하기 위해 투쟁했으며, 이를 두고 진위가 의심스러운 질병의 '덩어리'라고 부르며 통계적으로는 입증될 수 없다고 주장하는 역학자들의 분석을 거부했다.[75] 에이즈를 앓고 있는 게이 활

---

74 Institute of Medicine, *Immunization Safety Review: Multiple Immunizations and Immune Dysfunction.*

75 Phil Brown, "Popular Epidemiology: Community Response to Toxic Waste-Induced

동가들은 임상 시험 설계와 실험용 의약품의 승인 과정을 바꾸기 위해 성공적으로 로비를 벌였고, 그로 인해 연구자들과 질병에 영향을 받는 지역사회 사이의 관계에 근본적인 변화를 가져왔다.[76]

건강 문제에 대해 박학하고 정치적으로 명석한 옹호 단체들이 모이고 그들의 영향력이 커지면서 백신접종 프로그램에 대해 광범위한 비판이 가능해졌다. 자녀가 백신으로 인해 피해를 입었다고 생각한 부모 활동가들은 생물학적 메커니즘과 역학 자료의 장단점에 대해 고도로 기술적인 논쟁을 벌였고, 믿을만한 학위나 지위를 가진 반체제 과학자들과 연대했다.[77] 1990년대 백신접종 전쟁의 정치적 역동성은 혁신주의 시대와 1920년대에 천연두 백신접종의 안전과 효능에 대해 벌였던 논쟁과 놀랄만큼 흡사했다. 두 시대 모두에서 과학적 탐구의 의미와 시사점을 결정하는 데 대중 참여가 정당한지 여부가 핵심에 있었다.

비록 일부 공중보건 관리들이 백신의 안전성에 의문을 제기하는 느슨하게 조직된 운동을 묘사하기 위해 '백신접종 반대'라는 꼬리표를 계속 사용했지만, 활동가들 자신은 과학계가 해악 이론을 믿지 않게 혹은 믿을 수 없도록 만든 백신 친화적 편견에 맞서는 '백신 안전 옹호자'라고 스스로를 호명했다. 이러한 지향을 반영하여, 초기 1980년대의 백일해 논란 이후에 결

Disease in Woburn, Massachusetts," *Science, Technology, and Human Values* 12 (1987): 78-85.

76 Steven G. Epstein, *Impure Science: AIDS, Activism, and the Politics of Knowledge* (Berkeley: University of California Press, 1996).

77 For profiles of some of the scientists who questioned the orthodox view of vaccination, see National Vaccine Information Center, *Third International Public Conference on Vaccination 2002, Program*, National Vaccine Information Center web site, www.909shot.com (accessed January 13, 2004).

성된 그룹인 '불만 있는 부모 모임'은 1990년대 국립백신정보센터(NVIC, National Vaccine Information Center)로 이름을 변경했다. 국립백신정보센터의 회장인 바바라 로 피셔는 이러한 새로운 생각을 가장 잘 대변하는 인물로 부상했다. 『미국의사협회지』가 '백신접종 반대' 웹 사이트에 대한 기사를 하나 실었는데, 피셔는 그 글의 저자들을 '반과학'이라고 규정한 칼럼을 국립백신정보센터 사이트에 올렸다. "'백신접종 반대'에 대한 그들의 정의는 정확하게 무엇인가?" 피셔가 물었습니다. "그것이… '권장 백신의 안전성과 효과'에 도전하는 것인가? 만약 그것이 백신 반대의 정의라면, 기존 과학적 지식에 이의를 제기하고 검증하는 것은 현 상황을 보호하기 위해 금지될 수 있다고 제안하는 그들을 반과학이라고 부를 수 있다."[78]

활동가들이 과학 담론을 채택하여 그들의 사례를 강조하는 만큼, 과학적 탐구에서 일회성 증거의 지위를 두고 첨예한 인식론적 분열도 여전했다. 많은 부모의 관점에서 보면, 그들 자녀의 경험은 전체 인구 수준에서 제시된 데이터보다 더 우월한 증거 중 하나였다. 2002년 국립백신정보센터의 전국 회의에는 '일회성 증거가 길을 보여준다'라는 제목의 워크숍이 있었는데, 이 워크숍에서는 표준적인 역학 연구 방법으로는 거의 감지할 수 없는 문제를 주목하는 데 개별 사례 보고가 얼마나 중요한지 강조했다.[79] 비슷한

---

78 Barbara Loe Fisher, "Anti-Science Activists Label Pro-Vaccine Safety Advocates 'Anti-Vaccine' in June 26 JAMA Article," National Vaccine Information Center web site, www.909shot.com (accessed October 2, 2003). The sociologist Phil Brown, who has termed lay activism around disease "popular epidemiology," argues that "it is not antiscience. Rather, it has a different concept of what science is, whom it should serve, and who should control it. "Brown, "Popular Epidemiology," 83.

79 National Vaccine Information Center, *Third International Public Conference on Vaccination 2002, Program*, National Vaccine Information Center web site,

기조로, 댄 버튼 하원의원은 2002년 6월 의회 청문회에서 "부모님들은 최고의 조사관이었습니다."라고 말했다.[80] 이런 언급의 결론은 일상적인 백신접종을 정당화하기 위해 오랫동안 사용되어 온 위험-편익 계산을 거부하는 것이었다. 이런 생각은 부모 활동가들이 자주 반복하는 "당신의 자녀에게 발생했을 때, 위험은 100%입니다."라는 좌우명에서 가장 간결하게 드러났다.[81]

　1990년대에 백신접종에 대한 반대 의견이 퍼진 중요한 요인 중 하나는 인터넷의 폭발적인 성장이었는데, 인터넷은 특히 의료 및 의료와 관련된 지식을 평준화하는 힘이 되었다. 2002년까지 수십 개의 웹 사이트가 백신접종에 대한 정통적인 관점에 도전하고 있었고, 온라인 게시판은 반체제 의견을 공유할 수 있는 장을 제공했다.[82] 그 결과, 부모들은 질병통제예방센터 및 미국소아과학회와 같은 공식 출처에서 백신 권장 자료를 접하는 것 외에도 스스로 온라인 검색을 통해 자료를 찾을 수 있었다. 그렇지만 한편으로 이들은, 백신으로 피해를 입은 어린이의 끔찍한 사진과 설명을 보여주거나 의료계를 탐욕스러운 제약업체 및 부패한 보건 관료와 결탁

www.909shot.com (accessed January 13, 2004).

80　The Status of Research Into Vaccine Safety and Autism, Hearing before the Committee on Government Reform, House of Representatives, One Hundred Seventh Congress, Second Session, June 19, 2002 (Washington, D.C.: Government Printing Office, 2002), 2.

81　See, e.g., Sandy Mintz, "Contemporary Legends-How to Lie With Statistics," Vaccination News web site, www.vaccinationnews.com/Scandals/Aug_9_02/Scandah8.htm (accessed February 1, 2004).

82　Robert M. Wolfe, Lisa K. Sharpe, and Martin S. Lipsky, "Content and Design Attributes of Antivaccination Web Sites," Journal of the American Medical Association 287 (2002): 3245-3248; P. Davies, S. Chapman, and J. Leask, "Antivaccination Activists on the World Wide Web," Archives of Diseases of Childhood 87 (2002): 22-25.

한 것으로 묘사하면서, 백신을 더욱더 부정적인 관점으로 바라보는 사이트도 발견할 수 있게 되었다. 어떤 어머니는 인터넷 검색 엔진을 사용한 경험에 대해 "저는 방금 '백신'이라는 단어를 입력했고, 화면에 뜬 모든 것은 백신 반대 자료들이었습니다."라고 〈컨슈머 리포트〉(Consumer Reports)에 말했다.[83] 한 분석에 따르면, 20년 전 DPT 논쟁보다 더 빠르게 미국에서 MMR 백신과 자폐증 사이에 추정된 연관성에 대해 논란이 촉발된 것은 인터넷의 성장 때문이었다.[84]

자신의 아이가 백신과 관련된 피해를 입었다고 믿는 부모들이 오늘날 백신 반대운동 물결의 선두에 섰지만, 백신접종에 대한 반대는 건강 및 치유와 관련된 다양한 태도와 신념을 포함했다. 예를 들어, 북부 캘리포니아의 시골 지역에 '예술가와 작가, 도시 난민, 그리고 고향으로 돌아온 사람들'로 구성된 거대한 공동체에서는, 신체 완전성이라는 철학의 일부분으로서 백신을 걷어차고 '자연적'이고 전일적인 치유에 전념했다.[85] 대체 치유 방법이 큰 인기를 누린 콜로라도 볼더의 주민들은 백신접종법에서 면제되는 비율이 높았다.[86] 세기 초에 그랬듯이, 척추지압사와 같은 대체 치유사는 백신접종에 저항하는 사람들 사이에서 중요한 역할을 했다. 미국의 척추지압사를 대상으로 한 설문 조사에 따르면, 응답자의 3분의 1이 백신접종이 예방보다는 더 많은 질병을 유발하고, 전염병에 감염되는 것이 백신접종보다

---

83 "Vaccines. An Issue of Trust," *Consumer Reports* 66 (2001): 17-24.

84 Jeffrey P. Baker, "The Pertussis Vaccine Controversy in Great Britain, 1974-1986," *Vaccine* 21 (2003): 4003-4010.

85 Katherine Seligman, "Vaccination Backlash," *San Francisco Chronicle*, May 25, 2003 .

86 Arthur Allen, "Bucking the Herd," *Atlantic* 290 (September 2002).

더 안전하다고 느끼는 것으로 나타났다.[87] 어떤 어린이 건강에 대한 척추지 압사 가이드에는 백신접종을 강력히 반대하는 문구가 포함되어 있었다.[88] 국제척추지압사협회와 미국척추지압사협회가 채택한 백신접종에 대한 공식 입장은, 이러한 관행의 내재적 위험 및 보건 의료에서 자유롭게 선택할 수 있는 개인 권리의 중요성을 강조했다.[89]

백신접종 제도를 비판하는 또 다른 이유는, 강제력을 사용하는 것에 대한 반감과, 개인에게 맡겨야 할 건강에 대한 선택을 좌우하려는 정부 관료주의에 기인한 것이었다. 보수주의자인 도엔 필리스 슐래플리는 백신접종 의무화를 '비미국적인 것'이라고 표현했다.[90] 자유주의적 의사 단체인 미국 의사 및 외과의사협회는 백신접종에 대한 모든 의무가 부모의 선택을 무시하고 국가가 의사와 환자의 관계를 침해하는 것이라고 반대했다.[91] 반국 가주의 정치이념이 건강과 치유에 대한 반체제적 견해와 얼마나 일치하는 지는 국가백신정보센터 웹사이트의 첫 페이지 인용문에 분명히 드러났다.

---

87   F. Colley and M. Haas, "Attitudes on Immunization: A Survey of American Chiropractors," *Journal of Manipulative and Physiological Therapy* 17 (1994): 584-590. On the diversity of views among chiropractors, see also Joel Alcantara, "Vaccination Issues: A Chiropractor's Perspective," www.chiroweb.com/archives/17/03/13.html (accessed February 19, 2000).

88   E. Ernst, "Rise in Popularity of Complementary and Alternative Medicme: Reasons and Consequences for Vaccination," *Vaccine* 20 (2000): S90-S93.

89   James B. Campbell, Jason W. Busse, and H. Stephen Injeyan, "Chiropractors and Vaccination: A Historical Perspective," *Pediatrics* 105 (2000): e43.

90   Phyllis Schlafly, "Compulsory Medical Treatment is Un-American," *Copley News Service*, October 12, 1998.

91   "Doctors' Group Votes to Oppose Vaccine Mandates," news release, November 2, 2000, American Association of Physicians and Surgeons web site, www.aapsonline.org/p ess/ nrvacres.html (accessed January 8, 2004).

"만약 국가가 시민을 쫓아다니거나 추적하고, 그들의 의사에 반하여 오늘날 알려지지 않은 독성을 가진 생물학 약제를 주입할 수 있다면, 더 나은 내일이라는 명목으로 국가는 아무런 제한 없이 개인의 자유를 빼앗아 갈 수 있다."[92]

강제에 반대한 사람들 입장에서는 학교에 입학하기 전 백신접종을 의무화하는 법령은 혐오스러운 것이었다. 많은 인터넷 사이트들은 학생들에 대한 의무를 폐지하라는 요구를 강하게 표방했다. 아이다호에 기반을 둔 '백신접종 해방'이라고 불리는 사이트에서는, 방문자들이 어린이들에게 필요한 성병 백신을 면제해 주는 50개 주의 양식을 모두 다운로드 받을 수 있었다.[93] 비록 많은 주들이 1990년대에 종교적 혹은 철학적 면제를 받는 것을 더 어렵게 만들기 위해 법을 강화했지만, 90년대가 끝나갈 즈음에는 이러한 추세가 역전되었다.[94] 2003년에 적어도 12개 주 의회들이 학교 입학 요건을 느슨하게 만들거나 철학적 면제를 추가하는 법들을 고려했다.[95] (15개 주에는 종교 외에 철학적 혹은 개인적 신념에 근거하여 면제를 허용하는 법들이 있었다.)[96]

---

92 National Vaccine Information Center web site, www.909shot.com (accessed September 13, 2003).

93 Vaccination Liberation web site, www.vaclib.org/index.htm (accessed January 14, 2004).

94 Jennifer S. Rota, Daniel A. Salmon, Lance E. Rodewald, et al., "Processes for Obtaining Nonmedical Exemptions to State Immunization Laws," *American Journal of Public Health* 91 (2001): 645-648.

95 Daniel A. Salmon, Jason W. Sapsin, Stephen Teret, et al., "Public Health and the Politics of School Immunization Requirements," *American Journal of Public Health* 95 (2005): 778-783.

96 James G. Hodge and Lawrence O. Costin, "School Vaccination Requirements: Historical,

그 결과 일부 보건 당국은 허용적인 옵트아웃(당사자가 자신의 데이터 수집을 허용하지 않는다고 명시할 때 정보 수집이 금지되는 제도) 조항이 학령기 청소년들이 달성한 높은 수준의 백신접종률을 약화시킬 가능성이 있다고 우려했다. 전국적으로 면제를 받을 수 있는 단일한 절차가 없었고, 많은 주에서 학군이 제공하는 양식에 서명하는 것만으로 아이의 백신접종을 쉽게 면제받을 수 있었다.[97] 실제로 워싱턴주의 한 조사에 따르면 절반 이상의 학교에서 등록 절차를 신속하게 처리하기 위해 학부모가 면제 요청서에 서명하도록 권장하고 있었다.[98] 일부 개별 학군에서는 주법이 이러한 면제를 승인하지 않았음에도 불구하고 철학적 반대를 이유로 학부모가 의무 접종을 거부할 수 있도록 허용했다.[99]

면제를 좀 더 자유롭게 해 달라는 대중의 요구가 증가함에 따라 일부 보건 전문가들은 백신접종법에 대해 여러 관점을 전적으로 수용하는 더욱 강력하고 공개적인 논의를 촉구했다. 교수이자 백신접종자문위원회의 전 위원인 에드가 마르쿠스는 "전쟁이 너무 중요해서 장군들에게만 맡겨 둘 수 없듯이, 백신접종 의무도 너무 중요하기 때문에 공중보건 당국에게만 맡길 수는 없습니다."라고 주장했다. "우리는 정책의 일환으로 의무 문제를 다룰

Social, and Legal Perspectives," *Kentucky Law Journal* 90 (2001-2002): 831-890.

97 Rota, Salmon, Rodewald, et al., "Processes for Obtaining Nonmedical Exemptions."

98 Edgar K. Marcuse, "Life, Liberty, and the Pursuit of Public Health: Reflections on Mandates and Exemptions," in U.S. Department of Health and Human Services, *36th National Immunization Conference Proceedings* (Atlanta: Centers for Disease Control, 2002).

99 Daniel A. Salmon, Saad B. Omer, Lawrence H. Moulton, et al., "Exemptions to School Immunization Requirements: The Role of School-Level Requirements, Policies, and Procedures," *American Journal of Public Health* 95 (2005): 436-440.

때 대중을 어떻게 더 잘 참여시킬 수 있는지 탐구해야 합니다. 만약 그렇게 하지 않는다면, 궁극적으로 이 문제는 주 의회로 귀결될 것입니다. 의회는 이런 복잡한 문제를 이해할 시간이 너무 적고, 이 문제를 잘 다룰 특수한 무기를 가진 논리정연하고 잘 조직된 그룹의 영향을 받기 쉽습니다."[100]

인터넷과 언론에서 부정적인 보도가 계속되자, 많은 보건 공무원들은 대중들이 대대적으로 백신접종에 반대하지 않을까 우려했다. 『타임』지와 『뉴스위크』와 같은 잡지와 인기 있는 텔레비전 뉴스 프로그램인 〈60분〉과 〈20/20〉이 혹시 모를 위험을 특출나게 그리고 선정적으로 보도하면서 관심을 끌었다. 심지어 해악 이론을 반박하는 이야기가 '백신은 십 대를 죽이지 않았다'는 어느 신문의 헤드라인으로 등장했는데, 이는 대중의 상상 속에서 백신접종과 위험 사이의 미묘하지만 설득력 있는 연관성을 못박는데 도움을 주었다.[101] 놀랍게도, 1999년 전국적인 설문 조사는 공중보건 및 의료 관계자들에게 자신감을 가져다줄 많은 것을 보여주었다. 대다수 응답자들은 백신접종이 아이들의 건강을 유지하는 데 매우 중요하다는 것에 동의했고, 일상적인 접종을 안전하고 효과적인 것으로 여겼다. 하지만 응답자의 약 4분의 1의 아이들이 자신에게 좋은 것보다 더 많은 주사를 맞았다고 믿으며, 너무 많은 백신접종이 아이의 면역 체계를 약화시킬 수 있다고 여긴다는 결과는 우려스러운 부분이었다.[102] 다른 도시의 도심 지역 아프리

---

100 Marcuse, "Life, Liberty, and the Pursuit of Public Health."

101 Natalie J. Smith, "Vaccine Safety: A View from the Front Lines," in U.S. Department of Health and Human Services, *33rd National Immunization Conference Proceedings* (Atlanta: Centers for Disease Control, 1999).

102 Bruce G. Gellin, Edward W. Maibach, and Edgar K. Marcuse, "Do Parents Understand Immunizations? A National Telephone Survey," *Pediatrics* 106 (2000):

카계 미국인과 라틴계 미국인들을 대상으로 한 또 다른 조사에서도 비슷한 우려가 발견되었다.[103] 2000년 봄 설문에 응한 의사의 3분의 2 이상은, 백신의 안전성에 우려를 표한 부모가 전년도에 비해 '상당히 증가했다'고 보고했다.[104]

대부분의 백신접종 논란이 새로운 시기에 일어나긴 했지만, 2001년 9월 테러 공격의 여파로 일반 성인에게 백신을 접종하는 문제가 갑자기 극적으로 다시 대두되었다. 천연두가 생물학적 무기로 사용될 수 있는 가능성에 대비하면서, 보건 관계자, 정치인 및 일반대중은 지난 100년 동안 시야에서 멀어진 질문에 직면했다. 어떻게 하면 건강 위급 상황에서 대중의 협력을 가장 잘 얻을 수 있는지, 그리고 잠재적인 재앙적 위협으로부터 지역사회를 보호하기 위해 이동의 자유와 재산권 제한이 필요할 수 있는지 등이 그런 질문들이었다.

우리 불평의 '어두운 겨울': 천연두 백신접종의 귀환

천연두가 잠재적인 생물학적 무기로 사용될지도 모른다는 두려움은

1097-1102.

103 Pamela Fitch and Andrew Racine, "Parental Beliefs about Vaccination among an Ethnically Diverse Inner-City Population," *Journal of the National Medical Association* (2004): 1047-1050.

104 Gary L. Freed et al., "Parental Vaccine Safety Concerns: The Experiences of Pediatricians and Family Physicians," *American Journal of Preventive Medicine* 26 (2004): 11-14.

1990년대 중반에 등장했다. 천연두 바이러스의 재고는 세계보건기구가 1980년에 공식적으로 전 세계적인 퇴치를 선언한 이후 애틀랜타와 모스크바의 질병통제예방센터 실험실에 보관되어 왔지만, 소련의 붕괴 이후, 바이러스 비축분이 미국에 적대적인 국가들의 손에 들어가 다른 치명적인 생물학적 제제들과 함께 전 세계 그 수를 알 수 없는 화학무기 실험실에서 배양되고 있다는 믿음이 널리 퍼졌다.[105] 생물학적 무기에 대한 두려움은 군인들에게 탄저균 백신을 접종하는 미군 프로그램을 촉발시켰고, 2001년 여름에 존스 홉킨스 대학의 민간생물학전방어전략센터(Center for Civilian Biological Defense Strategy)가 후원하는 비상계획 모의 훈련인 '어두운 겨울(Dark Winter)'로 이어졌다.

일부러 '최악의 시나리오'로 설계된 것을 훈련하기 위해, 참가자들은 3일 일정으로 중서부 컨퍼런스 시설에 모여, 오클라호마시티, 필라델피아, 애틀랜타의 쇼핑몰에 천연두와 함께 세 번의 동시다발 공격이 발생할 때 취해야 할 정책 및 계획 결정을 모의 실험했다. 이 훈련의 목적은 국가의 비상 대비 시스템의 취약한 부분을 식별하고 더 나은 보호책을 확보할 수 있는 노력에 활기를 북돋우는 것이었다. 시나리오에서 묘사된 바와 같이, 최초의 공격이 있은 지 13일 뒤 국가의 제한된 천연두 백신 비축분이 고갈되었고, 시민의 공황 상태가 확산되었으며, 국경이 폐쇄되었고 식량 부족이 심각해졌다. 시나리오가 끝날 때까지 약 300만 명의 미국인들이 감염되었고, 100만 명이 사망했다.[106]

---

105   Shannon Brownlee, "Clear and Present Danger," *Washington Post*, October 28, 2001, W8.
106   Tara O'Toole, Michael Mair, and Thomas V. Inglesby, "Shining Light on 'Dark Winter,'" *Clinical Infectious Diseases* 34 (2002): 972-983.

또한 '어두운 겨울'과는 독립적이지만 기조는 유사한 두 번째 시도가 2001년 중반에 진행되었는데, 새롭게 제기된 천연두 백신접종 논쟁에 강력한 영향을 미쳤다. 1990년대 후반에 촉발된 잠재적 생물학적 테러에 대한 우려로 인해 많은 계획이 세워졌는데 그중 하나는 50개 주에서 보건법을 통해 새로운 화학무기나 생물학적 무기의 위협에 적절하게 대응할 수 있도록 보장하고자 했다. 이러한 우려의 핵심은 수십 년 동안 개정되지 않은 주 정부 차원의 잡동사니같은 공중보건법이 긴급한 상황에서 필요한 조치를 제공하는지 불확실하다는 것이었다. 질병통제예방센터는 다른 여러 전문 단체들과 함께 공중보건을 위협하는 재앙적 사건들을 처리하기 위해 각 주의 법적 토대의 적정성을 높이는 데 도움이 되는 모델법 초안을 주도했다.[107]

모델국가비상보건권한법(MSEHPA, Model State Emergency Health Powers Act)의 초안은 2001년 9월 테러 이전에 이미 준비 중이었지만, 테러 공격 한 달 후 공개적인 논평을 위해 공개되었을 때 갑작스럽고 극적인 타당성을 가지고 있는 것처럼 여겨졌다. 모델법의 규정에 따르면, 의무적인 백신접종 명령을 준수하지 않는 사람은 경범죄로 기소될 수 있고 즉각적인 검역 또는 격리조치를 당할 수 있었다.[108] 일부 입법자들은 모델법의 권고를 자신들 주법에 포함시키기 위해 재빨리 움직였다. 그렇지만 그 법은 또한 이

---

107 Ronald Bayer and James Colgrove, "Rights and Dangers: Bioterrorism and the Ideologies of Public Health," in Jonathan Moreno, ed., *In the Wake of Terror: Medicine and Morality in a Time of Crisis* (Boston: MIT Press, 2003).

108 Center for Law and the Public's Health, *The Model State Emergency Health Powers Act, October 23, 2001* (Washington, D.C.: Center for Law and the Public's Health, 2001).

넘적 스펙트럼을 가로지르는 논쟁의 불씨를 붙였는데, 정치적 좌파부터 우파의 자유주의자들까지 한데 묶여 그 법이 시민의 자유를 충분히 보호하지 못한다는 반대의 목소리가 터져 나왔다.

이 법을 가장 날카롭게 비판한 사람 중 한 명은 저명한 보건법 교수인 조지 애나스였다. 애나스는 1905년 야콥슨 대 메사추세츠 사건이 모델법에서 제안된 많은 강제 조치에 대한 헌법적 근거를 제공했다고 인정했지만, 시민의 자유와 적법 절차에 대한 후속 법리에 비추어 볼 때 그 판결의 정설적 의견이 현대 보건법을 유지하는 기초로 남아 있는지 의심했다.

> 야콥슨이 태어난 지 거의 100년이 지난 오늘날, 의학과 헌법은 근본적으로 다릅니다. 우리는 지금 헌법상의 권리를 훨씬 더 심각하게 받아들이고 있습니다. 물론 우리는 공중보건 당국이 심각한 전염병을 가진 사람들을 격리할 수 있도록 허용하겠지만, 그들이 치료를 받을 수 없거나 받으려 하지 않아 다른 사람들을 위험에 처하게 할 경우에만 그렇습니다. [중략] 이 모델법의 초안은 다른 시대를 위해 작성된 것 같은데, 21세기의 미국보다는 19세기의 미국에 더 적합합니다.[109]

애나스와 다른 비평가들의 관점에서 볼 때, 법적 제재보다는 긴급 조치의 위험-이익에 대한 공개된 논의를 통해 대중의 신뢰를 확보하는 것이 윤리적이고 효과적인 공중보건 정책의 초석이었다.

109　George J. Annas, "Bioterrorism, Public Health, and Civil Liberties," *New England Journal of Medicine* 346 (2002): 1337-1342; 1340.

조지타운 대학의 법률 및 공중보건 센터의 로렌스 고스틴이 이끄는 건강법 전문가 팀이 모델법을 마련했는데, 그들은 자신들의 연구를 옹호하면서 이 법이 시민의 자유를 위한 적절한 보호 조치를 포함하고 있다고 주장했다. 그들의 견해에 따르면, 긴급 상황에서 대중의 자발적인 협력을 확보하는 것이 무엇보다 중요하지만, 어떤 경우에는 법적인 힘이 필요할 수도 있다는 것을 인식하지 못하는 것은 비현실적이고 위험했다.[110] 3개월간의 공개 논평 후에, 이 법의 수정된 초안이 2001년 12월 말에 발표되었다. 비록 광범위한 경찰 권한의 문제는 남아 있었지만, 개인의 자유 제한에 대해 가장 논란이 많았던 조항들 중 일부는 적법 절차에 의한 새로운 절차로 조정되었다.[111]

따라서 9·11 이후 몇 달 동안 천연두의 위협에 대한 연방 정부의 대응은 설득과 강제, 그리고 정부 조치의 허용 범위에 대한 극심한 당파적 논쟁 속에서 펼쳐졌다. 테러 공격의 즉각적인 여파로, 미국은 잠재적인 생물학적 위협에 대처할 준비가 되어 있지 않은 것처럼 비통하게 보였다. '어두운 겨울' 시나리오가 보여주었듯이, 전염병이 유행할 경우 신속하게 공급될 수 있는 비축분으로는 오래된 천연두 백신 800만 도스 뿐이었다. 10월 대중매체를 통해 무서운 시나리오가 전국에 퍼지자, 연방 정부는 미국 전역의 모

---

110 Lawrence O. Gostin, Jason W. Sapsin, Stephen P. Teret, et al., "The Model State Emergency Health Powers Act: Planning for and Response to Bioterrorism and Naturally Occurring Infectious Diseases," *Journal of the American Medical Association* 288 (2002): 622-628.

111 Center for Law and the Public's Health, *The Model State Emergency Health Powers Act, December 21, 2001* (Washington, D.C.: Center for Law and the Public's Health, 2001).

든 사람들에게 접종할 수 있는 충분한 양인 3억 도스의 천연두 백신 비축 계획을 발표했다.[112] 2001년 11월 말 지역 및 주 보건 부서에 전달된 임시 지침에서 질병통제예방센터는 전체 인구를 보호하기 위한 노력보다는 링 백신접종을 요구했다. 질병통제예방센터의 기본적인 계획은 질병 확산을 통제하기 위한 최소한의 제한적인 조치에 우선순위를 두었지만, 고의적인 천연두 공격이 있을 경우 도시 전체를 격리하고 지역 교통 통제를 포함한 대규모 강제 조치가 필요할 수 있다고 경고했다.[113]

2002년 내내 선제적 조치로서 백신을 일반 대중에게 제공해야 하는지에 대해 의견 대립이 지속되었다. HIV 유행, 장기이식 및 암 화학요법의 증가, 습진 발병률의 증가 등으로 인해 백신접종이 의학적으로 금지된 사람은 1960년대보다 훨씬 더 많았다.[114] 당시 백신과 관련된 부작용의 횟수에 대해 수행된 연구에 따르면, 많은 민간인에게 백신을 접종하면 소수의 사망자가 발생하고 수백 명은 아니더라도 수십 명에게 입원이 필요할 만큼 충분히 심각한 결과를 초래할 것이라고 예측하는 것이 합리적이었다. 그러나 일부는 테러 공격이 발생할 때까지 백신접종을 기다리는 것이 재앙일 수 있다고 주장했다. 전 매사추세츠주 보건국장이자 자발적 대규모 백신접종을 가장 지지했던 윌리엄 비크넬은 "위기 상황에서 수백만 회분의 백신을 확보하고 관리, 투여하는 복잡한 과정은 정말 벅찰 것이다."라고 경고했다.

---

112 Judith Miller, Sheryl Gay Stolberg, "Sept. II Attacks Led to Push for More Smallpox Vaccine," New York Times, October 22, 2001, 1.

113 Justin Gillis and Ceci Connolly, "U.S. Details Response to Smallpox," Washington Post, November 27, 2001, A1.

114 Alex R. Kemper, Matthew M. Davis, and Gary L. Freed, "Expected Adverse Events in a Mass Smallpox Vaccination Campaign," Effective Clinical Practice 5 (2002): 84-90.

비크넬은 링백신접종이 소규모의 지역적 전염병 유행을 통제하기 위해서는 효과적이지만, 여러 지역에서 의도적으로 동시에 퍼지는 천연두에 직면하면 소용이 없을 것이라고 주장했다. "전염병 유행은 백신접종자들을 앞지를 가능성이 매우 높습니다."라고 그는 예측했다. "효과적으로 방역을 시행하는 것도 어렵습니다. 공식적으로 안심했다가 통제되지 않은 발병이 추가로 뒤따르면, 공황 상태, 공권력에 대한 조롱, 심지어 의료 및 공중보건 서비스의 붕괴가 생길 수도 있습니다."[115] '어두운 겨울' 훈련의 끔찍한 결과를 인용하면서, 비크넬은 유일하게 취할 수 있는 신중한 조치는 대규모 백신접종이며, 특히나 의료적 금기 사항을 신중하게 평가하고 백신접종 후 합병증을 모니터링하면서 차분하고 질서 있게 관리할 수 있는 상황에서 이런 조치가 취해져야 한다고 주장했다.

비크넬과 유사한 입장은 카토 연구소 싱크탱크와 미국 의사 및 외과의사 협회와 같은 자유주의 단체들이 취했는데, 두 단체 모두 백신의 위험성을 완전히 공개하면서 일반 대중이 백신접종을 받게끔 하는 것을 지지했다.[116] 이 입장은 역학적이기보다는 이념적이었다. 두 단체는 정부가 예방책을 부인하는 것은 용납할 수 없을 정도로 온정주의적이라고 주장했지만, 이 문제에 대한 입장문에서 두 그룹은 모두 전염병이 발생하고 사람들이 백신접

---

115   William J. Bicknell, "The Case for Voluntary Smallpox Vaccination," *New England Journal of Medicine* 346 (2002): 1323-1325; 1323.

116   Veronique de Rugy and Charles V. Pena, *Responding to the Threat of Smallpox Bioterrorism: An Ounce of Prevention is Best Approach*, Cato Policy Analysis No. 434, April 18, 2002, www.cato.org/pubs/pas/pa-434es.html (accessed January 8, 2004); Association of American Physicians and Surgeons, "AAPS: Feds' Smallpox Plans Fatally Flawed," news release, September 25, 2002, www.aapsonline.org/press/nrsmallpox. html (accessed January 8, 2004).

종을 거부할 경우, 무엇을 해야 하는지에 대한 더 어려울법한 질문을 다루지는 않았다. 이 질문은 의무적인 보건법에 대해 오랫동안 소리 높여 반대해 왔고, 광범위한 민간 백신접종을 지지한 결과, "백신 의무화에 반대하는 입장을 굽히지 않았다."는 성명을 발표할 수밖에 없었던 미국 의사 및 외과 의사협회에는 특히 민감한 질문이었다.[117]

백신을 선제적으로 접종할지, 아니면 우려되는 전염병이 실제로 현실화될 때까지 접종을 보류할지 결정할 때 등장하는 질문은, 의도적인 공격이 있을 경우 천연두가 얼마나 빠르게 퍼지는지였다. 전염병 전파 가능성은 감염자 1인에 의해 발생하는 2차 감염자의 수를 나타내는 역학 매개 변수 R0, 즉 기초감염재생산지수로 설명된다.[118] 예를 들어 홍역의 R0이 10이라면, 홍역에 감염된 한 사람이 평균적으로 다른 사람 10명을 감염시킨다는 것이다. '어두운 겨울' 시뮬레이션은 천연두의 R0을 10으로 상정했는데, 1970년대에 전 세계 천연두 박멸 캠페인에 참여한 몇 명을 포함하여 많은 공중보건 전문가들은 이를 두고 비현실적이고 과장되었다고 주장했고, 대부분의 역학자들은 그 수를 2~3 정도로 추정했다.[119] 테러 공격으로 발생할 수 있는 감염자와 사망자 수를 수학적 모델링으로 분석하는 다양한 분석법들은 완전히 다른 시나리오를 보여주었다. 왜냐하면 질병의 유입이나 확산

---

117 Association of American Physicians and Surgeons, "Clarification on the AAPS Position on Vaccines," September 27, 2002, www.aapsonline.org/testimony/explainvc.html (accessed January 8, 2004). Emphasis in original.

118 The figure could vary according to the density and mixing patterns of the population affected. Roy M. Anderson and Robert M. May, "Immunisation and Herd Immunity," *Lancet* 335 (1990): 641-645.

119 Martin Enserink, "How Devastating Would a Smallpox Attack Really Be?" *Science* 296 (2002): 1592-1594.

방법을 포함하여 그러한 모델의 많은 매개 변수는 너무 가변적이거나 예측 불가능했기 때문에, 모델마다 매우 다른 결과를 도출했으며, 이에 따라 정책 권장 사항도 다양했다.[120]

2002년 중반 연방 정부의 백신접종자문위원회는 약 15,000명의 의료 종사자와 응급 요원에게 백신접종을 권고했지만, 9월에 위원회는 더 야심차게 약 50만 명의 의료 종사자에게 백신을 접종하는 계획을 지지하기로 했다. 그러나 이 위원회는 일반 대중이 백신을 접종받을 수 있도록 하는 아이디어에 대해서는 강하게 반대했는데, 테러의 위협이 있다고 해도 정당화되기 힘든 피해를 초래할 수도 있다는 이유에서였다.[121]

2002년 마지막 3개월 동안 전국적으로 실시된 여론조사는 천연두와 백신에 대한 광범위한 무지와 오해를 드러냈다. 대다수의 응답자는 사람이 증상을 일으킨 후에도 사망이나 심각한 영향을 막을 수 있는 효과적인 천연두 치료법이 있으며, 최근 5년 이내에 천연두 환자가 세계 어딘가에서 발생했다고 잘못 알고 있었다. 천연두 백신을 접종했다고 답한 사람들의 거의 절반은 천연두에 대한 면역력이 여전히 유효할 것이라고 잘못 생각하고 있었다. 약 3분의 2는 자발적인 대중들에게 백신을 맞도록 하는 계획을 찬

---

120 Martin I. Meltzer, Inger Damon, James W. LeDuc, et al., "Modeling Potenrial Responses to Smallpox as a Bioterrorist Weapon," *Emerging Infecious Diseases* 7 (2001): 959-969; Edward H. Kaplan, David L. Craft, and Lawrence M. Wein, "Emergency Response to a Smallpox Attack: The Case for Mass Vaccination," *Proceedings of the National Academy of Sciences* 99 (2002): 10935-10940.

121 David Brown, "Panel Alters Advice on Smallpox Shots; Wider Use for Health Workers Backed," *Washington Post*, October 17, 2002, A3; David Brown, "Panel Leery of Mass Smallpox Doses; Major Risks Outweigh Benefits of Immunizing the General Public, Experts Say," *Washington Post*, October 18, 2002, A2.

성했으며, 비슷한 비율의 사람들이 그들 스스로 백신접종을 받을 것이라고 말했다. 그러나 4분의 3은 자신의 주치의나 다른 의사 대부분이 백신을 접종한다면 자신도 기꺼이 백신을 맞겠다고 말한 반면, 대부분의 의사가 백신접종을 거부한다 해도 기꺼이 백신을 맞겠다고 한 사람은 5분의 1뿐이었다.[122]

조지 W. 부시 대통령이 2002년 12월 중순 천연두로부터 나라를 보호하기 위한 포괄적인 계획을 발표한 것은, 대중들 사이의 혼란, 위험·이익·예방책에 대한 보건 전문가들·생물 테러 전문가들·정치인들 사이의 심각한 의견 차이, 이라크와의 전쟁 가능성 증폭이라는 배경 아래에서였다. 부시 대통령은 "천연두 공격이 임박했다는 정보를 전혀 가지고 있지 않다."고 인정하면서도 야심 찬 3단계 계획의 개요를 설명했다.[123] 1단계에서는 약 50만 명의 의료 종사자들과 응급 요원들이 30일 이내에 백신을 접종하기로 되어 있었다. 그후 즉시 약 천만 명의 의료 종사자들을 대상으로 하는 더 광범위한 백신접종이 시작될 것이었다. 마지막으로 늦봄이나 초여름에 의학적으로 금기사항을 갖고 있지 않은 성인 모두에게 백신접종을 할 수 있을 것이었다.

이 발표에 대해서 엇갈린 반응이 나왔다. 《뉴욕 타임스》 사설은 이 계획을 '현명한 접근법'이라고 평가하면서, 정부가 결국 이 백신을 '지식이 풍부

---

122 Robert J. Blendon, Catherine M. DesRoches, John M. Benson, et al., "The Public and the Smallpox Threat," *New England Journal of Medicine* 348 (2003): 426-432.

123 Ceci Connolly and Dana Milbank, "U.S. Revives Smallpox Shot; Bush Says He Will Receive Vaccine With Military, Emergency Workers," *Washington Post*, December 14, 2002, A1.

한 시민들이 원한다면' 그들에게 백신을 접종하는 것이 옳다고 말했다.[124] 미국의사협회와 미국공중보건협회는 조심스럽게 지지를 표명하면서도, 정부가 이 프로그램을 추진할 때 신중하게 평가할 것을 촉구했다.[125] 그러나 다른 이들은, 50만 명의 응급 대응 인력을 넘어서 천만 명의 의료 종사자들을 목표로 삼게 되면, 상당한 위험이 초래될 것이라고 우려했다. 그런 대규모 작전을 권고하면서, 행정부는 전례없이 백신접종자문위원회의 조언을 무시했다. 이 결정에 정통한 소식통들에 따르면, 이보다 광범위한 계획이 질병통제예방센터와 정부 외곽 보건 전문가들의 반대를 무릅쓰고 딕 체니 부통령과 국방부 관리들에 의해 추진되고 있는 것으로 알려졌다.[126]

윌리엄 피지 전 질병통제예방센터 국장은 이 계획의 규모를 공개적으로 비판한 사람 중 한 명이었다. 1970년대 세계적인 천연두 박멸 프로그램의 최전선에서 수년간 활동한 덕분에 피지 박사는 이 문제에 대해 믿을 만한 의견을 제시할 수 있는 인물로 평가받았는데, 《워싱턴 포스트》지에 쓴 칼럼에서 피지는 일반인을 포괄하지 않는 링백신접종이 가장 현명한 방침이라고 주장하면서, 다음과 같이 썼다.

링백신접종은, 같은 시각에 수백만 명이 열차를 타고 다니고 실제 주소지 없이 수많은 사람이 살고 있는, 인구밀도가 아주 높은 인도와 같은 지역에서도

---

124 "Protection against Smallpox," New York Times, December 14, 2002, A28.

125 Lawrence K. Altman, "Limited Vaccination Plan Is Applauded," *New York Times*, December 14, 2002, A13.

126 Richard W. Stevenson and Sheryl Gay Stolberg, "Bush Lays Out Plan on Smallpox Shots; Military Is First," *New York Times*, December 14, 2002, A1.

효과적일 것입니다. 백신접종과 관련된 일을 하지 않은 사람들에게는 링백신 접종은 직관에 어긋나는 것처럼 보였고, 아마도 여전히 그럴 것입니다. 하지만 인도에서 천연두 발병률은 1974년 5월 수십 년 만에 가장 높은 수준에서 1975년 5월에는 0건으로 떨어졌습니다. 이것[링백신접종]을 인도에서 150년 넘게 시도했지만 성공하지 못한 대규모 백신접종 프로그램의 기록과 비교해 보세요. 천연두 퇴치의 핵심은 배경 면역이 아니라 모든 환자가 접촉했을 법한 모든 사람들을 찾아 백신접종을 하는 부지런함이라는 것이 증명되었습니다.[127]

부시 대통령의 계획을 비판하는 사람들에게, 그 계획의 가장 지독한 측면은 그 범위가 아니었다. 천연두가 생물학적 무기로 사용될 가능성에 대해 행정부가 알고 있는 바를 국가 안보라는 이유로 공개하기를 거부함으로써, 그 계획의 위험과 이익을 따져 볼 수 없게 만들었다는 사실이었다. "어떤 사람들에게는, 우리가 닫힌 문 뒤에서 들려오는 불길한 경고를 바탕으로 이 나라의 보건 정책을 만들지 않는다는 것이 어쩌면 놀라운 일이 될지도 모릅니다."라고 캘리포니아 대학교 로스앤젤레스(UCLA)의 공중보건학장이자 클린턴 행정부의 전직 관리였던 린다 로젠스톡은 말했다. "위험을 계산하는 데에는 사실 과학이 있습니다. 대중과 전문가들에게 감춘 채, 천연두 백신접종에 대해 부시 대통령이 그토록 대범한 결정을 하는 것은 결코 옹호할 수 없는 일입니다."[128]

127   William Foege, "Can Smallpox Be as Simple as 1-2-3?" *Washington Post*, December 29, 2002, B5.

128   Linda Rosenstock, "Smallpox Vaccine Policy Is Bad Science," *Los Angeles Times*,

이처럼 공개적으로 비판하는 의견 표출은 보건의료와 관련된 서류 전반에서 반복되었다. 수백 개의 병원, 간호사 단체, 보건의료 종사자 및 자치단체 직원들이 이 계획에 반대했는데, 그 이유 중 중요한 하나는 정부가 백신 관련 피해에 대한 책임 문제를 적절하게 다루지 않았다는 점이었다. 병원은 최근 백신을 접종한 의료 종사자들이 환자에게 백시니아(천연두 백신 접종으로 인해 발생할 수 있는 질병)를 전염시키지 않았을까 걱정했고, 보험사들은 백신과 관련된 피해는 근로자 배상 프로그램에 포함되지 않을 것이라고 말했다.[129] 생물 테러 대비 태세 강화를 전적으로 지지하는 사람들조차, 천연두 백신접종에 너무 집중한 나머지 탄저균, 페스트, 보툴리누스 중독, 그리고 테러에 사용될 수 있는 다양한 가축 질병 등의 위협에 국가가 대응할 수 있게 하는 수준 높은 연구와 감시의 노력을 무색하게 할 것이라고 우려했다. 그 가치가 잘 입증된 다른 일상적인 프로그램을 희생하면서까지, 이미 알려진 위험과 알 수 없는 혜택으로 가득 찬 프로그램을 정부가 밀어붙이고 있다는 생각들이 널리 퍼졌다. 자금난에 허덕이는 주 보건 당국들은, 많은 이들이 별 가치가 없다고 믿는 접종을 시행하기 위해, 핵심 기능에서 돈과 인력을 빼내 재배치할 수밖에 없었다.[130]

December 29, 2002.

129 Ceci Connolly, "Bush Smallpox Inoculation Plan Near Standstill," *Washington Post*, February 24, 2003, A6; "Smallpox Vaccination, United States, 2003: An Interim Report Card," in U.S. Department of Health and Human Services, *37th National Immunization Conference Proceedings* (Atlanta: Centers for Disease Control, 2003).

130 Gerald Markowitz and David Rosner, *Emergency Preparedness, Bioterrorism and the States: The First Two Years after September 11th* (New York: Milbank Memorial Fund, 2004); Daniel J. Kuhles and David M. Ackman, "The Federal Smallpox Vaccination Program: Where Do We Go from Here?" *Health Affairs* web exclusive, October 22,

행정부가 전국의 일선 의료 기관들의 지지를 얻지 못했기 때문에, 이 프로그램은 1단계에서 제시된 목표를 달성하지 못했고, 2단계나 3단계로 더 진행되지 못했다. 1단계에서 백신을 접종할 계획이었던 의료 기관 종사자 50만 명 중 10% 미만 즉 전국적으로 약 4만 명이 백신을 맞았다. 백신접종 범위는 균일하지도 않았고 천연두 공격 가능성이 가장 크다고 생각되는 지역을 포함하지도 않았다. 백신을 접종한 사람의 절반 이상이 텍사스, 플로리다, 테네시, 오하이오, 미네소타, 네브래스카의 6개 주에 거주했다.[131] 천연두 백신접종 계획이 발표된 지 10개월 뒤, 질병예방통제센터 관계자들은 그 계획이 '중단되었으며' 더 큰 생물 테러 대응 계획과 통합되었다고 발표했다.[132]

부시 정권의 천연두 백신접종 캠페인이 공중보건을 위해 필요하다는 것을 보여줄 만한 강력한 사례를 제시하지 못한 행정부의 무능함이 결국 치명적인 약점이었다. 이는 과학적 증거가 성공적인 공중보건 정책 결정에 중요한 역할을 한다는 의미로 읽힐지 모르지만, 우리가 생각해봐야 할 더 적절한 교훈은 사회정치적 맥락이 백신접종의 수용에 미칠 수 있는 예측할 수 없는 영향과 관련이 있다는 점이다. 질병에 대한 두려움이 백신접종의 강력한 동기로 작용했지만, 이 경우에는 백신접종의 위험과 이익에 관련되었을 것으로 생각되는 집단들로 인해 묵직하게 등장한 또 다른 긴급한 걱

2003, content.healthaffairs.org/cgi/reprint/hlthaff.w3.503vr.pdf (accessed February 1, 2004).

131 "Smallpox Vaccination Program Status by State," www.cdc.gov/od/oc/media/spvaccin.htm (accessed January 7, 2004).

132 Anita Manning, "Smallpox Vaccination Plan 'Ceased,'" *USA Today*, October 16, 2003, 1A.

정들을 압도하지 못했다.

21세기 백신접종: 새로운 것과 오래된 것

21세기 말 미국의 백신접종 정책과 관행은 많은 조치들로 인해 눈부신 성공을 거두었다. 안전에 대한 광범위하고 종종 신랄한 논쟁을 고려할 때, 가장 놀라운 성과는 일상적인 아동 백신접종에 대해 대단히 높은 수준으로 대중이 수용했다는 점이다. 2004년, 3세 이하 어린이의 접종 범위는 사상 최고치였으며, 대부분의 백신에 대해 90% 이상이었다.[133] 이러한 비율은 의료접근 및 전달체계를 개선하기 위해 1990년대부터 시행된 광범위한 체계적 노력의 효과를 보여주는 것이었다. 인종 및 민족적 배경이 다른 아이들 사이에 백신접종을 완전히 받은 정도는 차이를 보였지만, 백인 아이와 아프리카계 미국인 아이 혹은 라틴계 미국인 아이의 백신접종 수준은 다른 보건지표 상의 차이보다 더 적었다.[134] 심지어 1998년부터 2003년 사이 홍역 백신과 자폐증의 연관성을 둘러싸고 논쟁이 정점에 달했던 시기조차, 그리고 영국에서 MMR 주사에 대한 대중의 수용이 급락했을 때에도, 미국에서는 백신의 접종률이 약간 증가했다.[135]

---

133 "National, State, and Urban Area Vaccination Coverage among Children Aged 19-35 Months-United States, 2004," *Morbidity and Mortality Weekly Report* 54 (2005): 717-721.

134 Susan Y. Chu, Lawrence E. Barker, and Phillip J. Smith, "Racial/Ethnic Disparities in Preschool Immunizations: United States, 1996-2001," *American Journal of Public Health* 94 (2004): 973-977.

135 "National, State, and Urban Area Vaccination Coverage among Children Aged 19-35

미국에서는 왜 안전성에 대한 논쟁이 백신에 대한 대중의 거부감을 더 야기하지 않았는지에 대해서는 여전히 고민해 볼 문제이기는 했다.[136] 분명한 것은 백신 비평가들과 공중보건 기관 사이의 관계가 점점 더 적대적으로 변했다는 것이다. 백신이 자폐증과 같은 건강 문제를 일으킨다고 믿었던 활동가들은 백신접종 지지자들의 부패와 편견을 비난했다. 비판론자들은 질병통제예방센터의 국가 백신접종 프로그램(National Immunication Program)이 백신접종을 촉진하고 안전을 보장하는 역할을 모두 담당하고 있다는 사실을 들어 본질적으로 이해충돌이라고 주장했다.[137] 질병통제예방센터가 2005년 2월 백신 옹호와 안전 모니터링 기능을 분리하겠다고 발표한 것은 그러한 비판에 대한 대응이었다.[138]

이 시점까지, 백신과 자폐증 사이의 연관성을 부정하는 증거는 더욱 강력해졌다. 스웨덴·덴마크·영국 및 미국에서 다양한 역학적 방법을 사용하여 진행된 일련의 연구들이 2003년과 2004년에 발표되었는데, 이 연구들 모두 자폐증과 MMR 백신 또는 보존제 티메로살을 함유한 여타 백신 사이의 연관성을 확인하는 증거를 발견하지 못했다. 예전 보고서에 이들 연관성에 대해 조사한 적 있는 의학연구소의 백신접종 안전성 검토 패널은, 이

Months-*United States, 2003,*"*Morbidity and Mortality Weekly Report* 53 (July 30, 2004): 658-661.

136 James Colgrove and Ronald Bayer, "Could It Happen Here? Vaccine Safety Controversies and the Specter of Derailment," *Health Affairs* 24 (2005): 729-739.

137 Institute of Medicine, *Vaccine Safety Research, Data Access, and Public Trust* (Washington, D.C.: National Academies Press, 2004).

138 Anahad O'Connor and Gardiner Harris, "Health Agency Splits Program amid Vaccination Dispute," *New York Times*, February 25, 2005, 18.

새로운 증거를 바탕으로 갱신된 평가를 하기 위해 다시 소집되었다. 2004년 5월, 의학연구소는 이전 검토 결론을 재확인하는 새로운 보고서를 발표했는데, 새로운 증거나 두 가지 인과관계를 '각하하는 것을 뒷받침한다'는 것이었다.[139]

그 보고서의 논조는 논란의 여지를 남겼다. '연방정부(특히 질병통제예방센터와 식품의약국), 백신 제조업체, 역학 및 전통적인 생의학 연구자들을 향한 몇몇 가족들의 분노'를 인정하면서, 위원회는 자폐증이 당사자들에게는 막대한 부담을 안기는 심각한 문제라는 점을 강조하기 위해 노력했다. 그러나 이 위원회는 "자폐증 연구를 위한 자금은 가장 유망한 분야로 이전되어야 한다."고 주장했는데, 백신은 여기에 포함되지 않았다.[140] 하지만 자폐증 어린이 부모를 위한 단체들은 안심할 수 없었다. 가장 영향력이 큰 학부모 옹호 단체 중 하나인 세이프마인드 연합(Coalition for SafeMinds, 수은으로 인한 신경 질환 종식을 위한 행동)은 의학연구소의 보고서가 '만연한 이해충돌'로 오염된 '흠투성이의 과학'이라고 비판했다.[141]

한편, 『란셋(The Lancet)』에서 자폐증에 대한 우려에 불을 붙였던 앤드류 웨이크필드의 연구에 대한 논란은 예상치 못한 방향으로 돌아섰다. 2004년 초 이 저널은 조사관들을 상대로 제기된 윤리적 비리 의혹들을 공개했는데, 그중에는 연구가 수행될 당시 웨이크필드는 자녀들의 자폐증이 백신

---

139 Institute of Medicine, *Immunization Safety Review: Vaccines and Autism* (Washington, D.C.: National Academies Press, 2004).

140 *Ibid.*

141 "SafeMinds Analysis of IOM Report: The Failures, the Flaws and the Conflicts of Interest," news release, SafeMinds, Wednesday, May 19, 2004.

과 관련이 있다고 의심하는 몇몇 부모들에 의한 잠재적인 소송을 대비하여 증거를 수집하고 있었다는 내용도 포함되었다.[142] 이해충돌에 대한 비난이 있은 후, 연구에 참여한 13명의 과학자 중 10명이 MMR과 자폐증 연관성에 대한 결론을 지지한 것을 철회했다.[143]

안전에 대한 논란이 맹위를 떨치는 동안, 정책적으로 가장 논쟁적인 또 다른 주제 즉 학교에서 법적 강제를 사용하는 문제가 미국 전역의 법정과 주 의회에서 논쟁거리로 남아 있었다. 어떤 법원 판결도 야콥슨 사건이나 1922년 주흐트 사건 판결에서 학교 입학 의무요건을 정당화했던 100년 묵은 선언이 이제 무효화될 위기에 처했다고 말하지 않았지만, 면제의 허용 범위를 두고 논란은 계속 소용돌이쳤다. 2001년 아칸소주의 몇몇 가족들은 학교 갈 아이들이 B형 간염 백신을 접종해야 하는 의무규정을 면제받으려 다 거부당하자 주정부를 고소했다. 그다음 여름 아칸소주 지방법원은, '공인된 교회 또는 종교적 교파'에 등록한 사람들에게만 제한되었던 종교적 면제가 위헌이며, 수정헌법 제1조의 자유권 행사 및 국교 설립 금지 조항과 수정헌법 제14조의 적법절차 조항에 '명백히 위반된다'고 강조했다.[144] 이 판결에서 법원은, 뉴욕주에서 이 법을 다시 작성하도록 만든 1987년 '셰어 대 노스포트(Sherr v. Northport)' 사건의 판결과 일치하는 의견을 내놓았다. 나머지 조항들과 분리된 면제 조항 문구는 폐기되었고, 아칸소주는 미

---

142 "A Statement by the Editors of The Lancet," February 23, 2004, The Lancet online, image.thelancet.com/extras/statement20Feb2004web.pdf (accessed March 4, 2004).

143 Anahad O'Connor, "Researchers Retract a Study Linking Autism to Vaccination," *New York Times*, March 4, 2004, A15.

144 McCarthy v. Boozman, 212 F. Supp. 2d 945; 948.

시시피주와 웨스트버지니아주와 함께 종교적 또는 철학적 면제가 없는 유일한 주가 되었다. 이에 대한 대응으로, 아칸소주의 입법자들은 2003년 철학적 이의를 제기하는 부모들이 백신접종을 선택할 수 있도록 법을 개정했다.[145]

위험과 강제 문제는 백신접종 시스템의 성공을 잠식할 가능성이 있었다. 백신 공급 및 자금 조달과 관련된 구조적 문제도 마찬가지였다. 백신 생산은 소수의 제약사에만 집중되어 있었고, 공급이 부족해지거나 활용하기 어려워질 가능성도 또 하나의 위협이었다. 2000년에 도입된 침습성 폐렴구균 질환에 대해 2000년에 도입된 7가 제제를 포함한 일부 새로운 백신은 구형 제품보다 훨씬 비쌌고, 그 때문에 비용 편익 비율과 공공 및 민간 자금 흐름의 지속 가능성에 대해 의문이 제기되었다.[146]

20세기 백신접종의 역사는, 과학적 발전을 통해 점점 더 정교한 백신들을 꾸준히 생산하여 전염병 통제 수준을 훨씬 더 높게 이끈 목적론적 이야기로 볼 수 없다. 앞으로 몇 년 안에 어떤 새로운 백신들이 등장하든지 간에, 사회적·정치적·법적 요인들이 불안정하게 혼재되어 그러한 혁신들이 전개될 것이 분명하다. 지난 20년 동안 백신접종에 많은 연구를 쏟아부었던 의학연구소의 관계자 3명은, 2004년에 "백신으로 예방 가능한 질병들에 대한 손쉬운 작업이 이루어졌습니다."라고 선언하면서, 미래를 위한 과제들을 제시했다.

---

145   Salmon, Sapsin, Teret, et al., "Public Health and the Politics of School Immunization Requirements."

146   Institute of Medicine, *Financing Vaccines in the Twenty-First Century: Assuring Access and Availability* (Washington, D.C.: National Academies Press, 2004).

부모, 의사, 간호사, 보험 제공자들은 얼마나 더 많은 백신접종을 견뎌 낼 수 있을까요? 모든 전염병에 맞는 백신을 개발하는 것이 목표인가요, 아니면 심각한 질병에만 맞는 백신을 개발하는 것인가요? 백신접종을 받기 위해 질병이 얼마나 심각해야 하나요? 누가 질병의 심각성을 판단할 것인가요? 어느 시점에서, 이 건강 증진 및 질병 예방 전략은 일반 대중에게 더 이상 환영받지 못할 수 있습니다. 이미 사회의 일부에서는 환영받지 못하고 있습니다. 미국은 점차 늘어날 백신들을 완벽하게 탐구할 포괄적인 과학적·정책적 접근법을 제대로 갖추고 있지 않습니다.[147]

백신접종 정책은 20세기 동안 수많은 변화를 겪었고, 이는 전염병과 의인성 위험에 대한 대중의 인식 변화, 신체 완전성에 대한 헌법적, 법률적 사상의 진전, 미국 보건의료 체계의 구조와 우선순위의 변화, 그리고 물론, 새로운 백신을 생산하는 과학기술의 발전을 반영하는 것이었다. 그러나 동시에 근본적인 질문들은 계속되어 왔다. 어떻게 개인의 자유와 공공복지 사이의 균형을 맞추어야 하는가? 당국이 불완전하거나 일관성 없는 과학적 정보에 의해 행동할 때, 대중은 이러한 결정에 어떻게 참여해야 하는가? 질병 발생을 줄이는 데 대중의 협력을 확보하는 가장 좋은 방법은 무엇인가? 일부 또는 모든 공중보건 조치는 본질적으로 그리고 반드시 온정주의적인가? 과학자, 의사, 공중보건 공무원, 부모, 입법자, 법학자, 그리고 모든 이념적 활동가들처럼 이러한 논쟁의 당사자들이 이러한 질문에 답하는 방식

---

147 Robert Griffin, Kathleen Stratton, and Rosemary Chalk, "Childhood Vaccine Finance and Safety Issues," *Health Affairs* 23 (2004): 98-111; 106.

은, 백신접종의 가치에 대한 그들의 평가뿐만 아니라 건강 문제에 있어 개인의 선택과 자유에 대한 그들의 관점, 개인의 결정을 형성하는 데 미치는 국가의 적절한 역할을 반영하는 것이다.

참고문헌 / 찾아보기

State of Immunity

참고문헌

Abramson, Jon S., and Larry K. Pickering, "US Immunization Policy," *Journal of the American Medical Association* 287 (2002), pp. 505-509.

Albert, Michael R., Kristen G. Ostheimer and Joel G. Breman, "The Last Smallpox Epidemic in Boston and the Vaccination Controversy, 1901-1903," *New England Journal of Medicine* 344, no. 5 (2001), pp. 375-379.

Alexander, E. Russell. "The Extent of the Poliomyelitis Problem," *Journal of the American Medical Association* 175 (1961), pp. 837-840.

Allen, William A. and Michael J. Burke, "Poliomyelitis Immunization House to House," *Public Health Reports* 75 (1960), pp. 245-250.

Anderson, H. B. *State Medicine: A Menace to Democracy* (New York: Citizens Medical Reference Bureau, 1920).

_____. *Protest against Sending Nurses into Homes of School Children to Urge Medical Treatment, and against Using Public Schools to Promote the Schick Test, and Toxin-Antitoxin* (New York: Citizens Medical Reference Bureau, 1922).

_____. *Public Health the American Way* (New York: Citizens Medical Reference Bureau, 1945).

Anderson, Roy M. and Robert M. May, "Immunisation and Herd Immunity," *Lancet* 335 (1990), pp. 641-645.

Andrews, Justin M. and Alexander D. Langmuir, "The Philosophy of Disease Eradication," *American Journal of Public Health* 53 (1963), pp. 1-6.

Annas, George J. "Bioterrorism, Public Health, and Civil Liberties," *New England Journal of Medicine* 346 (2002), pp. 1337-1342.

Anthony, Nicholas., Mary Reed, Arnold M. Leff, et al., "Immunization: Public Health Programming through Law Enforcement," *American Journal of Public Health* 67 (1977), pp. 763-764.

Apple, Rima. *Vitamania: Vitamins in American Culture* (New Brunswick, N.J.: Rutgers University Press, 1996).

Attwood, F. G. "Vaccination," *New York Medical Journal* 70 (1899), pp. 803-804.

Bache, Louise Franklin. *Health Education in an American City* (Garden City, N.Y.: Doubleday, Doran, 1934).

Baker, Jeffrey P. "Immunization and the American Way: 4 Childhood Vaccines," *American Journal of Public Health* 90 (2000), pp. 199-207.

_____. "The Pertussis Vaccine Controversy in Great Britain, 1974-1986," *Vaccine* 21 (2003), pp. 4003-4010.

Ball, Leslie K., Geoffrey Evans, and Ann Bostrom, "Risky Business: Challenges in Vaccine Risk Communication," *Pediatrics* 101 (1998), pp. 453-458.

Ball, Leslie K. and R. Douglas Pratt, "Assessment of Thimerosal Use in Childhood Vaccines," *Pediatrics* 107 (2001), pp. 1147-1154.

Baumgartner, Leona. "Attitude of the Nation toward Immunization Procedures," *American Journal of Public Health* 33 (1943), pp. 256-260.

Bayer, Ronald and Amy Fairchild, "The Genesis of Public Health Ethics," *Bioethics* 18 (2004), pp. 473-492.

Bayer, Ronald and James Colgrove, "Rights and Dangers: Bioterrorism and the Ideologies of Public Health," in Jonathan Moreno, ed., *In the Wake of Terror: Medicine and Morality in a Time of Crisis* (Boston: MIT Press, 2003).

Bicknell, William J. "The Case for Voluntary Smallpox Vaccination," *New England Journal of Medicine* 346 (2002), pp. 1323-1325.

Baynes Jr., Thomas E. "Liability for Vaccine-Related Injuries: Public Health Considerations and Some Reflections on the Swine Flu Experience," *Legal Medicine Annual* (1978), pp. 195-224.

Beck, Ulrich. *The Risk Society: Towards a New Modernity* (London: Sage, 1992).

Belcher, John C. "Acceptance of the Salk Polio Vaccine," *Rural Sociology* 23 (1958), pp. 158-170.

Bell, Joseph A. "Current Status of Immunization Procedures: Pertussis," *American Journal of Public Health* 38 (1948), pp. 478-480.

Bension, Saul. "The History of Polio Research in the United States: Appraisal and Lessons," in Gerald Holton, ed., *The Twentieth Century Sciences: Studies in the Biography of Ideas* (New York: Norton, 1972).

_____. "International Medical Cooperation: Dr. Albert Sabin, Live Poliovirus Vaccine and the Soviets," *Bulletin of the History of Medicine* 56 (1982), pp. 460-483.

Bergner, Lawrence and Alonzo S. Yerby, "Low Income and Barriers to Use of Health Services," *New England Journal of Medicine* 278 (1968), pp. 541-546.

Bergstrom, Randolph E. *Courting Danger: Injury and Law in New York City, 1870-1910* (Ithaca, N.Y.: Cornell University Press, 1992).

Berkovich, Sumner., Jack E. Pickering and Sidney Kibrick, "Paralytic Poliomyelitis in a Well Vaccinated Population," *New England Journal of Medicine* 264 (1961), pp. 1323-1329.

Biggs, Hermann M. "Arguments in Favor of the Jones-Tallett Amendment to the Public Health Law in Relation to Vaccination," *New York State Journal of Medicine* 15, no. 3 (1915), pp. 89-90.

Blendon, Robert J., Catherine M. DesRoches, John M. Benson, et al., "The Public and the

Smallpox Threat," *New England Journal of Medicine* 348 (2003), pp. 426-432.

Boek, Walter E., Lewis E. Patrie and Violet M. Huntley, "Poliomyelitis Vaccine Injection Levels and Sources," *New York State Journal of Medicine* 59 (1959), pp. 1783-1785.

Boorstin, Daniel. *The Image; or, What Happened to the American Dream* (New York: Atheneum, 1962).

Bostrom, Ann. "Vaccine Risk Communication: Lessons from Risk Perception, Decision Making and Environmental Risk Communication Research," *Risk: Health, Safety, and the Environment* 8 (1997), pp. 183-200.

Bowes, James E. "Rhode Island's End Measles Campaign," *Public Health Reports* 82 (1967), pp. 409-415.

Bradley, P. "Should Childhood Immunisation Be Compulsory?" *Journal of Medical Ethics* 25 (1999), pp. 330-334.

Brandt, Allan M. "Polio, Politics, Publicity, and Duplicity: Ethical Aspects in the Development of the Salk Vaccine," *Connecticut Medicine* 43 (1979), pp. 581-590.

_____. *No Magic Bullet: A Social History of Venereal Disease in the United States Since 1880* (New York: Oxford University Press, 1987).

_____. "Blow Some My Way: Passive Smoking, Risk, and American Culture," *Clio Medica* 46 (1998), pp. 164-187.

Brandt, Allan M. and Martha Gardner, "Antagonism and Accommodation: Interpreting the Relationship Between Public Health and Medicine in the United States during the 20th Century," *American Journal of Public Health* 90 (2000), pp. 707-715.

Brauer, Carl M. "Kennedy, Johnson, and the War on Poverty," *Journal of American History* 69 (1982), pp. 98-99.

Bremen, Joel G. and Isao Arita, "The Confirmation and Maintenance of Smallpox Eradication," *New England Journal of Medicine* 303 (1980), pp. 1263-1273.

Brody, Matthew. and Ralph G. Sorley, "Neurologic Complications following the Administration of Pertussis Vaccine," *New York State Journal of Medicine* 47 (1947), pp. 1016-1017.

Brown, Phil. "Popular Epidemiology: Community Response to Toxic Waste-Induced Disease in Woburn, Massachusetts," *Science, Technology, and Human Values* 12 (1987), pp. 78-85.

Bundesen, Herman N. "Selling Health-A Vital Duty," *American Journal of Public Health* 18 (1928), pp. 1451-1545.

Burney, Leroy E. "Poliomyelitis Vaccination," *Public Health Reports* 74 (1959), pp. 95-96.

Burnham, John C. *How Superstition Won and Science Lost* (New Brunswick, N.J.: Rutgers University Press, 1987).

Burrows, Edwin G. and Mike Wallace, *Gotham: A History of New York City to 1898* (New York: Oxford University Press, 1999).

Byrd, Oliver E. ed., *Health Instruction Yearbook 1943* (London: Oxford University Press,

1943).

Byrne, Earl B., Beryl J. Rosenstein, Alexander A. Jaworski, et al., "A Statewide Mass Measles Immunization Program," *Journal of the American Medical Association* 199 (1967), pp. 619-623.

Campbell, James B., Jason W. Busse and H. Stephen Injeyan, "Chiropractors and Vaccination: A Historical Perspective," *Pediatrics* 105 (2000), p.e43.

Carter, Richard. *Breakthrough: The Saga of Jonas Salk* (New York: Trident Press, 1966).

Chen, Robert Y., and Frank DeStefano, "Vaccine Adverse Events: Causal or Coincidental?" *Lancet* 351 (1998), pp. 611-612.

Cherry, James D. "The Epidemiology of Pertussis and Pertussis Immunization in the United Kingdom and the United States: A Comparative Study," *Current Problems in Pediatrics* 14 (1978), pp. 1-78.

Cherry, James D., Ralph D. Feigin, Louis A. Lobes Jr., et al., "Urban Measles in the Vaccine Era: A Clinical, Epidemiologic, and Serologic Study," *Journal of Pediatrics* 81 (1972), pp. 217-230.

Chu, Susan Y. Lawrence E. Barker, and Phillip J. Smith, "Racial/Ethnic Disparities in Preschool Immunizations: United States, 1996-2001," *American Journal of Public Health* 94 (2004), pp. 973-977.

Clausen, John A., M. A. Seidenfeld and Leila Calhoun Deasy, "Parent Attitudes toward Participation of Their Children in Polio Vaccine Trials," *American Journal of Public Health* 44 (1954), pp. 1526-1536.

Clements, C. J., G. Evans, S. Dittman and A.V. Reeler, "Vaccine Safety Concerns Everyone," *Vaccine* 17 (1999), pp. S90-S94.

Cockburn, T. Aidan. "Eradication of Infectious Diseases," *Science* 133 (1961), pp. 1050-1058.

Cohe, Patricia Cline. *A Calculating People: The Spread of Numeracy in Early America* (Chicago: University of Chicago Press, 1982).

Colley, F., and M. Haas, "Attitudes on Immunization: A Survey of American Chiropractors," *Journal of Manipulative and Physiological Therapy* 17 (1994), pp. 584-590.

Collins, Selwyn D. "Frequency of Immunizing and Related Procedures in Nine Thousand Surveyed Families in Eighteen States," *Milbank Memorial Fund Quarterly* 15, no. 2 (1937), pp. 150-172.

Colgrove, James. and Ronald Bayer, "Could It Happen Here? Vaccine Safety Controversies and the Specter of Derailment," *Health Affairs* 24 (2005), pp. 729-739.

Colombo, Theodore J., Donald K. Freeborn, John P. Mullooly and Vicky R. Burnham, "The Effect of Outreach Workers' Educational Efforts on Disadvantaged Preschool Children's Use of Preventive Services," *American Journal of Public Health* 69 (1979), pp. 465-468.

Condran, Gretchen A. and Samuel H. Preston, "Child Mortality Differences, Personal Health

Care Practices, and Medical Technology: The United States, 1900-1930," in Lincoln C. Chen, Arthur Kleinman and Norma C. Ware, eds., *Health and Social Change in International Perspective* (Boston: Department of Population and Family Health, Harvard School of Public Health, 1994).

Condran, Gretchen A. and Ellen A. Kamarow, "Child Mortality among Jewish Immigrants to the United States," *Journal of Interdisciplinary History* 22 (1991), pp. 223-254.

Connolly, Cynthia. "Prevention through Detention: The Pediatric Tuberculosis Preventorium Movement in the United States, 1909~1951" (Ph.D. diss., University of Pennsylvania, 1999).

Conrad, J. L., Robert Wallace, John J. Witte, "The Epidemiologic Rationale for the Failure to Eradicate Measels in the United States," *American Journal of Public Health* 61 (1971), pp. 2304-2310.

Converse, Jean M. *Survey Research in the United States: Roots and Emergence 1890-1960* (Berkeley: University of California Press, 1987).

Coriell, Lewis L. "Smallpox Vaccination: When and Whom to Vaccinate," *Pediatrics* 37 (1966), pp. 493-496.

Coulter, Harris L. and Barbara Loe Fisher, *DPT: A Shot in the Dark* (New York: Harcourt Brace Jovanovich, 1985).

Cueto, Marcos. "Sanitation from Above: Yellow Fever and Foreign Intervention in Peru, 1919-1922," *Hispanic American Historical Review* 72 (1992), pp. 1-22.

Curran, William J. "Drug-Company Liability in Immunization Programs," *New England Journal of Medicine* 281 (1969), pp. 1057-1058.

_____. "Smallpox Vaccination and Organized Religion," *American Journal of Public Health* 61 (1971), pp. 2127-2128.

_____. "Public Warnings of the Risk in Oral Polio Vaccine," *American Journal of Public Health* 65 (1975), pp. 501-502.

Curry, Lynne. The Human Body on Trial (Santa Barbara, Calif.: ABC-Clio, 2002).

Cuts, Felicity T. Cutts., Walter A. Orenstein and Roger H. Bernier, "Causes of Low Preschool Immunization Coverage in the United States," *Annual Review of Public Health* (1992), pp. 385-398.

Dakin, Edwin Frander. *Mrs. Eddy: The Biography of a Virginal Mind* (New York: Charles Scribner's Sons, 1929).

Danovaro-Holliday, M. Carolina., Allison L. Wood, and Charles W. LeBaron, "Rotavirus Vaccine and the News Media, 1987-2001," *Journal of the American Medical Association* 287 (2002), pp. 1455-1462.

Dare, Tim. "Mass Immunisation Programmes: Some Philosophical Issues," *Bioethics* 12 (1998), pp. 125-149.

Davidovitch, Nadav. "Negotiating Dissent: Homeopathy and Anti-Vaccinationism at the Turn of the Twentieth Century," in Robert D. Johnston, ed., *The Politics of Healing: Histories of Alternative Medicine in Twentieth-Century North America* (New York: Routledge, 2004).

Davies, P., S. Chapman and J. Leask, "Antivaccination Activists on the World Wide Web," *Archives of Diseases of Childhood* 87 (2002), pp. 22-25.

Davis, Audrey. "Life Insurance and the Physical Examination: A Chapter in the Rise of American Medical Technology," *Bulletin of the History of Medicine* 55 (1981), pp. 392-406.

Day, Donald. "Enlisting Community Support of a Polio Vaccine Program," *Public Health Reports* 80 (1965), pp. 737-740.

Deasy, Leila Calhoun. "Socio-economic Status and Participation in the Poliomyelitis Vaccine Trial," *American Sociological Review* 21 (1956), pp. 185-191.

DeFriese, Gordon H., Kathleen M. Faherty, Victoria A. Freeman, et al., "Developing Child Immunization Registries," in Stephen L. Isaacs and James R. Knickman, eds., *To Improve Health and Health Care, 1997* (Princeton, N.J.: Robert Wood Johnson Foundation, 1997).

Dick, George. "Smallpox: A Reconsideration of Public Health Policies," *Progress in Medical Virology* 8 (1966), pp. 1-29.

Diekema, Douglas S. and Edgar K. Marcuse. "Ethical Issues in the Vaccination of Children," in G. R. Burgios and J. D. Lantos, eds., *Primum Non Nocere-Today* (Amsterdam: Elsevier, 1998).

Domke, Herbert. and Gladys Coffey, "The Neighborhood-Based Public Health Worker: Additional Manpower for Community Heath Services," *American Journal of Public Health* 56 (1966), pp. 603-608.

D'Onofrio, Carol N. *Reaching Our "Hard to Reach" - The Unvaccinated* (Berkeley: California Department of Health Services, 1966).

Dougherty, William J. "Community Organization for Immunization Programs," *Medical Clinics of North America* 51 (1967), pp. 837-842.

Dougherty, William J., Adele C. Shepard, and Curtis F. Culp, "New Jersey's Action Program to Prevent Poliomyelitis," *Public Health Reports* 75 (1960), pp. 659-664.

Douglas, Mary. *Risk and Blame: Essays in Cultural Theory* (New York: Routledge, 1992).

Dubos, Rene. *Man Adapting* (New Haven, Conn.: Yale University Press, 1965).

Duffy, John. *A History of Public Health in New York City, 1866-1966* (New York: Russell Sage Foundation, 1968).

_____. "School Vaccination: The Precursor to School Medical Inspection," *Journal of the History of Medicine and Allied Sciences* 3 (1978), pp. 344-355.

_____. "The American Medical Profession and Public Health: From Support to Ambivalence," *Bulletin of the History of Medicine* 53 (1979), pp. 1-15

Dumenil, Lynn. "'The Insatiable Maw of Bureaucracy': Antistatism and Education Reform in the 1920s," *Journal of American History* 77, no. 2 (1990), pp. 499-524.

Durbach, Nadja. *Bodily Matters: The Anti-Vaccination Movement in England, 1853-1907* (Durham: Duke University Press, 2005).

Dutton, Diana B. "Medical Risks, Disclosure, and Liability: Slouching Toward Informed Consent," *Science, Technology & Human Values* 12 (1987), pp. 48-59.

Dworkin, Gerald B. "Compulsion and Moral Concepts," *Ethics* 78 (1968), pp. 227-233.

Dworkin. Ronald. *Taking Rights Seriously* (Cambridge, Mass.: Harvard University Press, 1977).

Edison, William G. "Confusion, Controversy, and Quarantine: The Muncie Smallpox Epidemic of 93," *Indiana Magazine of History* 56 (1990), pp. 374-398.

Enders, John. "Rubella Vaccination," *New England Journal of Medicine* 283 (1970), pp. 261-263.

Enserink, Martin. "How Devastating Would a Smallpox Attack Really Be?" *Science* 296 (2002), pp. 1592-1594.

Epstein, Steven G. *Impure Science: AIDS, Activism, and the Politics of Knowledge* (Berkeley: University of California Press, 1996).

Ernst, E. "Rise in Popularity of Complementary and Alternative Medicine: Reasons and Consequences for Vaccination," *Vaccine* 20 (2000), pp. S90-S93.

Erskine, Hazel Gaudet. "The Polls: Exposure to Domestic Information," *Public Opinion Quarterly* 27 (1963), pp. 491-500.

Etheridge, Elizabeth W. *Sentinel for Health: A History of the Centers for Disease Control* (Berkeley: University of California Press, 1992).

Ettling, John. *The Germ of Laziness: Rockefeller Philanthropy and Public Health in the New South* (Cambridge, Mass.: Harvard University Press, 1991).

Evans, Geoffrey. "Vaccine Injury Compensation Programs Worldwide," *Vaccine* 17 (1999), pp. S25-S35.

Faden, Ruth R. and Tom Beauchamp, *A History and Theory of Informed Consent* (New York: Oxford University Press, 1986).

Fairchild, Amy L. "The Polio Narratives: Dialogs with FDR," *Bulletin of the History of Medicine* 75 (2001), pp. 488-534.

Fairchild, Amy., James Colgrove, and Ronald Bayer, "The Myth of Exceptionalism: The History of Venereal Disease Reporting in the Twentieth Century," *Journal of Law, Medicine and Ethics* 31 (2003), pp. 624-637.

Fee, Elizabeth. and Evelynn M. Hammonds, "Science, Politics and the Art of Persuasion: Promoting the New Scientific Medicine in New York City," in David Rosner, ed., *Hives of Sickness: Public Health and Epidemics in New York City* (New Brunswick, N.J.: Rutgers University Press, 1995).

Feiken, Daniel R., David C. Lezotte and R. F. Hamman, et al., "Individual and Community

Risks of Measles and Pertussis Associated with Personal Exemptions to Immunization," *Journal of the American Medical Association* 284 (2000), pp. 3145-3150.

Felton, Harriet M. and Cecilia Y. Willard, " Current Status of Prophylaxis by Hemophilus Pertussis Vaccine," *Journal of the American Medical Association* 126 (1944), pp. 294-299.

Fenn, Elizabeth A. *Pox Americana: The Great Smallpox Epidemic of 1775-82* (New York: Hill & Wang, 2001).

Fenner, F., A. J. Hall, and W. R. Dowdle, "What Is Eradication?" in W. R. Dowdle and D. R. Hopkins, eds., *The Eradication of Infectious Diseases* (New York: John Wiley & Sons, 1998).

Ferguson, Stanley W. "Mandatory Immunization," *New England Journal of Medicine* 288 (1973), p. 800.

Feudtner, Chris and Edgar K. Marcuse, "Ethics and Immunization Policy: Promoting Dialogue to Sustain Consensus," *Pediatrics* 107 (2001), pp. 1158-1164.

Fielder, Frank S. "What Constitutes Efficient Vaccination ?" *New York State Journal of Medicine* 2 (1902), p. 107.

Fine, Paul E. M. and Jacqueline A. Clarkson. "Individual versus Public Priorities in the Determination of Optimal Vaccination Policies," *American Journal of Epidemiology* 124 (1986), pp. 1012-1020.

Fishbein, Morris. *The Medical Follies* (New York: Boni & Liveright, 1925).

──────────. "Present-Day Trends of Private Practice in the United States," *Journal of the American Medical Association* 98 (1933), pp. 2039-2045.

Fitch, Pamela and Andrew Racine, "Parental Beliefs about Vaccination among an Ethnically Diverse Inner-City Population," *Journal of the National Medical Association* (2004), pp. 1047-1050.

Fitzpatrick, Michael. "MMR: Risk, Choice, Chance," *British Medical Bulletin* 69 (2004), pp. 143-153.

Foltz, Anne-Marie. *An Ounce of Prevention: Child Health Politics under Medicaid* (Cambridge, Mass.: MIT Press, 1982).

Fombonne, Eric. "Is There an Epidemic of Autism?" *Pediatrics* 107 (2001), pp. 411-413.

Force, John N. and James P. Leake, "Smallpox in Twenty States, 1915-1920," *Public Health Reports*, 1921, pp. 1979-1989.

Fowler, William. "Smallpox Vaccination Laws, Regulations, and Court Decisions," *Public Health Reports*, suppl. 60 (1927), pp. 1-21.

──────────. "Principal Provisions of Smallpox Vaccination Laws and Regulations in the United States," *Public Health Reports* 56, no. 5 (1941), pp. 167-173.

──────────. "State Diphtheria Immunization Requirements," *Public Health Reports* 57 (1942), pp. 325-328.

Fox, Daniel M. "Social Policy and City Politics: Tuberculosis Reporting in New York, 1889-

1900," *Bulletin of the History of Medicine* 49, no. 2 (1975), pp. 169-195.

Fox, John P., Lila Elveback, William Scott, et al., "Herd Immunity: Basic Concept and Relevance to Public Health Immunization Practices," *American Journal of Epidemiology* 94 (1971), pp. 179-189.

Frankel, Lee K. "Insurance Companies and Public Health Activities," *American Journal of Public Health* 4 (1914), pp. 1-10.

Freckleton, F. Robert. "Preschool Diphtheria Immunization Status of a New York State Community," *American Journal of Public Health* 39 (1949), pp. 1439-1440.

_____. "Federal Government Programs in Immunization," *Archives of Environmental Health* 15 (1967), pp. 512-514.

Freed, Gary L. et al., "Parental Vaccine Safety Concerns: The Experiences of Pediatricians and Family Physicians," *American Journal of Preventive Medicine* 26 (2004), pp. 11-14.

Freed, Gary L., Margie C. Andreae, Anne E. Cowan, et al., "The Process of Public Policy Formulation: The Case of Thimerosal in Vaccines," *Pediatrics* 109 (2002), pp. 1153-1159.

Freed, Gary L. and Samuel L. Katz, "The Comprehensive Childhood Immunization Act of 1993: Toward a More Rational Approach," *New England Journal of Medicine* 329 (1993), pp 1957-1960.

Freed, Gary L., Samuel L. Katz, and Sarah J. Clark, "Safety of Vaccinations: Miss America, the Media, and Public Health," *Journal of the American Medical Association* 276 (1996), pp. 1869-1872.

Freed, Gary L., W. Clayton Bordley, Gordon H. DeFriese, "Childhood Immunization Programs: An Analysis of Policy Issues," *Milbank Memorial Fund Quarterly* 71 (1993), pp. 65-96.

Freeman, Victoria A. and Gordon H. DeFriese, "The Challenge and Potential of Childhood Immunization Registries," *Annual Review of Public Health* 24 (2003), pp. 227-246.

French, Richard D. *Antivivisection and Medical Science in Victorian Society* (Princeton, N.J.: Princeton University Press, 1975).

Fulginiti, Vincent A. "Controversies in Current Immunization Policy and Practices: One Physician's Viewpoint," *Current Problems in Pediatrics* 6 (1976), pp. 3-35.

Fulginiti, Vincent A., Jerry J. Eller, Allan W. Downie, et al., "Altered Reactivity to Measles Virus," *Journal of the American Medical Association* 202 (1967), pp. 101-106.

Galambos, Louis. and Jane Eliot Sewell, *Networks of Innovation: Vaccine Development at Merck, Sharp & Dohme, and Mulford, 1895-1995* (Cambridge: Cambridge University Press, 1995).

Galasso, George J. "Projected Studies on Immunization against Smallpox," *Journal of Infectious Diseases* 121 (1970), pp. 575-577.

Galbraith, John Kenneth. *The Affluent Society* (Boston: Houghton Mifflin, 1958).

Gangarosa, E. J., A. M. Galazka, C. R. Wolfe, et al., "Impact of Anti-Vaccine Movements on Pertussis Control: The Untold Story," *Lancet* 351 (1998), pp. 356-361.

Gaylin, Willard and Bruce Jennings. *The Perversion of Autonomy: The Proper Uses of Coercion and Constraints in a Liberal Society* (New York: Free Press, 1996).

Gelfand, Henry M. "Vaccination: An Acceptable Risk?" *Science* 195 (1977), pp. 728-729.

Gellin, Bruce G., Edward W. Maibach and Edgar K. Marcuse, "Do Parents Understand Immunizations? A National Telephone Survey," *Pediatrics* 106 (2000), pp. 1097-112.

Gesell, Arnold., *The Pre-School Child from the Standpoint of Public Hygiene and Education* (Boston: Houghton Mifflin, 1923).

Gladish, Richard R. *John Pitcairn: Uncommon Entrepreneur* (Bryn Athyn, Pa.: Academy of the New Church, 1989).

Gladston, Iago. "Health Education and the Public Health of the Future," *Journal of the Michigan State Medical Society* (1929), p.335.

Glasser, Melvin A. "A Study of the Public's Acceptance of the Salk Vaccine Program," *American Journal of Public Health* 48 (1958), pp. 141-146.

Gilmartin, Howard. "The Medical Society's Share in Protecting the Children of Schenectady against Diphtheria," *New York State Journal of Medicine* 28 (1928), pp. 1097-1100.

Goddard, James L. "Smallpox, Diphtheria, Tetanus, Pertussis, and Poliomyelitis Immunization," *Journal of the American Medical Association* 187 (1964), pp. 1009-1012.

Godfrey, Edward S. "Practical Uses of Diphtheria Immunization Records," *American Journal of Public Health* 23 (1933), pp. 809-812.

Goldsmith, Marsha F. "AMA Offers Recommendations for Vaccine Injury Compensation," *Journal of the American Medical Association* 252 (1984), pp. 2937-2943.

Goldstein, Alice., Susan Cotts Watkins and Ann Rosen Spector, "Childhood Health-Care Practices among Italians and Jews in the United States, 1910-1940," *Health Transition Review* 4 (1994), pp. 45-61.

Gonzalez, Elizabeth Rasche. "TV Report on DTP Galvanizes U.S. Pediatricians," *Journal of the American Medical Association* 248 (1982), pp. 12-22.

Gordon, Linda. *Pitied but Not Entitled: Single Mothers and the History of Welfare, 1890-1935* (New York: Free Press, 1994).

Gostin, Lawrence O. *Public Health Law: Power, Duty, Restraint* (Berkeley: University of California Press, 2000).

Gostin, Lawrence O., James G. Hodge, and Ronald O. Valdiserri, "Informational Privacy and the Public's Health: The Model State Public Health Privacy Act," *American Journal of Public Health* 91 (2001), pp. 1388-1392.

Gostin, Lawrence O., Jason W. Sapsin, Stephen P. Teret, et al., "The Model State Emergency Health Powers Act: Planning for and Response to Bioterrorism and Naturally Occurring

Infectious Diseases," *Journal of the American Medical Association* 288 (2002), pp. 622-628.

Gostin, Lawrence O. and Zita Lazzarini, "Childhood Immunization Registries: A National Review of Public Health Information Systems and the Protection of Privacy," *Journal of the American Medical Association* 274 (1995), pp. 1793-1799.

Gottschalk, Stephen. *The Emergence of Christian Science in American Religious Life* (Berkeley: University of California Press, 1973).

Gray, J. A. Muir. "Postmodern Medicine," *Lancet* 354 (1999), pp. 1550-1553.

Greenberg, Morris. "Complications of Vaccination against Smallpox," *American Journal of Diseases of Children* (1948), pp. 492-502.

Greenwood, Major. *Epidemics and Crowd-Diseases: An Introduction to the Study of Epidemiology* (New York: Macmillan, 1935).

Griffin Robert., Kathleen Stratton, and Rosemary Chalk, "Childhood Vaccine Finance and Safety Issues," *Health Affairs* 23 (2004), pp. 98-111.

Gruenberg, Benjamin. *Modern Science and People's Health* (New York: Norton, 1926).

Gulick, Luther Halsey and Leonard P. Ayres, *Medical Inspection of Schools* (New York: Survey Associates, 1913).

Guyer, Bernard., Steven J. Baird, Robert H. Hutcheson, et al., "Failure to Vaccinate Children against Measles during the Second Year of Life," *Public Health Reports* 91 (1976), pp. 133-137.

Hall, Caroline Breese., Harold Margolis, "Hepatitis B Immunization: Premonitions and Perceptions of Pediatricians," *Pediatrics* 91 (1993), pp. 841-843.

Halpern, Sydney A. *American Pediatrics: The Social Dynamics of Professionalism, 1880-1980* (Berkeley: University of California Press, 1988).

Halsey, Neal A. "Safety of Combination Vaccines: Perception versus Reality," *Pediatric Infectious Disease Journal* 20 (2001), pp. S40-S44.

Hammonds, Evelynn Maxine. *Childhood's Deadly Scourge: The Campaign to Control Diphtheria in New York City, 1880-1930* (Baltimore: Johns Hopkins University Press, 1999).

Hapgood, Norman. ed., *Professional Patriots* (New York: Albert and Charles Boni, 1927).

Hardin, Garrett. "The Tragedy of the Commons," *Science* 162 (1968), pp. 1243-1248.

Hardy, Anne. "'Straight Back to Barbarism': Anti-Typhoid Inoculation and the Great War, 1914" *Bulletin of the History of Medicine* 74, no. 2 (2000): 265-90.

Hardy, George E., Ira Kassanoff, Hyman G. Orbach, et al., "The Failure of a School Immunization Campaign to Terminate an Urban Epidemic of Measles," *American Journal of Epidemiology* 91 (1970), pp. 286-293.

Harrington, Michael. *The Other America* (New York: Macmillan, 1962).

Health Policy Advisory Center, *The American Health Empire: Power, Profits, and Politics* (New

York: Random House, 1970).

Hedrich, A. W. "The Corrected Average Attack Rate from Measles among City Children," *American Journal of Hygiene* 11 (1930), pp. 576-600.

Henderson, Donald A. "The History of Smallpox Eradication," *Henry E. Sigerist Supplements to the Bulletin of the History of Medicine* 4 (1980), pp. 99-108.

Higgins, Charles M. *The Crime against the School Child* (Brooklyn: n.p., 1915).

_____. *Unalienable Rights and Prohibition Wrongs* (Brooklyn: n.p., 1919).

Hilleboe, Herman E. "A Brief History of the New York State Department of Health and Its Activities," *New York State Journal of Medicine* 57 (1957), pp. 533-542.

Hinman, Alan. "Position Paper," *Pediatric Research* 13 (1979), pp. 689-696.

Hinman, Alan R., A. David Brandling-Bennett, and P. I. Nieburg, "The Opportunity and Obligation to Eliminate Measles from the United States," *Journal of the American Medical Association* 242 (1979), pp. 1157-1162.

Hodge, James G., and Lawrence O. Costin, "School Vaccination Requirements: Historical, Social, and Legal Perspectives," *Kentucky Law Journal* 90 (2001-2002), pp. 831-890.

Hoff, Wilbur. "Why Health Programs Are Not Reaching the Unresponsive in Our Communities," *Public Health Reports* 81 (1966), pp. 654-658.

Hopkins, Donald R. *Princes and Peasants: Smallpox in History* (Chicago: University of Chicago Press, 1983).

Horne, Philip R., Kristin N. Sarlaas and Alan R. Himnan, "Costs of Immunization Registries: Experiences from the All Kids Count II Projects," *American Journal of Preventive Medicine* 19 (2000), pp. 94-98.

Horstmann, Dorothy M. "The Sabin Live Poliovirus Trials in the USSR, 1959," *Yale Journal of Biology and Medicine* 64 (1991), pp. 499-512.

Huerkamp, Claudia. "The History of Smallpox Vaccination in Germany: A First Step in the Medicalization of the General Public," *Journal of Contemporary History* 20 (1985), pp. 617-635.

Hunt, William R. *Body Love: The Amazing Career of Bernarr Macfadden* (Bowling Green, Ohio: Bowling Green State University Popular Press, 1989).

Hyde, Alan. *Bodies of Law* (Princeton, N.J.: Princeton University Press, 1995).

Ianni, Francis A., Robert M. Albrecht, Walter E. Boek, et al., "Age, Social, and Demographic Factors in Acceptance of Polio Vaccination," *Public Health Reports* 75 (1960), pp. 545-556.

Imperato, Pascal James. "The United States Swine Flu Influenza Immunization Program: A New York City Perspective," *Bulletin of the New York Academy of Medicine* 55 (1979), pp. 285-302.

Jackson, Charles L. "State Laws on Compulsory Immunization in the United States," *Public Health Reports* 84, no. 9 (1969), pp. 787-795.

Jacobi, Abraham. "Address in Opposition to the Jones-Tallett Amendment to the Public Health. Law in Relation to Vaccination," *New York State Journal of Medicine* 15, no. 3 (1915), pp. 90-92.

James, George. "Health Challenges Today," *American Review of Respiratory Diseases* 90 (1964), pp. 349-358.

Jervis, George A. ed., *Mental Retardation: A Symposium from the Joseph P. Kennedy, Jr. Foundation* (Springfield, Ill.: C. C. Thomas, 1967).

Jewett, F. A. "Smallpox in Brooklyn," *Brooklyn Medical Journal* 8 (1894), pp. 290-292.

_____. "Vaccination in the Public Schools," *Brooklyn Medical Journal* 8 (1894), p.294.

Johnson, Albert L., C. David Jenkins and Ralph Patrick, et al., *Epidemiology of Polio Vaccine Acceptance: A Social and Psychological Analysis, Florida State Board of Health Monograph No. 3* (Jacksonville, Fla.: Florida State Board of Health, 1962).

Johnson, Kay A., Alice Sardell, Barbara Richards, "Federal Immunization Policy and Funding: A History of Responding to Crisis," *American Journal of Preventive Medicine* 19 (2000), pp. 99-112.

Johnston, Robert D. *The Radical Middle Class: Populist Democracy and the Question of Capitalism in Progressive Era Portland, Oregon* (Princeton, N.J.: Princeton University Press, 2003).

Kahneman, Daniel., Paul Slovic, and Amos Tversky. *Judgment under Uncertainty: Heuristics and Biases* (Cambridge: Cambridge University Press, 1982).

Karzon, David T. "Immunization on Public Trial," *New England Journal of Medicine* 297 (1977), pp. 275-277.

Katz, Michael. *In the Shadow of the Poorhouse: A Social History of Welfare in America* (New York: Basic Books, 1996).

Katz, Samuel L. "The Case for Continuing 'Routine' Childhood Smallpox Vaccination in the United States," *American Journal of Epidemiology* 93 (1971), pp. 241-244.

Katznelson, Ira. "Was the Great Society a Lost Opportunity?" in Steve Fraser and Gary Gerstle, eds., *The Rise and Fall of the New Deal Order, 1930-1980* (Princeton, N.J.: Princeton University Press, 1989).

Kaufman, Martin. "The American Anti-Vaccinationists and Their Arguments," *Bulletin of the History of Medicine* 41 (1967), pp. 463-478.

_____. *Homeopathy in America: The Rise and Fall of a Medical Heresy* (Baltimore: Johns Hopkins University Press, 1971).

Kempe, C. Henry. "Studies on Smallpox and Complications of Smallpox Vaccination," *Pediatrics* 26 (1960), pp. 176-189.

Kempe, C. Henry. and Abram S. Benenson, "Smallpox Immunization in the United States," *Journal of the American Medical Association* 194 (1965), pp. 141-146.

Kemper, Alex R., Matthew M. Davis, and Gary L. Freed, "Expected Adverse Events in a Mass Smallpox Vaccination Campaign," *Effective Clinical Practice* 5 (2002), pp. 84-90.

Kennedy, David. *Over Here: The First World War and American Society* (New York: Oxford University Press, 1980).

Kent, James A. and C. Harvey Smith, "Involving the Urban Poor in Health Services through Accommodation-The Employment of Neighborhood Representatives," *American Journal of Public Health* 57 (1967), pp. 997-1003.

Kerpelman, Larry C., David B. Connell and Walter J. Gunn, "Effect of a Monetary Sanction on Immunization Rates of Aid to Families with Dependent Children," *Journal of the American Medical Association* 284 (2000), pp. 53-59.

King, Charles R. *Children's Health in America: A History* (New York: Twayne, 1993).

Kiser, Clyde V. *The Milbank Memorial Fund: Its Leaders and Its Work, 1905-1974* (New York: Milbank Memorial Fund, 1975).

Klein, Aaron. *Trial by Fury: The Polio Vaccine Controversy* (New York: Charles Scribner's Sons, 1972).

Klock, Lawrence E. and Gary S. Rachelefsky, "Failure of Rubella Herd Immunity during an Epidemic," *New England Journal of Medicine* 288 (1973), pp. 69-72.

Koplan, Jeffrey P., Stephen C. Schoenbaum, Milton C. Weinstein, et al., "Pertussis Vaccine-An Analysis of Risks, Benefits, and Costs," *New England Journal of Medicine* 301 (1979), pp. 906-911.

Kreshold, Karl and Caroline C. Sulzer, "Speed, Action and Candor: The Public Relations Story of New York's Smallpox Emergency," *Channels* 25 (1947), pp. 3-6.

Krugman, Richard D. "Immunization 'Dyspractice': The Need for 'No Fault' Insurance," *Pediatrics* 56 (1975), pp. 159-160.

Krugman, Saul. and Samuel L. Katz, "Smallpox Vaccination," *New England Journal of Medicine* 281 (1969), pp. 1241-1242.

Kulenkampff, M., J. S. Schwartzman, and J. Wilson, "Neurologic Complications of Pertussis Inoculation," *Archives of Disease in Childhood* 49 (1974), pp. 46-49.

Lander, Byron G. "Group Theory and Individuals: The Origin of Poverty as a Political Issue in 1964," *Western Political Quarterly* 24 (1971), pp. 514-526.

Landrigan, Philip J. "Epidemic Measles in a Divided City," *Journal of the American Medical Association* 221 (1972), pp. 567-570.

Lane, J. Michael., Frederick L. Ruben, John M. Neff, et al., "Complications of Smallpox Vaccination, 1968," *New England Journal of Medicine* 281 (1969), pp. 1201-1207.

Lane, J. Michael., Frederick L. Ruben, John M. Neff, et al., "Complications of Smallpox Vaccination, 1968: Results of Ten Statewide Surveys," *Journal of Infectious Diseases* 122 (1970), pp. 303-309.

Lane, J. Michael., Frederick L. Ruben, Elias Abrutyn, et al., "Deaths Attributable to Smallpox Vaccination, 1959 to 1966, and 1968," *Journal of the American Medical Association* 212 (1970), pp. 441-444.

Lane, J. Michael. and J. D. Millar, "Routine Childhood Vaccination against Smallpox Reconsidered," *New England Journal of Medicine* 281 (1969), pp. 1220-1224.

Langmuir, Alexander D. "Progress in Conquest of Paralytic Poliomyelitis," *Journal of the American Medical Association* 171 (1959), pp. 271-273.

_____. "Epidemiologic Considerations," *Journal of the American Medical Association* 175 (1962), pp. 840-843.

_____. "Medical Importance of Measles," *American Journal of Diseases of Children* 103 (1962), pp. 224-226.

_____. "Changing Concepts of Airborne Infection of Acute Contagious Diseases: A Reconsideration of Classic Epidemiologic Theories," *Annals of the New York Academy of Sciences* 353 (1980), pp. 35-44.

Langmuir, Alexander D., Neal Nathanson and William Jackson Hall, "Surveillance of Poliomyelitis in the United States in 1955," *American Journal of Public Health* 46 (1956), pp. 75-88.

Lapin, Joseph H. "Combined Immunization of Infants against Diphtheria, Tetanus and Whooping Cough," *American Journal of Diseases of Children* 63 (1942), pp. 225-237.

Lasch, Christopher. *Haven in a Heartless World: The Family Besieged* (New York: Basic Books, 1977).

Leach, William. *Land of Desire: Merchants, Power and the Rise of a New American Culture* (New York: Vintage Books, 1993).

Lears, T. J. Jackson. *Fables of Abundance: A Cultural History of Advertising in America* (New York: Basic Books, 1994).

Leavitt, Judith Walzer. *The Healthiest City: Milwaukee and the Politics of Health Reform* (Princeton, N.J.: Princeton University Press, 1982).

_____. "'Typhoid Mary' Strikes Back: Bacteriological Theory and Practice in Early Twentieth-Century Public Health," *Isis* 83 (1992), pp. 608-629.

_____. "'Be Safe. Be Sure.': New York City's Experience with Epidemic Smallpox," in David Rosner, ed., *Hives of Sickness: Public Health and Epidemics in New York City* (New Brunswick, N.J.: Rutgers University Press, 1995).

_____. *Typhoid Mary: Captive to the Public's Health* (Boston: Beacon Press, 1996).

Lederer, Susan Eyrich. "Hideyo Noguchi's Leutin Experiment and the Antivivisectionists," *Isis* 76 (1985), pp. 31-48.

_____. "The Controversy over Animal Experimentation in America, 1880-

1914," in Nicolaas Rupke, ed., *Vivisection in Historical Perspective* (London: Croom Helm, 1987).

_____. "Political Animals: The Shaping of Biomedical Research Literature in Twentieth-Century America," *Isis* 83 (1992), pp. 61-79.

Lemos, J. Stanley. "The Sheppard-Towner Act: Progressivism in the 1920s," *Journal of American History* 55 , no. 4 (1969), pp. 776-786.

Lenno, Richard G., Craig D. Turnbull, and William R. Elsea, "Measles Immunization in a Northeastern Metropolitan County," *Journal of the American Medical Association* 200 (1967), pp. 815-819.

Lewenstein, Bruce V. "Industrial Life Insurance, Public Health Campaigns, and Public Communication of Science, 1908-1951," *Public Understanding of Science* 1 (1992), pp. 347-365.

Liebenau, Jonathan. *Medical Science and Medical Industry: The Formation of the American Pharmaceutical Industry* (Basingstoke: Macmillan, 1987).

Likn, William A. "Privies, Progressivism, and Public Schools: Health Reform and Education in the Rural South, 1909-1920," *Journal of Southern History* 54, no. 4 (1988), pp. 623-642.

Little, Lora C. *Crimes of the Cowpox Ring: Some Moving Pictures Thrown on the Dead Wall of Official Silence* (Minneapolis: Liberator Publishing, 1906).

Lovejoy, George S., James W. Giandelia and Mildred Hicks, "Successful Enforcement of an Immunization Law," *Public Health Reports* 89 (1974), pp. 456-458.

Loyster, James A. *Vaccination Results in New York State in 1914* (Cazenovia, N.Y.: n.p., 1915).

Luckham, Jane. and David W. Swift, "Community Health Aides in the Ghetto: The Contra Costa Project," *Medical Care* 7 (1969), pp. 332-339.

Mack, Thomas M. "Smallpox in Europe, 1950-1971," *Journal of Infectious Diseases* 125 (1972), pp. 161-169.

Macleod, Roy. "Law, Medicine and Public Opinion: The Resistance to Compulsory Health Legislation, 1870-1907," *Public Law* (1967), pp. 106-128.

Marchand, Roland. *Creating the Corporate Soul: The Rise of Public Relations and Corporate Imagery in American Big Business* (Berkeley: University of California Press, 1998).

Mariner, Wendy K. "Legislative Report: The National Vaccine Injury Compensation Program," *Health Affairs* 11 (1992), pp. 255-265.

Mark, Harry M. *The Progress of Experiment: Science and Therapeutic Reform in the United States, 1900-1990* (Cambridge: Cambridge University Press, 1997).

Markel, Howard. *Quarantine! East European Jewish Immigrants and the New York City Epidemics of 1892* (Baltimore: John Hopkins University Press, 1997).

Marmor, Judd., Viola W. Bernard and Perry Ottenberg, "Psychodynamics of Group Opposition to Health Programs," *American Journal of Orthopsychiatry* 30 (1960), pp. 330-345.

Marshall Jr., A. L. and Andrew C. Offutt, "A Noncompulsory Immunization Law for Indiana School Children," *Public Health Reports* 75 (1960), pp. 967-969.

Martin, Brian. *Scientific Knowledge in Controversy: The Social Dynamics of the Fluoridation Debate* (Albany: State University of New York Press, 1991).

Marwick, Charles. and Mike Mitka, "Debate Revived on Hepatitis B Vaccine Value," *Journal of the American Medical Association* 281 (1999), pp. 15-17.

Mazur, Allan. "Public Confidence in Science," *Social Studies of Science* 7 (1977), pp. 123-125.

McCormack. J. N. "The Value of State Control and Vaccination in the Management of Smallpox," *Journal of the American Medical Association* 38 (1902), p.1434.

McCormick, Marie. "The Autism 'Epidemic': Impressions from the Perspective of Immunization Safety," *Ambulatory Pediatrics* 3 (2003), pp. 119-120.

McNeil, Donald R. *The Fight for Fluoridation* (New York: Oxford University Press, 1957).

McPhillips, Heather. and Edgar K. Marcuse, "Vaccine Safety," *Current Problems in Pediatrics* 31 (2001). pp. 95-121.

Meckel, Richard A. *Save the Babies: American Public Health Reform and the Prevention of Infant Mortality 1850-1929* (Baltimore: Johns Hopkins University Press, 1990).

Meltzer, Martin I., Inger Damon, James W. LeDuc, et al., "Modeling Potential Responses to Smallpox as a Bioterrorist Weapon," *Emerging Infectious Diseases* 7 (2001), pp. 959-969.

Menzel, Paul. "Non-Compliance: Fair or Free-Riding," *Health Care Analysis* 3 (1995), pp. 113-115.

Merckel, Richard A. *Save the Babies: American Public Health Reform and the Prevention of Infant Mortality, 1850-1929* (Baltimore: Johns Hopkins University Press, 1990).

Merrick, Janna. "Spiritual Healing, Sick Kids, and the Law: Inequities in the American Health Care System," *American Journal of Law and Medicine* 29 (2003), pp. 269-299.

Merrill, Malcolm H., Arthur C. Hollister, Stephen F. Gibbs, et al., "Attitudes of Californians toward Poliomyelitis Vaccination," *American Journal of Public Health* 48 (1958), pp. 146-152.

Meyer, William J. "Determination of Immunization Status of School Children in New York State, " *New York State Journal of Medicine* 60 (1960), pp. 2869-2873.

Mill, John Stuart. *On Liberty* (1859; Indianapolis: Bobbs Merrill, 1956).

Miller, D. L., R. Alderslade, and E. M. Ross, "Whooping Cough and Whooping Cough Vaccine: The Risks and Benefits Debate," *Epidemiologic Reviews* 4 (1982), pp. 1-24.

Miller, Mark A. Miller and Alan R. Hinman, "Economic Analyses of Vaccine Policies," in Stanley A. Plotkin and Walter A. Orenstein, eds., *Vaccines,* 4th ed. (Philadelphia: Elsevier, 2004).

Miller, Ruth K. "Informed Consent in the Military: Fighting a Losing Battle against the Anthrax Vaccine," *American Journal of Law and Medicine* 28 (2002), pp. 325-343.

Monteyne, Philippe., Francis E. Andre, "Is There a Causal Link Between Hepatitis B

Vaccination and Multiple Sclerosis?" *Vaccine* 18 (2000), pp. 1994-2001.

Monto, Arnold S. "Francis Field Trial of Inactivated Poliomyelitis Vaccine: Background and Lessons for Today," *Epidemiological Reviews* 21 (1999), pp. 7-22.

Moree, Edward A. "Public Health Publicity: The Art of Stimulating and Focusing Public Opinion," *American Journal of Public Health* 6 (1916), pp. 97-108.

Moyhihan, Daniel P. *Maximum Feasible Misunderstanding: Community Action in the War on Poverty* (New York: Free Press, 1969).

Muller, Charlotte. "Income and the Receipt of Medical Care," *American Journal of Public Health* 55 (1965), pp. 510-521.

Nash, Elwin T. and J. Graham Forbes, "Diphtheria Immunisation: Its Possibilities and Difficulties," *Public Health* 46 (1933), pp. 245-271.

Nathanson, Neal and Alexander D. Langmuir, "The Cutter Incident: Poliomyelitis Following Formaldehyde-Inactivated Poliovirus Vaccination in the United States during the Spring of 1955," *American Journal of Hygiene* 78 (1963), pp. 16-28.

Nathanson, Neal and John R. Martin, "The Epidemiology of Poliomyelitis: Enigmas Surrounding Its Appearance, Epidemicity, and Disappearance," *American Journal of Epidemiology* 110 (1979), pp. 672-692.

Nathanson, Neal., Lauri D. Thrup, W. Jackson Hall, et al., "Epidemic Poliomyelitis during 1956 in Chicago and Cook County, Illinois," *American Journal of Hygiene* 70 (1959), pp. 107-168.

National Research Council, *Improving Risk Communication* (Washington, D.C.: National Academies Press, 1989).

National Vaccine Advisory Committee, "The Measles Epidemic: The Problems, Barriers, and Recommendations," *Journal of the American Medical Association* 266 (1991), pp. 1547-1552.

Neff, John M. "The Case for Abolishing Routine Childhood Smallpox Vaccination in the United States," *American Journal of Epidemiology* 93 (1971), pp. 245-247.

Neff, John M. and Michael Lane, James H. Pert, et al., "Complications of Smallpox Vaccination. I. National Survey in the United States, 1963," *New England Journal of Medicine* 276 (1967), pp. 125-132.

Nelkin, Dorothy. *Selling Science: How the Press Covers Science and Technology* (New York: W.H. Freeman, 1987).

Neumann, Hans H. "For a Federal Immunization Insurance Corporation," *Connecticut Medicine* 41 (1977), pp. 118-119.

Neustadt, Richard E. and Harvey V. Fineberg, *The Epidemic That Never Was: Policy Making and the Swine Flu Affair* (New York: Vintage Books, 1982).

Newman, Sarah H. "Consumer Perspective: Position Paper," *Pediatric Research* (1979), pp.

705-706.

Nicoll, Matthias. "The Past, Present and Future of Preventive Medicine," *New York State Journal of Medicine* 26 (1926), pp. 883-886.

_____. "The Age of Public Health," *New York State Journal of Medicine* 27 (1927), pp. 114-116.

_____. "Discussion," *American Journal of Public Health* 17 (1927), pp. 206-207.

Nightingale, Elena O. "Recommendation for a National Policy on Poliomyelitis Vaccination," *New England Journal of Medicine* 297 (1977), pp. 249-253.

Nugent, Angela. "Fit for Work: The Introduction of Physical Examinations in Industry," *Bulletin of the History of Medicine* 57 (1983), pp. 578-595.

Numbers, Ronald. *Almost Persuaded: American Physicians and Compulsory Health Insurance* (Baltimore: Johns Hopkins University Press, 1978).

Offitt, Paul A. "Preventing Harm from Thimerosal in Vaccines," *Journal of the American Medical Association* 283 (2000), p.2104.

_____. *The Cutter Incident: How America's First Polio Vaccine Led to the Growing Vaccine Crisis* (New Haven: Yale University Press, 2005).

Offit, Paul A., Jessica Quarles, Michael A. Gerber, et al., "Addressing Parents' Concerns: Do Multiple Vaccines Overwhelm or Weaken the Infant's Immune System?" *Pediatrics* 109 (2002), pp. 124-128.

Oswald, Felix Leopold. *Vaccination a Crime, with Comments on Other Sanitary Superstitions* (New York: Physical Culture Publishing, 1901).

Osler, William., Thomas McCrae and Elmer H. Funk, eds., *Modern Medicine, Its Theory and Practice*, 3d ed. (Philadelphia: Lea & Febiger, 1925-1928).

O'toole, Tara., Michael Mair, and Thomas V. Inglesby, "Shining Light on 'Dark Winter,'" *Clinical Infectious Diseases* 34 (2002), pp. 972-983.

Palmer, George Truma., Mahew Derryberry, and Philip Van Ingen, *Health Protection for the Preschool Child* (New York: Century, 1931).

Park, William H., M. C. Schroder and Abraham Zingher, "The Control of Diphtheria," *American Journal of Public Health* 13 (1923), pp. 23-32.

Paul, John R. "Status of Vaccination against Poliomyelitis, with Particular Reference to Oral Vaccination," *New England Journal of Medicine* 264 (1961), pp. 651-658.

_____. "The 1961 Middletown Oral Poliovirus Vaccine Program," *Yale Journal of Biology and Medicine* 34 (1962), pp. 439-446.

_____. *History of Poliomyelitis* (New Haven, Conn.: Yale University Press, 1971).

Pearl, Arthur. and Frank Riessman, *New Careers for the Poor: The Nonprofessional in Human Service* (New York: Free Press, 1965).

Pearl, Raymond. *The Biology of Death* (Philadelphia: Lippincott, 1922).

Pierce, C. C. "Some Reasons for Compulsory Vaccination," *Boston Medical and Surgical Journal* 192, no. 15 (1925), pp. 689-695.

Pitcairn, John. *Vaccination: An Address Delivered before the Committee on Public Health and Sanitation of the General Assembly of Pennsylvania at Harrisburg, March 5, 1907* (Philadelphia: Anti-Vaccination League of Pennsylvania, 1907).

Plotkin, Stanley A. "Preventing Harm from Thimerosal in Vaccines," *Journal of the American Medical Association* 283 (2000), pp. 2104-2105.

Polsky, Andrew. *The Rise of the Therapeutic State* (Princeton, N.J.: Princeton University Press, 1991).

Porter, Dorothy and Roy Porter, "The Politics of Prevention: Anti-Vaccinationism and Public Health in Nineteenth-Century England," *Medical History* 32 (1988), pp. 231-252.

Porter, Theodore M. *Trust in Numbers: The Pursuit of Objectivity in Science and Public Life* (Princeton, N.J.: Princeton University Press, 1995).

Prenick, Martin. "Thomas Edison's Tuberculosis Films: Mass Media and Health Propaganda," *Hastings Center Report* 8 (1978), pp. 21-27.

Ravenal, Mazyck P. "The Control of Typhoid Fever by Vaccination," *Proceedings of the American Philosophical Society* 52 (1913), pp. 226-233.

Redmond, Stephen R. "Immunization and School Records," *Journal of the New York State School Nurse Teachers Association* 6 (1974), pp. 11-16.

Reilly, Gretchen Ann. "'Not a So Called Democracy': Anti-Fluoridationists and the Fight Over Drinking Water," in Robert D. Johnston, ed., *The Politics of Healing: Histories of Alternative Medicine in Twentieth-Century North America* (New York: Routledge, 2004).

Reiser, Stanley Joel. "The Emergence of the Concept of Screening for Disease," *Milbank Memorial Fund Quarterly* 56, no. 4 (1978), pp. 403-425.

Rennels, Margaret B. "The Rotavirus Vaccine Story: A Clinical Investigator's View," *Pediatrics* 106 (2000), pp. 123-125.

Riessman, Frank. *Mental Health for the Poor* (New York: Free Press of Glencoe, 1964).

Rivers, Tom. *Evaluation of the 1954 Field Trial of Poliomyelitis Vaccine* (Ann Arbor, Mich.: Poliomyelitis Evaluation Center, 1957).

Robbins, Kenneth B. A. David Brandling-Bennett, and Alan R. Hinman, "Low Measles Incidence: Association with Enforcement of School Immunization Laws," *American Journal of Public Health* 71 (1981), pp. 270-274.

Rogers, Naomi. *Dirt and Disease: Polio before FDR* (New Brunswick, N.J.: Rutgers University Press, 1992).

Rosenau, Milton J. *Preventive Medicine and Hygiene*, 4th ed. (New York: D. Appleton, 1921).

Rosenberg, Charles E. *Explaining Epidemics and Other Studies in the History of Medicine* (Cambridge: Cambridge University Press, 1992).

Rosenkrantz, Barbara Gutmann. *Public Health and the State: Changing Views in Massachusetts, 1842-1936* (Cambridge, Mass.: Harvard University Press, 1972).

Rosenstock, Irwin M., Mayhew Derryberry and Barbara K. Carriger, "Why People Fail to Seek Poliomyelitis Vaccination," *Public Health Reports* 74 (1959), pp. 98-103.

Rosner, David. *A Once Charitable Enterprise: Hospitals and Health Care in Brooklyn and New York, 1885-1915* (Princeton, N.J.: Princeton University Press, 1982).

Ross, John A. "Social Class and Medical Care," *Journal of Health and Human Behavior* 3 (1962), pp. 35-40.

Rota, Jennifer S., Daniel A. Salmon, Lance E. Rodewald, et al., "Processes for Obtaining Nonmedical Exemptions to State Immunization Laws," *American Journal of Public Health* 91 (2001), pp. 645-648.

Rothman, David J. *Strangers at the Bedside* (New York: Basic Books, 1991).

Rothstein, William G. *Public Health and the Risk Factor: A History of an Uneven Medical Revolution* (Rochester, N.Y.: University of Rochester Press, 2003).

Routzahn, Evart G. "Education and Publicity," *American Journal of Public Health* 18 (1928), pp. 518-519.

Rowell, Chester H. "Medical and Anti-Medical Legislation in California," *American Journal of Public Health* 11 (1921), pp. 128-132.

Ryan, Cheyney C. "The Normative Concept of Coercion," *Mind*, n.s., 89 (1980), pp. 81-498.

Sabin, Albert B. "Vaccine-Associated Poliomyelitis Cases," *Bulletin of the World Health Organization* 40 (1969), pp. 947-949.

Sabin, Albert B., Richard H. Michaels, Ilya Spigland, et al., "Community Wide Use of Oral Poliovirus Vaccine," *American Journal of Diseases of Children* 101 (1961), pp. 38-59.

Sailcrup, Pedro Jose. "Smallpox and the Value of Vaccination as a Preventive," *New York Medical Journal* (1893), pp. 605-610.

Salisbury, Gay and Laney Salisbury, *The Cruelest Miles: The Heroic Story of Dogs and Men in a Race against an Epidemic* (New York: Norton, 2003).

Salmon, Daniel A., Jason W. Sapsin, Stephen Teret, et al., "Public Health and the Politics of School Immunization Requirements," *American Journal of Public Health* 95 (2005), pp. 778-783.

Salmon, Daniel A., Saad B. Omer, Lawrence H. Moulton, et al., "Exemptions to School Immunization Requirements: The Role of School-Level Requirements, Policies, and Procedures," *American Journal of Public Health* 95 (2005), pp. 436-440.

Schoepflin, Rennie B. *Christian Science on Trial: Religious Healing in America* (Baltimore: Johns Hopkins University Press, 2003).

Schreier, Herbert A. "On the Failure to Eradicate Measles," *New England Journal of Medicine* 290 (1974), pp. 803-804.

Schultz, Stanley K. and Clay McShane, "To Engineer the Metropolis: Sewers, Sanitation, and City Planning in Late-Nineteenth-Century America," *Journal of American History* 65, no. 2 (1978), pp. 389-411

Seal, John B. and Robert S. Daum, "What Happened to Primum Non Nocere?" *Pediatrics* 107 (2001), pp. 1177-1178.

Sears, F. W. "Can Diphtheria Be Eliminated?" *American Journal of Public Health* 15 (1925), pp. 98-101

_____. "Further Observations of the Schick and Toxin-Antitoxin Immunization against Diphtheria in the City of Auburn," *American Journal of Public Health* 15 (1925), pp. 210-213.

Sencer, David J., H. Bruce Dull, and Alexander D. Langmuir, "Epidemiologic Basis for Eradication of Measles in 1967," *Public Health Reports* 82 (1967), pp. 253-256.

Serfling, Robert E. and Ida L. Sherman, "Survey Evaluation of Three Poliomyelitis Immunization Campaigns," *Public Health Reports* 78 (1963), pp. 413-418.

Serfling, Robert E., R. G. Cornell and Ida L. Sherman, "The CDC Quota Sampling Technic with Results of 1959 Poliomyelitis Vaccination Surveys," *American Journal of Public Health* 50 (1960), pp. 1847-1857.

Sewell, William H. "Some Reflections on the Golden Age of Interdisciplinary Social Psychology," *Social Psychology Quarterly* 52 (1989), pp. 88-97.

Shah, Nayan. *Contagious Divides: Epidemics and Race in San Francisco's Chinatown* (Berkeley: University of California Press, 2001).

Sills, David L. and Rafael E. Gill, "Young Adults' Use of the Salk Vaccine," *Social Problems* 6 (1958-59), pp. 246-252.

Silverman, Ross D. "No More Kidding Around: Restructuring NonMedical Childhood Immunization Exemptions to Ensure Public Health Protection," *Annals of Health Law* 12 (2003), pp. 277-294.

Silverman, Ross D. and Thomas May. "Private Choice versus Public Health: Religion, Morality, and Childhood Vaccination Law," *Margins* 1 (2001), pp. 505-521.

Sincerbeaux, George. "Auburn's Experience with Toxin-Antitoxin," *New York State Journal of Medicine* 26 (1926), pp. 857-858.

Sirkin, Monroe G. and Berthold Brenner, *Population Characteristics and Participation in the Poliomyelitis Vaccination Program, Public Health Monograph No. 61* (Washington, D.C.: Government Printing Office, 1960).

Skocpol, Theda. *Protecting Soldiers and Mothers: The Political Origins of Social Policy in the United States* (Cambridge, Mass.: Belknap Press, 1992).

_____. *Boomerang: Clinton's Health Security Effort and the Turn against Government in U.S. Politics* (New York: Norton, 1996).

Smith, Jane S. *Patenting the Sun: Polio and the Salk Vaccine* (New York: Doubleday, 1990).

Smith, Mortimer and William Jay Gaynor, *Mayor of New York* (Chicago: Henry Regnery, 1951).

Soper, Fred L. "Problems to Be Solved if the Eradication of Tuberculosis Is to Be Realized," *American Journal of Public Health* 52 (1962), pp. 734-739.

_____. "Rehabilitation of the Eradication Concept in Prevention of Communicable Diseases," *Public Health Reports* 80 (1965), pp. 855-869.

Spence, Fay F. "Alternatives to Manufacturer Liability for Injuries Caused by the Sabin-Type Oral Polio Vaccines," *William and Mary Law Review* 28 (1987), pp. 711-742.

Spock, Benjamin. *The Common Sense Book of Baby and Child Care* (New York: Duell, Sloan & Pearce, 1946).

Star, Paul. *The Social Transformation of American Medicine* (New York: Basic Books, 1982).

Sterfling, Robert E. "Historical Review of Epidemic Theory," *Human Biology* 24 (1952), pp. 145-166.

Stern. Bernhard J. *Should We Be Vaccinated?* (New York: Harper & Brothers, 1927).

Stewart, Gordon T. "Vaccination against Whooping Cough: Efficacy versus Risks," *Lancet* no. 8005 (1977), pp. 234-237.

Stewart, James C. "Analysis of the Diphtheria Outbreak in Austin, Texas, 1967-69," *Public Health Reports* 85 (1970), pp. 949-954.

Stewart, James C. and William R. Hood, "Using Workers from 'Hard-Core' Areas to Increase Immunization Levels," *Public Health Reports* 85 (1970), pp. 177-185.

Strebel, Peter M., Mark J. Papania, and Neal A. Halsey, "Measles Vaccine," in Stanley A. Plotkin and Walter A. Orenstein, eds., *Vaccines,* 4th ed. (Philadelphia: Elsevier, 2004).

Suchman, Edward A. "Sociomedical Variations among Ethnic Groups," *American Journal of Sociology* 70 (1964), pp. 319-331.

Sudman, Seymour. and Norman M. Bradburn, "The Organizational Growth of Public Opinion Research in the United States," *Public Opinion Quarterly* 51 (1987), pp. S67-S78.

Sundquist, James L. *Politics and Policy: The Eisenhower, Kennedy, and Johnson Years* (Washington, D.C.: Brookings Institution, 1968).

Sunstein, Cass. *Risk and Reason: Safety, Law and the Environment* (Cambridge: Cambridge University Press, 2002).

Swan, Rita. "On Statutes Depriving a Class of Children to Rights to Medical Care: Can This Discrimination Be Litigated?" *Quinnipiac Health Law Journal* 2 (1999), pp. 73-95.

Tapley, W. C. and G. S. Wilson, "The Spread of Bacterial Infection: The Problem of Herd Immunity," *Journal of Hygiene* 21 (1923), pp. 243-249.

Tebb, W. Scott. *A Century of Vaccination and What It Teaches* (London: Swan Sonnenschein, 1899)

Tobey, James A. *Public Health Law: A Manual for Sanitarians* (Baltimore: Williams & Wilkins, 1926).

Tomes, Nancy. *The Gospel of Germs: Men, Women and the Microbe in American Life* (Cambridge, Mass.: Harvard University Press, 1998).

_____. "Merchants of Health: Medicine and Consumer Culture in the United States, 1900-1940," *Journal of American History* 88, no. 2 (2001).

Toon, Elizabeth. "Managing the Conduct of the Individual Life: Public Health Education and American Public Health, 1910 to 1940" (Ph.D. diss., University of Pennsylvania, 1998).

Trattner, Walter I. *Crusade for the Children: A History of the National Child Labor Committee and Child Labor Reform in America* (Chicago: Quadrangle Books, 1970).

Urosky, Melvin and David W. Levy, eds., *"Half Brother, Half Son": The Letters of Louis D. Brandeis to Felix Frankfurter* (Norman: University of Oklahoma Press, 1991).

Viver, Patrick M. "National Policies for Childhood Immunization in the United States: A Historical Perspective" (Ph.D. diss., Johns Hopkins University, 1996).

Wakefield, A. J., S. H. Murch, A. Anthony, et al., "Ileal-Lymphoid-Nodular Hyperplasia, Non-Specific Colitis, and Pervasive Developmental Disorder in Children," *Lancet* 351 (1998), pp. 637-641.

Walter, LeRoy B. "Response," *Pediatric Research* (1979), p.700.

Wardwell, Walter I. *Chiropractic: History and Evolution of a New Profession* (St. Louis: Mosby Year Book, 1992).

Waserman, Manfred. "The Quest for a National Health Department in the Progressive Era," *Bulletin of the History of Medicine* 49 (1975), pp. 353-380.

Watson, William C., Kristin Nicholson Sarlaas, Ruby Hearn, et al., "The All Kids Count National Program: A Robert Wood Johnson Foundation Initiative to Develop Immunization Registries," *American Journal of Preventive Medicine* 13 (1997), pp. 3-6.

Wecht, Cyril. "The Swine Flu Immunization Program: Scientific Venture or Political Folly?" *American Journal of Law & Medicine* 3 (1978), pp. 425-445.

Weinstein, Israel "An Outbreak of Smallpox in New York City," *American Journal of Public Health* 37 (1947), pp. 1376-1384.

Weinstein, Louis. and Te-Wen Chang, "Rubella Immunization," *New England Journal of Medicine* 288 (1973), pp. 100-101.

Welch, William W. "A Statistical Record of Five Thousand Cases of Small-Pox," *New York Medical Journal* 59 (1894), pp. 326-330.

White, John J. "Recent Advances in Public Health. Immunization," *American Journal of Public Health* 64 (1974), pp. 939-944.

Wilson, John Rowan. *Margin of Safety* (Garden City, N.Y.: Doubleday, 1963).

Winklestein Jr., Warren and Saxon Graham, "Factors in Participation in the 1954 Poliomyelitis

Vaccine Field Trials, Erie County, New York," *American Journal of Public Health* 49 (1959), pp. 1454-1466.

Winslow, C. E. A. *The Life of Hermann M. Biggs* (Philadelphia: Lea & Febiger, 1929).

_____. *A City Set on a Hill* (Garden City, N.Y.: Doubleday, Doran, 1934).

Withey, Stephen B. "Public Opinion about Science and Scientists," *Public Opinion Quarterly* 23 (1959), pp. 382-388.

Wolfe, Robert M., Lisa K. Sharpe, and Martin S. Lipsky, "Content and Design Attributes of Antivaccination Web Sites," *Journal of the American Medical Association* 287 (2002), pp. 3245-3248.

Wolff, Eberhard. "Sectarian Identity and the Aim of Integration," *British Homeopathic Journal* 85 (1996), pp. 95-114.

Wood, David., Kristin N. Sarlaas, Moira lnkelas, et al., "Immunization Registries in the United States: Implications for the Practice of Public Health in a Changing Health Care System," *Annual Review of Public Health* 20 (1999), pp. 231-255.

Woodin, K. A., L. E. Rodewald, S. G. Humiston, et al., "Physicians and Parent Opinions: Are Children Becoming Pincushions from Immunizations?" *Archives of Pediatric and Adolescent Medicine* 149 (1995), pp. 845-849.

Woodward, Samuel B. "Legislative Aspects of Vaccination," *Boston Medical and Surgical Journal* 185, no. II (1921), pp. 307-310.

Woolley, Andrea Peterson. "Informed Consent to Immunization: The Risks and Benefits of Individual Autonomy," *California Law Review* 65 (1977), pp. 1286-1314.

Wynne, Shirley W. "Diphtheria Must Go," in Edward Fisher Brown, ed., *How to Protect Children from Diphtheria* (New York: Department of Health, n.d. [1929]).

Yankelovich, Daniel. "The Debate That Wasn't: The Public and the Clinton Plan," *Health Affairs* 14 (1995), pp. 7-22.

Yeracaris, Constantine A. "The Acceptance of Polio Vaccine: An Hypothesis," *American Catholic Sociological Review* 224 (1961), pp. 299-305.

_____. "Social Factors Associated with the Acceptance of Medical Innovations: A Pilot Study," *Journal of Health and Human Behavior* 3 (1962), pp. 193-198.

Zell, Elizabeth., Vance Dietz, John Stevenson, et al., "Low Vaccination Levels of US Preschool and School-Children," *Journal of the American Medical Association* 271 (1994), pp. 833-839.

Zingher, Abraham. "Diphtheria Preventive Work in the Public Schools of New York City," *Archives of Pediatrics* 38 (1921), pp. 336-359.

Ziporyn, Terra. *Disease in the Popular American Press: The Case of Diphtheria, Typhoid Fever, and Syphilis, 1870-1920* (New York: Greenwood Press, 1988).

찾아보기

[ㄱ]

가족 123, 167, 177, 242, 248, 259, 401, 457
간접적인 강제 85
감염병 289
감염성 질병 36
강제 26, 27, 30, 31, 37, 48, 53, 56, 58, 66,
     72, 74, 77, 79, 83, 85, 88, 92, 96,
     101, 106, 109, 112, 113, 114, 117,
     125, 133, 136, 139, 140, 143, 149,
     167, 182, 213, 256, 320, 327, 362,
     367, 402, 444, 458
강제된 건강 89
강제법 279
강제 법안 130
강제적 백신접종 84
강제적 백신접종 법률 149
강제적 조치 83, 138
강제 접종 85, 156, 401
개릿 하딘 27
건강관리 시스템 403
건강보험 110, 405, 407
건강보험 적용률 283
경고할 의무 346
경구용 소아마비 백신 355, 356
경제적 · 구조적 장벽 396
공공 서비스 413
공공 혜택 401

공동체 43, 156
공중보건 23, 34, 49, 84, 161, 173, 175, 182
『공중보건 미국의 길』 151
공중보건 이데올로기 182
공중보건 전문가 350
공중보건 정책 35, 354
과학 109, 127, 168, 428, 451
광고 기법 161
교육 161
국가 데이터베이스 410, 411
국가 배상 프로그램 388
국가백신자문위원회 403
국가백신피해배상 프로그램 393
국가어린이백신피해법 393, 395
국가 백신접종 프로그램 455
국가 위원회 358, 362
국가 의료 109, 110, 129
국가 컴퓨터 추적 시스템 409
국립백신정보센터 433
국립소아마비재단 258
군인 420, 421
기도 117
길랭-바레 증후군 359

[ㄴ]

낙관주의 289
뉴욕 79, 80, 81, 88, 114, 134, 228, 230,
     256, 292, 368, 377
《뉴욕 이브닝 그래픽》 120
『뉴욕 의학 저널』 85

[ㄷ]

대량 백신접종 프로그램 316
대증요법 의학 152
대체의료 행위자 152
댄 헤이즌 39
데이비스 대 와이어스 사건 348
『또 다른 미국』 311
독감 357
독소 163
독소-항독소 162, 163, 164, 165, 166, 169
동네 백신접종 지도자들 298
동물실험 128
동의 문제 361
등록부 411, 412, 413
디프테리아 80, 170, 176
디프테리아 면역 획득 170, 171
디프테리아 박멸 182
디프테리아 백신접종 161, 162, 177, 180
디프테리아 예방주사 160
'디프테리아이는 이제 그만(No more
    Diphteria)' 캠페인 172

[ㄹ]

『란셋』 418, 420, 456
『레드북』 208
레이먼드 펄 132
로라 리틀 116
로버트 우드 존슨 재단 410, 412
로베르토 코흐 57
로타바이러스 425
로타바이러스 백신 425
록포트상업위원회 147
르네 뒤보 289
르로이 월터스 354
링백신접종 305, 306, 450

[ㅁ]

마비성 소아마비 346
마티아스 니콜 41
말라리아 287
매콜리 가족 60, 61, 62
메디케어 291
『메디컬 폴리스』 198
메트로폴리탄 생명보험회사 132, 169, 172,
    175
면역국가 24
면역력 26, 163, 262, 292, 296, 366
면역 알림 시스템 297
면역 체계 416, 439
면역 프로그램 360
면역 획득 161
면제 44, 438
면제 요청서 438
면제 조항 337, 340, 377, 378
모델국가비상보건권한법 442
무관심 41, 143
무지 41, 231, 448
미국 24, 27, 38, 40, 47, 54, 91, 102, 138,
    180, 269, 278, 304, 307, 332, 371,
    388
미국공중보건국 103

『미국공중보건저널』 248

미국공중보건협회 288

미국노동자연맹 140

미국백신반대협회 38

미국백신접종반대연맹 111, 151

미국소아과학회 273, 381, 388, 391, 425

미국소아과학회 전염병위원회 306

미국 식품의약국 423

미국 의료 시스템 314

미국의료자유연맹 116, 117, 151

미국의사협회 127, 300

미국의학진보연합 128, 129

미취학 아동 143, 401

민주주의 127

민주주의 속 과학 431

밀뱅크 기념 기금 172, 175

[ㅂ]

박멸 286, 311

박멸주의 278, 279, 288, 289

박테리아 162

반디프테리아 운동 179, 181

반발 106, 367, 415

배상 제도 381

배상 책임 381

배상 프로그램 382

백신 23, 24, 25, 28, 29, 34, 45, 49, 55, 105,
  154, 237, 238, 240, 261, 266, 297,
  308, 327, 346, 358, 399, 422

백신 가격 상승 388

백신 강제 접종 반대 118

백신 농장 33

백신 마비 부작용 피해자 269

백신 부족 사태 237

백신 생산 237

백신 안전 365, 404, 417, 418, 431

백신 연구개발 415

백신 옹호자 24

백신 위험 346, 363, 417, 418

백신 유해 사례 보고 시스템 395

백신접종 22, 23, 24, 25, 26, 28, 31, 32, 34,
  35, 46, 48, 52, 55, 73, 83, 92, 138,
  155, 179, 239, 316, 321, 332, 341,
  362, 368, 390, 400, 409, 449, 460

백신접종 기록 372, 373

백신접종률 43, 49, 141, 143, 291, 379, 396,
  403

백신접종 면제 44

백신접종 반대 391, 432

백신접종 반대론 104, 111, 151

백신접종 반대론자 37, 88, 91, 130

백신접종 반대 사이트 31

백신접종 반대 운동 37, 111, 123, 125, 399

백신접종 의무화 328

백신접종 의무화 명령 370

백신접종 의무화법 341

백신접종자문위원회 274, 284, 302, 306,
  307

백신접종 증명서 82, 135

백신접종지원법 270, 273, 276, 282, 283,
  317

백신접종 캠페인 43, 270, 316, 345

백신접종 프로그램 274, 285, 291, 340, 398

백신 판매 239
백신 프로그램 426
백신 피해 418
백신 피해표 394, 395
백일해 158, 205, 215, 216, 270, 271, 282,
        345, 380, 383, 384, 392, 396, 427,
        432
백일해 백신 382, 385, 395
버나 맥파든 119
벌금 374
법률 43, 46
법적 강제 457
법적 소송 90, 345, 376, 377, 378, 388
법정 39, 46, 52, 54, 68, 75, 88, 118, 332,
        335, 376, 388
변명 278, 369
병통제예방센터 414
보건 관료 38, 53, 56, 138, 145, 149, 161,
        165, 185, 203
보건 당국 67, 70, 73, 74, 80, 155, 157, 164,
        345, 369
보건 법률 149
보건정책자문센터 316
보건 파트너십 318
보상 및 배상 제도 381
보험사 358
부작용 55, 94, 112, 171, 426
부채 위기 346
불만 있는 부모 모임 387, 388, 390, 391,
        392, 406, 414, 433,
불소화 240, 256
불활성화 백신 261

브루클린 57, 58
《브루클린 데일리 이글》 62
브루클린 백신의무화 반대연맹 73
브루클린 백신접종 반대연맹 67
『브루클린 의학 저널』 84
B형 헤모필루스 인플루엔자 백신 415
빈곤의 문화 312
빈곤층 401

[ㅅ]

사무엘 카츠 328
사백신 267, 281, 351
사이러스 에드슨 36
사회경제적 지위 250
사회적 기울기 250, 280
사회화된 의학 245
생물학적 무기 440, 441
생백신 262, 263
생체해부 반대 운동 123
설득 8, 9, 40, 41, 42, 43, 47, 182, 202, 211,
            221, 327, 412, 444
성명서 70, 424
세계보건기구 287
세이빈 261, 269
세이빈 백신 267, 269, 348, 352
세이빈 실험 264
세이빈 온 선데이 268
셰퍼드-타우너법 110
소아마비 247, 249, 250, 251, 275
소아마비 백신접종 255
소아마비 백신접종 캠페인 260

소아마비 척결 캠페인 48
소아 백신접종 304
소아용 핀큐션 현상 415
소천연두 102
소크 백신 45, 222, 233, 258, 260, 262, 263, 264
소크 백신 사건 소송 347
소통 430
시간 낭비 139
시민의료조회국 114, 115, 151, 241
신종플루 357, 359, 360
신종플루 백신 360
신체검사 107

[ㅇ]

아기들과 생계유지자들 259
아동 24, 38, 43, 109, 141, 164, 178, 218, 389, 400, 404, 408
아동 건강 141, 178, 180, 218, 418
안전성 23, 233, 248, 263, 266, 268, 329, 414, 455
알림 카드 207, 298
앨버트 페어 92
야간 순찰 82, 83
야콥슨 대 매사추세츠 사건 40, 46, 53, 89, 98
약독화 생백신 261
어두운 겨울 441, 442
어린이 132
어린이를 위한 백신 407
어린이 보호 기금 405

언론 보도 156
에드워드 제너 32
NFIP 242, 243, 247, 255, 265
MMR 주사 419
여론조사 227, 247, 248, 405, 448
연방보험 380
연방백신접종실천자문위원회 355
연방정부 364
예방수용소 109
예방의학 328
온정주의 27
완전한 백신접종 404, 406
위험 7, 26, 28, 37, 458
윌리엄 게이너 71, 72, 74, 76
윌리엄 테브 37
의도적인 공격 447
의료 개혁 405
의료 사생활 414
의료 시스템 316
『의학 뉴스』 89
의학연구소 25, 430
의학연구소 위원회 428
의학적 검사 107, 108, 109
의학적 자유 117
의학적 통제 108
의학 전문가 108
인터넷 49, 399, 415, 434, 437, 439
일일 평균 출석 374

[ㅈ]

자금 지원 319

자발적 동의 346, 361, 362, 365
자유 24, 36, 40, 75, 88, 95, 97, 116, 127,
     129, 339, 340, 414, 437, 443, 444,
     460
자폐증 25, 398, 419, 420, 428, 430, 454,
     456
자폐증 유병률 418
장티푸스 백신 105
재정적 지원 115, 143, 273, 296, 317, 410
전국소비자연맹 353
전국적 백신접종 그룹 357
전문 백신접종 클리닉 177
전미위생국 287
전염병 26, 38, 58, 65, 181, 291, 307, 318,
     357
전염성 질병 37
정량화 34
정부 관료주의 436
제약 산업 104
제약 회사 265, 351, 358, 389
조너스 소크 220, 225, 241
존 스튜어트 밀 27
존 엔더스 280, 330
존 케네스 갤브레이스 253
종교 44, 112, 332, 338, 377
종교적 면제 149, 334
『죽음의 생물학』 132
증명 427
지원기금 345
진료비 244, 245, 282
질병 52, 182, 290, 313
질병의 부재 36

질병통제예방센터 252, 253, 285, 323, 358,
     359, 409
질병 퇴치 캠페인 296
집단면역 26, 43, 44, 287, 294, 295, 311

[ㅊ]

찰스 브라운 76
찰스 호프 22, 24
책임 문제 361
척결주의 48
척추지압사 121, 122
천연두 24, 32, 33, 52, 54, 83, 130, 143,
     146, 151, 152, 153, 300, 399, 440,
     447
천연두 박멸 캠페인 306
천연두 백신 448
천연두 백신접종 307, 440
천연두 소멸 300
천연두 백신접종 캠페인 453
천연두 치료법 448
천연두 퇴치 캠페인 299

[ㅋ]

캠페인 139, 145, 156, 157, 161, 172, 260
크리스천 사이언스 117
크리스천 사이언티스트 333

[ㅌ]

탄저균 420
테일러 에머리 57, 60, 61, 62, 63, 70, 71

통합학부모연합 150
특별 마스터 394
특별 진료소 195, 372
티메로살 423, 424, 425

[ㅍ]

파상풍 55
풍진 318, 329, 330, 332
풍진 백신 395
풍진 백신접종 329
프린스 대 매세추세츠 사건 339
피지컬 컬쳐 119

[ㅎ]

『하나의 범죄 백신접종』 119
하숙집 65, 82
학교 38, 68, 88, 124, 133, 138, 147, 148,
        150, 164, 212, 320, 326, 340, 345,
        355, 367, 371, 374, 457
학교 백신접종 기록 371
학교 백신접종 의무 367
학교 입학 88, 101, 133, 136, 147, 211, 212,
        320, 332, 355, 367, 381, 457
학부모 25, 164, 166, 237, 380, 419, 438
합병증 280, 302
항독소 162, 163, 170
항원 416
해리 앤더슨 114
『해방자』 116
해악의 원리 27, 28

해티 앤더슨 90,
행동주의 143
헤닝 야콥슨 90, 106
현장 진료소 374
홍역 279, 280, 294, 308, 368, 369, 400, 408
홍역 박멸 286
「홍역 백서」 403
홍역 백신 280, 282
홍역 퇴치 294, 308, 319
홍역 퇴치 운동 323, 327
홍역 퇴치 캠페인 314, 317
『현대의학』 169
환자 권리 운동 353

경희대학교 인문학연구원 HK+통합의료인문학연구단 / 통합의료인문학번역총서03

면역국가의 탄생

등록 1994.7.1 제1-1071
1쇄 발행 2024년 4월 30일

기   획   경희대학교 인문학연구원 HK+통합의료인문학연구단
지은이   제임스 콜그로브
옮긴이   정세권
펴낸이   박길수
편집장   소경희
편   집   조영준
관   리   위현정
펴낸곳   도서출판 모시는사람들
            03147 서울시 종로구 삼일대로 457(경운동 수운회관) 1207호
전   화   02-735-7173 / 팩스 02-730-7173

인   쇄   피오디북(031-955-8100)
배   본   문화유통북스(031-937-6100)
홈페이지   http://www.mosinsaram.com/

값은 뒤표지에 있습니다.
ISBN   979-11-6629-190-6   94000
세트   979-11-6629-082-4   94000

이 저서는 2019년 대한민국 교육부와 한국연구재단의 지원을 받아 수행된 연구임
(NRF-2019S1A6A3A04058286)